大学的根本

黄达人等 著

图书在版编目(CIP)数据

大学的根本/黄达人等著.—北京:商务印书馆,2024
ISBN 978-7-100-23975-2

Ⅰ.①大… Ⅱ.①黄… Ⅲ.①高等教育—教学研究—中国 Ⅳ.①G649.21

中国国家版本馆 CIP 数据核字(2024)第 097289 号

权利保留,侵权必究。

大学的根本
黄达人等著

商 务 印 书 馆 出 版
(北京王府井大街 36 号 邮政编码 100710)
商 务 印 书 馆 发 行
北京市白帆印务有限公司印刷
ISBN 978-7-100-23975-2

2024 年 6 月第 1 版　　开本 710×1000　1/16
2024 年 6 月北京第 1 次印刷　印张 28¾
定价:98.00 元

序

潘懋元

  大学(高等学校)具有三个重要职能:通过教育与教学培养人才,通过科研发展科学,利用院校的优质教育资源为当时当地社会服务。这是国际的共识。其中,培养专门人才,是基本职能。大学(高等学校)之所以称为大学(高等学校),就在于培养各种类型、层次的专门人才,否则就不称为大学(高等学校)而称为科研机构或其他文化机构。所以,培养人才是大学的根本。一般认为从19世纪初洪堡创办柏林大学时,提出教学与研究统一的原则,将科学研究引进大学中,大学就有了第二个职能。实则洪堡所提倡的研究,只是作为大学教学原则,有利于更好地培养人才,并非作为与教学并列的另一职能。其后,由于大学承担大量与教学没有直接关系的科研课题,通过科研发展科学才成为第二职能。即使如此,科学研究与教学,仍然存在内在的本质联系,教师从事一定的科学研究工作,有利于提高学术水平和能力,从而有助于提高教学质量。因此,对大学教师的业绩考核,除了教学业绩之外,要求有一定的科研成果是合理的。但是,由于种种原因,研究型大学甚至一般高等院校,普遍存在"重科研、轻教学"的现象,教育主管部门以科研成果的数量和课题经费的多寡来评估一所高校,高校的领导管理部门以论文的数量和所发表刊物的级别来考核教师的业绩,并将之作为晋升或加薪的主要依据;各种各样的"排行榜"更助长了这种风气。这导致教师科研负担过重,教学质量难以提高。大学(高等学校)的基本职能是培养人才,教学是学校的中心工作,虽然谁都在口头上承认这个道理,教育主管部门也出台了一些有关"质量工程"的文件和不少奖励精品课程、精品教材、教学名师的措施,但未能扭转"重科研、轻教学"的偏向。大多数教师,自愿或不自愿地把过多的时间和主要精力忙于科学研究工作以及申报课题、填写表格、报销经费等事务性工作,挤占了用于教学工作的时间和精力。如何扭转这一偏向,必须深入探索形成这一偏颇现象的深层次原因,有针对性地从思想认识上、政策制定上、制度设计上进行全面的规划。我所理解的《大学的根本》的编著,就是朝着这一目标进行探索性的研究。

黄达人教授离开大学领导岗位之后,开始了视野更加开阔的新征程。近十年来,他走遍全国各地,采取深度访谈方法,访谈了近百位高等院校的校院长,以叙事研究的形式,陆续出版了《大学的声音》《高职的前途》《大学的治理》《大学的转型》四本访谈录。即将出版的这本《大学的根本》是第五本了。

本书的主旨是"大学的根本是人才培养","人才培养关注的是全体学生",办学者应当"回归大学的根本"。全书叙述了对21位大学的校长、院长的访谈。每篇访谈,不仅记录了受访者的见解,而且体现了作者与受访者的情理交融,作者敏捷地捕捉受访者的思想精华,更抒发自己的精辟见解。例如:

——作者在复旦大学校长杨玉良指出"人才培养关注的是全体学生"之后,提出学校本位和教育本位的问题,认为"从学校本位出发,我们往往追求办学上的成绩,在乎量的指标,关心大学的排名;但是从教育本位出发,才会真正以生为本,关心学生,重视教学";"作为大学管理者,不要被数字束缚住手脚。如果很在意在排行榜上的位置,一味追求某些量化的指标,就会导致政策变形"。确乎如此:行政化只靠数据,人性化才能深入学生学习的实际。

——作者自己当了多年校长,如今又访谈了多位校长、院长,得出如此结论:"教学改革要尊重学科差异,发挥学院的积极性。""建立现代大学制度很重要的一条,就是要理清院校两级关系,激发学院的主动性和积极性。"我在校与院两级单位都待过,深有同感,有关学术层面的教学、科研以及与之有关的人事考核、经费安排,应当让学院有更多的话语权、自主权,不应都由校一级及其职能机构用框框条条来限制。

——作者在考察了不同类型高等学校和访谈了不同学科的院长之后,得出了如下的见解:(1)"不同学校的人才培养定位应该不一样。""无论哪种人才培养的定位,应该互相理解。不要因为别人的定位不同而看不起别人。例如,很多'985'大学提出通识教育,这是根据其办学定位和精英化或通才的人才培养定位所提出的人才培养方式……但这并不意味着可以以此来指责另外一批以培养面向现场、面向一线为培养目标的高校。"(2)"不同学科人才培养方式也应该不一样",在列举了各门学科培养人才各自特点之后,作者进一步指出"人才培养定位的落脚点是关注每一个学生","平等地对待每一个学生,进而尊重学生的选择"。正如作者引述清华大学副校长谢维和所言:"大学的办学水平不是体现在办学定位上,而是体现在服务于定位的水平上。"

——作者在访谈诸多校院长探索如何"回归大学的根本"之后,认为最重要的是"要把课程改革作为重要的抓手",而课程改革的抓手不一样,有的把通识课作为切入点,有的则着重抓专业核心课。但不论从什么课程切入,"课程改革的关键在于教师"。的确,只有依靠教师,才能回归大学的根本。

以上举例,只是我在阅读本书"前言"时,凭个人的体会,寻章摘句,并未能全部介绍作者在本书中所抒发的精辟见解,更非反映受访者的思想精华。同时,书中有些见解或提法,或者我尚未领悟,或者可能有所保留。应当充分肯定、赞扬的是:黄达人教授作为一位教育学者,他的社会责任感令人钦敬。

2015年1月18日

于厦门大学教育研究院

目 录

黄达人：回归大学的根本（代前言） / 1

　　我们呼吁回归大学的根本，"回归"主要体现在三个方面：一是回归大学最本质的职能，也就是人才培养；二是回归大学重视教学的传统，当下，我们必须重新认识到教学才是大学的真正使命与核心竞争力；三是回归大学管理者对大学核心价值的坚守，现代大学面临的选择很多，大学的管理者需要克服浮躁，平心静气地去面对大学最根本的使命。

张杰：大学要激发学生的创新潜质 / 32

　　我们实施了知识探究、能力建成、人格养成"三位一体"的人才培养体系，强调以学生为中心，目的是激励学生自我成才。这要求我们改变理念，真正以学生为中心，激励学生的自主性，激发他们的创新潜质。研究型大学的本质，就是将极具创新思维的教师与极具创新潜力的学生汇聚在一起，让他们相互激发，并在相互激发中形成使学生终身受益的智慧和创新能力。

施一公：人才培养呼唤良好的制度环境 / 64

　　如果老师只是把最新的科学发现和知识教给学生，而没有对学生进行方法论和思维方式的培养，那就真是本末倒置了。我们确实应该让学生了解科学前沿，而不是只学习50年前的东西；但更重要的是，我们应该教学生怎么样去发现问题和创造知识，也就是方法论。在普林斯顿，我们的PROX课基本不讲最新发展，只讲它的历史，把整个原核生物分子遗传学概念、逻辑的演变讲得清清楚楚，让学生融会贯通。

饶毅：教学改革的关键在于学院 / 84

> 北大生命科学的目标不是跟踪世界、攀比国内，而是全面提高科研和教学水平，以其体制机制保证持续长期产出有高度和深度的原创性研究，培养出创造型人才。所以，大学第一学期，我们就要求学生读孟德尔、摩尔根的文献。这个时候，你的思路、想法、要求就很不一样了。通过研读原始文献，你会知道密码表是怎么来的，怎么解码，遗传密码这个概念是怎么提出来的，怎么样解。这就是他们需要学的。

汪劲松：以学生为根 / 100

> 我认为大学开课和开饭馆差不多，核心是课程有特色、有质量，能不断开出新课，满足学生个性化学习的需求。本科教育是为学生以后的职业生涯打基础的阶段，所以从宏观的课程体系设计来看，应该关注两个问题：第一，你给学生什么样的营养配餐，即基本的知识结构；第二，这个结构点怎么搭配，但不能弄得很细化、密集，一定要让一个知识点到另一个知识点有跳跃的空间，让学生自己从这个点连到那个点上去。

陈十一：综合性大学的新型工科 / 114

> 本科教育以学生为中心，要尊重学生的选择，所以一所好的大学不应该给学生太多的条条框框。我们要培养的是国家的精英。我们绝大多数确实是需要工作，需要生活，需要家庭。但是北大这样的学校要培养几个人，敢于去冒险，敢于去做大事情，所以我感觉要培养年轻人的冒险精神。

钱颖一：通识教育，个性发展 / 126

> 我们的通识教育是"三位一体"的：首先是价值塑造，第二是能力培养，第三是人类核心知识获取。我加了个"核心"作为前缀，因为知识太多了。最容易理解的是知识，然后是能力，最后才是价值。通识教育是三位一体的，通识教育本身就是目的。培养每一位学生成为有良好素养的现代文明人是本科教育的第一个目标。本科教育的第二个目标是创造一种环境使得杰出人才能够脱颖而出。

田国强:创新型人才培养有其内在逻辑 / 145

我们在课程体系上是三位一体的:第一要有历史感和历史深度,能够从比较长的视野来考虑问题,政治经济学、马克思资本论、经济思想史等课程就是着力于此;第二要掌握统计量化实证分析工具,我们非常强调数理基础的训练,本科生用华东师大数学系的教材《数学分析》;第三要掌握现代经济学理论分析工具,本科生一年级要先上《经济学思想与方法》,是我和几位海归老师共同编写的,主要是明道。

胡舒立:培养新闻学的复合型人才 / 162

新闻这个行业发展、变化太快,一直存在着基础和实用的矛盾。所以现在我的反思是,对市场需要有一定的敏感性,但却不能贴得太近,如果紧跟市场的话,就应该去办培训班,大学教育还是应该区别于职业培训。大学教育的目的是要让学生的基础更扎实,不能够被短期市场需求所牵引,要有前瞻性,预判今后较长时期,相应领域需要什么样的人才,应当有什么样的知识结构。

潘建伟等:红专并进,理实交融 / 176

欧美的大学不会忙着教你一个完整的知识体系,而是告诉你知识是怎么创造出来的,给你讲整个科学漫长的发展历史。它是一种渗透型的教育,而不是知识型的教育。经过这么一种教育之后,学生将来创造新知识的能力就出来了。相比之下,我们中国学生的知识要全面、系统得多,但从创造性上讲,外国学生在黑暗中看到亮光的能力比我们中国学生强。因此,核心课程要讲得深,得找一些对这个领域有深刻理解的人来讲。

陈骏:教学改革是一个长期的过程 / 196

我们认为教学方法的改革是非常关键的,要通过教学方法的改革来培养学生的批判性思维和严谨的治学精神,最难的就是改变照本宣科、"满堂灌"的做法。教学不仅仅是老师的单向行为。在我们传统的教育思想中，教师就是传道、授业、解惑，是一个单向的知识传输过程，但按照通识教育的理念，我们真正要做的，应该是教给学生获取知识的方法和能力，要让他主动去学习，这才是最重要的。

韩大元：培养具有国际性和人文情怀的法学人才 / 212

人大法学院是全校唯一一个实行本科生导师制的学院，本科生一入学就有导师了。我们过去只有学年论文导师和毕业论文导师，但是在法学院，所有的老师都要带一个本科生。每个人的导师安排，是由学生抽签决定的。每个老师一个月至少要和本科生有两到三次的交流。一般是一个老师带一个本科生，有些副教授带两名本科生。这就是我们的研讨课和本科生导师制度结合起来的措施。

陈国强：老师要成为学生的榜样 / 233

医学生从踏进校门的第一天，就必须对他进行人文素质教育。一个医生如果人文素养不好，就不可能成为好医生。但是，如果让文史哲专业的老师去讲人文，学生也是没多大感觉的，因为他没有做过医生，甚至没有当过病人。我们的人文教育必须是结合了医学和伦理的人文教育。现在医患关系比较紧张，其实有时候医生多讲两句安慰的话，病人就非常理解医生；但也可能就因为少了这两句话，就出了医疗纠纷。这就是我们加强人文素质教育的主要原因。

李志义：教学改革要有顶层设计 / 260

我们不是在提倡研究型教学，让本科生得到创新创业训练经历吗？为此，我们实行了"四个一"制度，就是每一位教授、副教授或者具有博士学位的讲师，每一年都必须准备一个适合本科生进行创新创业训练的项目，至少要指导一个或一组学生进行创新创业训练。当然，这是双向的，学生也可以自己提出项目。这就让搞科研的教师把他的资源贡献出来给学生，我们这"四个一"制度坚持得非常好。

陈春声：人文学科的"有用性" / 281

> 我们面向本科生的实践教学是将同学们带出校园，努力回到"历史现场"，现在已经制度化，纳入到课程体系里面去了。每年夏季短学期，学生在老师的带领下，进入野外实践教学基地和田野考察点开展实践教学，阅读老师编写的文献读本，寻找各种官方及民间文献，开展口述历史访谈，并将其置于具体的历史场景中去解读、辨识，进而发现问题，展开讨论，从而获得比在校园里读书更丰富、更贴近历史实际的独特体验。

林建华：大学人才培养职能的回归 / 300

> 很多大学之所以著名，我们之所以能记住这些学校，是因为它们培养出来的人。大学培养出来的人在国家发展当中所作的贡献，是大学最直接也是最重要的声誉。北大、清华、浙大都是这样，正是培养的人对国家、社会所作的巨大贡献成就了这些学校。相反，如果我们现在没有把人培养好，几十年后人们就会指责我们。现在一些部门热衷于用教师的文章和奖励来评价学校，说成是绩效评价，这只会越搞越糟。

柯杨："光杆司令"推动不了教学改革 / 316

> 我们把最核心的医学知识，以问题的方式、实践病例的方式呈现出来。我们有一个非常经典的病例库，让学生参与进来，给每个小班一个病例，12个学生从基础知识诊断、鉴别诊断、治疗方法、告知病人、医学伦理、医学法律、预防和最新进展等几个方面分工；然后，大家在会上跟别人共享自己的认识，互相讨论；每个人都必须保证，你负责的知识点，必须让所在的小班最后全都懂。通过这些分工、合作、组织，在潜移默化中让学生主动交流与合作。

南志标：教学工作是院长的第一工作 / 342

对于本科生，关键是培养他们分析问题、处理问题、结合实际的能力。他知道的多了，看到的多了，将来自然就会有比较好的适应能力，比较有弹性。但是，对于博士研究生培养来说，我们确实是希望他能够有比较高的研究水平，能够冲击国际前沿，达到国际水平。

王守仁：英语教育的工具性与人文性 / 363

现在都说要弘扬中国文化。那么，中国文化怎么才能走出去，并且让国际接受呢？一个特别重要的途径就是要通过外语传播。所以，在教育培养的过程中，让学生对中西文化有一个对比就很重要了。因此，在大三大四的时候，我们就让学生学习西方的柏拉图、亚里士多德等经典。这是他们应有的素质，学生的知识结构也会因此而比较平衡。

我认为应该走多元化、个性化的路，满足学生多元发展的需求。我们总说，办人民满意的教育。谁是"人民"？就是学生嘛！学生的需求是多种多样的，这就需要我们针对各个院系、各个专业去调查、去研究。

陈道蓄：把能力培养对应到每个教学环节 / 382

当你有兴趣之后，不管这个兴趣是好是坏，你都不会觉得累。我们作为教育工作者，有一个很重要的责任，就是培养学生的兴趣，而且这个兴趣最好是跟社会需求一致。我觉得现在的问题就是，如果我们的老师既不能让学生感觉所学的东西有用，又不能让学生觉得有趣，那你凭什么要求学生好好学习呢？

李建成：研究型大学的科研对人才培养的意义 / 412

中国学生的习惯性思维就是认为老师讲的都是对的，这在很大程度上会影响学生思维的独立和思想的自由。但是，大学要重视培养学生自主学习的能力，除了培养学生自主制定学习规划、利用学校相关资源查阅资料外，更重要的是解决问题的能力。让学生学会自己发现问题、分析问题和解决问题，比直接给他们评100分更有助于他们将来的进步与发展。

杨玉良:人才培养关注的是全体学生 / 425

  通识教育是一种教育理念,不是简单地把全校所有学生弄到一起来上课,而是要按大的门类,来设置通识教育核心课程的内容,改革核心课程的内容,更加注重这些课程所应该传递的思想;通识教育也不仅仅反映在通识核心课程上,还有很重要的一点,专业基础课和专业课也要贯彻通识教育的理念。

后 记 / 443
再版后记 / 445

黄达人：
回归大学的根本
（代前言）

黄达人，1945年4月生，浙江象山人，数学教授。1962—1968年就读于浙江大学数学系，毕业后到浙江临安农机厂工作。1978—1981年在浙江大学数学系读研究生，毕业后留校任教。1985—1986年在美国南卡罗来纳大学做访问学者。曾任浙江大学教务处处长、副教务长等职。1992—1998年任浙江大学副校长。1998年11月调任中山大学常务副校长。1999年8月至2010年12月任中山大学校长。2013年7月起，任广东省科学技术协会主席。

我们呼吁回归大学的根本，"回归"主要体现在三个方面：一是回归大学最本质的职能，也就是人才培养；二是回归大学重视教学的传统，当下，我们必须重新认识到教学才是大学的真正使命与核心竞争力；三是回归大学管理者对大学核心价值的坚守，现代大学面临的选择很多，大学的管理者需要克服浮躁，平心静气地去面对大学最根本的使命。

在完成《大学的声音》《高职的前程》《大学的治理》《大学的转型》等四本关注大学宏观层面的访谈录以后,我希望能够认真地探讨一下人才培养这个看起来比较具体的话题。

在开始这轮访谈之前,我专程到厦门大学拜访潘懋元老先生。潘先生认为,在好的大学,讲内涵建设也就是指课程体系建设。我们虽然没有必要照搬欧美大学的制度,但他们的课程体系是可以借鉴和研究的。

在2013年4月以来的半年多时间里,我重点访问了十几位国内一流大学的院长,他们都曾在国内接受教育,又到海外深造,并任教于国外高校,然后又回到国内,像"四个一"——施一公、饶毅、钱颖一和陈十一等;还访问了几位对人才培养工作有深刻理解的大学校长,像上海交通大学校长张杰、南京大学校长陈骏、复旦大学校长杨玉良、浙江大学校长林建华以及西北工业大学校长汪劲松,请他们谈谈人才培养工作的理念以及他们在教学改革方面的做法。* 接下来,我们用了比较长的时间对访谈录音进行了整理,在保留受访者生动的个性化语言的同时,确保真实而准确地记录他们的真知灼见,并请受访者一一审定,编辑成册。我自己的体会是:每一位受访者都观点鲜明,都能引人深思。

为了让读者们更好地阅读本书,循前四本访谈录的做法,我将访谈过程中的一些感悟和思考,记录下来,作为前言,与读者分享。

一、何为大学的根本?

大学的职能和任务有很多,包括学科建设、科学研究、社会服务、人才培养,等等,但最根本的应该还是人才培养。

(一)大学的根本是人才培养

在海外大学调研时,我有一个很特别的体会:他们的管理者在介绍

---

* 需要说明的是,我的二十多位受访者中,有一些在本书出版时职位有了变化,本着尊重历史的原则,书中仅署访谈时的职衔。

学校情况时，总是特别强调他们的育人理念，强调以人才培养作为大学最根本的目的。他们认为，大学的根本责任是为社会输送具备良好综合素质的合格学生。

大学当然要做科学研究，但科学研究与人才培养究竟孰轻孰重，见仁见智。只要论了轻重，就都存在着将大学的教学和科研对立起来的意味。澳门大学赵伟校长曾担任美国国家科学基金会计算机暨网络系统分部主任，他给我讲了这么一件事：曾有名牌大学的学者向他提出建议，认为美国国家科学基金应该让排名靠前的大学申请，而不是每个学校都来分一杯羹。那位学者还声称，让名牌大学来承担同样的科研项目，需要的成本一定比普通大学要低。在经过一番调查后，赵伟校长向那位学者传达了这样一种信息：美国国家科学基金的使命不仅是支持科学研究，更重要的是通过一视同仁地对所有学校提供支持，帮助他们培养人才。

对研究型大学而言，更加需要厘清教学和科研的关系。在这里，有必要对"研究型"的内涵进行深入探讨。有人认为，区分是不是"研究型大学"的标准是本科生和研究生的比例，因而提出要增加研究生的数量；也有人认为，研究型大学就是要把研究做好。然而，清华大学经管学院院长钱颖一在对比中美大学后得出的结论却是：我们对美国著名大学在认识上有一个重大误区，就是只关注其学术研究水平，却忽略了他们的本科教育，而实际上后者才是这些大学特别厉害的地方。北京大学常务副校长、医学部常务副主任柯杨也认为，在我国科技和高等教育大发展的阶段，对于"研究型大学"的现有定义和各类评估体系的导向虽然促进了科技进步，却导致不少教育者逐渐忽略了教育的根本。

我很赞同他们两位的观点，在我看来，所谓研究型大学，是要将科研作为本科生培养的一个重要手段，也就是说，科研是为人才培养服务的。武汉大学测绘学院院长李建成认为，研究型是要以科研带动人才培养，把科研成果及时渗透到教学当中。国家现在提出"万众创新"的口号，体现在高等教育上就是培养学生创新精神和创新能力。我认为，培养创新型人才，除了要经历我们常说的实验、实训和实习等实践教学环节，其实科研也是一个非常重要的实践环节。兰州大学草地农业科技学院院长南志标就说："科研本来也是一种实践。"陈骏校长表示，南京大学下一步的一个工作重点是研究性教学，突出科学研究对人才培养的支撑作用，强调培养具有创新精神人才的大学教学。

（二）大学的本质在于平等地对待每一个学生

2014 年，中山大学举行 90 周年校庆，校庆活动的宗旨之一是"平等地对待每一位校友"。我认为，这体现了大学的本质，即平等地对待每一个学生。《浙江日报》曾就大学的理想这个话题对我作过一次采访。大学为什么而存在？大学的理想又是什么？这些关于大学最基本的问题，在我做校长的 12 年里却很少有时间去考虑，随着时间的推移，我越来越感受到当初为学生做得还是太少。后来我想，学生才是大学存在的意义，大学的理想就是要帮助每一个学生实现自己的梦想。

大学要关注每一个学生，因此，我们在实施诸如拔尖人才计划时，应该更加关注所有学生的成长。原南京大学计算机系主任、软件学院院长陈道蓄就谈起："曾经有老师说，在一流大学，只要把 100 个学生中的前 25 个培养好就足以保证学校的声誉了。"但是他认为，无论什么样的大学，都应该关注每一个学生，"因为他们对于每个家庭而言就是 100%。"杨玉良校长也提到，复旦大学对进入教育部"拔尖人才培养计划"的学生，并没有把他们独立出来，而是留在原来的班级里，只是增加了部分课程。去年，我在华中科技大学参加本科教学质量审核评估时，丁烈云校长告诉我，实验班本身是非常态的，学校成立实验班的目的是为更大范围学生的教育进行探索。中山大学在成立博雅学院之初，就决定人文高等研究院、通识教育部和博雅学院三位一体，既开展面向部分学生的博雅教育，更是为了发展全校的通识教育。

很多大学对人才培养的定位有统一的表述，但我认为，同时更要尊重学生的选择，给学生更多选择的机会。南京大学提出"三三制"的教学改革计划就是以因材施教为出发点的，提出了"三个阶段、三个方向"。教育部高等学校大学外语教学指导委员会主任委员、南京大学外国语学院院长王守仁也提出,大学英语教学要注意差异化和个性化。针对不同学生的不同需求,采取不同的做法:有的学生是准备进一步深造的,就要注重为其打下比较扎实的英语语言基础;有的学生以后是要从事对外相关工作的,就要注重其语言交际能力的培养;有的学生可能觉得英语与他们以后的发展关系不大,就可以适当降低对这些学生在英语上的要求。

我由此想到,在学校里,究竟该对学生实行补短教育还是扬长教育?例如,有的学生英语不好,可能他大学这几年都在补英语,有的人数学不好就拼命补数学,结果补得灰头土脸,这就是典型的补短教育。我认为,教育不一定像做工业那样要遵循"木桶原理",只要学生有他擅长的一个方面,他就不仅能安身立命,而且也一定能很好地为社会服务。大学应该有更多的模块供学生选择,学生既可以从这个模块毕业,也可以从另一个模块毕业。不同模块的差异性比较大,学生可以选择能发扬其长处的模块,找到适合自己的毕业通道。对此,北京大学生命科学学院院长饶毅的做法是,在不改变现有课程的情况下,通过课程组合,形成多条成才的路径,提供给学生。

为什么要明确大学的本质?我认为,这涉及学校本位和教育本位的问题。从学校本位出发,我们往往追求办学上的成绩,在乎量化指标,关心大学的排名,只把注意力集中在所谓前25%的学生身上;但是只有从教育本位出发,才会真正以学生为本,关心每一个学生,重视教学。柯杨说:"在大学里,一个很重要的问题是不重视学生。见学生的时候,都特别不好意思,感到愧疚。"为此,她花了很多时间在北大医学部做教学上的改革,现在觉得可以坦然面对学生了。

(三)建成世界一流大学的前提是建设世界一流的本科教育

目前,很多国内一流大学提出了建设世界一流大学的目标。我认为,建成世界一流大学的前提是建设世界一流的教育,尤其是本科教育。在这方面不少校长有清醒的认识,南京大学就把提高本科教学质量作为创建世界一流大学基础工程。陈骏校长认为,"世界一流大学建设应该有个水到渠成、瓜熟蒂落的过程,不能急功近利。如果能安下心来重视本科教育,从校长到教师都重教爱生,大学就不会浮躁,就能正本清源,回归大学之道。"

杨玉良校长提到,复旦大学这些年把重点从招生转向培养。以前国内这些一流大学之间在生源上竞争很激烈,甚至发生过摩擦。而他认为,实际上,对于学生水准和能力的划分,主要是看分数段,同分数一段的学生不会有太大的差别。那么多学生进大学学习,如果出来以后大多是个人物,这才是大学的真本事。上海交通大学副校长、医学院院长陈国强也在反思,很多优秀的学生考到医学院来,如果大学的教学和师资水平对不起这么多优秀的学生,我们又何必把分数线拉高这么多?经过几年的思考和探索,他们提出的办学理念就是"让一批今天优秀、极具创新潜质的学生能够不断超越自己"。

这就是我对于何为大学根本的认识。前言的标题叫《回归大学的根本》,在我看来,"回归"主要体现在三个方面。一是回归大学最本质的职能,也就是人才培养。二是回归大学重视教学的传统。浙江大学校长林建华在回顾中国大学发展历史时提到,过去的学校大多是"教学型"的,老师都会花很多工夫培养学生,因而那时的教育很有成效。当下,我们必须重新认识到教学才是大学的真正使命与核心竞争力。三是回归大学管理者对大学核心价值的坚守。现代大学面临的选择很多,大学的管理者需要克服浮躁,平心静气地去面对大学这一最根本的使命。诚然,现代大学制度、大学治理结构、人事制度、科学研究体制、社会服务体系等方面的改革也很重要,然而相比之下,能对学生产生更直接、更本质影响的还是教学方面的改革。对此,林建华校长有一段很精彩的话:大学要"守正创新"。我们现在提创新比较多,管理体制创新、培养机制创新等,面对未来的挑战,大学确实必须创新。但大学更要"守正",要坚守大学的核心使命,坚守大学的核心价值。人们经常会犯的一个错误是"走得太远,反而忘了为什么出发"。

二、教学改革是一场攻坚战

中国的大学发展到现在,不重视教学的大学管理者应该是没有的,但是对教学改革,往往是雷声大雨点小,口号多行动少,宏观多微观少。我认为,我们还远没有达致真正重视教学的境界。即便是在我看来教学改革做得比较深入的南京大学和大连理工大学,也是如此。陈骏校长坦言:"在南大,教学改革,没有十年二十年干不下来,更不要指望三四年就能立竿见影。"大连理工大学副校长李志义也告诉我,目前改了300多门基础课和专业核心课,只占总数的10%—15%。他认为,教学改革是教育综合改革的深水区,既要触动灵魂又要触动利益,教学改革依然是一场攻坚战。

教学改革如此艰难,我认为,可能受制于以下三个因素:

(一)教育行政主管部门的管理思维

教育行政主管部门对于大学的管理方式很多时候是工程化、项目化、碎片化、数量化的。即使是国家层面的教学改革,也多是以项目的形式下达给大学,整体的系统设计不够。作为大学的管理者,表面上有权不参加诸如此类的项目竞争,但是下一次评价学校和学科时,这些工程化的项目成果又是主要的指标,因此,大学不得不参加。当然,我们知道教育行政主管部门的出发点是好的,在当下的财政体制中,这样做也是为了帮助高校争取更多资源。但是我认为,工程化、项目化、碎片化、数量化做法的实际成效并不理想。因为在数量化的评价体系中,学科建设、科学研究都是硬指标、硬任务,相对来说,人才培养的指标偏软,而且以精品课程、教学名师、实验班等碎片化指标的方式呈现出来,这些指标与教学的实际效果、与学生通过具体教学活动得到的收获是没有直接关系的。其实,人才培养是无法用量化指标来衡量的。西北工业大学汪劲松校长提到,影响学生成长的校园文化与环境氛围、学生的精神状态与气质等与人才培养相关的内容,都是他作为大学校长最为看重的东西,而这些都是无法量化的。因此,大学在面对可以量化的其他指标和无法在短时间内精确衡量的人才培养质量时,一个可能的选择就是,人才培养工作为其他任务让路。林建华校长还认为,大学不重视教学,不仅与教育行政主管部门的评价标准有关,还与整个社会的导向有关系。他引用了一位大学管理者的话:"在目前的评价体系下,真正让人惊奇的不是教师不热心教学,而是竟然还有一些教师热心教学。"

(二)大学管理者的自我定位

我们总是说大学与政府不一样,但在实际操作中,我们其实也在做政绩工程,追求数据上的表现。对于教学、人才培养这些需要很长时间才有显示度的工作,显然没有倾注足够多的精力。

作为大学的管理者,究竟要不要关注指标?北京大学工学院院长陈十一认为,通过指标去评价大学,就像选美一样。选美有标准,根据不同的标准可以选出不同的美女。然而,更重要的是内在的东西,大学要有独立于外界评论的气度和从容。从教育部的角度出发,用一些普适的指标来评价大学,就好比用一把尺子去量,量出来的是大学的框架而不是特点。作为大学,应该有自己的特点、自己的定位;不是光看数据,而是看了数据之后,要清楚今后努力的方向。

关注指标,不是看指标表面的数据,而是要深入研究指标背后的意义。我认为,一些指标确实反映了学校的发展思路。张杰校长告诉我,上海交通大学取消了对发表论文的现金奖励,是为了实现科学研究去功利化的目标。同时,把科研经费尤其是自然科学基金当作一种非常重要的价值导向在追求。他认为,之所以强调自然科学基金,是因为它体现的其实是大学的创新活力,而这正是上海交大培养创新型人才所必需的。

但是,有些指标也有盲目性。比如说,国际化这个指标,有人认为是通过留学生数量来体现的,于是拼命招收外国留学生。但是汪劲松校长说,所谓国际化,很简单,就是三个字——"跟谁玩"。一个学校的老师和学生在国际上和哪些学校在交流,就体现了这个学校的国际化水平。我很认同,我想在后面还应该再加上三个字——"玩什么",同样是交流,向人学习和与人合作是两种不同的国际化程度。

我不认为讲指标就是错的,关键是大学的管理者如何看待指标。传统的综合性大学会可能比较注重氛围的营造,而传统的理工科大学可能会比较讲究指标。作为校长,我更愿意把指标看作结果而不是目标。

(三)教学改革其实是教师的自我革命

如果没有教师的参与,任何教学改革都是没有意义的,教师尤其是大牌教授对教学改革的成败起决定性作用。教学改革必将触动每一位教师。南志标说,兰州大学草地农业科技学院要通过学科带头人才能推动课程体系的改革。如果学科带头人不动,是没法推动教学改革的。这种作用主要体现在专业建设和教学计划的制定上。

我曾参与教育部学科发展与专业设置的一些工作,一个体会是,在制定本科专业目录时,一些著名教授都会坚持保留自己的专业,他们把自己的专业看成是一个阵地。同样,在大学里,在专业建设过程中,一些教师尤其大牌教授会认为自己的课是本专业的核心课。谁也不愿意承认自己的课不重要,这也是为什么中国大学的学时数很难减下来的原因。对此,饶毅表示:"现代生物学的核心课程只有四门——遗传学、生物化学、分子生物学、细胞生物学,学好这四门核心课程,现代生物学的框架就能基本掌握。"作为一院之长,他甚至认为连自己研究的神经生物学都不应该是必修。陈十一谈及北大工学院的改革时说,对待教授,首先不能仅仅把改革的责任压给他们,而是要把改革的成果给大家分享,这样就比较容易得到教授们的支持。

三、教学改革需要关注人才培养的全过程

如何推进教学改革?针对这个问题,很多受访者开出了药方。像

大连理工大学的教学改革涉及宏观、中观和微观层面,给我留下了深刻印象。

无论是从"理念—政策—组织"的角度,还是通过"宏观—中观—微观"的方式,这些学校教学改革的一个共同点是,注重"顶层设计",形成体系并相互衔接。在推动教学改革时,要关注人才培养的全过程。首先在校内形成人才培养定位的共识,并根据这个定位匹配相应的课程体系和教学质量保障体系。

(一)明确人才培养定位是大学教学改革的逻辑起点

明确了人才培养定位,人才培养方案、课程体系等都可以围绕定位来制定。林建华校长就表示,他在重庆大学和浙江大学做的第一件事就是厘清人才培养定位,然后根据这个定位,全面修订人才培养方案和实施方案。

第一,不同大学要有不同的人才培养定位。

就我访问的情况来看,国内一流大学普遍强调人才培养的"宽口径、厚基础"。例如,清华大学人才培养的定位是"在通识教育基础上的宽口径的专业人才培养"。又如,复旦大学在提出"坚持通识教育的培养理念,注重学生的全面发展,尊重学生自我管理,培养具有人文情怀、科学精神、国际视野、专业素养的人才"的培养定位以后,全校开展通识教育,连专业课程都按照通识教育理念去设计。再如,南京大学在实行"三三制"改革的时候,第一件事情就是对人才培养目标作出重大调整。过去,南大一直致力于培养各个专业的专门人才,后来则把这个目标改为培养各行各业的领军人才。通过实施通识教育,让学生的眼光更宽,将来能够参与世界性的竞争,通识教育的课程就是围绕这一目标而设计的。而地方本科高校,特别是应用型本科,比较强调通用专业的服务面向。例如,上海立信会计学院金融专业主要面向四个子行业:银行、证券、期货、保险和信托。中山大学传播与设计学院院长胡舒立从新闻人才培养的角度,对不同学校人才培养的定位做了一个分类:"一种是紧跟市场,我们也不去否定它,因为新闻专业作为职业教育,本身就强调上手要快。但是,我们也有一批大学更加强调人才的养成,而不是人才的开发。"

对国内一流大学而言,人才培养定位的眼光要更加长远。例如,我在访问陈十一和张杰校长时,专门问了一个问题:如何认识21世纪工程教育的定位?陈十一的回答是:"不仅是培养工程师,而且要更加关注工程科学家的培养。"张杰校长的回答是:"把工科教育变成工程科学教育。"他们的回答异曲同工,都提出他们这一类大学在人才培养上的定位不仅仅满足于工程师教育。又如,大连理工大学明确提出"精英教育"的培养定位,李志义说:"在大众化教育盛行的阶段,人们不再敢提精英人才的培养了。我们提出的'精英教育',强调的是充分利用学校所有的优质学科、科研和教育教学资源。"我认为,大连理工大学的人才培养定位无可厚非,我们不能把中国高等教育整体上从精英教育发展到大众化教育的现实,与每个大学自身的定位混为一谈,其实这是整体和个体的辩证关系。在这个整体里面,不同的学校应该有不同的定位。

对这些学校而言,也不应该简单地用就业率来衡量人才培养的质量。正如钱颖一所说,不要用就业来衡量教育的成败,全国两千多所大学,总得有1%的学校做的研究不是为了今天有用,这里面肯定有清华。持有同样观点还有陈十一,他说,我们绝大多数人确实是需要工作,需要生活,需要家庭。但是北大这样的学校要培养几个人敢于去冒险,敢于去做大事情。他同意教育行政主管部门去统计就业率,同时也要鼓励多样化的人才成功模式,不要强调百分百就业,尤其在国内一流大学。"如果所有大学都讲就业率反而会掩盖一些人才培养上的问题,不容易培养创新、创业人才,像北大、清华这类学校,如果是100%就业,反而不利于人才的培养。"

对此,上海财经大学经济学院院长田国强建议,在这批不以就业率为主要目标的大学里,要对学生进行通识教育。他认为,通识教育是对学生基本能力和素质的培养,包括国际化视野、社会责任意识、沟通能力、领导力、批判性思维能力、分析能力、终身学习和自我完善能力,使学生今后不管在什么情况下,都能找到一条自己的道路。陈骏校长则认为,通识教育不适合所有大学,而可能更加适合某些一流大学,因为大多数高校主要是培养学生毕业后的生存发展能力的,而一流高校承担的是为国家培养各行各业领袖型人才的任务。对于这样的人才,首先要使他成为一个全面发展的人,就不要用统一的专业教育的思想来衡量。

不同的大学有不同的人才培养定位,由此带来在人才培养上的不同做法。但我认为,无论是哪种人才培养的定位,都应该互相理解,不要因为别人的定位不同而批评别人。很多一流大学提出开展通识教育,这是根据其办学定位和精英化的人才培养定位所确定的课程体系与教学方式,这固然无可厚非,但并不意味着有理由以此为标准模式,来指责另外一批以培养面向现场、面向一线的人才为目标的学校。我特别认同清华大学谢维和副校长所说的:"高等学校办学层次的不同体现在服务对象的差异,而办学水平的差异则反映服务质量的高低;办学层次不等于办学水平,低层次可以达到高水平,高层次也可能低水平。"不同的学校有不同的定位,以应用型人才为培养目标的高校,同样应该得到尊重。

第二,不同学科人才培养的特点不同,方式也不同。

在访谈的过程中,我特别关注不同学科人才培养的特点,访问了文、理、医、工、农等领域的学院院长。他们作为本学科的代表,说出了很多自己学科在人才培养方面的特点和做法,这里列举几点。

关于人文学科,中山大学常务副书记、副校长陈春声是历史学教授,曾担任过九年人文学院院长,他总结了人文学科的七个特点。特别是,他认为,"越是民族的,才越是世界的"这句话,实际上只对人文学科才适用。他还就人文学科的特点打了个比方:"一个家里最有用的地方是厕所,其次是厨房。家里最没用的东西,数来数去可以说是墙上挂着的那幅齐白石画的虾。但是家里有客人来了,你会带他去参观厨房和厕所吗?我想,大家坐在客厅评头论足讨论得最起劲的,恐怕还是齐白石画的虾。"因为人文学科的这些特点,在人才培养上,他提出,应该特别强调学术性阅读。

关于社会科学,韩大元、胡舒立、王守仁分别从自己的学科出发,也在强调人文精神或人文情怀。例如,韩大元提出培养法学生的人文情怀。他认为,人文情怀、人类爱心的培养是维护法律正义最重要的一个体现,而不能仅靠法律条文。人大法学院在整个课程体系中增加了"法律、人文和生命"相关的课程,还通过"宁养教育",让学生增加对生命、人文和价值的体验与理解。胡舒立将培养基本人文素养与发展新闻传播学基本训练的关系阐述为"道"与"术"的关系。她指出,对市场需要有一定的敏感性,但却不能贴得太近。中山大学传播与设计学院提出了"人文新媒体"的概念,把互联网与更高远的非商业的人文价值相结合。学院还通过策划大学生与民工回家过年,引导学生关注社会、关注人文。再如,王守仁提出英语学习要兼顾工具性与人文性。他认为,最重要的是培养跨文化意识,去欣赏、接纳不同的价值观念。

关于理科,中国科学技术大学校长助理潘建伟是物理学教授,他与我探讨比较多的是实验科学和理论科学。在实验科学方面,他认为,学生不仅要学习经典的实验,还要接触近代科学的实验。中科大就设立了前沿研究的实验室。他还有一个观点:很多大师都是"近亲繁殖"的,像实验系列的诺贝尔奖,如果老师得诺贝尔奖,学生中就有可能产生诺贝尔奖获得者,因为实验科学的发展有很大的继承性。他建议,在实验科学方面应该"一对一"进行培养。理论科学与实验科学又有所不同,学生需要对整个科学体系有比较系统的了解,才能取得突破。理科的科学特点是知识创新,需要渗透性而不是知识性的教学。在这方面,他认为,外国学生在黑暗当中看到亮光的能力比我们中国学生强,很重要的一点是欧美高校通过讲整个科学漫长的发展历史,让学生在摸索的过程当中,知道知识是怎么被创造出来的。

关于医科,柯杨和陈国强的关键词是"职业教育"和"素质教育"。柯杨提出,医学就是职业教育,但同时又是素质教育。陈国强表示,一个医生如果人文素养不高,就不可能成为好医生。医学的人文教育必须是结合了医学和伦理的人文教育。在医学教育方面,不得不提的是附属医院的作用,陈国强认为大学附属医院与社会医院的职能应该是不同的。"附属医院是高层次医学人才的培养基地和理论创新基地,是高水平医疗技术的发源地或辐射源,是名医和大师的会聚地。"大学的附属医院应该是为创造成果、培养人才而设立的。

关于工科,李建成强调了与国际接轨,重视行业特色。他提出:"工程教育要培养具有国际视野,懂得国际工程模式、具有国际认可工程师资质,能参与国内、国际竞争的工程师。"国内工程教育应该与西方发达国家的工程教育相结合,不能搞封闭式教育;不仅要满足行业需求,更要引领行业发展;要对接国家战略和行业、区域重大需求,提供有力支撑。

关于农科,南志标强调了学生的实践能力。经过调研,他发现农学学生在人才培养环节上需要加强解决实际问题的能力。"学生要了解实际生产,要与产业结合起来。"因此,他们把培养学生实践能力作为教学改革很重要的一点。

第三,同一学科在不同大学的定位也不相同。

例如,传统综合性大学的工科就与传统理工科大学的工科不同。陈十一在访谈中提到了很多大学的一个共识,也是一个趋势,即在现在文理基础上建工科,与在传统理工科大学的工科不同,他认为,北大工科定位是贴在理科边上,贴在文科边上,贴在医科边上,利用综合性大学的优势去提倡创新,加强基础与能力的培养。他说:"如果重复清华的工科,就是北大工科的失败。"因为工科定位的不同,北大工学院在人才培养方面,强调四种属性:基础性、创新性、综合性、国际性。

又如,如何在传统理工科大学里发展文科?张杰校长提出,上海交通大学的文科发展,方针有三条:一是要做问题导向的研究;二是要做实证研究,发挥理工科优势;三是要走国际化道路。他认为,交大文科发展的比较优势在于:文科发展起步晚,没有历史负担,后发优势明显;有一个可以依赖的理工科背景,有利于形成问题导向研究的大科学思路,有利于实现文理实质性交叉合作,有利于实现研究方法和研究范式的转型,有利于构建一种崇尚创新的学术文化。

(二)把课程体系建设作为人才培养工作的重要抓手

很多人认为课程体系建设是大学管理微观层次的事,没有提高到学校战略的高度。我到美国访问圣托马斯大学陈思齐校长,他就以课程体系建设为切入点,实现了学校整体水平的提升。我认为,对于课程体系的关注,实际上是抓住了人才培养的核心。

陈骏校长认为,教学改革需要全新课程体系支撑。南京大学发动校内各个学院用一年的时间研究世界一流大学相同或相近本科专业的课程体系、教学计划,然后由各个学院的教学院长推动改进每个专业的人才培养方案和教学计划。田国强也提出,一流大学有三个必要条件:一是要有一流的师资,二是有一流的学生,三是要有先进、科学的课程体系。

汪劲松校长把课程体系建设比喻成开饭馆:"一个饭馆如果没有特色菜,顾客就不愿意去,同理,学校也得有王牌课程。饭馆得提供多个品味的菜肴,因为来的顾客不是特定的,所以学校也需要提供多种课程,但是不能硬塞给学生,他喜欢什么就点什么。开饭馆死守几个菜也是一种经营模式,但大多数饭馆都琢磨着想要适应不同人的口味。"核心是课程有特色、有质量,能不断开出新课,能满足学生个性化学习的需求。饶毅认为,现在两个突出的问题是核心课程的数量过多以及核心课程的内容讲不深。相比而言,后者更难解决。用汪劲松校长的话说:"减学分容易,提升含金量难。"

第一,针对课程过多的问题,要改革课程体系。

改革课程体系的关键是减少课程数量,增加学生学习的自主性。用汪劲松校长的话概括就是减少"规定动作",增加"自选动作"。

例如,中科大把课程分为四个层次。第一层次,将学生的通识教育分为数理、人文和技术应用三个模块,要求全部学生在大一期间完成。这样做方便有的学生一年后转专业,也给他们近一年的时间考虑和寻找适合自己的专业。第二层次,从二年级开始,各学院设置学科群的基础课。第三层次是专业核心课。第四层次是专业方向课。通过课程体系改革,通识课程和学院基础课的学分比例要达到四年后毕业要求学分的70%左右。同时,专业核心课减少到只有4—5门,专业方向课减少到也只有3—5门。潘建伟认为,四层次的课程划分方式充分反映了中科大所强调的"基础宽厚实,专业精细活"。

又如,兰州大学草地学院在课程体系改革中的做法是突出共性,减少重复,整合课程。以草地保护学为例,原来是四门课,草地鼠害防治属于动物学,草地虫害属于昆虫学,草地病害属于植物病理学,草地杂草又属于杂草学。南志标认为,这四门课有很多共性的内容,如果分四门课讲,学生很难形成一个系统的概念。现在,把这些内容全部整合到了一门课,而且要突出这些有害生物在草地生态系统中的作用,不仅减少了重复课程的内容,还有助于提高学生分析问题、解决问题的能力。

再如,北京大学医学部将课程体系改革作为整个改革很重要的一部分:一是在进入临床之前,缩减基础知识,把知识梳理以后,以总论的形式宏观呈现;二是减少那些不带问题的实验课;三是把最核心的医学知识,以研究问题、实践病例的方式呈现出来。

在课程体系改革方面,很多受访者提到了教学指导委员会的作用,因为教指委往往对课程有着比较明确的要求。对此,韩大元认为,随着大学自治程度的提高,教学指导委员会的功能也会调整,只是提供一些指导性的意见,但就目前的法学教育来说,这种规范还是需要的。

第二,针对课程讲不深的问题,要鼓励有丰富教学经验的教师上课。

教师对课程质量有着决定性作用。潘建伟就说,课程内容讲不深,原因"在于不是由大师来讲,也不是由真正处于科研第一线的人来讲"。他回忆自己的求学岁月,感叹方励之教授的《力学概论》对他产生了终生的影响。他谈到前段时间自己给本科生上基础课的感受,明白学生其实是非常好学的,更加坚定了要给本科生上基础课的决心。

武汉大学测绘学院的一个特点是院士比较多,李建成提到,从大一开始,学院里的院士就会给学生上《测绘学概论》,并邀请全国知名专家、学者一起上,目的是让大师来影响学生。

第三,在不同的学校,课程体系建设的切入点是不一样的。

多数学校把通识课作为切入点,也有一部分学校首先关注专业课的改革。例如,同样是经管学科,钱颖一从改革通识课入手,田国强从改革主干课入手。田国强解释说,这与学校的定位有关,清华的一个经管学院基本上就是整个上海财经大学。当然,不管切入点是通识课还是专业课,两者都是大学需要改革的对象。南大的"三三制",大类培养阶段涉及的是通识课,专业培养阶段涉及的就是专业课。

说到通识教育,绕不过去的是与素质教育的关系。有一种观点认为,通识教育与素质教育不同。陈骏校长认为,过去强调的素质教育跟现在强调的通识教育,在理念上有很大不同。过去的素质教育是为专业教育服务的,作为专业教育的一种补充、拓宽,它的核心还是培养专业人才,为了使专业人才的眼界更宽一点,技术更牢一点。通识教育的目标,并非围绕培养专业人才,而是要培养一个全面发展的人。钱颖一也认为,在经管学院开设通识课,不仅仅是专业教育的补充,还是"三位一体"的,包括价值塑造、能力培养、人类核心知识获取。

就这个问题,我专门请教了中山大学通识教育部甘阳教授。他提出了一个很重要的观点,即我们国家最早由华中科技大学提出的素质教育与现在实行的通识教育并没有太大区别,目的都是扩大学生的视野、提高学生的文化素养和培养学生的人文情怀。除此之外,素质教育最重要的成就之一,就是确立了在重点大学要有十个学分左右的文化素质教育课程,这就使得后来的通识教育成为可能,以杨叔子院士为代表的老一辈科学家为推动这方面工作作出了不可磨灭的贡献。当前中国大学的通识教育之所以出现,是由于传统的综合性大学对课程质量提出了更高的要求。因此,甘阳认为,"通识教育"和"素质教育"的名词之争不是关键,关键是提高通识教育核心课程的教学质量,教学要求应参考专业课的标准。这与美国的通识教育不同,更加强调学生自由选择。当然也有相通点,即都强调对学生人格的培养。甘阳的观点在美国天普大学戴海龙校长那里得到了呼应。戴海龙认为,所谓"博雅教育"或"通识教育"基本上是社会科学、自然科学都有涉猎,但学生选修的是其中所谓的核心课程(core course)。

我认为,要深化国内的通识教育,更重要的是把一门课教深,让学生通过学习这门课了解一个学科的研究方法。例如,甘阳组织《中国哲学》这门课,其核心就是通过助教带领学生精读,理解并养成专业的思维习惯,而不仅仅是扩大学生的知识面。

无论是通识教育还是素质教育,除了关注课堂,还要重视大学文化对学生的熏陶。在海外访问时,我经常提的一个问题是:与30年前的教育相比,现在教育有什么新的变化?美国尤西纽斯学院黄伊侣校长告诉我,由于互联网的出现,学生获得知识不再局限于课堂。因此,美国很多大学都开设了网络课程,那么,为什么学生还要继续在学校学习、生活?黄伊侣校长给出的答案是:他们学校对学生的培养 90% beyond the classroom,but inside the college(九成在课外,但仍在校内)。

在专业课方面,大连理工大学做了较大的改革,改变了大类基础课、专业基础课、专业核心课的比例,尤其关注专业核心课。以化工机械为例,把整个知识结构梳理成两条线:一条是机械设计线,另一条是化工原理的过程线。然后从专业课中理出两门核心课程,材料力学和化工原理。这样选择的原因是他们对大量校友进行了调查,发现在学生的职业发展中,影响最深远的专业课就是化工原理、材料力学。

(三)特别关注课堂教学质量

信息时代的到来使传统课堂教学受到巨大冲击。一种观点认为,在信息爆炸时代,信息很容易获取,因此,有人声称,大学里学到的东西很快就会过时。我想这个观点可能有片面性,回忆我自己的大学生涯,当时学习的微积分一直在影响后面的学习和研究。况且,大学阶段关键是要学习基础和方法。

另外一种观点认为,现在的网络课程,如慕课等,可以替代传统的课堂教学。慕课的出现的确对传统课程造成了一定的冲击,带来了教学理念和手段上的革新。但是我认为,推广慕课同时需要线下课程的配合,这样才能关注到每一个学生。

信息时代的到来,反过来对传统的课堂教学质量提出了更高的要求。对此,陈道蓄有个很精彩的观点:"现在,我们中国有个很流行的提法,叫'第二课堂'。为什么外国人没有这么叫?原因其实很简单。现在之所以老是讲'第二课堂',是因为'第一课堂'没有承担它应该承担的责任,又把责任推到别人头上。"

目前,很多高校在提完全学分制,根据李志义的说法,学分制的本质是学生自主学习,包括自主选专业、自主选课程、自主选老师、自主选进度,前提是供大于求,要在专业、课程、老师和学习阶段等数量上都比较充裕的情况下,实施完全学分制才有意义。我认为,我们与世界一流大学主要的差距,恐怕就在于能否提供足够多的高质量课程。所谓内涵建设,可能最重要的是课堂的数量和质量,说到底就是把每一门课的质量提高。四川大学谢和平校长也提出,要在四川大学实施"万门课程建设计划"。

第一,在课堂教学上,要激发学生的兴趣。

清华大学生命科学学院院长施一公曾在普林斯顿大学任教,他告诉我,普林斯顿大学以优秀的本科教育闻名于世,在分子生物学系,本科生毕业考核只要求八门课,其中专业课只有四门,而在清华,要修五六十门课,其中很多课程与毕业学位直接相关。但普林斯顿大学的本科生却依然忙得一塌糊涂。他发现,这些学生学习靠的是self-motivation(自我激励),每个人都在为自己的前途担心,都在拼命地学,把时间利用起来。而在国内是不断给学生"增负",总怕学生课程学少了,结果是学生越来越不愿意学。究其根本,他认为,在普林斯顿的本科教学中,学生是主体;而中国的教育更多地体现出以学校和教师为主体,结果就是,忽略了以兴趣为导向激发学生自身学习和创造的原动力,也偏离了中国数千年来就有的"因材施教"理念。

施一公还举了自己的一个例子:他在清华拿了生物与数学双学位后,到美国约翰·霍普金斯大学攻读博士,选修了天体物理系的数学课程,原本以为可以很轻松,但是他发现周围每个美国学生数学的功底都很强,让他感到极大的压力。在他看来,美国学生进高中和大学是低门槛、宽口径,很难想象在博士阶段有这么强的科研能力。后来,他发现,美国教育强调兴趣,能够进入天体物理系的博士,必然对此有着浓厚的兴趣,而一旦有了兴趣,必然也就有学好数学的动力。他发现,中国学生的方差*较小,拔尖的不多,掉队的也不多,因为我们的教育体系以保姆式管教为主,既封顶又保底;相比之下,美国学生的方差很大,拔尖人才为数不少而且非常优秀,也有不少掉队的。

由此,我联想到在《南方周末》上看到的一篇报道,其中提到对数学教学的反思。我们国家是把学生数学成绩高低作为一种选拔的手段,因此,人人要学数学;在美国,不主张对数学教育持过分积极的态度。他们相信感兴趣的学生自己会努力去学,而对不感兴趣的学生也不作过高的要求。因此,你会看到,很多美国人的数学是很差的,但最顶尖的数学家则会在感兴趣的那些学生中产生。用报道中的话来说,就是"美国损失的是多数人的数学能力,我们损失的是数学尖子"。

因此,在课堂教学上,要激发学生的兴趣。陈道蓄说,如果我们的老师既不能让学生感觉所学的东西有用,又不能让学生觉得有趣,凭什么让学生好好学习呢?课堂内容要么有用,要么有趣。清华大学钱颖一也提出,"应用学科靠有用,人文学科靠有趣。"

第二,课堂教学的目标从以知识为导向向以能力为导向转变。

---

* 方差是各个数据分别与其平均数之差的平方的和的平均数。方差越小,说明最大值和最小值之间的差距越小。

几乎所有受访者都会提到中外在教学目标上的差异,强调培养学生要从以知识为导向向以能力为导向转变。但在现实中,我国很多大学的课堂教学还是以知识灌输为主,特别是在互联网时代,依然强调对于知识的记忆。陈道蓄讲了一个故事,他到一个学校去的时候,看到一个比较极端的例子。有一门算法设计课,本来完全就是一门侧重于设计和解决能力的课;结果,它的试卷中 90% 都是概念题,只有 10% 是一个简单的设计;而且,这个设计题,三年中就有两年是一样的,同一个题一字不差。这也说明,现在学生的问题不是动手能力不行,而是设计能力不行。因为老师上课只讲 knowledge(知识)和 concept(概念),而不讲 how to design(如何去设计)。他觉得现在课堂教学的一个突出问题是,"讲的东西太多,做得太少,考得太容易。"饶毅也认为,现在以背书通过考试的教育方式,违背了培养研究型人才的教育目的。

施一公特别提到了过分强调知识带来的问题。他说:"中国学生的问题之一就是知识结构太缜密。结果,有一点沟壑的时候,他就过不去这个坎,就觉得'坏了,我不懂',从而惊惶失措。而美国的学生很跳跃,这儿学一点,那儿学一点。"他表示,其实很多知识系统都有大的漏洞,但是按照美国的教育模式反而会提高学生自学、解决问题和创新的能力。事实上,跳跃式的想法常常是重大科学发现的必备因素。在这种情况下,中国学生在知识上的优势反而成了劣势。甘阳也认同这个观点。他认为,很多的知识其实没必要掌握,知道得少可能会比知道得多要更好,这样在面向未知时,才不会发怵,才会有探索的精神和欲望。潘建伟认为,过去的传统就是强调基础扎实、知识全面,现在不一定合适。相对而言,欧美的学生基础看似不是很扎实,学的内容好像也不是很多,但是学生进入科研的速度非常快。潘建伟分析了两个原因:一是欧美的学生学得比较宽,在某几点上学得比较深;二是在学习的过程中,我们的学生是知识性学习,欧美学生则是探索性学习。

面对这个问题,施一公认为,应该更加重视方法论的学习。他说,如果三年不读 Science(《科学》)和 Nature(《自然》),会缺这三年的知识,但他进行科学研究的方法论基本可以不受影响,因为这是他过去的科研训练造成的。他认为,研究方法论的培养比知识的更新更加重要。如果一位老师只是把最新的科学发现和知识教给学生,而没有对学生进行方法论和思维方式的培养,那就真是本末倒置了。因此,饶毅在北大、清华分别开了一门关于方法论和逻辑思维的课程——"生物学思想与概念"和"生命科学的逻辑与思维"。

同时,施一公认为,讲前沿和讲方法论并不矛盾。讲课要前沿,当然是对的,但是目前的本科和研究生教育没有把方法论的培养放到足够的高度。在不同的学科,对于知识的要求是不同的。李建成特别提出了科技发展对于传统学科在教学上的影响。过去,测绘学的理工基础是以测量为主的,学了很多数学知识;现在,计算机技术一出来,对学科的基础理论体系构成了很大的挑战。在武汉大学测绘学院,就特别关注科技前沿。

(四)重视教学质量保障体系的建立

第一,充分认识建立教学质量保障体系的意义。

最近,我调研了国内三所独立设置的中外合作办学高校——宁波诺丁汉大学、西交利物浦大学和北京师范大学香港浸会大学联合国际学院。这三所高校对于英国的高等教育体系有着比较多的借鉴,其中特别值得关注的是英国大学的教学质量保障体系。宁波诺丁汉大学管教学的副校长告诉我,老师上课伊始,就要开始出本门课的考卷。这张考卷,先由校内的同行审核,再送到英国给诺丁汉大学的同行审核。最后,还要送到这门课的校外考官(External Examiner)那里审核。他相当于同类院校的同行,在 QAA(英国高等教育质量保证机构)注册。改考卷同样是这样的一个流程,对批改的试卷进行抽样、审核,看阅卷是否科学、合理。这三所高校共同的看法是,英国大学的教育质量保障体系是比较健全的。我校财务处黄桂副处长受教育部财务司委派到英国学习内控制度,回国后与我交流时提到,在英国,内控制度贯穿于整个大学事业发展和建设的全过程,并不仅仅是在财务方面。

第二,重新审视国内的本科教学评估工作。

保障教学质量很重要的一点,是教学质量评估体系。陈春声是教育部本科教学评估的专家,我请他评价国内开展的本科教学评估。他认为,前一轮评估是教育行政主管部门顶着社会的不理解,顶着高校老师对抗情绪的巨大压力,本着对整个国家高等教育质量高度负责的态度去完成的。

在他看来,前些年高等教育工作最受诟病的,就是本科教学评估,但是现在回过头来看,本科教学评估起码起到了三个方面的作用。一是中国的大学不论是追溯到近五十年,还是近一百年,从来没有能够这样在开放的环境下,用几年的时间集中学校领导和教师的精力及智慧,关注本科教育,用现代教育的理念,从人才培养的角度全面、系统地审视学校的发展思路、定位、办学举措。这是大学办学和人才培养的"顶层设计",也是让大学回归"人才培养本位"的重大成效。二是推进学校第一次如此认真、深刻地思考学校的办学特色和办学传统,挖掘学校的个性特征。即便是历史不长的新建院校也认真地思考应当办出什么样的特色,培植什么样的教学传统。这对推动中国大学多样化、个性化是有积极意义的。三是促使中国高校第一次如此全面、认真地按照评估指标体系的要求构建起教育教学质量保障和监控体系,包括建立较为完善的教学管理制度体系。

他还告诉我一个故事,他曾经意外地加了某地一个大学 QQ 群,发现在抽查前夕,某些学院领导会集中老师改正第二天评估专家要看的试卷和论文。他认为,这虽然有造假的嫌疑,但是起码把原来应该有的教学档案积累和教学的规范化管理程序进行了弥补;这个备受诟病的过程,本身也是一个建立规矩的过程。

他认为,在反对评估的人里面,基本上没有大学校长,更不会有学生。反对的人中,一些是有些慵懒的老师,一些是社会上自以为读过大学就懂得高教的人。评估过程的背后是一个分清利益关系的过程,其实是想让老师要有更多的付出。"过去,我们总把师生情谊挂在嘴边,弄得温情脉脉。而通过本科教学评估,把这个关系切得比较清楚。"因此,本科教学评估是很有价值的,是不能放松的。

陈道蓄是中国工程教育认证协会认证结论审议委员会副主任委员,他发现工程教育国际认证强调的是学生的能力,评价学校在学生能力培养方面的质量时,首先必须有一个明确的目标,然后看是否达到;如果达到了,教学质量就是好,达不到就是不够好。与企业界的有很多认证类似,比如 ISO9000、CMM/CMMI。企业认证就两条标准:"做你说的,证明你做的确实是你说的。"

其实,这就是新一轮本科教学审核评估的要义所在。既不是用同一套指标体系去评价大学,也不是用量化的指标去考核大学,而是看大学是否遵循自己的办学定位,是否实现了人才培养目标。

第三,本科教学质量审核评估应该特别关注教学质量保障体系的建立和运行。

我也参加了本科教学审核评估的一些工作,对于目前在做的国内本科教学评估有一些思考。

我认为,本科教学质量评估应该坚持以高校作为教学质量的主体。质量形成于过程,保证质量靠的是质量保证体系。高等教育质量保证分高校内部质量保证和外部质量保证。国家的评估制度是高校外部质量保证的重要手段,高校内部质量保证主要是通过建立内部质量保证体系来实现的。高校内部质量保证是内因,外部质量保证是外因,外因通过内因才能发挥作用。因此,质量保证的主体是高校自身,而不是政府或实施质量评估的机构。

在进行本科教学质量审核评估时,与高校日常外部评估的侧重点不同,主要不应该去检查高校教学的微观环节,而是应该看学校是否建立起完整有效的质量保证体系以及是否在发挥作用。陈道蓄提到,督学不应该停留在听一门课上。他认为,"听课是一个非常不科学的教学检查方式。因为我们现在关心的是培养目标的达成,仅仅听一节课,并不能说明这门课能不能达到目的,更不能说明这个学校的本科教育质量。"

因此,高校内部质量保证体系的完整性和有效性是审核评估的重点,这也是海外高校的通行做法。例如,英国的院校审核特别强调:"院校审核的整个追踪过程的目的在于,测试学校内部运行的质量保证程序,以得出学校对于质量及其标准的管理效果的总体判断。"又如,香港的大学教育资助委员会也明确提出,进行教学质量保证工作审核,关注的焦点是"保证和改进教学质量的过程,而不是教学质量本身"。

四、关于教学改革,学校不同层面的侧重面不同

我认为,教学改革有宏观、中观和微观等三个层面,分别对应着学校校长、院长和教师三个层面。这三个层面的侧重点是不同的。

(一)校长要有理念

第一,在理念上,要把重视教学、重视学生成为全校的共识。

例如,陈骏校长在校内反复强调:"不懂本科教育的校长不是好校长,不重视本科教育的院长不是好院长。"他说,刚开始当校长的时候,收到很多老师、同学给他写的信,建议重视本科教育。到现在很少有人再跟他提重视本科教育了,因为老师、学生看到校长是真心实意重视本科教育的,再重视他们就快吃不消了。这样一来,大家慢慢地就重视起本科教育来。

又如,谢和平校长在他的报告里提到,2003年他初到川大工作时,经过调查发现,每年学校都约有10%的学生不能按时毕业。他认为,作为大学的管理者、大学的教育者,对被教育者承担着责任,就应该把学生教好——使优秀的学生更加优秀,使缺乏自制力、学习困难的学生也能取得进步、成为优秀。这些年来,经过全校上下共同努力,目前,川大不能按时毕业学生的比例已经降到了6%左右,最终的目标是把不

能按时毕业学生的比例降到 3%。

第二,在政策上,加强对教学工作的引导和支持。

例如,复旦大学在校内一改以往对教师考核和评价的标准,从关注代表性著作向关注代表性成果转变。所谓代表性成果,既可以是论文、专利、社会服务,也可以是教学工作。

又如,浙大设立了优质教学奖,以表彰教学质量优秀和课程建设改革成绩突出的教师。有一年的获奖候选人里有一位院士和一位普通教师,教学工作都非常突出,学校权衡再三,决定将优质教学奖颁给普通教师,以鼓励更多的教师关注教学。

再如,我从媒体上了解到,中南大学出台了一项新的规定:"副教授、教授必须上讲台,青年讲师不许上讲台。"同时,把 90% 的绩效津贴分配给教学岗位,目的是推动教授回归讲台。张尧学校长认为,"教授要把最前沿的研究成果带到课堂,让学生享受最优质的教学资源。"

(二)推动教学改革的关键在于院长

第一,只有院长行动起来,教学改革才能真正推动下去。

教学改革关键在于院系。我认为,教学工作需要学院的一把手来关注,而不仅仅是教学副院长的事。因此,教学改革,需要得到学院的重视,更为重要的是,学院的院长要动起来。王守仁说,作为院长,他很认同南大提出的"三三制"教学改革。我认为,只有学校和学院达成共识的教学改革政策,才能够真正得以贯彻。这也是我在这本访谈录中主要以学院院长为访谈对象的重要原因。只有一流的院长,才会有一流的队伍、一流的研究和一流的教学。

在访谈中,饶毅根据自己的经历,直言他所建议的教学改革的所有步骤,北大校方都同意了。而且,他认为,教学改革的阻力,不在教育部,也不在学校,关键是看院长是否负责任地做这件事。

陈十一也提出,大学的根基在院系,国际合作的根本也在院系。在北大工学院,实行院长负责制,学校先挑院长,再由院长挑副院长,由院长来组阁。陈十一认为,像北大工学院这种新建学院,没有一个内在驱动力很强的院长是做不出来的。某种意义上,院长决定学院文化。

关于学院院长的职责,施一公认为,学院的院长不需要事无巨细地管行政。院长与行政人员的关系是 Leader understands what to do, and administrator knows how to do(领导知道做什么,行政人员知道怎么做)。作为院长,他只管学术。他发现,在中国,把"教授治校"当成是教授来管具体的财政、设备等,这其实是一种形式主义。他是做生物研究的科学家,他只懂他的领域。所以,行政工作一定要专人去管,这种职业化的行政管理叫"行政治校"。田国强认为,院长无为而治的前提是有可行的规则和可靠的团队。他在经济学院行政工作中,非常注意信息对称,尽可能做到开诚布公。

作为院长,胡舒立认为,"院长要用开放心态办学,接受不同学科。"在传播与设计学院,把新闻传播学作为一个主干学科,同时也要有开放的态度来接受不同的学科。南志标提出,院长一是要有服务意识;二是要知道学科如何发展。这两点都很重要,缺一不可。钱颖一总结,"推动教育改革,院长必须是思想的引领者,同时又是行动者、执行者。"

第二,发挥学院和院长作用的关键是在落实院校两级管理的过程中将重心下移。

柯杨提出,在推动教学改革的过程中,院长要亲自抓教学,但是光杆司令一个也不行。在任期间,她和她的管理团队几乎推动了医学部全部课程的改革。总结经验,她认为,"这是因为我作为医学院院长,手上有资源可以调配。"

我认为,建立现代大学制度,很重要一条是建立校院两级管理制度。我特别欣赏张杰校长从"校办院"向"院办校"转变的治校理念。用他的话来说,上海交大的优势是集团作战,但是未来的发展方向,是要将学校这一台大的发动机变成三十几个小的发动机,共同推进学校的发展。

在处理大学和学院关系方面,大学要放权给学院,并给学院以充分的支持。

施一公认为,大学自主权有两个层面:大学和学院。自主权下放的内容包括两个方面:一是教育行政主管部门把办学自主权下放给大学,二是大学要把一些自主权下放给院系。

例如,林建华校长在重庆大学设立了几个学部,相当于学校的一个派出机构。他说:"学部设立的目的,不是从学院收权,而是从学校放权。"他们把发展性的事务,包括队伍建设、学科调整、规划、教育改革等,放权给学部来管。

又如,陈十一回顾,他做了北大工学院院长八年,学校一直支持,而且他挑选的副院长,学校没有否决过,这对学院的工作比较重要。

再如,钱颖一在经管学院进行通识教育改革,但他认为,仅在一个学院中推动改革,有时成本会很高。特别是通识教育,如果由一个学院做,是非常不经济的。

田国强认为,在学校层面还不成熟的前提下,应该鼓励院系基层大胆探索,先行先试。作为学校,对于得到实践检验的院系改革经验,应该在全校层面推广。

(三)课程改革的关键在于教师

第一,明确教师在教育方面的责任。

学校提供给学生的产品是课程。在课堂上,应该以教师为主,而不仅仅是设一门课在那里。这与我们强调学生作为学习的主体并不矛盾。正是因为尊重学生,做到因材施教,才需要教师发挥主动性。谢和平校长就提到,现在我们个别老师觉得,只要把课讲得很好,学生学好还是学不好、考试及格还是不及格,都是学生自己的事,而没有从教育的责任的角度出发,反思自己有没有教书育人,更多去寻找自己的责任。

第二,老师对待教学的态度影响学生学习的态度。

我认为,教师对待教学和学生的态度是考核不出来的。汪劲松校长认为,关键看教师骨子里对教学是什么态度,是把它作为一个谋生的手段、混日子的饭碗,还是把它作为骨子里的爱好?态度不一样,教学的效果当然也不一样。柯杨也提到,对于医学生而言,老师的榜样作用体现得最明显。在校时,老师怎么对待学生,这些学生以后走上社会,就会怎样对待病人。

特别对于"两课"教育,不仅仅是知识点的传授,更重要的是教师的示范作用。与此类似的是大学辅导员队伍,其职责不能简单看作是对学生进行管理,更多的应该强调对学生的引导、示范和服务。

每一个教师都有育人的责任,学院的院长作为教师的代表,除了管理方面的工作,在育人上也应该起到表率作用。在整个访谈的过程中,我看到很多优秀的院长,他们在人才培养方面都是亲力亲为。比方说,田国强认为,学生工作是对学生人格的培养,不能仅仅靠辅导员,他自己经常给学生做报告,还把自己的感情经历讲给学生听。陈国强提出,院长要做好学生导师,不仅仅是科研导师,更是人生导师。他经常通过博客与学生交流,鼓励学生树立信念,被称为"信念院长"。潘建伟提到,别人说是"先爱大的,再爱小的",而他的观点和别人不一样,是"先爱我自己,再爱我的亲人、我的朋友、我的母校以及我的国家"。只要有机会,他就给留学海外的学生打电话、发短信谈心,像老太婆念经,增强学生的归属感,培养学生吃苦耐劳的精神。南志标针对农学人才培养的特殊性和学生不愿意读农科的现状,作为院长,亲自做学生的思想工作,去影响学生,感化学生。

第三,学校要制定政策,更好地引导、帮助教师成长。

陈道蓄把教师分为四类:第一类老师愿意花时间在教学和学生身上的;第二类老师的能力很强,但科研黄金期过去了,又想出类拔萃,有所作为;第三类老师把教学任务按最低要求完成,重心主要在科研上,这一类老师现在是多数;第四类老师连底线都没有,纵容学生。他认为,学校政策主要应该引导第二类,树立一些典型出来并且把底线维持好。

教师是一个职业,需要经过严格的职业训练才能成为一名合格的教师。胡舒立认为,并不是从行业实践出身的天然就能当教师,名记者在新闻学院不一定就是好老师。针对教师职业训练的问题,复旦大学专门成立教师发展中心,针对青年教师表达能力较弱的特点,通过教老师如何做PPT等,提升他们的讲课能力,帮助教师规划自己的职业生涯。

为了更好地帮助年轻教师成长,上海交通大学还针对现有的人才成长阶梯间距比较大的问题,设计了"校内人才梯队",相当于在国家的人才成长阶梯的两个台阶之间再加一个台阶。

其实,对于人才培养的问题,社会上一直有着很多期待和评价。我也请陈春声专门评价最近这几十年来中国高等院校的整体教育质量。他认为,首先要看到新中国成立以来,大量栋梁之才是中国的大学培养出来的,不能因为缺少几个诺贝尔奖获得者,就对中国的高等教育片面做出否定。用他的话说,"不能以小概率事件作为整体制度改革立论的依据。"汪劲松校长也认为:"产生牛顿、爱因斯坦的特定历史时期已不存在,科学发展到现在,重大成果大都需要学科综合,单靠个人的力量已经不可能完成一个新的跨越了。这个年代出不了像牛顿、爱因斯坦那样的大师,因为彼大师非此大师。"我认同这样的观点,其实"大师"的概念已经发生了变化,以前以掌握知识为标志,随着知识越来越细化,这样的大师很难再出现了。而且,我认为,大学的本质是平等对待每一个学生,作为大学,也不应该为培养某一奖项的得主投入大学所有的精力,大学应该为培养所有人服务。

面对社会对大学的期待,陈春声认为,教育是一个很容易遭到批评、永远没有办法让所有人满意的领域,这是一个普遍的现象,世界各国都是一样的。许多人很容易引用美国的例子来批评中国的大学,但是美国人对自己国家的高等教育,也是从来就没有满意过。可以说,对教育的不满是一个正常社会的"常态",教育是为社会进步、为人类的明天培养人才的,一定要有前瞻性,对教育的不满可以视为社会充满进步动力的标志。

虽然本书的目的是呼吁大学的管理者、教师、行政人员更加重视人才培养和教学改革工作,但我们也不能忽视中国高等教育已经取得的巨大成就,中国大学的管理者更不宜妄自菲薄。回归大学的根本,绝不意味着对现在所走道路的怀疑、徘徊甚至是后退,而是坚信中国的大学同样可以培养出优秀的人才。

张 杰：
大学要激发学生的创新潜质

(2013年4月5日,上海交通大学)

  张杰,1958年生于山西太原,祖籍河北邢州,物理学教授,中国科学院院士、德国科学院院士、第三世界科学院院士、英国皇家工程院外籍院士、美国国家科学院外籍院士。1978—1985年,张杰在内蒙古大学物理系学习,获理学学士和理学硕士学位。1985—1988年,在中国科学院物理研究所光物理专业学习,获理学博士学位。1989—1998年的十年间,张杰在英国牛津大学等国际著名学术机构长期从事教学和科研工作。1999—2003年任中国科学院物理研究所研究员、光物理重点实验室主任、副所长等。2003—2006年任中国科学院基础科学局局长。2006年11月至今,担任上海交通大学校长。

  我们实施了知识探究、能力建成、人格养成"三位一体"的人才培养体系,强调以学生为中心,目的是激励学生自我成才。这要求我们改变理念,真正以学生为中心,激励学生的自主性,激发他们的创新潜质。研究型大学的本质,就是将极具创新思维的教师与极具创新潜力的学生汇聚在一起,让他们相互激发,并在相互激发中形成使学生终身受益的智慧和创新能力。

黄达人(以下简称"黄"*)：张校长，我这本访谈录的主题是人才培养，第一个就是访问你，后面还打算访问一些学院的院长以及个别大学校长。我们知道你在大学管理的许多方面都有很多先进的理念与实践，因此，对你的访谈不局限在人才培养方面，希望你能谈得全面一些。

张杰(以下简称"张")：谢谢黄校长。我们不妨先从大学与社会的关系谈起。大学是人类文明历史长河中非常独特的一个社会组织。大学之所以可以历时千年，而一直保持着持久而旺盛的生命力，除了由于大学是知识的创造者和传承者外，更重要的是因为大学代表着人类思想、精神和道德的制高点，是整个社会良心、公平和正义的最后堡垒。大学通过创造、传播和保存学术成就、文化概念和人类文明的价值去影响社会。在这个意义上，大学的人文精神和学术追求，决定着国家和社会的未来。

创新是大学最根本的特征，因此，大学治理应该围绕创新这一根本特征展开。首先，我们来看一下美国经济社会的发展与高等教育的关系。从这个特殊的视角来看，美国近一个半世纪的经济社会发展大致可以分成两个阶段：第一个阶段是从1865年南北战争结束到第二次世界大战结束，第二个阶段是从第二次世界大战结束到现在。在第一个发展阶段的约80年间，美国的发展走的是要素驱动模式。其实，很多国家的发展都走过这样的模式，包括我们中国过去35年的发展模式。但是，从第二次世界大战结束到现在的第二个发展阶段，美国的经济社会发展却走出了一条非常独特的轨迹，出现了五个台阶式的跨越发展，分别是1960年代航天技术带动的经济社会发展，70年代电子技术带动的发展，80年代软件技术带动的发展，90年代互联网技术带动的发展，以及现在正在出现的云计算、大数据等新技术带动的发展(图一)。从图上可以看出，这是很典型的五次主要以创新为驱动力的跨越式发展，而世界上其他国家的发展却没有走出这样的轨迹。例如日本，从其发展

---

* 本书每篇访谈录除第一次出现时署访谈双方全名外，均只署姓氏。

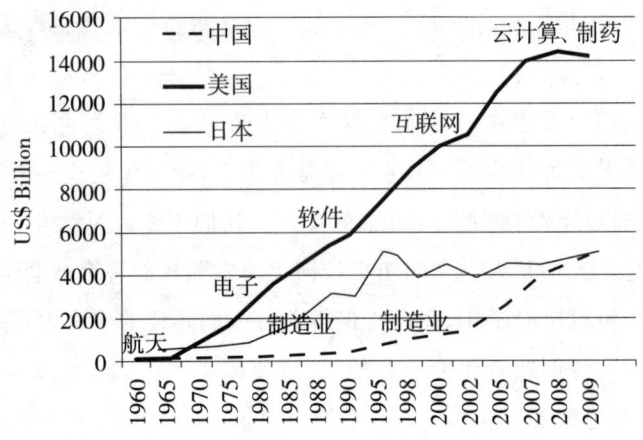

图一　1961—2009 年中国、美国、日本 GDP 变化
（数据来源：http://data.worldbank.org/indicator/NY.GDP.MKTP.CD）

轨迹上看，它的发展主要也是要素驱动模式，是以制造业为主的发展，随着产业的转移，它的发展从 80 年代开始进入饱和区。而我们国家的经济社会发展现在也开始出现了减速的趋势。因此，我们国家经济社会发展转型的关键，说到底，就是我们的发展模式能否变成以创新为驱动力。所以说创新驱动发展对于世界各国都很重要，尤其是对于中国这样的大国更加重要。

仔细研究美国历史上这五次跨越式发展的驱动力，可以清楚地发现，这五次跨越式发展都与大学的创新密切相关，或者说大学都在其中扮演了非常重要的角色。现在，我们有时单纯地把所有大学都定位为"为社会培养有技能的人才"，其实是不能满足中国经济社会发展对大学的多元化需求的。大学，尤其是研究型大学，最根本的定位应该是成为社会经济发展的创新引擎和源泉。我们平时总在说中国现在的经济社会发展转型需要创新驱动，而创新的主体是企业，但是我们似乎从来没有回答创新的引擎和源泉在哪里，这个源泉其实就在大学，这是中国大学的使命和责任。

大学的根本特征是创新，创新来自教师与学生的创造力和创新活力。因此，大学治理的核心，是以人为本的制度激励，通过制度激励，将大学建设为一个持续高效激励创新活力的有机体。研究型大学的实质,就是要把一群极具创新思维的教师和极具创新潜质的学生聚集在一起,相互激发他们的创造力,从而产生使学生终身受益、促进人类文明进步的创新能力和智慧。大学治理,就是要创造这样一种持续高效激励创新的人文环境。

我们认为,这样的创新环境,可以表现为三大体系:第一是创新人才成长体系,既包括具备创新思维的教师,也包括有创新潜质的同学;第二是科学技术创新体系;第三是思想文化创新体系。这也是创新型社会对研究型大学的要求。交大这些年的主要改革都是围绕着建设这三大创新体系而展开的,这三大体系也是交大向创新型大学转型的发展目标。

创新人才成长体系:为创新人才成长搭建阶梯

黄:那我们就从这三个体系谈起。

张:创新人才成长体系,主要分成两个部分,就是教师的成长和学生的成长。先说教师成长体系,这个体系强调的是要形成创新人才成长阶梯,最终形成一流师资队伍的人才金字塔。教师成长体系分为引进和培育两个方面,一方面是从海外大规模引进高层次创新人才,另一方面是培养、提升现有青年教师的创新能力。2007 年,我们制定了面向 2020 年发展目标的发展规划《交大 2020》,提出要创造条件,大力引进高层次创新人才,到 2018 年,引进和培养 800 名左右在各学科处于世界前 1% 水平的高水平学者。同时,要营造环境,努力培养、提升现有青年教师的学术水平。当然,在大规模引进海外高层次人才的过程中,需要建立一套与世界一流大学可以对接的新的职称和薪酬体系,这样就与现有的职称和薪酬体系形成了实际上的双轨制。但双轨制最终还是要并轨的,我们进行了认真的制度设计,并预计到 2015 年前后开始逐步并轨,2018 年前后完成并轨,在全校范围实施长聘(tenure)学术荣誉体系。

如果将国家现有的对各种人才资助的项目（比如上海市的浦江学者、教育部的长江学者等）和对科研资助的项目（比如自然科学基金委的青年基金、杰出青年基金等），根据项目重要性和难易程度看做不同层次人才成功标志的话，那么国家现有的这些资助项目其实就相当于人才成长阶梯。但是目前这个阶梯的每两个台阶之间的间距比较大，一位教师要按照这个台阶走的话，迈上每一个更高台阶都至少需要三至五年的时间。为了帮助学校的师资队伍成才，我们在学校内部设计了另外一套人才成长体系，相当于在国家的人才成长阶梯的两个台阶之间再加一个台阶，这就是我们的人才成长阶梯的基本概念。2007年，学校开始实施人才成长阶梯计划。这个阶梯也是学校师资队伍双轨制里面的一轨，这个轨道就是为了引进海外高层次人才而设立，同时今后校内原有的教师也可以进入这个轨道。比如说，人才成长阶梯上的讲席教授、特聘教授、特别研究员，其实都正好对应于国家的每两个台阶之间的台阶（图二）。事实上，国家的"千人计划"对应的其实就是学校长聘学术荣誉体系中的讲席教授，"青年千人"、"优青"、"青年拔尖人才"（统称为"三青"）对应的是学校人才成长阶梯中的特别研究员（相当于海外一流大学的 tenure‐track assistant professor），而在

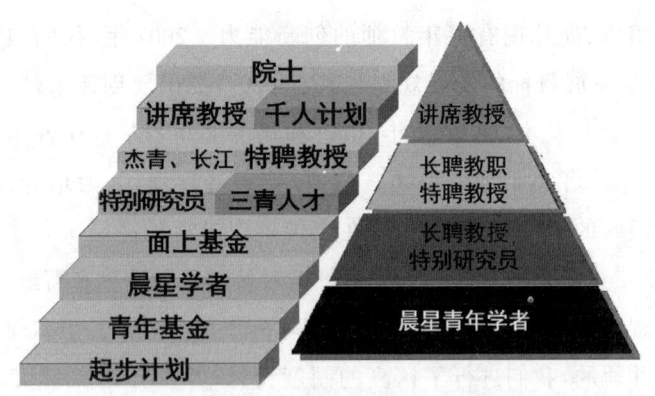

图二　2007年上海交通大学开始设立人才成长阶梯与人才金字塔

年基金和面上基金之间，我们又用捐赠来的基金设立了"SMC—晨星学者"奖励计划，专门支持学校现有的青年教师。这样学校的老师就可以在跃上国家的更高台阶之前获得学校额外的支持。从实际效果看，这样的人才成长阶梯制度设计是有效的，比如，自"SMC—晨星学者"奖励计划设立 6 年来，已经有 1384 位青年教师得到了支持，其中有 16 位成长为国家自然科学基金委杰出青年基金获得者，7 位成长为国家自然科学基金委优秀青年基金获得者，56 位成长为教育部评选的新世纪人才，还有更多的青年教师获得了上海市的各类人才计划的支持。

经过从 2008 年到 2010 年约三年时间的努力，我校由海外引进的高层次人才超过了 250 人，形成了一定的临界体量，同时形成了长聘教师师资队伍的学术标准。在这个时候，我们认为对学校现有教师的改革时机已经成熟，于是我们在 2010 年 9 月启动了针对学校现有教师的"四位一体"综合改革。这个改革由各院系分别推进，主要聚焦四个方面，分别是发展定位、分类发展、分类考核、薪酬体系。这个改革非常不容易，需要耐心和制度设计，所以，我们将这个改革完成的时间定在 2018 年，即持续进行八年左右的改革，实现双轨的并轨。从 2014 年起，我们选出几个基础比较好的院系做试点，开始试行新的人事制度，向 Tenure-track 体制过渡。2015 年，在试点的基础上，我们在全校开始推进学术荣誉体系，启动长聘教职评聘，师资队伍发展的两条轨道开始并轨，这个并轨过程大概需要几年时间的，预计到 2018 年在全校范围完成并轨。但是，在双轨制并轨的过渡期，怎么样才能营造新引进的教师与原有教师相互尊重与相互学习的环境呢？我们的做法是，在新体系里面，首先，职称晋升体制与我们现有的职称体系是不一样的，新体系是与国际接轨的；其次，新体系中，教师的薪酬比原有教师多出来的教职津贴部分主要是通过企业家捐资、冠名筹得的，不动用学校可用于原有教师薪酬的那部分资源，以保证对原有教师的公平。

从 2010 年开始，我们启动了针对原有教师的薪酬体系改革，这项改革要连续执行八年，主要是增加教师收入中，来自学校的部分和来自学院的部分。目标是在 2018 年前，随着交大师资水平的快速提高、双轨制完成并轨的时候，交大长聘教职师资的薪酬可以与世界一流大学同级别长聘教职师资的薪酬可比，同时，将长聘教职的薪酬的比例调整到位，以便对长聘教职师资提出更高的教学质量要求。在 SMC 公司的支持下，我们为 35 岁以下的青年老师设立了 SMC—晨星学者激励计划，这个计划除了给青年教师生活津贴和住房津贴外，学校也将科研口的资助集中在这个计划中集中投入。在过去的六年里，在 SMC—晨星学者奖励计划的总投入为 1.36 亿元（其中来自 SMC 的基金的经费为 8600 万元）。此外，我们还为新进校的青年教师设立了科研起步计划，青年老师一加入交大，就会有科研启动基金。在鼓励青年教师教学方面，我们还设立了一项烛光奖，成立了教学发展中心，从教学方法和资金两方面，激励青年教师对教学的投入。同时，我们还加强了青年教师公寓建设，给新来的青年教师一个喘息的机会。

总体来说，我们师资队伍的建设速度与 2007 年制定的人才金字塔规划大体是一致的，甚至实际的发展速度比规划中还要快一些。所以，到了 2012 年底的时候，我们已经基本实现了 2013 年的人才引进和培育目标。我们相信《交大 2020》发展规划中的师资队伍建设的 2020 年的主要规划目标很有可能在 2018 年就会提前实现。

黄：你从引进和培育两方面对教师成长体系讲得已经很清楚了，接下来请谈谈交大的学生成长体系。

张：2008 年，我们在全校范围内进行了一次为期八个月的教育、教学理念大讨论，全校有五六百位老师参与。通过这次讨论，大家达成了这样的共识：我们目前在大学里奉行的以知识传授为主的教育理念，已经跟不上时代的要求。我们要对交大的人才培养体系进行改革，实施知识探究、能力建成、人格养成"三位一体"的人才培养体系。强调以学生为中心，目的是激励学生自我成才。其中一个最核心的变化就是，以前我们其实是以教师为中心,把学生当作孩子看待,而非成年人,所以包办代替得太多,影响了学生的自我成才。现在的体系要求我们的理念要改变,要真正以学生为中心,将学生作为成年人来要求,激励学生的自主性,激发他们的创新潜质。研究型大学的本质,就是将极具创新思维的教师与极具创新潜力的学生汇聚在一起,让他们相互激发,并在相互激发中形成使学生终身受益的智慧和创新能力。以前,交大的基础学科教育基础较弱,所以我们成立了致远学院,主要通过培养提出问题的能力(批判性思维),系统地解决问题的能力、知识整合能力、学术沟通交流能力,培养具有强烈社会责任感、热爱科学、追求真理、人格独立的拔尖创新人才、能够站在未来科学和工程界前沿的领军人物。为了整合全校的资源,凝聚各方面的力量,我亲自担任致远学院院长达五年之久。在专业教育方面,我们成立了交大密西根学院和法国巴黎高科卓越工程师学院,借鉴国际先进经验,同时我们启动了卓越法学人才、卓越医师、卓越农林人才培养等计划。

在研究生培养方面,我们从2010年起启动了八项改革措施。我们的研究生教育其实距世界一流大学的研究生教育差距更大。所以,我们先从建立质量保障体系,注重过程管理的改革开始,包括:(1)根据经济社会发展需要不断调整培养模式;(2)改革创新招生方式;(3)完善导师选聘制度;(4)建立全过程质量保障体系;(5)统一学术标准;(6)加大国际交流力度;(7)推进交叉学科培养;(8)加强课程体系建设等。研究生培养更要强调以学生为中心,尊重个性化发展。

经过全校师生将近十年的努力,这些改革措施现在可以看到一些成效了。首先是本科生生源质量有了长足进步,招生综合排名稳居全国第三。我们的研究生生源质量也有了大幅度的提高,硕、博士生来自"985"高校和重点学科的生源比例分别达到了60%和70%。专业学位招考成绩和培养质量也名列前茅。

我们把海外游学作为人才培养国际化的一个重要途径,为学生提供全方位与不同国家和文化交流的机会,培养学生的国际化视野。

2013年,本科生中有海外游学经历的学生比例已经超过35%,我们的目标是到2020年前后,这个比例将达到50%以上。在交大校园中学习的海外留学生人数也已经达到5000人,对留学生住宿也进行了改革,让海外留学生与我们自己的学生居住在同一栋宿舍楼,让他们的文化相互碰撞,在校园里初步形成了多元文化的氛围。

科学技术创新体系:改变激励机制

黄:接下来,可以谈谈科学技术创新体系了,我听说2006年你刚任交大校长的时候,第一个举措就是取消了对发表论文的现金奖励。

张:是的。从2006年开始,我们就着手重塑学术追求的大学灵魂,其中最根本的就是要回归科学研究的根本,激励好奇心驱动和使命驱动的科学研究。取消对发表论文的现金奖励,是为了去除科学研究的功利化目的,改变当时的科研导向,把当时科学研究的"论文导向"转变为"问题导向"的科学研究,问题的来源主要包括国家重大战略需求和世界科技前沿两方面。针对国家重大战略需求,一般来讲,大学不太善于"大兵团作战",所以,从2007年开始,我们就有针对性地组建大团队、建立大基地,以增强承担大项目的能力。另一方面,我们也强调好奇心是人类进行科学探索的根本动力。因为这个关系到学校的科学追求精神。这里有个小故事。我在中科院工作的时候,一直倡导进行暗物质的研究,这是目前宇宙学领域最具挑战性的一个问题。但是,做暗物质探测的实验研究,由于所需时间较长,难度极大,不容易在短时间内出论文,当时也是因为有"论文导向"的功利因素存在,所以其实没有人愿意选择这个课题。

来到交大以后,我们取消了对发表论文的现金奖励,改革了对院系学术发展的考核方式,启动六年一个周期的国际评估,倡导以学术追求为灵魂的大学文化,这种"论文导向"的研究文化开始转变。物理系季向东教授是由美国马里兰大学回国的大物理学家,他与他的国际团队长期致力于暗物质的直接探测研究。为了屏蔽宇宙射线的背景干扰，暗物质直接探测需要在极深的地下实验室进行长时间的测量。他们与清华大学实验团队一起，在我国四川锦屏山深地实验室（埋深达2500米）进行长期的探测研究。他刚回国的时候曾经问我，学校是否支持，需要持续十年之久，而且最终可能是零结果的实验探索？我说，学校支持这样的科学探索。首先我相信你们在那样的深地实验室探测十年肯定不会一无所获，再说暗物质测量的零结果本身，对于科学探索来说，也是很有价值的。再退一万步来说，即使你们的实验什么有价值的结果也没有得到，其实你们也对中国的科学事业作出了贡献，因为你们向全世界昭示了中国科学家对自然未知的科学追求。中国科学家不为名、不为利，就是为了探索自然未知，追求科学真理，在2500米深的地下实验室待十年的时间，我相信这对更加年轻的学者的成长和科学精神的弘扬必将是一个巨大激励，这不是论文的数量可以替代的。对于大学教师来说，这种科学追求精神至关重要，因为他们会用这种精神来影响学生。

另外，我们从2007年开始启动了对院系学科发展的中长期国际评估。这个说起来容易，做起来真是难。因为这实际上是要把对院系的年度考核变成六年一个周期的国际化评估。这是一个根本的转变，其背后的目的仍然是摒弃科学研究的功利化倾向。国际评估是学校主导的，分为书面评估和现场评估两个阶段，对每个院系的评估要历时半年左右。在现场评估阶段，国际评估专家要求被评估的学者讲三件最得意的工作，发表不发表都没有关系，主要是看你的学术品味和学术追求，而不是简单的数论文式的考核。实际上，国际评估就是学校对各院系学术发展的一个指挥棒和学术价值导向。我们认为国际评估对院系最大的指导作用就在于倡导学术研究的价值追求导向，实现学术追求的大学灵魂，而这对大学是最根本的，因为大学的根本使命是育人，假如大学教师科研的导向是功利的，那么就会对学生和大学文化产生不良的影响。

黄：那么你们提出的目标管理是指什么，也包括国际评估吗？

张：对。以前我们也曾经历过数论文的量化考核阶段，现在改变了形式。比如院系的学术发展每隔六年做一次国际评估时，做评估的专家会单独给校方反馈，说明这个院系的学术追求氛围和努力效果怎么样，重要的学术方向发展是不是朝着一个大的科学或者工程技术发展目标在前进。另外，我们虽然不追求论文的数量，但还是要看一样东西作为参考指标，那就是申请到的科研经费，包括纵向和横向经费两方面。比如六年的纵向科研经费总和以及变化趋势可以部分地体现这个院系的科研水平在全国的影响力，而横向科研经费可以体现这个院系的科研在工业界的影响力。因为中国正处在一个特殊的快速发展阶段，国家对科研经费投入的增长很快，在过去十年的时间里，国家对研发的投入经费的年增长率都在20%以上。新增的大部分研发经费，都是以大项目、以竞争性经费的方式由国家有关科研管理部门发布。因此，这个时代的特点是鼓励追求重大科学或者工程技术发展目标。如果你要追求大的目标，当然就要申请大的科研经费。所以，对院系六年科研经费总量和变化趋势的观察，最终推动的也是一种在学术追求方面的制度激励。当然，对人文社会科学的学术研究，或者纯理论性的学术研究的评判，我们不是根据科研经费的数量来决定的，而是根据其成果的学术价值来评判。

2008年学校学术委员会开始制定未来的学科建设发展规划的时候，我们提出要对当时的学科发展质量做一次全面审视。当时的交大有68个在建的一级学科，而这68个一级学科里面，真正名列前茅的只有不到三分之一，明显地不符合交大学科建设未来的定位。再仔细研究一下发现，其实我们也不可能将68个一级学科都建设成一流的学科。原因很简单，对于当时只有不到3000名专任教师队伍，可用于学科建设的经费还非常有限的情况下，我们其实没有那么大的人力、财力、物力把这68个一级学科都建成一流。所以，在学科建设方面，我们必须先做减法。当时，学校的学术委员会对学校所有在建的一级学科进行了全面分析，根据学校的未来学科发展规划，决定将在建的一级学科数目削减到 50 个左右。做增量相对容易，做减法其实很难。但是，在全校上下形成共识的前提下，我们在过去的六年时间里，已经成功地调整了 15 个一级学科，将有限的力量凝聚到其他相近的在建学科上去。我们对学科建设提出的要求是，到 2018 年，凡是在建的学科，包括文科，一定要在世界上有其独特的位置。当然，比如说数理化、文史哲这些关乎综合性大学根本的基础性学科，我们会不惜一切代价来建设。

这些年来，我们把自然科学基金的申请量当作学校和各院系创新活力指数来看待。作为传统工科很强的大学，交大的工科老师原来对自然科学基金申请其实并不重视。原因很简单，因为对于有些长期做横向项目的老师来说，从企业得到 200 万的横向项目，比从自然科学基金委申请 30 万经费可能要容易得多。那么我们为什么如此强调自然科学基金呢？这是因为自然科学基金资助的是创新的想法，所以一位老师获得自然科学基金项目的资助，其实意味着这位老师的创新想法被学术界所认可。从这个意义上来说，横向项目代表着学校今天的科研实力，而自然科学基金则代表学校明天的创新实力。

黄：现在交大的自然科学基金的总经费有多少？

张：去年是 6.32 亿元（图三）。我们可以做一个简单的计算，如果说一个自然科学基金面上项目的平均资助强度是 60 万的话，那就意味着去年交大有 1000 位左右的教师都提出了自己的创新想法并得到了学术界的肯定。而且，根据自然科学基金委的规则，每位老师在三年中，只能申请两个项目，目前学校专任教师一共只有不到 3000 人。考虑这些因素以后，从自然科学基金委申请到的 6.32 亿元经费，其实表明了全校教师的创新活力已经被充分激发起来了，事实也证明学校的创新活力明显增强了。这些年，自然科学基金的总经费增长很快，远高于国家 GDP 的增长速度，而交大的发展速度是国内高校中为数不多的能跟上甚至超过自然科学基金总经费增长速度的高校。在以好奇心驱动的创新活力被充分激发以后,我们将注意力逐步转移到使命驱动的团队核心创新能力上来。在这方面,我们把重大项目的申请作为衡量的一个指标。学校的重大项目数和"973 计划"项目数,这些年也有了大幅度的增长(图四)。虽然从 2006 年起,我们就不再对论文进行现金奖励了,有些同志担心学校发表的论文总数是否会继续增长。但过去几年学校的发展表明,学校发表的论文总数其实与是否给予现金奖励没有太大关系。在其他高校也都快速发展的态势下,我们的论文总量从原来排在全国第三的位置,前移到第二位,而且已经逼近第一了。更令人高兴的是,学校发表的论文中的高质量论文变得越来越多。

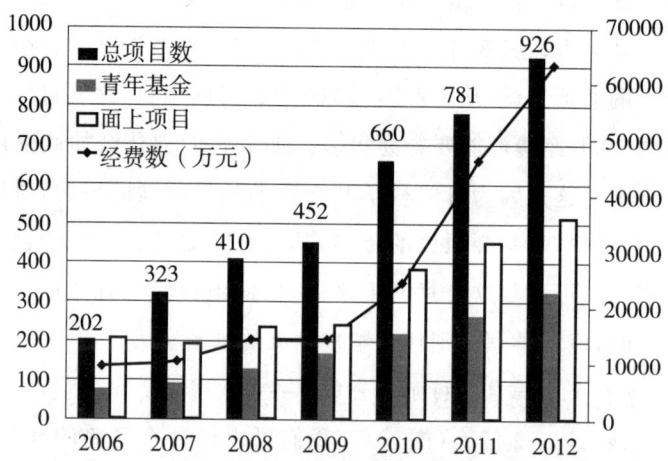

图三　近年来上海交通大学获得国家自然科学基金资助的项目和经费情况

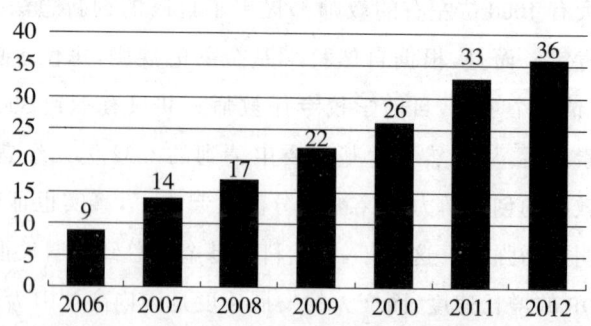

图四　近年来上海交通大学获得 973 首席和重大科学研究计划的数量

科技成果方面,这几年,我们获得的国家奖项有34项,位居全国高校的前两名;1999年以来,我们的科技进步奖总数是全国高校的第一。学校的科研经费和总经费的增长速度也比我们想象的要快得多;尤其是科研经费,从2007年的6.85亿元增长到了2013年的20.51亿元。这些进步都体现了学校创新活力的激发以及团队创新实力的大幅度提升。

最令我高兴的是学校人文社会科学的快速发展,因为高水平文科的发展是像交大这样的理工见长的高校真正转型为高水平综合性大学的标志,而且人文社会科学的高水平发展对我们的人才培养也会有根本性影响。对于文科发展我们主要关注社科类重点和重大项目、教育部重大项目,以及科研经费的增长。交大文科这些年的发展速度是很快的。这体现在QS排名系统中,交大现在排在全球前一百位的文科学科有6个。另外,根据汤姆森路透的学科体系,交大在建学科数大约有18个,其中排名在全球前1%的学科,2006年时我们只有6个,现在排名全球前1%的学科数已经有15个了。

思想文化创新体系:天地交而万物通

黄:好!这是交大的科学技术创新体系。接下来就是思想文化创新体系了,我对你解释交通大学校名中的"交通"二字,很感兴趣。

张:文化其实一点儿都不虚,我个人一直认为,文化的本质就是为生活提供梦想。对于有激情的人来说,梦想有极强的激励作用。2006年,我刚到交大时,在一次讲演中,谈到交大的未来时,使用了"激情"与"梦想"这两个词。好几年以后,有一位工科的老师跟我开玩笑说,张校长,你刚来到交大的时候,我们不太了解你的背景,我们议论你,说你肯定是学文的。我说,为什么呀?他说,因为你在讲演时特别提到了梦想,梦想可是虚的呀!工科是务实的、求实的,怎么能说梦想呢?但是,现在交大的文化发生了巨大的变化,变得不但以感恩和责任为校训,而且激情与梦想也成为学校文化的重要组成要素了。让我觉得最高兴的是,现在全校的老师,包括工科的老师,也在课堂上讲自己的梦想了,这是学校让我最自豪的变化。假如老师都没有追求科学、追求真理的梦想,那么学生的梦想从何而来?2007年,我们提出,学校未来发展的规划就是要与每位师生自身发展的愿景紧密联系在一起,而这就是学校制定"交大2020"发展规划的初衷。

黄:是不是可以先介绍一下你们规划的制定过程?

张:好的。从2007年开始,我们用了差不多两年的时间做"交大2020"发展战略规划。一般来说,制定发展规划就是根据自身的学科基础和实际情况,按照学科的发展规律去做预测。但是,当时我们认为,中国的快速发展是一个典型的非线性体系,光靠预测做不成长远规划。我们2007年做的是2010年至2020年的发展规划,所以,我们第一步先不考虑学校目前的学科现状,而要根据2020年时中国的经济社会发展状况,以及与2020年时的中国相配的中国顶级大学各方面应该具备什么样的学科发展指标,这样就可以制定2020年的交大发展目标了。接下来,我们再研究怎么从今天的交大过渡到2020年的交大。在研究这个过渡的时候,要把全世界的资源都当做交大可以用来发展的资源,然后在规划中研究如何争取这些资源。所以,这和一般学科发展规划的思路不一样。更为重要的是要让规划的制定过程变成一个凝炼全体师生共同愿景的过程。

我们提出,制定发展规划的目的是凝炼一个建设世界一流大学的共同愿景,这个愿景不能与师生自身的发展相脱离,所以,要与全校的师生充分沟通。实际上,在"交大2020"发展规划形成的过程中,我们经过了"四上四下"的沟通,使规划的制定成了全校全体师生都参与的过程;而且规划最后的规模比开始想象的大得多,它包括一个总规划纲要和15个专项规划,包括师资队伍建设、人才培养、科学研究、财务计划、后勤保障等方方面面;还制定了学校的学术发展路线图。除此之外,所有的学院和研究院也都制定了他们各自的发展规划。这个规划被命名为"交大2020"。虽然它的最后一个版本到2009年才出版,但实际上,交大从2008年就开始按照这个规划在运行了,主要原因就是这个规划已经成为大家共同的发展愿景,大家都深刻地认识到"交大2020"对每一个人都意味着他们的未来。不少校领导的办公室都会挂着一张战略地图,内容就是各方面的发展目标。不同学院也有各自的战略发展地图。

黄:做规划的过程就是一个共同愿景形成的过程,其实也就是交通大学的精神文化形成的过程。

张:是的。所谓大学文化其实有三个层面:制度层面、物质层面和精神层面。制度层面就是管理理念和体制机制建设,在制度建设方面,我们做了很多事情。大学管理的根本就是为学术发展服务。由于现代大学管理历史较短的原因,中国的大学管理大多数还在经验管理阶段。交大原来也是一个经验管理的学校,从2007年开始,经过认真的准备,我们开始引入规范管理的理念,从规章制度等现代大学管理制度开始做起,把学校的运行逐步规范起来。经过两年时间的规范管理,我们从2009年开始启动了目标管理,然后在2012年启动了绩效管理。绩效管理不仅仅是学校的事情,更加重要的是每一个二级单位的事情。交通大学不能靠国家投入越来越多的经费来促进发展,而是要逐渐转向效率要发展。这就需要从经验管理过渡到科学管理阶段,并且在更长时间里,逐渐过渡到文化管理。这是科学管理理念逐步被全体师生接受的过程。比如,在2009年刚开始启动目标管理的时候,当年的目标完成度只有56%,到2013年,完成度已经达到85%以上。我们追求的是全体师生作为交大人的尊严感、自豪感和成就感。从根本上来讲,教师的幸福感来他的职业尊严感,同学的幸福感来自作为交大学生的自豪感,管理人员的幸福感则来自于他们在交大工作的成就感。如果连个发展目标都没有,那肯定没有成就感。所以,现在对于交大的管理人员,超额完成学校年初下达的工作目标,是他们最自豪的事情。每年学校行政机关年度述职的时候,大家打印出来的第一行字就是学校年初下达的年度目标,这是规定动作,完成得如何。然后才是自选动作的汇报。

黄:真就是这样。

张:另外,我们平时说,我们的大学里有两个体系——党的体系和行政体系。其实,我们还忘了大学其实还有一个更重要的体系——学术体系。所以实际上,学术管理与行政管理的协调,其实是所谓的 governance 和 management 这两个层次的结合。以往,我们讲管理科学时,对 governance 和 management 是不太区分的,实际上它是两个层面的事情。大量原则上的事情,要从学术的、治理的角度来制定。所以,我们在2008年重新组建了学术委员会。

黄:这是制度层面的大学文化,接下来就是精神层面的了。

张:是的。我们对交大的精神文化核心也重新做了一个梳理。我们学校的创始人提出"求实学,务实业",升华一下,就是追求真理,而交大在上世纪二三十年代提出的"与日俱进,敢为人先",其实是一种创新精神。还有我们的校训"饮水思源,爱国荣校",其精神内核是感恩和责任,以及近年来我们提倡的超越自我、勇创一流的激情和梦想。这些都是交大文化的重要组成部分。但是,最重要的文化就是把"交""通"这两个字的文化基因进行全新的诠释。"交""通"二字出自2500年前中国最早的哲学著作《易经》,原文是"天地交而万物通,上下交而其志同",其实这是对"交通"二字最好的诠释。"交通"是校名,更是一种办学之道、治国之道。

黄:孔子说,"必也正名乎",重新诠释学校的名字,对于大学的精神确实很重要。我没想到一个搞科学的人,能对"交通"二字有这样的认识。

大学管理:从"校办院"向"院办校"的过渡

黄:对于上海交大未来的发展,你有哪些思考?

张:2011年11月,我在五年任职期满做述职报告的时候说,在全体交大师生的共同努力下,交通大学过去五年发展得很好,也很快。但是,我们都清楚地知道,交大过去五年的发展模式其实是行政主导的发展。行政主导的发展本质上是一个高效放大器,正确的决策会放大,错误的决策同样也会放大,长远地说,其实这是一个有风险的管理体系。

所以,更长远地说,我第二个任期的梦想就是要实现三大转变:第一个转变就是从行政主导的发展转变为学术主导的发展,第二个转变就是要从现在的"校办院"向"院办校"的转变,第三个转变就是从学校要求发展转变为师生的自我实现。实现这三大转变,要坚持三个原则:可持续发展原则、以人为本原则和系统发展原则。

黄:在现在阶段,最重要的是第二个转变,"校办院"转变成"院办校"。

张:我对我第二个任期有一个梦想,就是实现这三大转变。与其他C9高校相比,交大在许多方面并不都是最强,但是在集中全校的力量达成重大目标的能力方面,交大的组织优势大概是最强的之一。如果说,过去交大的发展是靠学校强力的巨型发动机在推动的话,那么,再过五年,我希望能通过制度激励,使院系的31台中型发动机都能高速运转,每一位交大师生都能够为了实现自己的梦想而奋力拼搏。也就是说,我们的最终目标是成为一种不是学校要发展,而是每个老师要发展的模式,到那个时候,这个大学就真正变成世界一流大学了。这些中型发动机的启动,就是要使院系成为发展的主体。现在,院系之所以不是发展的主体,原因在于我们只给了院系发展的责任,但是没有给它相应的权利,也没有给它发展所需的资源。我们要探索怎么样能够逐步把学院的创新活力激发出来,从而把学院变成创新激励的主体。最终,实现从"校办院"到"院办校"的转变。

黄:这个梦想激动人心,我们现在都是校办院。我们经常讲现代大学制度建设,其实忘记了最重要的方面,就是应该努力把学院做实了,只有学院发展了,学校才会真正发展。

张:给学院放权其实真是一门艺术,因为不能简单地说它要权就给它,这样不一定行。学院的发展也不能与学校的发展理念脱节,所以放权要与制度激励紧密结合。

黄：你是公开地讲院办校。我只说过学校的管理重心一定要放到学院去。但现在许多大学的机关反而有了越来越多的行政主导权，实际上把学院的积极性给消磨掉了。

张：我们现在正在做校级机关的改革。这次改革是非常根本的，什么叫最根本意义的改革呢？我们要尽力把这个层级式管理的行政体系逐渐变成一个扁平化管理的体系，并且形成以人为本的制度激励治理体系。在中国大学里，领导力非常重要，领导力要通过对组织内部的治理和外部关系的协调来实现。

大学作为一种特殊的社会组织和学术共同体，具有自身独特的地位分工、价值活动和行为规范。大学是创新人才最密集、创新活力最旺盛、创新创意最丰富的不竭源泉。在创新驱动转型发展的机遇窗口，大学理应担当起义不容辞的历史责任，支撑和推动创新实践。然而，大学能否真正做到向社会源源不断地输出创新动力，取决于其是否具有学术水准的导向、关注需求的自觉、鼓励创新的机制和持续创新的能力，取决于造就创新型人才这一立学之本，其中尤以激励人才积极性、主动性和创造性的制度环境为要。以人为本的制度激励，顺应人才成长的客观规律，合乎法治精神特别是公平公正公开的原则，以及方法论层面解决问题的系统性、周延性和可靠性。正因为如此，以人为本的制度激励自然就成为大学治理的中心环节。

制度激励是一种内生动力机制，通过规则、制度实现对组织成员的方向引导、动机激发与行为强化，持续调动人的主动性、积极性和创造性。它强调以人为本的制度设计，突出其法规权威和激励功能，一方面高度重视制度自身的草根基础、吐故纳新、自我完善和新陈代谢，一方面从根本上持续激发大学师生这一创新主体开展创新活动的内生动力，实现制度功能的边际效应最大化。因此，制度激励是一个动态过程，是制度创新的本质要求，是大学综合改革的根本动力机制。

制度激励的核心理念是依法治理，强调维护制度的法权地位，使制度能够打开所有人的梦想空间,为所有人提供追求梦想的保障。其本质要求是以人为本,注重实现事业繁荣与主体发展的统一,增强主体对制度的认同感、融和度和支撑力。其关键环节是在"摸石头过河"的经验基础上加强理念的顶层设计,突出制度的科学性、有效性和主体自觉性,以及制度落地的整体性、系统性、全面性和持续性。其根本途径是构建现代大学制度体系,推动大学治理模式转型,真正落实依法治校。其目标追求是形成良好的制度文化生态,强调人与制度的良性互动,进而形成以大学章程为基础,以制度激励为主线,以大学治理能力建设为基本内容的制度文化生态,激发教师的尊严感、学生的自豪感和全体员工的成就感。

黄:前段时间,我访问了港澳台、美国、日本、新加坡的19所大学。关于大学制度,我最关心的是人家学院怎么弄。我为什么非常认同你这个"院办校",因为在人才培养上,如果学院不能办实,学校的工作永远能不能深入下去。

工科学生的培养定位:从工程师到工程科学人才

黄:接下来,我还特别想了解一下,你怎么定位21世纪的工科大学?

张:这是一个非常好的问题。

黄:因为毕竟我们国家原来的那个大学的工科模式已经形成了,你们交大的模式可能还没有到大家公认的地步。

张:实际上,国际评估是一个指挥棒。建设一流的理科必须瞄准根本性的科学前沿问题,探索未知世界;文科的发展必须立足自身文化传统和社会环境,努力构建有重要影响的学派;而工科发展的战略途径则既要与我国的工业发展阶段密切相关,同时又必须为未来的技术革命作好准备。因此探讨创建一流工科战略途径,对推进我国尽早实现产业现代化和未来的科技进步与创新,实现产业现代化具有十分重要的意义。因此,国际评估必须掌握这些标准。2007年,我们的国际评估试点是从理科开始的。之所以从理科开始,因为这是一个学校的基础,也是我最熟悉的。2008年下半年,我们就开始做工科的国际评估,我也逐渐对工科教育形成了一些理念。每一个国家的工科教育,其实是和那个国家工业所处的阶段密切相关的。我意识到,正是由于我们国家的工业所处的阶段造成了现在工科教育的现状。中国的工业处在什么阶段呢?在过去的30年间,我们的工业研发能力很弱。所以,它就不可避免地需要中国的工科大学去承接大量企业的研发任务,而这些本来是企业自己应该做的。

为什么会这样呢?因为在过去30年里,我们的劳动力成本远低于发达国家,这就决定了我们的企业可以从外国购买技术,拿到中国来生产就有钱可赚。企业的本质是逐利的,因为有劳动力成本差价的盈利模式,所以中国企业自身不太需要研发也可以盈利。但是,从另一个方面来说,这种状况不会持续太长时间,随着中国劳动力成本的快速提高,企业自己建立研发能力的动力会越来越强,而企业提高研发能力的速度,会比我们工科大学转型的速度快得多。所以,我们做工科学科的国际评估的时候,就必须为未来工科的转型做准备,要有意识地选择两部分专家来做国际评估,第一部分是世界上最好的工科学院院长,第二部分是我们国家骨干企业的首席工程师或者研发总经理等。我们希望得出两方面的判断:第一,在现在这个阶段,我们的工科能力与工业企业的需求对接程度究竟如何?工业企业对我们工科的依赖究竟有多大?第二,我们离世界一流的工科水平到底有多大差距?根据这两部分专家得出的结论,可以客观判断我们工科的发展水平。在六年后的下次国际评估的时候,我们可以根据届时我们国家工业的实际情况,对这两部分信息的权重作一个调整。随着我国工业企业的转型,我国工科大学的研究也将逐步更具前瞻性。

黄:最后的决策是学校的。

张:在我国创建世界一流工科首先是要为国家发展和民族复兴作

出卓越贡献。必须结合创新型国家建设,把面向国家的战略需求放在首位,这是我国一流工科发展的首要任务。要以国家现代化建设的战略需求为导向,为国家的社会经济发展服务,在推进我国的工业化进程中强化学校的优势学科,实现工科的跨越式发展。对于工科来说,面对我国工业化进程所处的阶段和大中型企业的研发现状,不能仅仅满足于提出新想法,形成专利,完成科学研究,发表论文,而更要密切地结合到工业关键技术的研发过程中去,自觉担负起促进我国产业现代化的历史使命。

我国的国情决定了研究型大学的工科不能仅仅面向前沿科技和未来产业方向开展应用研究,还必须面向广大工矿企业解决工程、工艺等实际问题,这是我国研究型大学工科发展有别于发达国家工科发展的鲜明特点。一方面,自主研发能力不强是我国企业普遍存在的发展"瓶颈"。我国关键技术的自给率较低,特别是大中型工业企业主要依赖技术引进,在设备投资中,进口设备占投资设备购置总额的比重达60%以上,一些高技术含量的关键设备基本上依靠进口,对外技术依存度达50%以上,而美国和日本则在5%左右。同时,受经济体制和科技体制转轨滞后等多种因素的影响,国内企业对引进技术的消化、吸收和创新效果较差,特别是没有把技术引进与自主创新结合起来,不断重复引进导致对国外技术资源的过分依赖,产业技术创新能力并没有相应增强。企业的研发投入强度也偏低,2007年,我国大中型企业的R&D支出仅占销售收入的0.81%,不足国际平均水平的1/4。自主创新能力不足导致我国大中型企业产品的科技含量低,缺乏国际竞争力和利润提升空间,目前我国86.6%高科技产品出口贸易由外资企业完成,国有企业的高科技产品贸易逆差达到123.4亿美元。

另一方面,高校具有较强的技术开发潜力。2007年高校的发明专利申请数和授权数分别占国内发明专利的15%和46%。不过高校虽然每年都产生大量的科技成果,但科研成果成熟度不够,还需要进行工程化开发和产业化。而我国的企业尚未成为技术创新主体,其工程化开发和产业化能力非常弱,接纳高校科研成果的能力也较弱。目前企业购买的技术合同只有 3.7% 来自高校。研究型大学要加速科技成果的转化,更好地为经济建设服务,就要扩大与地方的科技合作,扩大与企业的合作,使学校的应用性科研更好地面向市场,努力完成一批对国民经济发展有较大影响的科研成果;主动承担起我国工业企业研发中心的任务,同时要积极帮助企业建立自主研发系统。在这个过程中,工科的研究重点要不断向更加前瞻性、基础性的"瓶颈"科学技术问题转移,在促进我国产业现代化的进程中逐渐实现向世界一流工科的转变。

一流的工科必须致力于人类社会未来科技的研究和开发。科技创造未来的前提就是将知识转化成为我们可以使用的技术,这就需要有强大的工科来支撑。相对于面向自然界普遍规律开展基础研究的理科而言,工科的任务是围绕着实际问题开展应用研究。工科的本质是应用科学,即在围绕特定目的或目标进行研究的过程中获取新的知识,将数学、物理学、化学、生物学等基础科学理论发展成为实际运用的形式。工科的价值追求是建设与改造世界,它可以改变人类的工作方式和生活方式,甚至重新塑造世界。

回顾科技发展史可以发现,三次科技革命极大地提升了人类改造世界的能力,同时人类的生产方式和生活方式也得到极大的改善。因此,要想建设世界一流的工科,就必须面向国际科技前沿,开展前瞻性的应用研究,即加强对有望成为今后主流应用技术的研究和开发,特别是有关可持续发展的技术(如替代能源、环境修复)、未来产业的核心技术(如纳米技术、量子计算机、智能化机器人),以及影响人类未来生活方式的技术(如智能化高速公路、人造器官、宇宙空间技术)等方面的技术攻关。只有我们的技术能有助于人类实现梦想,有助于世界变得更美好,有助于人民生活得更幸福,它的价值才会得到体现和认同,才有可能建设成为世界一流的工科。

研究型大学要瞄准国际科技前沿,适应国家发展需要,加强科技创新；要充分发挥研究型大学科学技术的综合优势，在发展科研规模的同时着力提高科研水平；要瞄准国际科技前沿，大力加强基础研究，特别是要鼓励学科的交叉、鼓励新的学术探索，争取发表更多的高水平学术论文，不断提高学校的学术水平和科技创新能力；同时还要把握世界产业技术革命的新趋势，瞄准未来产业发展的制高点，推动战略性新兴产业加快发展。

所以，工科教育实际上是应用科学（applied science）。为什么呢？国外的工科教育叫工程科学（engineering science），而我们是叫工程技术，其实就道出了这个最根本的差别。我们更多的只是工程技术本身，而在美国和欧洲的发达国家，工程技术本身大多都是企业在做，大学里主要研究工程科学或者应用科学。所以，我们的工科教育最根本的是要教更多科学的东西，教更根本的。

黄：就是不能停留在 engineering 这个程度。

张：对。因为工业最终所需要的人才不一定是马上就可以上手的。我们曾经有一个所谓的育人要求，意思是大学培养的人到工业企业一就业就能上手，我觉得这个要求是一个误导，这个目标培养的是技师，而不是工程科学人才。

所以，我们还有一个更大的计划，那就是致远学院的未来定位。虽然目前把致远学院作为培养基础学科拔尖人才的特区，但是我们未来是要把致远学院打造成交大未来的本科学院，未来所有交大的本科生都必须在致远学院接受基础教育。现在致远学院的总规模之所以只有500人，只是因为我们的好老师还不够多，等高水平师资足够多以后，我们将会把最好的基础学科教育，面向全校的学生，即使是工科的学生也要在致远学院完成基础学科教育。所以我们强调，致远学院要搭建 science 和 engineering 之间的桥梁。另外，成立致远学院，绝不单纯是为了理工科学生，最根本的目的还是为了培养创新型领袖人才。这是我的一个梦想，也是很多老师的梦想，实现这个梦想是一个伟大而艰巨的工程。我们请了很多志同道合的国外教授来交大致远学院，与我们一起实现这个梦想,以扎实的数学物理基础、人文情怀、创新思维起步,要求在两个最基础的学科里选一个主修方向和一个辅修方向,包括数学、物理、化学、生命科学和计算机科学。

因为成立了致远学院,我们从海外一流大学引进了大批关心人才培养的好老师。这些老师其实原来并不一定对交大感兴趣,但他们来给这些学生上完课以后,觉得这个学校做的事情很符合他们育人的愿望,逐渐地就加入了交大。也因为这件事情,交大理科方面的世界级的好老师也越来越多了,包括图灵奖的获得者也加入了我们致远学院。我们的理念就是要培养学生的批判性思维、创新能力,而这最终将变成一种大平台的通识教育。

2009年学校决定成立专门的"致远学院"并由校长兼任院长,以统筹全校力量,突破传统院系难以短期内有效突破的"瓶颈",保证人才培养改革有效实施和推广。成立由海内外教授组成的教学指导委员会作为学院人才培养的决策机构,负责设计人才培养总体目标、控制教学质量、协调各专业方向培养方案等。各方向聘请相关学科的杰出教授担任项目主任。

致远学院对不同学科方向的学生采取了集中管理,不同方向的学生学习、生活在一起,形成了相互影响、相互促进的学科交叉环境。致远学院是比较独特的,它本身没有固定的老师,这就保证它和其他学院没有利益冲突。而且,它也不培养研究生,我们希望学生毕业以后,或者出国,或者最好的学生可以留下来进工科、理科学院去做研究。我是希望最好的一半留下来,跟随最好的老师继续在国内攻读博士学位,另一半学生则被美国和欧洲最好的学校录取,而不是说最好的学生都去外国顶级大学了,这才是证明致远学院成功的最好说明。

接下来,我们希望逐步把学科的边界模糊化,现在的学科设置有一点太刚性,而且区分得太鲜明,这实际上是影响整合式培养人才的目的的。

黄:这是国家的指挥棒造成的。

张：原来的说法是交叉学科，后来，"交叉学科"又变成一个学科了。所以，我们对学科的架构得重新梳理。现在，大部分工科和理科的基础都是物质科学，更根本的是物理学；而另外的物流、商务、计算机，有很多是以数据科学做基础，更根本的是数学。这也是我们致远学院要用物理、数学做最基础学科的原因。最终，我们希望用物质科学和数据科学这两大学科把交大重新整合。到那个程度的时候，实际上工科和理科的区别就没有了。

黄：其实，你最终是要把致远学院延伸开来，做到整个学校的。

张：对。"致远"模式在基础学科拔尖学生培养上取得的成效，为整个学校的创新人才培养积累了经验。学校复制"致远"招生模式，面向全国首推自主招生"致远计划"，由高水平考官"坐镇"，选拔拥有科学梦想的青年学子进入学校。在全校范围共享"致远"优质教学资源，面向校内优秀学子推出"致远荣誉计划"，设置有针对性的荣誉课程，配备高水平导师，实施个性化培养。我希望，再过十年左右，致远学院成为所有交大新生的本科生学院，让全体交大学生享受到最好的本科教育。

黄：但是，你们现在的传统专业，比如机械，在21世纪会变成什么样？

张：在大学里面，有所谓基础的，也有所谓专业教育（professional education）的。

黄：对，你所说的这个engineering其实就是professional。

张：在我们这个工科如此强势的大学里面，说这个话要非常谨慎。实际上，数理化、文史哲是每个学校的根本，接下来才是professional education，比如工商医法。Professional education究竟应该从什么时候开始，还有待商榷。这要根据我们工科、法学发展的阶段重新定位。最终，我是希望致远学院是我们大一和大二学生的本科生学院，到大三选一个professional education。这是所谓的工程逐渐变成工程科学的教育，而工程科学的教育和科学本身就很近。

黄：你是希望在交大工程教育逐渐转变成工程科学教育。

张:对的。通过国际评估,相当于引导大家向这条道路去发展。人人都知道,国际评估是对整个大学非常有效的一个指挥棒。国际评估的结果会影响到学校对它的投入和对学科设置的决策,所以,除了一些涉及意识形态的文科不好进行国际评估外,其他学科已经在做了。

黄:教育部正在推进卓越工程师计划,它的中心在于强调动手能力。我个人认为,这个计划其实不应该在像交大这些学校推进。因为现在如果再讲动手能力,到社会上立马就能上手,以及追求就业的话,就本末倒置了。

张:对。我们对卓越工程师的定义和它不一样。教育部也不会强求你,因为他们知道,大学尤其是最好的这几所综合性大学,不是培养动手能力强的技工的。

黄:对于全国的工程教育,你认为学校应该怎么样定位?包括服务对象,等等。

张:我比较了解清华、交大的情况。我们这样的学校面临着转型。我们不能满足于现阶段工业对大学的依赖,否则,将来工业转型发展以后,就不再需要我们工科的研究了。我知道还有另外一类学校也属于 professional school,但那个 professional school 不是我们所谓的 professional school,而是属于那种真正的"技工学院",他们的定位真的是朝动手能力强、朝这种社会马上能用得上的"技工"角度去培养。比如说上海有一个工程技术大学,发展得非常好,它恰恰填补了我们的空白,在上海工业界特别受欢迎。我觉得他们是真正找到了自己的定位。

黄:这就是应用本科非常好的一个典范。

张:对。我们一直在讲,中国的大学不分层次是有问题的。我们瞄准的是研究型大学、世界一流大学,但同时还有一批像上海工程技术大学这样的大学,而且应该有更多这样的大学,中国才能有希望,我们的人才培养才会更强。

黄:那么,这个事情对于教育部而言,应该怎么做?

张:分层次评估。不能用同一把尺子去量所有的学校。应该分不同类型的大学分别进行评估,并给予负责任的大学尤其是研究型大学以办学自主权。说到底,大学最终要想形成不断激励创新的环境,就需要倡导学术自由、长聘教职,可以从研究型大学开始做起,逐步放权。这样的话,中国的高等教育就会发展得更快,中国经济社会的转型发展特别需要研究型大学提供创新动力。

更加根本的创新的基础来自好奇心驱动的研究。这也是交大非常看重自然科学基金的原因,就是因为它以最根本的好奇心去激励研究。对于工程科学,我们要求的是要让学工程的学生也去学量子力学,也要去学这些最根本的东西,最终目的还是要激发他的创新能力。说到底,一切的学科发展的最终目标都是为了创新。

文科发展:问题为导向、实证研究、国际化

黄:非常好!接下来,想听听你对文科的看法。

张:现在我们人文和社会科学领域的创新状况,已经到了一个让人非常担忧的地步,可以说是停步不前。有一次,我和家人在看《中国好声音》,我拍案叫绝,说中国的文艺界终于开始创新了,但他们居然毫不激动。我很奇怪,他们说,得了吧,《中国好声音》从头到尾全是买的外国的版权,甚至连红椅子都是买来的,一点儿也不是中国文艺界的原创,这真让我泄气。实际上,我们的文化缺乏创新,已经变成制约我们民族发展的一个"瓶颈"。说得稍微远一点,以前,我们对外的策略是韬光养晦,这对于处于改革开放初期阶段的中国来说,当然是非常正确的。改革开放之初,当我们的经济体量还很小的时候,我们的发展不希望引起别人的重视,这样是行得通的。但当我们已经是世界第二大经济体的时候,如果我们还不发声,别人当然会怀疑你,一个巨人什么话也不说,就站在别人面前说我们没有任何想法,别人哪会相信?中国发展到现在,一个最大的问题就是我们突然发现,当与外国人面对面的时候,我们很难与别人沟通,我们不知道以什么样的声音和什么样的形象

去展示给别人,不知道的原因是因为我们学界没有真正参与应对。所以,交大的团队开始在做未来中国形象的研究,视角是从外往内的。

黄:以外国人的眼睛来看中国。

张:我们的研究团队到美国进行大规模的社会调查,采访了900多个各层次的美国人,从这个角度去看中国的形象现在有什么问题。结果发现,包括我们国家形象宣传片的设计的视角都有问题。比如说我们在纽约时报广场放了六个月的中国形象宣传片。社会调查显示,同样时间里面,有一个印度的国家形象片,他们就说印度的国家形象片很真实,中国的国家形象片显得不太真实。因为中国的形象片里面的人物,主要是姚明、刘翔、李娜等这些成功人士。他们说,这是中国很少的一部分人,不是普通中国人的生活;而印度的文化宣传片最开始是一群普通的穿着民族服装的青年,最后变成一些西装革履的现代打工族,这才是真正的印度人。

关于交大的文科发展,我们的方针有三条:第一,要做问题导向的研究;第二,要做实证研究,发挥我们的理工科优势;第三,要走国际化道路。

黄:这个定位很好。

张:除了国家形象研究,我们还集中力量做东京审判的研究、东南亚边缘海政策的研究等。交大文科的发展,不是单纯一个学科的发展,而是要结合我们国家和社会的实际,解决我们民族发展中所遇到的问题。只有这样才能把世界顶级教授引进来,论文不过是我们的副产品。我们相信,按这样一个思路,再过十年,我们交大的文科一定会有大的改观。

交大文科发展的比较优势在于:文科发展起步晚,没有历史负担,后发优势明显;有一个可以依赖的理工科背景,有利于形成问题导向研究的大科学思路,有利于实现文理实质性交叉合作,有利于实现研究方法和研究范式的转型,有利于构建一种崇尚创新的学术文化。近年来,学校坚持差异性竞争的策略,依靠文理交叉和研究方法上的较大优势,在学科方向的设置上逐步形成交大特色。如曹树基教授带领的历史系,坚持多年在浙南及徽州两地风餐露宿,收购整理契约文书已突破8万件;在江西搜集1950年代公安档案3500卷,20万页,及国内市县档案3万卷,300万页,并与交大图书馆合作,利用交大信息技术优势建立地方文献数据库,建成后将成为中国近现代地方文献研究重镇。

国际化:以我为主、分层次、多模式

黄:最后说说国际化,你们跟哪些学校合作?你有什么看法?

张:我们的国际化战略分为三个层次。第一个层次主要是针对世界顶尖大学的校级战略合作伙伴关系。这些顶级大学是等不来的。因此,对于第一个层次的合作伙伴,我们都要主动找上门去的。比如说日本东京大学号称只和世界上的顶级综合性大学合作,2008年我第一次去东京大学访问的时候,他们的校长甚至不安排时间见我,负责接待我的副校长告诉我说东大只跟中国五所综合性大学签了全面合作协议。到了2009年,我把他们的校长约出来吃饭,我与他讲了一晚上中国文化和中国大学近年来的快速发展,他被震动了。他说,你们这样一个充满科学精神和人文情怀的大学,应该是东京大学全面合作的对象。然后,他问我是不是文科出身的,为什么对中国文化的精髓有如此深刻的见解。同样的还有与耶鲁大学、剑桥大学、牛津大学等世界顶级大学的合作,都是近年来建立的全面合作关系。第二个层次,是原来我们已经有长期合作基础的一些最好的同类型大学,继续扩大和加深合作,比如普渡大学、海德堡大学等。第三个层次是与一批在专业领域表现突出的国外院校开展多种形式的交流与合作,形成院系和学科层面的合作关系。最后,经过重新梳理、重新定位我们的全面战略合作伙伴。

我们国际合作的战略的核心是"以我为主"。之所以提"以我为主",主要是因为当前中国的顶级大学已经具备了相当的国际影响力和创新实力,可以有选择地引进国外的顶尖办学资源,全方位地促进我们大学自身办学实力的整体提升。"以我为主"在内容上是国外先进办学理念和资源充分与本土大学的某些学科相结合,首先带动本土大学在人才培养方面的提升,继而通过国际合作研究等方式带动相关学科的研究能力提升;在形式上,交大主要采用的是以我为主地与国外大学合作开办二级学院,在不脱离大学母体的情况下,形成合作办学的试点,并对其他学科和全校人才培养起到由点到面的影响,二级学院的管理模式还有利于发挥母体大学的优势,为合作学院提供综合性大学的多方位支持。另外,"以我为主"的合作办学模式也非常符合新形势下国家对于高校办学主权的要求。这里介绍三个典型案例。

1994年,为了提升我国管理教育的发展水平,上海交大与欧洲管理发展基金会(EFMD)合作成立了中欧国际工商学院,经过20年中外双方共同的努力,中欧国际工商学院已经成为在全球管理教育领域的一张闪亮的中国名片,在管理教育方面的排名连续几年处于全球商学院的前十名,亚洲商学院的第一名。同时,中欧国际工商学院也为中国经济社会的快速发展作出了重要贡献。温家宝总理曾经评价说:"中欧国际工商学院已成为众多优秀管理人士的摇篮。"

2006年,为加快建设世界一流大学进程,上海交大与美国密西根大学开展了全面战略性合作办学,在过去多年合作的基础上,正式成立了上海交通大学密西根学院。经过持续不懈的努力,交大密西根学院在办学机制、教学体系和管理模式、师资聘用和晋升考核、学生管理和培养方式等方面所做的全方位探索和尝试,对我校创建一流大学的改革与创新提供了宝贵经验,成为我国高等教育中外合作办学的典范。国家教育体制改革领导小组将其作为高校教改的典型。2014年,交大密西根学院的发展获得全球最有影响力的国际教育协会颁发海斯克尔国际教育革新奖。

2012年,为了深入推进我校的卓越工程师培养计划,我校与世界上培养卓越工程师最负盛名的法国巴黎高科集团正式合作成立上海交大—巴黎高科卓越工程师学院。学院全方位引进法国工程师精英教育模式,成建制聘请外国专家及管理团队,采用国际先进教学、管理模式探索和改革现有的工程师培养体系,标志着我校国际化办学在全方位引入海外优质资源方面迈出了新步伐。2013年4月26日,法国总统弗朗索瓦·奥朗德专程访问我校,为学院揭牌并发表演讲,有力提升了我校的国际知名度和社会影响力。

近年来,以上海交通大学为代表的中国大学深入推进以制度激励为主线的综合改革实践,初步探索出一条既符合中国国情和学校实际,又满足世界一流大学建设需要的中国特色的大学治理之路,从而引起了海内外不少大学校长和专家学者的兴趣。近期 *Nature* 杂志专门约稿,发文介绍交大制度激励的发展理念和改革实践,肯定了制度激励对提升大学创新能力的作用。

在制度激励的主线下,上海交大正在实现大学治理的"三大转变",即在发展模式上实现由行政主导向学术主导的转变,在管理模式上实现由"校办院"向"院办校"的转变,在激励方式上实现由学校主导发展向师生自我实现的转变,从根本上不断激发大学的内生动力和创新活力。与此同时,基本建成了为社会提供持续创新驱动力、追求卓越的"三大创新体系",即卓越的创新人才成长体系、卓越的科学技术创新体系和卓越的思想文化创新体系。

中国正处于伟大复兴的关键时刻。中国的大学有责任为这一举世瞩目的伟大事业作出应有的贡献。我们坚信,在党中央全面深化改革精神的指引下,中国的大学坚持依法治校,实施综合改革,不断发展和完善以制度激励为主线的大学治理,在不久的将来,建设中国特色的世界一流大学的目标一定能够实现。

施一公：
人才培养呼唤良好的制度环境

(2013年4月11日,清华大学)

施一公,1967年出生于河南省郑州市,籍贯云南大姚,结构生物学家,中国科学院院士、美国国家科学院外籍院士、美国艺术与科学学院外籍院士。1989年在清华大学生物科学与技术系获学士学位。1990—1995年,在美国约翰霍普金斯大学医学院攻读博士,获分子生物物理学博士学位。1995—1997年,先后在美国约翰霍普金斯大学医学院和美国史隆凯特林癌症研究中心从事博士后研究。1998—2008年,在美国普林斯顿大学分子生物学系任教,获终身教授。2008年至今,任清华大学教授、生命科学学院院长。

如果老师只是把最新的科学发现和知识教给学生,而没有对学生进行方法论和思维方式的培养,那就真是本末倒置了。我们确实应该让学生了解科学前沿,而不是只学习50年前的东西;但更重要的是,我们应该教学生怎么样去发现问题和创造知识,也就是方法论。在普林斯顿,我们的PROX课基本不讲最新发展,只讲它的历史,把整个原核生物分子遗传学概念、逻辑的演变讲得清清楚楚,让学生融会贯通。

学生学习应该靠兴趣

黄达人：施老师，这次来是想与你聊一聊人才培养的问题。大家一直在积极地思考和探索这个问题，但我认为，仅仅我们自己想和做都还不够，还应该看看国外好的大学在这方面是如何设计的。你在国内接受过传统教育，在国外也有学习和教学经历，现在又回到国内从事教育工作。我想听听你这样的学者是怎么看这个问题的。关于人才培养，中国的好大学与国外顶尖大学的差距在哪里？

施一公：黄校长，欢迎你的来访。对于你的问题，我会讲一讲我的亲身经历，但是最后我想从环境这个角度来阐述。在我看来，人才培养的事情如果只在下层做，能起到一定效果，但十分有限，可能会培养出个别好的学生，但对国家来讲远远不够。大的环境不改变，中国将来的拔尖人才培养、创新能力提高还是会不尽如人意。

我在普林斯顿的十年间，做了十年的研究生工作委员会成员、五年的本科生工作委员会成员，至少对普林斯顿的教育体系比较熟悉。而且我们在设计课程的时候，经常会参照周围的一些院校，比如宾夕法尼亚大学、麻省理工学院或者哈佛大学，对这些学校的运作也比较熟悉。我想，我可以比较一下两个国家不同教育体系下培养出来的学生。

从清华毕业之后，我就去了美国。我觉得到目前为止，清华学生的数理化等基础知识在总体上可以完胜美国各大高校的学生。我在清华攻读生物、数学双学位，在美国约翰·霍普金斯读博士的时候，因为生物底子薄，我就选修了天体物理系的数学物理方程。结果，在和天体物理博士生竞争的时候，我虽然也得了 A^+，但是压力极大。美国的学生不仅十分聪明，而且学习动力十足，非常优秀。我当时很震惊："他们本科这么差，怎么可能突然冒出这么一拨尖子生，在博士生阶段跟我竞争？"我就意识到美国的高等教育真的做到了宽口径，因为这些学生对天体物理感兴趣，所以主动学习，以致数理基础也非常扎实，甚至跟我的水平不相上下。

总体来讲，美国学生的数、理基础比较差。比如说，美国的高中生在申请大学的时候都要考 SAT，中国学生随便准备一下，数学都能考满分。甚至，我们学人文学科的本科毕业生考 GRE，都可以考接近满分。为什么？GRE 的 General Exam 部分就是一个普通知识的考试，和你在清华学的数学、物理、化学没什么关系，完全是考察你的通识能力，只要你英文成绩不是很差的话，都可以考高分。美国大学尤其是研究生院的门槛好像很低，但实际上它对学生能力的要求很高。凭的是什么？是你的兴趣，是你对自己的要求。

所以，在约翰·霍普金斯的经历让我感触很深。我本来想，以我清华大学攻读数学双学位的功底，学了这么多数学、物理，肯定绰绰有余；来了以后，我却发现只是和那些普通学生相比时，我的数学、物理好很多，但并不比那些想学数学和物理的学生好多少。美国社会很有意思，它是根据兴趣分类，每一个专攻此行的人都不比你差，虽然他的高中阶段比我们差得远。他的数学、物理、化学基础都没法跟我们的高中生比，但是在大学阶段，他已经赶上或者超过你了。这个时候，他们已经开始分层次，而我们的大学还是把"你要学这个，要学那个"强加于每个人，直到研究生阶段还在灌输很多东西，忽略了以兴趣为导向激发学生自身学习和创造的原动力，也偏离了中国古已有之的"因材施教"理念。所以，我们从研究生阶段就明显地开始落后了。

其实，中美两国高等教育体系的这种差别的最终结果就是：中国学生的方差较小，拔尖的不多，掉队的也不多，因为我们的教育体系以保姆式管教为主，既封顶又保底；相比之下，美国学生的方差很大，拔尖人才为数不少而且非常优秀，也有不少掉队的。但是，很遗憾，一个国家的科技实力并非由所有科技人员的平均水平决定，而是由其中最优秀的一批人的前沿水平决定。

黄：你说得很好。我做这个访谈的目的，就是呼吁大家去关注人才培养这个根本问题,而不是只是嘴上说说重视人才培养。我最近看到一篇文章——《中国的数学教育跟美国的不同》,里面就提到,我们的数学教育是不让一个人掉队,美国是大批人可以掉队,但优秀人才最终会脱颖而出。

施:就应该这样。我再举英国的例子。在英国读博士是没有选课要求的,又只有三年。学生只要进实验室做一篇 thesis(论文),有时不发表文章,导师就让他毕业了。所以,我觉得英国博士的平均水平比美国要低。但是,英国最好的博士水平与美国完全可比,甚至可能还要比美国要高一些。因为它不保底也不封顶,虽然很多人掉队,但总会有一些人脱颖而出。那些脱颖而出的人是非常有自制力的人,而科学的推动和发展,其实主要就是看最优秀的一些精英,而不是看规模和平均水平。我认为如果生命科学领域里只有前 10% 的文章,即便没有剩下的 90%,生命科学的整体发展并不会受多大影响。

中美教育在课程设置上的差异

黄:说得很深刻,由于学习的出发点不同,导致在人才培养上有什么差异,能否具体说说?

施:就说课程。普林斯顿大学以本科教育的优秀而世界闻名,在过去 20 年大学综合排名中大半时间每年都是美国第一名。在普林斯顿大学分子生物学系,本科生毕业的时候,要考查些什么呢?八门课加一篇 thesis(毕业论文)就够了,简单得不得了。如果在清华读了四年分子生物学系,大概得学五六十门课,其中很多课程与毕业学位直接相关;而普林斯顿的学生学习的课程数目只有这一数字的一半还不到,更有趣的是,毕业考核就只要求八门课。这八门课中,有四门属于跟生命科学没有直接关系的基础和人文必修课。生命科学的专业课程只有四门,我们叫做"molecular biology major"(分子生物学专业)。其中,只有生化、细胞和分子生物学这两门是必修课,另外两门由学生从很多课中任选。原则上,这八门课的成绩会占到毕业总成绩的65%,还有35%来自他的 senior thesis(毕业论文)。只有这八门课是算到毕业要求里面的,如果想在四年里主攻八门课,非常容易。但是,普林斯顿大学的本科生忙得一塌糊涂。为什么?因为每个人都在为自己的前途担心,都在拼命地学,拼命地做 intern(实习),拼命地把时间利用起来。他们靠的是 self-motivation(自我激励),内心彼此竞争、向上。而我们是强行给学生施压,总怕学生课程学少了。所以,中国的教育更多地体现学校和教师为主体,而在普林斯顿的本科教学里,学生是主体,其实每一门课都是由学生评价,要求每个老师讲课都得很认真。

另外,普林斯顿和大部分美国常青藤大学的本科都是一样的,前两年给学生自由选课,也没有什么太过固定的班级或专业的概念。比如2013年入学、2017年毕业的1400个学生,就叫 class of 2017。到第三年的时候,我们叫 junior(大三),就要 declare major(确定专业)。三年级开始,学生到我们系里以后,就开始按照我们系的要求选一些课程。我们提供的选修课非常多,都是每个 PI(Principal Investigator,独立研究室负责人,可以是助理教授、副教授、教授)根据自己的情况设计的。比如我教过两门选修课,一门是结构生物学领域的,另一门是细胞凋亡癌症领域的。其中,有一门选修课平均每年注册十五六个学生,算是比较多了。另一门选修课经常是六到八个学生。普林斯顿大学规定,选课人数在四个以上的课程就可以开了。有一年,只有五个学生选课,每个人我不仅能叫上名字来,而且非常熟悉,我们小班讨论,学生跟我互动。这些属于启发性的课程,对学生的影响非常大,因为他可以知道这个知识是哪来的。比如讲到细胞凋亡,我就会纵深地讲这个概念是哪来的,有什么历史,有谁做了什么发现,这些人的生平怎么样、有哪些重要的实验,等等。然后把那些三四十年以前的文章拿出来让他们去读、去提问题,我们再进行讨论。在这些小班选修课中,就开始有这些启发性的东西了。而在清华本科阶段,这一类型的课程是比较缺失的。

课程改革从减课开始

黄：下面一个问题，作为生命科学学院院长，你在课程改革上有哪些具体的举措？

施：我回清华以后的第一项措施就是减少必修课的数量，降低总学分的要求。清华生物系原来的规定是大约180个学分。这180个学分中，有一些是社会实践等，我们就暂且算有150个是要考试的学分。一个学分就是一学期16节课，那么，150个学分乘以16节课，就是要上2400节课，才能拿到学位。我回来后，就开始逐渐减少学分，从180减少到目前剩下150多个学分，就是讲求一个平衡。

与此同时，我还希望学生不要人云亦云。现在有些大学或院系提倡本科生尽量早进实验室进行科学研究的训练，我觉得需要看学生的背景和准备情况，千万不要一刀切，导致拔苗助长。大部分本科生不宜过早进入实验室接受系统科研训练。大学一年级的学生刚从高中毕业，一时还找不着北，无论是对生物学基础知识还是研究手段都没有基本的准备，突然让他进实验室，他马上就蒙了，无所适从，甚至对研究产生片面和负面印象。因此，我认为没做好准备的学生是不适合进实验室的。但是，对个别准备充足的学生甚至高中学生，我欢迎他们到实验室体验真正的科学研究。

黄：这是一个新观点。

施：前提是他在高中时已经做了一些准备，比如参加生物竞赛，并产生了兴趣。如果一进大学，就强制性地让他进实验室，他肯定会蒙了。我们大学一年级的课程本来就很紧，一般人根本措手不及，需要一个过渡期。所以，现在大部分本科生来的时候，我就跟他们说："除非你已经完全做好了准备，大一就可以进实验室。否则，我建议你大二下学期再进实验室。"因为这时他已经学了一些基础课，并有一些想法了，可以到实验室来看一看。而真正开始实验，对大部分人来讲,是在大三下学期。这个时候,他的功课已经学得差不多了,心智也比较成熟,可以在实验室接受比较系统的训练。尤其是大三暑假,一定要留在实验室,认真做实验,大四再做一年,他就可能有所建树。

我对大部分学生是这样,但不是所有的学生。因人而异,有些学生准备得特别好,比如我有两个北大来的学生王丽、陈问,大一就进实验室了。她们为功课付出了不少代价,成绩都下滑了。但这是必须付出的代价,有得必有失。由于长期从事研究训练,她们的科学素养非常好,从我的实验室毕业的时候,我认为她们已经基本满足一个博士的要求了。夸张一点,她们可能比一些清华毕业的博士的思维方式还好。因为她们比较完整地学到了我对博士研究生要求的科学思维方式和研究方法。所以,进实验室是为了什么?是为了学方法论,是为了逐渐完成从在课堂上接受知识到自己创造知识的转变。在课堂上,你学一节课的内容是前人几十年、几百年积累下来的东西,进了实验室之后,你就开始创造知识了。这个过程极其痛苦和漫长,需要你有兴趣和毅力。人不可能一下就入门,需要一点一点地熏陶。我个人认为,生命科学的入门需要三到五年。本科生不可能有什么特别的见解,除非这人是个天才。我是属于入门比较晚的,到了博士毕业前后才有点开窍了,觉得"原来是那么回事"。做博士的前一两年都是很郁闷的,这个过程很漫长,并不是像大家想的那样,一进实验室,一学期下来马上就可以解决问题了。

方法论的训练比学习前沿知识更重要

黄:这个观点很重要。既然你不建议太早进入实验室,那这段时间学生做什么?

施:我在清华做的第二件事就是开了一些启发思维的课。我自己开了一门"生命科学的逻辑与思维",这是一门关于方法论和逻辑思维的课程,共48个学时,在秋季学期讲。我把它分成八个单元,每个单元集中一个生命科学的重大发现。比如说第一个单元是"蛋白的磷酸化",1955年发现,1992年获诺贝尔奖。我就把磷酸化1955年之前的20年研究背景、关键人物及其生平讲给学生听,并把1955年的两篇文章以及其后的几篇相关文章拿给大家精读、讨论。其实,我意识到本科生不能读太多。于是,我就让他们组成一个team(团队)一起读,一起做presentation(展示)。他们精读以后,我就跟他们讲这些文章的逻辑和失误,讲为什么有些实验做得如此精妙,而另一些又如此失败。你要看了这个文章的话,就会发现其中有大量的错误。这个文章如果在现在发表的话,也许会被网络舆论判定为造假。举例说,分析1955年Fischer和Krebs的文章,基本的数据都多处计算错误,比如26除以50,应该是0.52,结果他算成0.32,有很多类似这样的错误。

其实,科学前沿的探索需要容忍很多不自觉的错误。因为非常严谨的思维方式很难有跳跃性的发现,很难有灵感,它会有小的阶段性的成果,但不可能有大的发现。你一定要容忍一些失误,容忍一些跳跃性的甚至是违反常规的思维。在我上中学时,老师告诉我们李政道在80年代初对学生做过一段评论,大概意思是,中国学生的问题之一就是知识结构太缜密。结果,有一点沟壑的时候,他就过不去这个坎,就觉得"坏了,我不懂",从而惊惶失措。而美国的学生很跳跃,这儿学一点,那儿学一点。其实,很多知识系统都有大的漏洞,但是这样反而会提高学生自学、解决问题和创新的能力,会让人有一些奇怪的想法。所以,跳跃式的想法常常是重大科学发现的必备因素。结果,我们的优势反而成了我们的劣势。

所以,我这门课的目的,第一是教学生方法论,第二是教学生破除迷信。有时候,我会调侃那些诺贝尔奖获得者。在这八个单元中,前两个单元是生化的发现,讲述蛋白磷酸化的发现和泛素化的发现;第三、四单元是细胞生物学,分别讲述细胞凋亡和细胞周期;第五、六单元是分子生物学中的两个重大发现——RNA 干扰和端粒酶；最后两个单元是医学，因为我觉得这门课应该有些应用部分，一个是幽门螺旋杆菌引起胃溃疡和胃癌的发现，另一个是"Cancer therapy through angiogenesis inhibition"，就是通过阻止血管生成、不给癌症细胞供养料、让癌细胞死亡的意思。

每个单元分为六节课，前三节完全由我讲，学生只能提问题。而且，我很少用 PPT。当然，这在教师中是非典型的。但在普林斯顿，恰恰有一些我所敬仰的讲座大师不用 PPT，就是用板书、用粉笔和学生交流。所以，我备课花了不少时间，知识、逻辑全记在脑子里，然后写在黑板上。偶尔像照片等画不出来的，我就给学生看一下 PPT。在后三节课时，我一般讲一半，后一半让学生来讲。讲什么？就讲他们精读的文献，并提出批评意见，很有意思。而且，这些学生也会精心准备。我让他们先分小组排练好，每个人在讲之前都会花很长时间准备，非常紧张。但不是所有的学生都能上台讲课，不讲的学生怎么办呢？在这个学期快结束的时候，我会留出两节课来，每个人四到五分钟讲一个主题，随便什么内容，包括学这门课的体会也行，就是让他到台上锻炼锻炼。讲下来，我的感觉就是给学生渲染方法论、科学史，让学生知道以前的东西是怎么做出来的。我们的本科教育、研究生教育在这方面的培养非常少。

黄：这个课是你移到清华来的？

施：这是我在清华开创的课，原先在普林斯顿的时候不是这样讲的，我讲了两年，一直都让他们录像，但是我还有很多不满意的地方。我讲课的时候，偶尔会有一些和我们的传统教育方法有矛盾的地方。比如我讲到某个地方的时候，突然忘记了备课的内容或顺序，怎么办呢？我有两个选择，一是花五分钟时间打开电脑、按部就班讲给学生听，二是按照自己的猜想和发挥讲给学生听。我选择后者。个别时候，我自己猜想的东西是错的。没有关系，第二节上课时我会给学生纠正。我不愿意打断自己的思路。我在普林斯顿的时候，当时有一个系主任叫 Arnold Levine,讲课非常精彩,我们每次都听得如痴如醉。后来我才知道,他讲的有些细节是错误的,但他对学生的思维方式和方法论的训练跟他的细节错误几乎没有一点关系,学生照样可以得到很好的方法论训练,学生照样认为他的 message 是 clearly presented。这有悖于我们的传统想法,这样说出来肯定会很 controversial,大家会说"你不严谨,不认真"。我不同意,我认为只要第二节课及时纠正、学生会对细节理解得更准确。我们这个社会中有些人太喜欢不分主次地去挑别人的毛病,而以这种挑毛病方式占主流地位的社会是难以创新的。

读 20 世纪五六十年代的科学文章,你就会发现这些天才跳跃得很厉害,而且有很多大大小小的错误,有很多现在看来不平衡的东西。但科学是很宽容的,允许这些错误的存在,正确的会被接受、传承,错误的很快被遗忘。现在,尤其在中国,这个环节是基本不存在而且不允许的。很遗憾的是,在科学上没有原创、在研究上主要靠人云亦云的成果,却仍可以很安全地在学术界和工作场所一步步得到提拔。

我在约翰·霍普金斯读书的时候,发现它的博士生教育体系和普林斯顿非常不一样,每一门课程都是大杂烩。什么意思呢?一门专业基础课由十几位教授来讲,每人讲两三节。普林斯顿是不允许这种情况的,它信奉一条:讲课要有系统性;每门主课都不能超过两个教师;多的话,系里不允许,学校也不允许。所以,普林斯顿很有意思,都是一个教授或者两个教授开一门课,系统性非常强,这也是它的强项。像我们的 Prokaryotic Genetics(PROX)——原核生物分子遗传学,是由美国总统教学奖得主 Tom Silhavy 授课的。他讲课很有意思,从 1950 年代分子生物学创立前期的一些文章开始读,一直围绕着原核的遗传学,最后到 90 年代后期。有出版社经常跟我约稿,说能不能把一些最新的科学发现写成书,或者写到讲义里面。其实,方法论的培养是不需要这样做的。

黄:这个观点十分重要,请你把它说得再透彻一点。

施：如果我三年不读 Science（《科学》）和 Nature（《自然》），会缺些什么呢？会缺了这三年的知识。如果我仍然沉浸在自己的研究领域里，就可能出现我仍在做，但别人已经发表了，而我却不知道。但我进行科学研究的方法论基本可以不受影响，因为它是我过去的科研训练造成的。请注意，当你训练博士生的时候，他拿到的学位叫 Doctor of Philosophy——哲学博士，而不是科学博士，也就是说，研究方法论的培养比知识的更新更加重要。如果一位老师只是把最新的科学发现和知识教给学生，而没有对学生进行方法论和思维方式的培养，那就真是本末倒置了。难道不是吗？确实，学生应该知道科学前沿发展到哪里了，不能让学生只学习 50 年之前的东西；但更重要的是，我们应该教学生怎么样去发现问题和创造知识，也就是方法论。在普林斯顿，我们的 PROX 整门课基本不讲最新发展到了什么程度，就讲它的历史，把整个原核生物分子遗传学概念、逻辑的演变讲得清清楚楚，让学生融会贯通。现在，他看文章的时候，马上就会联想到以前怎么回事，非常明白。

黄：这就涉及我们是在传授知识，还是讲方法或是在学习思想。其实，这两种教法很不一样。

施：你也可以兼顾，可以在讲述方法论的时候，把最新的知识加进去。就像我在讲"生命科学的逻辑与思维"的时候，虽然讲的是 protein phosphorylation（蛋白磷酸化）的发现，但我一定会跟他们讲 protein phosphorylation 在当今发展到什么程度了，影响了哪些东西。

黄：但是，方法论是历史行为？

施：对。后面这些东西远远不如前面那些重要。你想，后面只是又发现了什么现象，又用了什么东西。我举个具体的例子，清华的一位年轻教授发现了一个生化现象，发现它影响了细胞自噬，他的这篇文章发表在 Science 上。他发现一个调控蛋白经过赖氨酸乙酰化以后，会影响细胞自噬这个功能。这一发现毫无疑问在细胞自噬研究领域是个重要发现，所以被世界顶尖学术期刊接受发表。但批判性地想一想，蛋白质赖氨酸的乙酰化早就被发现了,而且我们已经知道蛋白乙酰化会影响细胞的很多功能,你只是发现了其中的细胞自噬功能而已。也就是说,在科学发现的长河中,这一发现相对意义很有限,是 incremental(渐进的)。有时候,我也会自嘲,自己的实验室会给 *Nature* 和 *Science* 灌水。我们的某些研究成果是比较前沿,但未必代表对科学的贡献有多大;同样都是 *Nature*、*Science* 论文,有些成果的影响力会远远大于另外一些。通过这样的课,可以让学生具备判断力。有时候,这些东西通过听课获得,但更重要的还是在实验室带学生,让学生知道什么东西是真正的好 taste。

黄:你讲了很多重要的观点。大家往往只能认识到应该把科学前沿讲给学生听,而忽略了它的不足在哪里。其实,学生应该多学一些方法论。

施:讲课要前沿,当然是对的,但是目前的本科和研究生教育没有把方法论的培养放到足够的高度。这是非常遗憾的一点。而且,我还在那门课上挑战了一个学术上大家都知道的东西,就是问问题。大家都知道,提出科学问题很重要。重要到什么程度?国内天天在强调这个问题,不管会不会提问题的人,都知道这个套话——"科学问题很重要,要有系统性。"实际上,这个科学问题重不重要呢?在科学、哲学上当然重要,但大家不能孤立地谈提问题,同时又忽视研究体系。我跟你具体解释一下。比如说 RNA 干扰是在线虫中发现的,但是在人、哺乳动物和果蝇中都做了很长时间的相关研究,却没有发现 RNA 干扰。为什么呢?因为它的研究体系不对。问题是提出来了。但实际上,我也可以说,他真的不知道这是什么问题。问题有是有,是一个比较模糊的问题,但如果体系对了,自然就有发现了。

我这门课里也举了一些例子,有些诺贝尔奖完全不是靠提科学问题提出来的。比如 Tim Hunt 发现了 cyclin(细胞周期蛋白)。他原本是想在蛋白合成方面有一些发现,却在做海胆卵的时候,无意中发现有一个蛋白被标记了以后,这一小时起来了,那一小时又消失了,这才突然意识到这个蛋白会不会被降解?他做了十几年蛋白合成方面的研究,结果,他后来的发现跟他提的问题几乎没有任何关系。但是,他就是很坚定,他意识到可以在一个研究体系中发现并解决重大的科学问题。海胆卵是一个很好的体系。他获诺贝尔奖主要依靠两篇文章,都是基于海胆卵这一研究体系的。

黄:就是说,一些很重要的科学发现,不一定是靠提问题提出来的。

施:对。很多重要的科学发现,包括很多诺贝尔奖,并不是一开始就基于这个科学问题提出来的。诺贝尔奖是设计不出来的,常常凭借的是"serendipity"——意外发现。它是因为体系对了,才得到的意外发现。这一点可能是我的原创性见解。如果过分强调问题,会让学生觉得:问题只要对,就可以往前走。其实不是这样的。当然,既有问题,体系又对的时候,下面还有一些技术的东西也很重要。实际上,这些东西缺一不可。十几年前,我们是老是强调技术,博士生毕业都要说"我会哪项技术";现在天天强调提问题,好像哪位科学家嘴上不天天挂着问题,就不是一个好科学家。我不愿意跟大家争论这个事情,因为每个人心里都明白自己在干什么,也知道自己对这个问题的理解有多深。实际上,我觉得我的学生受益最多的,就是我对他们方法论的培养。作为我的学生,五年下来,博士生大约有 500 个小时是在开组会(科研进展交流会),是在跟我一块交流。我就很自信地跟学生讲,讲课虽然时间短,只有 48 小时,但也足够把我的思维方式告诉学生了。实际上,学生不全是在学历史,也是在学老师的一些思维方式等,像师傅带徒弟一样,就这么简单。以前,媒体还争论过,是"严师出高徒"还是"名师出高徒"。我认为,当然是"名师出高徒";如果老师不懂学问的话,你再严,对学生都是没用的。我们以前老觉得严就可以了,学生拼命干就可以了,拼命只能培养出一些技术工人。但实际上,他得不到现代科学的思维方式。

黄:师傅带徒弟这个观点也很重要,包括做人,导师都影响了他。

施:其实,老师对学生的影响是一辈子的。

增加小班选修课

黄：第一是减课，第二是增加方法论的课，课程改革还有哪些举措？

施：第三是增加小班选修课。因为我们招的 PI 多。到现在为止，已经招了近 80 位 PI 进来。我来之前，清华只有不到 40 个独立实验室，现在，我们已经有 120 多个了。我们的独立实验室数目增加了两倍。现在，我们几乎是想开什么课就可以开什么课，为了做好表率，我每年大概要上 80 个小时的课。

黄：你们现在的小课每次有多少学生？

施：清华的规定是，五个学生以上就可以开。饶毅有一个理想：每个人学的课都跟别人不一样。针对每一个人开课，我觉得现在不仅清华、北大做不到，甚至普林斯顿也没有完全做到，它们只是开的小课比较多而已。在开小课方面，做得最成功的是加州理工。我们北大、清华、北京生命科学研究所三方联合的 PTN（联合培养博士研究生）项目，采取了一个"模块课"的新做法。怎么操作呢？比如给研究生开了一门"分子细胞生物学"，四个学分。所谓四个学分，就是一学期有 64 节课。我们把它分成 8 个模块，每个模块请一个教授来讲。教授可以从三种不同的模块中选择自己的主题，可以是基础理论模块，比如生物化学基础等；也可以选择高级模块，比如"细胞凋亡的分子机理"；或者是选择讨论课模块，任讲一个模块都可以。这样我们就有几十个模块供学生选。学生只要从中任选八个模块就行了。老师在讲自己的模块的时候，只要圈定教室，学生来这里上课就行了。我们把足够的灵活度都考虑进去了，同是一门课，学生选的并不完全一样。

黄：这样教学成本提高了很多。

施：对，让排课的人比较头疼。其实，我觉得世界各个大学没有统一的教学模式，也没有统一的教育标准，贵就贵在百花齐放，百家争鸣；而我们教育的主要问题就是把很多东西框死了，规定学生必须学这些课。结果,除了必修课之外,学生就没有时间学其他课了。我们 PTN 在"两课"上也有创新。例如,饶毅开了一门哲学课,关于唯物辩证法的。第一节课,他请学校的老师来讲唯物辩证法总论;第二节课,他自己来讲神经学里两个辩证的概念;第三节课,他请一个细胞生物学家来讲细胞死亡和细胞生长的辩证。其实,他们讲的都是一些科学史和背景,但是讲得非常富有哲理。

黄:这是把哲学讲活了吧?

施:无论是哲学教育、政治思想教育,还是爱国主义教育,我们都有待提高。

大学自主权有两个层面:大学和学院

黄:刚才说了很多学院层面的事情,在改革的过程中有没有遇到阻力,对此,你的建议是什么?

施:阻力肯定是有的。就拿减课来说,我们原来学的普通物理跟物理系一样,于是,我们把它改成了大学物理,并由三学期改成两学期;化学课减少了一学期,数学也减少了一两学期的课程。马上就有人不满了,当然,他们的不满是有一定道理的。因为中国人的教育体系摆在那里。有人就跟我讲:"清华学生的长处就是基础好,你把课程这么一砍,学生的基础就不扎实了;他出去以后,本来还可以凭基础吃饭,现在基础都没了。"这句话有一定道理。因为清华的学生习惯了强压式的教育,课程被砍下来以后,不知道时间该怎么花,个别学生就天天上网、打游戏。

说到底,我认为是教育部所谓的"办学自主权"没有真正下放。美国的本科生和研究生都不存在由教育部颁发文凭的事情,也不存在教育部批准认可的问题。在美国,一所私立大学的创办不需要美国教育部批准,只要在州政府走一个程序就行了。如果想设立一个非营利的教育机构,很容易获得批准。这样的大学拥有完全的办学自主权,所以美国的大学的确各有特色、百花齐放。我相信美国模式不一定适用于中国，但某些方面我们应该借鉴。

再说远一点，我从普林斯顿回来一年以后，学校人事部门根据教育部的规定，仍然在找我，要求我尽快提供海外使领馆开具的学位论证，以满足清华教师的入职条件。我回复说："如果你觉得我还需要学位论证的话，当初就不该聘我。如果你担心我学位造假的话，你就应该去调查，而不是由我来论证。"我最后也没有去做这个学位论证。

黄：他们接受了？

施：最后接受了。这个论证本来就是不自信的表现。中国为什么需要学位论证？因为有人造假。刚回国时，我曾经以一种比较极端的方式告诉我们的人事部门："只要一个工作候选人做了一个很好的学术讲座，也顺利通过了我们的教授面试，我认为他就可以做清华教授。"说得难听一点，即使他的学位有点问题，我都接受。为什么？因为这是靠我们的学术判断。我们在衡量一位工作候选人水平的时候，他只有过了我们心里的学术水平这道坎才能进来，而不是因为他的学位。学位 means almost nothing（几乎啥也不是），但也不能说是 nothing（啥也不是），只是说我们在面试他的时候能够增加一些印象分。招聘进来以后，我根本不在乎他有什么学位，以前在哪里工作。但是，我们中国人很看重这个东西。为什么？因为我们缺乏自信，也因为造假太多。我们在大学里经常进行一些偏重形式或资历的选拔，而不是学术选拔。我们国内每一次的学术腐败、造假，常常不是偶然发生的，而是与我们的机制体制有直接关系。学位论证本身就是没有自信的表现，什么都得论证，都得去盖章，多了很多冗长的行政环节。为什么不能让各大学、各院系自己负责呢？孩子总不能一直长不大、一直需要父母照顾吧？

其实，很多事情都是被教育部牵着鼻子走，即使招生名额也是教育部规定的。教育部为什么要规定这个名额？其实我很奇怪，假设教育部一步一步放开，比如把全国最好的"985"大学放开，自主决定招多少博士生，会出现什么情况？你觉得清华的博士生会从每年的1500个突然升到3000个吗？不会。因为清华自己一定会在乎自己的声誉。我相信学校一定会告诉各个院系，你研究生的指标是多少。在美国的大学，研究生院会控制各个系的研究生名额，教育部从来不管这个事情，因为学校会在乎自己的名声。只有不在乎自己名声的学校才会胡来，但这样的学校很快会被社会抛弃。所以，我认为把"985"大学全部放开，名额自拟后，不会出乱子。个别学校的名额可能会突然增长一下，但它因为受不了这个压力马上就会回落。

这时候，大学才可能开始真正按教学规律去办。我觉得负责任的大学也不会说大学可以无限扩张，跟市里要5000亩地，建第二、第三个校园。普林斯顿每年只有大概一千三四百名本科生，但是它有很多很多地，普林斯顿大学有上百亿美元的钱可以建校舍，它就是不扩建。为什么？因为它太在乎它的名声，它认为这样一个规模已经足够了。

自主权下放的内容包括两个方面：第一，教育部把办学自主权下放给大学；第二，大学要把一些自主权下放给院系。大学行政部门对院系的考核应该是宏观考核，而不是微观指导它具体该怎么做。有时，学院跟学校的职能部门打交道就很麻烦。其实职能部门怎么可能事无巨细知道每个学院的具体情况？但还非要管。这是我们以前存在的一个大毛病，什么都习惯于去管。我们总觉得不管就会出问题、出乱子，但恰恰管得太多太细，因小失大，阻碍学校的整体创新和提升。

学院的院长不需要事无巨细地管行政

黄：刚才提到了学校和学院的关系，下面能不能讲一讲你到清华做院长的感受？

施：在生命学院，我做了一件事情。我是生命学院的院长，财务、后勤、设备等行政方面的事都不归我管，我只对总体学科和进人的水平把关，并且推动那些分管本科生、研究生的副院长进行教育改革。我也不管具体的细节,只是大体上建议你应该怎么做。如果我只是担任生命学院院长的话,一年都花不了我10%的时间,5%就够了。因为我不像有些系主任和院长那样需要事无巨细地去管行政,这不是我的长处。我不是学MBA的,也不太懂管理。但是,我眼界比较高,我知道世界一流大学在怎么做,世界趋向于怎么做。比如在美国,系主任不管具体事情,而是由系办公室主任全权管理,就像公司的CEO似的。Leader understands what to do, and administrator knows how to do(领导知道做什么,行政人员知道怎么做)。

黄:就是行政人员在管?

施:对,行政人员在管理这个系,系主任只管学术。中国就很奇怪,它把"教授治校"当成是教授来管具体的财政、设备等,这又是形式主义。比如说,我是做生物研究的科学家,怎么可能去管谁买了什么仪器?他懂他的领域,我不懂,我只懂我的领域。所以说,一定要专人去管。这种职业化的行政管理叫"行政治校"。在美国,几乎不存在"教授治校"的问题。欧洲不太一样,但总体大学发展不如美国。

中外不同体制对价值观产生不同影响,体制创新最重要

黄:最后,回到你想讲的大环境这个问题上来。

施:我最终想说什么呢?是往上一个层面的事情。一个青年人究竟能不能成才,是毕业以后的事情;而学生毕业以后的事情,是真正堪忧的。我每次在国内待一段时间,又回到美国,在和那里的朋友谈事情的时候,总是深深地被他们深厚的学术气氛、功底和创新思维所打动。

我觉得,我们的落后不是一点两点,我常常表示担忧,最乐观的反而是饶毅。他认为中国再有十到十五年就可以追上美国了,跟大家对他的印象是相反的。我觉得,中国的教育和创新想要赶上美国,还需要二三十年。这是文化和体制所致。

第一，我们整体的社会文化是不利于创新的。概括一下，中国文化默许"枪打出头鸟"，提倡"中庸之道"，大家更愿意一起喝喝茶、鞠鞠躬，你好我好大家好。我们这个社会对"羡慕、嫉妒、恨"是接受的，当一个人因出头被别人打压的时候，社会不会太同情那个被打压的人，而是觉得可以借此消消他的锐气；对于打压别人的那些人，我们采取了宽容的态度。因此，我们缺乏真正允许创新的文化氛围。

什么是创新呢？就是你和他的观点不一样。创新就意味着你要做少数，意味着你的观点刚提出来的时候，可能不被人接受。我们这个社会能容忍创新吗？很难，而且经常对它冷嘲热讽；当发现这个事情有些道理的时候，也往往会打压一下。因为走得太远了，我们习惯于平均，习惯于齐头并进，不习惯于有些人、有些思想冒尖。所以，在科技创新方面，我们的这方面文化是有问题的，是起阻碍作用的。第二，缺乏创新是我们的体制所致。怎么讲呢？我觉得这与文化和政府相关职能部门有一定的关系，但体制完全是相关职能部门造成的。我们的体制不太鼓励创新，无论是现行的科技体制，还是教育体制，都有很多条条框框。所谓"体制"，说具体一点，就是"你要怎么做"。我个人认为，在中国，很多事情经常都不按照事情本来的规律去设计，而是按照行政官员想出来的条条框框去做。

我曾经在一个小范围的会议上忍不住又放了几炮。我就拿饶毅和我做比较。我们几乎是同时回国的。饶毅选择待在体制之外。但是，我们的社会为什么那么强调谦虚，为什么不能像饶毅那样小小地骄傲甚至自负一下？其实也没有什么不可以。为什么见面非要点头哈腰，说一些违心的话呢？心里明明看不起这个人，还非要说"你做得非常好"。这样好吗？于我而言，对人的尊重是我信奉的价值观之一。我从来没有不尊重我的同事，包括博士生和本科生我也都非常尊重他们。

我觉得人有两点最重要：一个是尊重自己，要自信，另一个是尊重别人。但是尊重与批评，特别是专业的学术批评并不是对立面。

黄：我可能比你乐观些。我做校长也有12年了，一直尽量保持独立。今天早上,我在校长班里讲课的时候就说,在这个体制下,我们有很多无奈,很多事情你想做但做不成。我的哲学就是,做我们可能做成的事。

施:我同意你的看法。其实,我虽然口头上总是发牢骚,但真正做事的时候,和你坚持的信条是一样的。我们必须做一些事情,而且是做自己能做到的事情。就像人事制度改革,我们几易其稿,不仅仅是按我的意志在改革。现在,清华生命学院与国际全面接轨,采取 tenure track(常任轨);此外,我们还加了一条,叫做"新人新办法,老人老办法"。总之,我们做了很多折中。按我以前的观点,是不应该做这些折中的,但后来我完全理解和接受,因为清华不只是我的清华,而是所有清华人的清华。清华生命学院有四十几位教授、副教授,他们每个人的观点都值得我尊重,尽管和我的不一样。最后,我们全院 69 个人进行投票,有 80% 的人赞成,20% 的人持弃权和反对态度。很少人持反对意见,我们才做。对于一些一定要做的事情,如果不能急变,我们就缓变、渐变。每个人都作出自己的努力,这个社会才能往前走。

黄:其实,我们每一个人都应该为这个环境的改变作出自己的贡献。我很欣赏你最后做的妥协,我觉得很好。否则,你想做的那件事情也做不成,只有用速度做牺牲,来求得改革的推行。

饶 毅：
教学改革的关键在于学院

(2013年4月11日,北京大学)

饶毅,1962年生,籍贯江西省南城县,生物学家。1978—1983年在江西医学院学习,获学士学位。1983—1985年在上海第一医学院念研究生。1985—1991年,在美国加州大学旧金山分校攻读博士,获神经科学博士学位。1991—1994年,在哈佛大学生物化学与分子生物学系做博士后研究。1994年起,历任美国华盛顿大学、西北大学教授。2007—2013年,任北京大学生命科学学院院长。2011年起任北京大学—清华大学生命联合中心主任,2012年起任北京大学IDG麦戈文脑科学研究所所长,2013年起任北京大学校务委员会副主任。

北大生命科学的目标不是跟踪世界、攀比国内,而是全面提高科研和教学水平,以其体制机制保证持续长期产出有高度和深度的原创性研究,培养出创造型人才。所以,大学第一学期,我们就要求学生读孟德尔、摩尔根的文献。这个时候,你的思路、想法、要求就很不一样了。通过研读原始文献,你会知道密码表是怎么来的,怎么解码,遗传密码这个概念是怎么提出来的,怎么样解。这就是他们需要学的。

黄达人：饶院长，你好，我们刚从清华大学施一公院长那里出来，听说你今天在学校，就赶紧过来了。来的目的之前也与你沟通过了，主要是想了解中外大学在人才培养上有什么不同以及国外大学有哪些值得我们借鉴的地方。我希望每一位受访者都能结合自己在国外学习和教学的经验，谈一谈像课程设置、上课内容等有什么不同，而不是泛泛而谈。前段时间，我走访了美国的六所高校，别人问我对美国大学制度了解有多少，我说我只知道这六所学校的情况，因为每所学校的制度都非常个体化。所以，不同学校在教学上的做法肯定也是有所不同的。另外，作为北大生命科学学院的院长，你对于教学工作有哪些具体的思考和举措？据我所知，你在回国后，针对中国高等教育目前存在的问题，提出了很多中肯的批评和建议。

饶毅：黄校长，其实我是建议多，批评少，建议一百条，批评才一条。我批评的目的是为了改变。我曾经公开说过，与其在海外批评，不如回中国实践。目前，在海外有很多华人批评中国的各种问题，有些其实非常中肯。但是，对于我本人而言，与其在国外批评、抱怨，不如在国内批评，提一些建设性的意见并付诸实践。虽然在国外批评中国起的作用很有限，但是并不是不能为中国做事，只是不如在国内做得多。

担任北大生命科学学院院长以后，我认为即使是以学院为规模的改革，也要经得起几十年后历史的审视，所以我选择改革的策略是"从长计议"，不在意短期的反应，用心建设有长期作用的框架，所以上任后不搞轰轰烈烈，不以数字为目标，而是静心地努力推动体制机制、教学培养、资源配置等几个方面的改革。

其中一项就是教学改革。我认为，在我国急于建设研究型大学的过程中，高校的教学可能有所滑坡。我们力图扭转这个趋势，进行教学改革，鼓励老师积极参与教学，并充分调动学生的自主性。

教学改革的关键看院长是否会负责任地做这件事

黄:好的,请先说说对于教学改革的看法。

饶:首先,我觉得中国的高等教育不仅需要改革,而且是很容易改革的。现在,大家都盯着大学校长,而我觉得改革走得最快的两个层面应该是基层院系和老师。

对教育部,我只有一个建议:把颁发学位的权力下放给大学。因为不同学校、不同院系差别很大,教育部不可能考虑到每一个细节,他们只要负责宏观调控就可以了。此外,既然学位是由各个学校来发,教育部也不应该管各个学校的课程设置,最好是通过对高校的评估给出一个建议,说它认为这个学校在哪个层次。

黄:就是干脆也不说合格与否,只是对学校的办学水平给出建议。

饶:因为只要这个学校有能力提供办学的条件,即使评价不好,只要有学生、老师愿意留在这里,就应该让它办下去嘛!如果实在太差了,教育部再进行限制。

黄:让群众自己去选择。

饶:群众上不上这个学校,是人家的判断。教育部只要说清楚这所学校的水平层次,广而告之就行了。这个工作不是太难。

这就是我为什么说改革很容易,我到北大以后就发现,教学改革的所有步骤,学校都同意,成功与否,关键看院长是否会负责任地来做。所以,在做改革之前,我就会想好为什么要做这个事情,并把它写下来,学校往往都会同意,关于教学改革的方案,教务处年年都可以批,只要申请合理,一年批几次都可以。教育部也没有要求必须要报到它那里,有的话也只是备案。实际上,只要院长愿意负责任地做,学校以及教育主管部门的阻力是比较小的。

个体化教学培养特色人才

黄:所以,院长在教学改革中的角色很重要。下面能不能以本科教学为例子,讲一讲你当院长以来,采取了哪些改革举措,使得培养的学生有了不同的变化?

饶:我首先推动了个体化教学:除了教育部规定的三门课,我们重组了其他的所有课。原则上,每一个本科生都可以根据自己的兴趣和能力,结合学校提供的条件,设计自己的课程。学校很快同意了我们的申请,学院层面也把这项改革制度化了。我认为,学生应该多跟不同学科的老师谈一谈,因为有时候他们不知道自己应该做些什么,适合做什么。比如说关于脑成像,生物应该学什么,物理应该学什么,他其实并不知道。等他有了想法以后,我们再根据他的兴趣,建议他咨询相关老师,比如学校有哪些课,这个课程设计会对他产生什么样的影响。读了一年以后,学生可能会想要变更这个课程设计。如果要变的话,他就需要跟老师谈谈哪些要变,为什么要变。在这个过程中,老师要跟学生不断地交流。

黄:这是从哪一年开始做的?

饶:从我上任的第二年便开始了。原则上,这件事情在学校推广没有一点阻力。

黄:能不能说一说,你是怎么推动这个事情的?

饶:先拿到政策,然后就看学生怎么做。我们整个年级一届有120个本科生,不容易推动的一个原因就是学生缺乏敏感度,不知道干什么好。正好教育部有个"拔尖创新人才培育试验计划",我们就把那届的挑战班列入这个计划里。每年我们会跟这个班里的学生进行一两次谈话。从全校学生来看,动得比较慢,因为学生不知道怎么动,但我们这批学生却动得比较快,课程调整得也比较快。几年下来,他们一直都在调整。

黄:这批学生比例是多少?一年大概有多少人?

饶:我们没有明确规定,但是一年大概十五到二十个人。我们会请一些很优秀的科学家来按照规定跟他们谈话。其他的学生其实都有一个所谓的导师,但是我们没有办法监控他们跟导师谈不谈话,怎么谈话;而且老师也有水平高低、热情与否,学生也有不开心的时候。但挑战班的这批学生则是七八个老师一起,一个一个跟学生进行交谈,跟学生说明他今年要开什么课,为什么要开这门课。

黄:就是由一个导师组来给一个学生进行指导。

饶:这样做就保证了这些学生上的课都有特色。他们虽然是生物系的学生,但是跟我们那个年代不一样了,他们当中数、理、化都有厉害的人。只是过去只开生物方面的课程,数、理、化的课程开得很少。所以,这样的话很快就有一批学生选了许多数学方面的课程,因为他自己感兴趣,未来想要学习生物信息学。我觉得他们很快就会意识到数学可以学到什么,其实,物理、化学也应该这样。我们允许你某个方向选很多,那另外一个方向就选少一些。比如,如果学生物理课程选得多,就减少一些化学课程,因为对于生物人来说,化学课程不是人人都要选的。如果条条框框规定死了,就没有多少变更的余地。但医学院就不同,不管以后是做内科医生还是外科医生,见到的病人都远远不止这两种。所以,就得把所有的东西都学习一遍,必修课程就很多。

但是,生物系的"死课"根本不应该这么多。当时搞课程改革的时候,每个老师都在吵着说这个学科重要,那个学科也重要。他们说:"你不要改,这是教育部规定的。"我说:"这都是你们定的,定的时候,是教育部盖的章,但是并不要求必须按那个东西去做,它只是一个提议,各个学校再去掌握就行了。"

我们实行了个体化教学,特色逐渐就凸显出来了,开始有学生跟以前不一样了。这种改革见效很慢,得过几年才看得到效果。现在,第一个效果已经看到了,今年我们学校申请到美国的研究生组成改变了。以前,美国的大学不是按总分来录取研究生的。但是,中国学生除了总分以外没有别的,大家做的千篇一律,老师也乱写推荐信。所以,它们没办法,对中国学生只能按总分录取。中国学生就认为他的录取总分最重要,其实是因为学生拿不出其他的东西。今年,我的这些学生总分不在前十名的,也有好几个人去了MIT、哈佛、斯坦福,就是因为对方老师看到了这个学生选了这么多不同的课,研究也做得很不一样。这批学生做好了以后,就会影响到其他人。其他学生都变得很主动,每个学期都要想下个学期开什么课,因为"挑战班"规定每个人都要拿出本学期的开课计划。

黄:目前改革涉及的学生以挑战班为主?

饶:其他学生虽然不在"挑战班",但也全部享有自由选课的权利。只有这么做,我们的学生才有可能跟别人不一样。生物跟经济、医学、数学、物理、化学、信息都有交叉,每个人选择的交叉不一样,学生就真的有特色了。

当然,这么做的前提是老师要负责任。对于单个老师,不光在中国,在美国也有不负责任的。这些老师急着要 tenure,得到 tenure 以后要争取更好的研究,忙他的事情。如果不是特殊的老师,花在教育上的时间也比较少。所以在这种情况下,真正能自由选课的学生其实并不是很多。

我意识到解决方法是由老师自己来提出各种组合课程。任何老师都要思考,如果我今天重新读大学,应该学些什么。然后,我就看学校里有哪些课,在不改变任何现有课程的情况下,把我称为 track 的课程组合提供给学生。这就解决了学生选课的问题,因为不可能每个学生都有导师组,我们没有这么多老师。而是跟学生说清楚这个 track 可以做什么,选了这个 track 会学到什么。然后,学生再来挑选,假如学生对几个 track 都感兴趣,那就先看看这些 track 在一二年级有哪些共同的课,以后再决定学哪个。这样的话,就等于一个老师对很多学生都起到了导师的作用,而且是负责任的。

黄:这项工作进行到哪一步了?

饶:现在正在推动老师。因为 track 需要老师来做,如果老师偷懒、不负责的话,就做不出来。比如我们的神经生物,要做四五个 track;有些专业只肯推一个,我觉得很不好,因为推一个就相当于退回五六十年代的专业去了,学生也没得选择。但那些老师就会问:"一个专业不是挺好?"我说:"你搞错了。凭什么一套课就称为一个专业?你自己都可能会既想学这个,又想学那个。"

这样还可以解决老师的问题。老师们都会说教学工作做得不好,但叫他做事的时候,第一反应是不作为,第二是吵架。他不干的话,我们就很难办,只能加工资。我正在逼他们在这个学期把 track 拿出来。我说:"你们别吵架。有人认为生物学是为了培养一般的工作人才,有人认为生物学是为了培养大科学家。这些看法都是对的,但不是唯一的。你就按照你的想法来设计,请学生来挑。如果学生和家长认同你对生物学的想法,他会就选你的了。"

黄:就是按照他的培养方向弄出一个 track 出来。

饶:对,就按照他自己的想法。我还正希望他的 track 和另外的老师不同呢!拿出来之后,要写清楚你为什么提这个 track,以便家长和学生参阅。他先提,再由我们委员会看一看提议、说法是否合理,保证它的质量。有时候他说的东西我们可能不同意,因为照他这样开课,可能会往不同方向走。美国的大学也有 track,但不够多。所以,我认为认真做下来,我们比美国的大学还要好。有了这个以后,各个学校的特色也会更多。

黄:对于那些总是做不出 track 的老师,你怎么推动?

饶:我们有一个中心,负责给学院提供教学经费。但如果没有方案,我们一分钱都不给。现在,我叫他们一定要拿出方案来,否则,如果明年我不在学院了,或者不再是院长了,我说"你们的工资都得降下来"。

我就是要刺激他们,不能说我给你钱,你不做事;也不要跟我争论谁的 track 是什么道理,你只要跟我说你的 track 是怎么样的就行了。不要去管人家的闲事,管好自己的事情。明年秋天我就把这 track 推出来给学生选,你不提就没有本科生。这样做也造成了竞争,老师竞争力的强弱直接取决于学生的参与度。

我觉得这个事情完全可以在全校范围内做,但是可能有些院系不愿意,因为这样容易得罪人,从个人看一点好处都没有。按照中国的习惯，很多人就不愿意为这个事情得罪人，推了一下就不推了，阻力主要来自老师。

黄：很多教师都在指责我们的教育制度，但是真的让他干，他又不愿意干。你把个体化教育落到了实处。而且，你认为个体化教育的阻力并非来自学校，也不是教育部。

核心课程过多，深度却不够

黄：在推行教学改革的过程中，你觉得中国以往的教学方式跟你自己在美国接受的教育相比，不同的地方在哪里？

饶：中国教育总是死板地追求总分，追求竞赛的名次，搞得学生也只注重总分，没有特色。一门课永远只有那5%的人能行，显得其他人都不行，但其实这些人在其他方面是行的。如果你只搞这一门，就凸显不了他们在其他方面的优势。本来，社会就是希望每个人都有不同的特色，现在中国的教育却充斥着许多死规定。有些人认为，我们应该培养研究型人才，但现在通过背书、通过考试的教育方式基本上是跟培养研究型人才的要求背道而驰的。能背的人和研究型人才有交集，但是交集很小，因为研究型的人是边琢磨边往前推的。有些老师讲课讲得很好，可你叫他在课下干点什么，就不行了。我们的教学工作肯定不能这样做，所以个体化教育很重要。在个体化这个框架里，如果我们自己能想清楚该怎么教育，我们的教育就会比美国好。

黄：其实也不需要增加多少课。

饶：一门课都不增加。这个改革就是建立在课程不增加的基础上，重组课程就可以做得非常漂亮了，特别是我们这个学科。因为我们有一批做得好的人都是从数、理、化学科过来的，他带着数、理、化的背景再与生物相结合，一杆旗帜就竖立起来了。所以，我们这个学科用重组的方式就会得到很大的改变，总的学时数也没有减少。

黄：施一公那边的改革是减了学分的。你们没有减学分，而是采用了重组的方式。

饶：重组还化解了一个矛盾。有些老师以前逼着学生选自己的课，重组之后，实际上把这个问题也化解掉了。要不然，老师永远都想把自己的课变成主干必修课。

黄：你说的这点很重要，每个老师都希望自己的课是主干课、核心课。

饶：我认为，课程设置上两个突出问题是核心课程过多和核心课程讲授的深度不够。比如说，我们认为学生物的不需要学动物学、植物学，因为它们对于生命科学来说不是关键学科，只是对生态学那部分是。所以，对学生物的同学来说，实际上只有少部分人应该学动物学、植物学，多数学生根本用不着学。

关于生物科学，如果一定要找几个核心，那就只有遗传学、生物化学、分子生物学、细胞生物学，这是现代生物学最重要的四部分，其他都不是，包括我自己学的神经生物学都不是生物学的核心。生命科学的四个门类或大体的核心就是这样，不能因为传统生物学是从植物学、动物学开始的，就继续要求大家开动物学、植物学的课。到今天为止，我也没有看过动物学、植物学的书，因为它对我的研究一点用处都没有，而且我相信它对我们80%以上的老师也没有用处。同样，他也会说神经生物学对他没有用处，这也是事实。

但是，现在我们也不谈哪些课不要，只是推出一些track给学生选择，并不是放20个必修，再给他们选，这就相当于没选择。所以，我们就要求如果你要拿生物学的学位，只有这四门是必修的，其他都不是。

在推动的过程中，个体化教学也允许老师有不同的想法，而不是一个老师的想法要大家都同意。学生个体化，老师的想法也可以多样化。你提出、你宣讲，看学生适合与否、选择与否。如果都像以前的做法，大家老师讨论一番，最后是大家的想法全部综合进去就变成了课程最大化。很多人没想通1990年代末期课程最大化是怎么产生的。很重要的一个原因，就是每个老师都有自己的想法，然后变成了谈判，把很多课程全塞进去，通识化教育变成了面面俱到的教育，至少对全国的生命科学教学计划影响很大。

从课程入手的教学改革

黄：不同的学校培养的学生有着不同的目标。在你看来，研究型大学的生命科学该怎么改革？

饶：每一个学生、每一个家长、每一个老师对于学生应该培养成什么样的想法都是有差别的，而学院应该允许和鼓励这种差别。有些人希望成为科学家，有些人希望他毕业了以后可以在社会上随便改行，还有一些人希望他到北大能认识很多同学，这些想法都有合理成分。学生自主选择和决定，学院提供基础。研究生相对比较明确，是要把研究做好，之后是要做科学家还是去企业，还是其他行业，这也是由他自己决定。为了他的目的，他选择来北大做研究生，在北大挑选对于他今后成长有用的东西。

但是对于北大生命科学而言，我们的目标不是跟踪世界、攀比国内，而是全面提高科研和教学水平，以其体制机制保证长期持续产出有高度和深度的原创性研究，培养出创造型人才。

黄：根据这一目标，在课程方面，你们进行了哪些改革？

饶：首先，我们开创了"生物学思想与概念"，强调学生应该摆脱生物学描述性的教学方式，转而建立对重要思想的理解、学习如何提出和证明重要概念。过了两年，清华参考我们，开一门叫做"生物学逻辑与思维"的课程。和我们的想法是一样的，以后应该合起来出一本书。

另外，我认为，对于研究型大学来说，如果培养的学生中有相当一部分是做研究的，或者以后是以研究为目标的，第一年就不要开普通生物学，我们不需要什么东西都过一遍。之后，各个专业可以加一点普通生物学进去。如果要开的话，就在后面直接开深一点的细胞生物学。因为开普通生物学，东拼西凑，只能学到一点皮毛。学皮毛不是研究型大学应该学的,而是师范类院校应该学的。

讲回到"生物学思想与概念",在第一个学期,我就跟学生讲,如果你要看看怎么做研究,就把关于孟德尔、摩尔根的原始文献拿出来读,从他们的思想脉络中理解研究是怎么发展起来的。你认为你懂孟德尔,其实你学的只是结论,没有思想。第一个学期,我们会挑十几个概念来讲,并要求学生读一些原始文献。学生从高中读上来,本来以为自己很牛。以前,要学动物学、植物学,他们就觉得"我这么聪明的一个学生,为什么要学动物学、植物学?"其实,那两门课讲得都非常好,但是它的内容只有那么一点,没有深度。所以,他们学完了以后,也觉得没有学到了生物学。我们的这个课程就很难,他可以学得很深。高中一毕业,大学第一个学期,我们就要求他读孟德尔、摩尔根的文献。这个时候,你的思路、想法、要求就很不一样了。通过看原始文献,你会知道密码怎么解码,不要看密码表,那个根本没什么意思。当然,你可以去背以前的密码表,但我们不是医生,背这个一点用都没有。你还可以知道密码表是怎么来的,怎么解码,遗传密码这个概念是怎么提出来的,怎么样解。这就是他们需要学的。

黄:你是从课程入手进行教学改革的,现在这项改革目前做到什么程度了?

饶:可以说,本科教学改革远未完成,还要做很多工作;每一门课程质量的提高、小班讨论的增加等,需要很多老师积极认真参与,大力提高教学质量。

改进本科生出国的实践方式

黄:现在,社会上都在讲"北大、清华培养的人都出国去了",你对这个问题有什么看法?

饶:学生和家长想得到他们所认为的最好的教育,这是无可非议的。如果我们有东西做得比别人好,就能吸引他们留下来,我们做得不如人家,那当然就留不下他们了。所以这个问题不大,而且这个趋势已经开始变了,以前是这样,现在逐渐有很多学生愿意留在学校了。

黄:我认为,以前北大、清华那一批选择出国的学生,其实是为中国储备人才。我们需要这些人,他们的作用非常重要。现在的海归其实就是这批人。

饶:在开大会时,有人说,"我们教育方针就是学生不能出国"。我想,这叫什么教育方针?为了增加学生的实践能力,我们每年会从120个人里面挑大概三五十个学生出去,主要是去美国。

黄:是不是交换生?

饶:不是交换,我们自己送人出去。开始是对方出钱,现在我们也出点钱。学生是到实验室里面去体验,而且没有学位。

它是一个为期8—10周的暑期短期交流项目。对于负责任的学生来说,这是一件很好的事情。但是,做了几年之后,我们就发现,学生里面有超过一半的人是不负责任的。

从2012年暑假开始,我们调整了策略:先把学生送过去,我们一分钱也不给,等交流结束后,由那边写评价信,学生也要在这边答辩一次,我们再来决定给谁钱。这样,至少是对学生的父母负责。

黄:这样做反而会好一点?

饶:会提高责任心。如果他不负责的话,父母也会知道。因为他最后没有奖学金,得自己出钱。

黄:对于做得好的学生,所有费用都是由学校出?

饶:是的。实际上,这个交流范围也可以拓展到国内的科研单位甚至非科研单位。学生有到国外大学与研究所参与科研的,更多学生则参与国内大学、科研机构和药厂的实践。

研究生教育是直接引入研究前沿的个体化教育

黄:我看到你在网上的一些材料,对研究生教育的思考也很多,能不能讲一讲？

饶：首先是研究生招生问题，我觉得关键是要建立竞争机制。要允许研究生报考多个学校，在学校之间形成良性的竞争机制。现在这些学生都可以申请多个海外学校，为什么在国内只能一次报考一个学校？这表明海外多个研究机构可以竞争一个中国学生，而在国内，只能是一个单位竞争学生，这等于是自己害自己，使得国内学校没有竞争的压力和提高培养质量的动力。

我也了解到，有些学校卡着学生，不让出去读研究生。有些教授甚至说，某某专业自己做得最好，其他人都不好。学生要出国，要申请北大、清华，他都不给成绩单。这不是在害学生吗？我觉得，我们要像对待自己的孩子一样去对待人家的孩子。

黄：你这句话有很高的境界。

饶：而且我认为，以后让各个学校自己招生，过几年对这些学校进行评估，它就不会乱搞。因为一个导师如果招不合格的人，对他就是一个很大的负担。我打个比方，他认为自己可以收容难民，他把自己的实验室变成难民营，那过几年他自己就会变成难民，因为别人不给他经费。教育部和管理机构每过一段时间审核研究生录取，他如果不合格率太高了，或有很糟糕的招生舞弊现象，这就可以惩罚这个导师或单位。导师、学生为非作歹很难完全能避免，但你要想到，如果后面有监督制度，他们就会有压力。

黄：在研究生教育过程中，为了提高教学质量，你有什么举措？

饶：我觉得研究生教育是直接引入研究前沿的个体化教育。我认为做到这一点有两个前提：一方面，老师要发现学生的不同；另一方面，学生要发现自己的特点。人的能力都有强有弱，老师要在前两年发现学生能力的强弱所在，判断弱的地方是不是可以提升。改得掉的要让他适应这个改变，改不掉的要让他认识到这一点，用他的强项，做他能做的事。

黄：有没有具体的例子？

饶：我曾经举过一些：我原来有过两个学生，其中一个很有雄心壮志，是个很刻苦的人；另外一个技术上很好，做得也很扎实，但雄心不够。意识到这个情况以后，我就让他们一起合作。他们两人性格正好匹配，工作就做得很好。

我有一个白人学生，很聪明，思想也很好，很会玩各种仪器。做实验时，他喜欢用新仪器，但那得花钱。他想做现代成像，但因为实验室原来很少做，高级的成像不是我们的强项。我在观察他是否有能力把新的仪器、新的技术、新的东西在实验室建立起来后，在我自己不会的情况下，买了仪器让他去做。后来，他就帮实验室建起了分子成像技术，用现代成像技术看活细胞里的分子活性，这是当时世界上很新的一种技术。看到学生有能力，愿意冒险花必要的经费，这个学生最后获得了哲学和医学的双博士学位。

还有一个例子，是我在中科院神经所的学生。最初上课、听讲座的时候，他就表现得很聪明。他和我一起做研究初期，我们做神经纤维的导向，我们经常讨论，前期我说得多些。中间的时候，我发现他经常有新思想，比如他提出一个想法，要做极性。我说，我们现在可能还做不成。后来他又提出来，也有具体途径。我就判断我们有做这项新题目的可能性，就一起讨论、互动。他得到了一些有趣的结果，论文发表在《细胞》杂志上。这个过程中，有些东西是我想到的，而有些东西是他想到的，所以不是单纯我教他，而是在讨论和研究过程中取得进展。

这些例子说明一个道理，老师要因人而异，要鼓励研究生的创新性想法，千万不能压抑或笑话学生，因为导师自己也是从学生时代过来的，你要看到学生的长处，让他发挥。我觉得这才是研究生个体化教育的具体做法，也符合创新型人才培养的规律。

"做事"文化与"做人"文化

黄：刚才在施一公院长那里，他提到了人才培养的环境因素。我知道,你对此关注也很多,能否比较一下中外在人才培养环境方面的差异?

饶:这个问题,我多次呼吁。中国近几十年来,虽然总体进步很多,还是出现钱学森先生之问:现代中国几十年为什么不能出现杰出的人物?这个不仅是和国际比较,也是远逊于中国近代史上曾经出现过的西南联大、"两弹一星"的智识群体。如果我们比较中国近现代史,西南联大曾同时有陈省身和华罗庚,中国数学的高峰可能不是现在,而是那时。生物医学研究,高峰是二三十年代的协和医学院。

我认为,不是现代中国没有杰出的人才,而是他们往往不被中国社会所发现、培养和鼓励,即使出现,只要与现有文化有冲突,就皱眉头、泼凉水,直至不接纳、排斥和打压。

很重要的一个原因是文化上有重大缺陷。中国人强调高调做事,低调做人;做人先于做事,等等。在我看来,中美的文化差异,其实就是一个"做事"文化和"做人"文化的区别。"做事"的文化是关系服从于做事,以做事为先;"做人"文化是做事服从于做人,以做人为先。

"做事"的文化是强调创造,可以是原创性,可以扎扎实实,对社会、对国家有贡献和推动,把饼做大。做事的文化中,对人的个性要求比较简单明了,要讲道德、有原则、要诚实,也鼓励乐观。这些简单的为人基准,在少年儿童期间教育好,以后都遵循,无需经常琢磨。

"做人"的文化强调为人处事。在目前的中国,做人提倡的是对上级、对老人、对周围的圆滑,所谓做人"成熟"和"聪明"不是讲道德。在做人文化中,道德要讲,但不是那么重要,原则和诚实要有,但如果打折扣也不会受到谴责。有争议的事情,一个领导、一个人,可以不讲原则地处理或者躲避,而公正地处理反而会被做人的文化认为是不聪明、多管闲事,即使是他应该处理的事。做人的文化,不是绝对不要做事,而是做事不那么重要,特别是和"做人"发生冲突的时候,"做事"就让位于"做人"。

美国文化希望青年有自信、有特长,提倡创新。中国文化希望青年要成熟、要聪明,提倡识相。美国鼓励大家平视,而中国常常要求专业优秀的人必须对人低头,平视被认为是趾高气扬。

中国常规的时候,包括目前,人才的文化不是"做事"文化,而是"做人"文化。中国文化的常规是大家把"循规蹈矩"从合理的理性行为延伸到不要创新,把"尊师重道"从合理的待人接物延伸到畏上畏老而不尊重真理,把"成熟聪明"的合理智力要求延伸为无原则的圆滑。

文化的局限已经直接影响中国的科学。我们号称做"国家需求"的科学研究。其中,得到强力资助的,有好的课题,有一般的课题,也有很差的课题,强力支持很差的课题是很不正常的现象。出现这种情况,是某些人找某些人立项、某些人评审照顾某些人,把国家对卓越和有用的科学研究的需求,变成了服务某些人的利益和关系。"识相"和"圆滑"的人得到支持,而创新和真正做事的人被学术以外的因素所排挤。

黄:非常精彩的论述!

饶:所以,对于我而言,信奉的是"做事"的文化。回国来参与工作,可以推动中国解决一些问题,一些很明显的问题,即使是很小的问题,我认为也是贡献。

当然,工作中也会碰到阻力,我认为是好事。如果没有阻力,我们的工作可能价值很小,因为人人都能做。有阻力的工作才需要人做,也更值得做。

美国总统肯尼迪曾说:"不要问你的国家能为你做什么,问你能为国家做什么"(ask not what your country can do for you, but what you can do for your country)。

今天我们的时代也可以说:"不但要问中国还有什么问题,而且要问你可以为中国解决什么问题"(ask not only what problems China has, but also what problems you can solve for China)。

黄:饶院长,今天与你交流很受启发,也为你的热情所打动。我认为,像你这样有着国内外受教育和从教经历的知名学者,虽然自认为被处在体制之外,其实做的都是体制内的事情。

汪劲松：
以学生为根

（2013 年 4 月 26 日,西北工业大学）

  汪劲松,1964 年生,四川万县人,工学博士,教授。1986 年,清华大学精密仪器与机械学系毕业,获学士学位。1988 年,清华大学精密仪器与机械学系硕士研究生毕业。1990 年,清华大学精密仪器与机械学系博士研究生毕业。毕业后留校任教,历任清华大学机械学院副院长、精密仪器与机械学系主任、教务处处长、教务长兼研究生院副院长、副校长。1997 年 4 月至 1998 年 8 月,赴美国密歇根大学机械系做访问学者。2009 年 7 月,调任电子科技大学校长。2013 年 1 月,调任西北工业大学校长。

  我认为大学开课和开饭馆差不多,核心是课程有特色、有质量,能不断开出新课,满足学生个性化学习的需求。本科教育是为学生以后的职业生涯打基础的阶段,所以从宏观的课程体系设计来看,应该关注两个问题:第一,你给学生什么样的营养配餐,即基本的知识结构;第二,这个结构点怎么搭配,但不能弄得很细化、密集,一定要让一个知识点到另一个知识点有跳跃的空间,让学生自己从这个点连到那个点上去。

一所大学的气质可以从她的学生身上感受到

黄达人：汪校长，今天来，主要是想听听你关于人才培养的高见。你在校内的讲话，我来以前全部学习过了。你有很多观点，我都很赞同。比如说，现在很多大学的管理者，比较愿意去追求某些量化的指标，像国际化这一指标，关注的是国际生的数量，而不是学生国际交往的能力。但是你认为，衡量国际化的一个重要标志是交流性。通俗来说，就是跟谁玩。具体来说，就是看我们培养的学生是否有在世界上行走的能力，我们的老师是否能与世界上最好的科学家进行平等的交流。我觉得你说得特别实在。我认为，人才培养也是一样，怎么是可以用量化的指标来衡量的？

汪劲松：谢谢黄校长。您做的访谈特别有意义。我觉得，首先，一个人要从骨子里热爱教育，然后才能去研究教育。您从校长岗位上退下来以后，还在一心一意地研究中国乃至世界高等教育，我特别认可您这种骨子里的坚持，有种亲近感。其实，在我看来，研究大学确实是很有意思的一件事情。我原来在清华大学工作的时候，每年都要去几个好大学转转，比如美国的 MIT、斯坦福、伯克利、耶鲁、普林斯顿，还有德国的亚琛、斯图加特、慕尼黑工大等，就是喜欢去那里面转，跟那里的管理者、教授、学生聊一聊。有时候想想，我这样做有目的吗？好像是有，否则我来这里干吗呢？我也在慢慢悟，慢慢找一种感觉，像你刚才提到的"跟谁玩"也是悟出来的。有很多事情，如果要把它非常清晰、严谨地阐释出来，我觉得自己做不到，但是这种感觉你要有。靠什么来寻找这种感觉？我觉得要多接触好大学，品味它的一些东西，这个非常重要。总之，我是挺喜欢大学的。因为我父亲从参加工作开始，一辈子都在从事基础教育，从教师到教育管理都做过。我可能打小就受到他的影响，所以特别喜欢学校。

针对您的问题，我想当然可以用许多量化指标来评价人才培养，比如学生成绩、获奖、毕业后的起薪、工作岗位、继续深造率,等等,但我特别想表达的是关于人才培养,许多是无法量化评估的,比如影响学生成长的校园文化与环境氛围、学生的精神状态与气质,等等,而这是我最为看重的东西,无法量化。

我认为,一所大学的气质可以从她的学生身上感受到。我举个例子。在正式到电子科大上任之前,我一个人飞到成都,想到这个学校走一走,我没有告诉任何人,只是让我的一个亲戚去接我,把我拉到学校,在操场上观察学生的精神状态,我心里犯嘀咕——这是成电的新校区吗?不对,这可能不是成电的新校区。后来就打电话问,果然不是。

黄:其实你是从学生在球场上的表现,断定这是什么样的学校。

汪:对,一种感觉。我喜欢从这个角度去看问题。

给学生开课就像开饭馆

黄:那我们开始谈谈大学的教学,有人认为中国大学的课程太多,学分太多。对这个问题,你怎么看?

汪:我可以举个例子,十几年前,清华大学做过一次大的课程体系调整。当时,我是教务处长,清华大学的指导思想特简单,就是"给通才制定规则,给天才留出空间",我在西北工大也讲过这个话。具体的操作措施,用体操术语来讲就是"减少规定动作,增加自选动作"。

我打了个特别土的比喻:从某种意义上讲,办一个学校,在课程体系建设上可能跟开饭馆差不多。一个饭馆如果没有特色菜,顾客就不愿意去,同理,学校也得有王牌课程。现在,我们有点忽略王牌教材、课程这个事情。其实,一个老师写一本经典的教材比写专著还难。饭馆得提供多个品味的菜肴,因为来的顾客不是特定的,所以学校也需要提供多种课程,但是不能硬塞给学生,应该是他喜欢什么就点什么。开饭馆死守几个菜也是一种经营模式,但大多数饭馆都琢磨着想要搞点新菜出来，对吧？要适应不同人的口味。新的学科发展起来之后，就要不断有新的教学内容充实进去。所以，我认为开课跟开饭馆差不多，核心是课程有特色、有质量，还要不断开出新课，以满足学生个性化学习的需求。从宏观的课程体系设计来看，我认为应关注两个问题：第一，你给学生什么样的营养配餐，即基本的知识结构；第二，这个结构点怎么搭配，绝对不能把它弄得很细化、密集，一定要让一个知识点到另一个知识点有跳跃的空间，从而让学生自己从这个点连到那个点上去。但是，这件事很难做，我觉得原因不在学生，而在于教师的引导。现在，我们的教师花在学生身上的时间太少，有多少教师愿意去研究这个问题呢？

黄：这是一个生动的比喻，一听马上就懂了。

汪：还有，你的菜都很好，但顾客等了半个小时、一个小时你都不上菜，他们肯定就走了。这是什么概念？是说你的教学内容应该快速反映学科前沿，适应社会需求，及时满足学生获取各类知识营养的需求。

关于学分问题，现在许多大学还并不能算是完全的学分制。必修课程安排得满满的，学生只能按照规定的课程去学习，这显然不应该是大学的教育，因此减少必修学分是必要的，但其目的不是为学生减负，而是要为学生留出自主学习的空间。自主学习对学生要求更高，负担更重。同时，如何引导学生自主学习，对教师的要求也更高。所以，我觉得许多高校存在的问题，第一是课程规定太死，第二是太多。当然，我们也不能只学人家的皮毛，总是讲美国大学生一学期只有几门课，要把学分减下来，但学分所对应的课程的含金量如何，这才是最根本的问题。所以，对于你的问题，我的观点是减学分容易，但是真正提升每个学分的含金量很难。这个问题的关键在于师资。

黄：教师对待教学和学生的态度是考核不出来的。

汪：是不太容易从量化的角度考核。你骨子里对这门课什么态度，是把它作为一个谋生的手段、混日子的饭碗，还是把它作为骨子里的爱好？态度不一样，教学的效果当然也不一样。

教授应该同时担负教学、科研和社会公益服务的责任

黄：现在教育改革面临的最大难题，大概就是如何让教师把注意力放到教学上去。光靠考核是考核不出教育家的。作为校长，你有哪些办法可以推动大学特别是教师关注教学、关注学生？

汪：教授岗位的基本职责应该有教学、科研和社会公益服务，但目前只有科研责任最为落实。这是在中国大学发展的过程中，一部分大学尤其是"985"、"211"大学从教学型转为教学科研并重的过程中出现的问题。要想找出解决办法，首先要分析其原因。我认为在这个转变过程中，首先是价值导向失衡，为了尽快推动大学科研工作的开展，国家出台了一系列的激励政策，对推动大学科研功不可没，但忽略了以同样的力度去推动教学工作，形成的客观现象是在大学搞科研比搞教学在近期回报上更加实惠。第二，社会机构或教育主管部门对大学评价体系上更加注重科研的产出指标，因为教学的产出是滞后的，难以量化评估，这样也加重了大学重科研轻教学的倾向。第三，教学基层组织缺失，在这个转变过程中，许多学校撤销了教研室，代之以研究所。许多学校教学管理的现状是在学校层面有主管校领导和教务部门，但在院系层面就有些职责不落实了。面对所有上课的老师和课程，管教学的副院长压力很大，怎么办啊？没有组织机构保证，就很难办。那么多老师，那么多课，他一个人也管不了，至于老师教得怎么样，他也没办法去管。责任心强的或喜欢教学的老师自然会尽心去研究它，但有的老师只是对付对付。过去有教研室、教研组的时候，大家是在一块备课，一块讨论教学方法和教学内容，这对保证教学质量是很重要的。

因此，推动这方面的工作可以从以下几个方面开展。首先强化价值导向和岗位职责意识，在价值观念层面要全校教职工真正认同大学的根本任务是培养学生，上课是教师的天职，教书育人是教授的第一学术责任，并从人事制度设计上将科研、教学和社会公益活动结合为一

体,做好教授的岗位职责,而且具体化。比如现在好多大学都明确了不给本科生上课不得晋升,教授工作量中本科教学不得低于多少,等等。其次要通过一系列的激励惩罚措施,让大学里专心从事教学的教师有自豪感、成就感,经济上不吃亏,在学校有地位,受人尊敬,从而汇聚一批教授热爱教学、重视教学、研究教学;同时还要制定一些措施让科研与教学紧密结合,科研反哺教学,没有研究的教学不可能是高质量的教学。再次,要在当前的治理体系下面,研究何种形式的教学组织是最好落实和有效的,同时,学校和学院的正职应该亲自抓人才培养工作。

我们常常听人说,美国某大学诺奖获得者为本科生上课而推掉外出参加会议的故事,我想,只有当我们所有的教授真正认为给学生上课比外出开会、争取科研经费更重要时,情况才会好转。"课比天大",至少我是这么认为的,这方面我们还需要做相当多的工作。

本科教育就是为人的终身学习打基础

黄:你有没有想过,你刚来这里当校长不久,还有比较长的时间施展拳脚,如果你在教学改革方面有些念头,比如说课程体系改革,你会去大力推动吗?

汪:在来西工大的第一次干部会上,我就讲了很多关于教学方面的想法。

黄:我就是看了你那个讲话才来找你的。

汪:这是一个例行的干部会,办公室的同志也准备了发言的素材,照理说,初来乍到,少说为妙。看了那份材料,又做了一些调研工作之后,内心的感觉驱使我写些东西,就是您看到的那份讲话。我很同意你上次报告中的观点——"校长最重要的还是要动嘴皮子",我理解这句话的深层含义就是作为大学领导应该有思想,否则就是乱动嘴皮子。引导也好,推动也罢,我把自己经过思考的东西讲出来,能引起大家的思考、讨论更好。谈到教学改革,我觉得最核心的一个问题是,本科教育的定位究竟是什么？这是进行教学改革的出发点。以清华大学为例，大家都知道，清华大学过去是"红色工程师的摇篮"，当时基本上只有本科，它的定位也很明确，"政治上是红色的，业务上是工程师"，我是这么理解的。它当时的定位也是符合国家的发展需求的，并培养出了一批很出色的人。但是，那个时候的成功并不意味着你现在还能完全按照那个模式去培养。

西工大也存在着典型的西工大现象，它为航空、航天、航海等国防军工领域培养出了一批杰出的科学家和管理者，包括型号总设计师、研究院（所）领导等，对国家的航空航天和国防军工科研作出了很大贡献。但我们只能说，在20年前，这个培养模式是成功的，我们不能够保证今天仍按这种培养模式，在20年后还能创造同样辉煌的西工大现象。为什么呢？原因很简单。首先，学科界限越来越模糊，学科交叉融合的作用越来越明显。第二，终身教育体系正在逐渐建立起来。过去，本科毕业一般就直接工作了，现在大部分孩子还有后续的硕士、博士阶段学习。第三，人们的择业观念发生了变化。过去，对于学机械制造的人来说，如果这个工厂跟我专业不对口，就没法干啊！因为我只会干这玩意。现在哪有这个概念啊？孩子们的选择与本科所学专业的关联度已经不强了。第四，也是我觉得最重要的一点，学生面临的竞争环境、学生自身的条件素质，尤其是社会、企业对毕业生的各方面要求跟过去相比，都发生了巨大变化。所以，我们绝对不能完全照搬过去的做法。我们要问，本科教育的目的是什么？我认为本科教育就是为人的终身学习打基础，人格塑造、能力培养可能比让孩子们获取知识重要得多，因此不能把大学本科教育的重点放在专业教育上。我在清华大学工作时，本科教育的定位很绕口，"在通识教育基础上的宽口径的专业培养"，它隐含的意思就是要改过去完全的专业对口教育。当然，目前我们也不能做完全通识教育，还要顾及中国的就业特色、观念特色，而且，对于清华大学的学生可以这么做，并不意味着对全国的所有学生都要这么做。高等学校不能趋同化，而是应该合理定位、分类指导。我觉得对所有"985"高校的学生来说,本科仅仅是个开始,本科教育应该是为他以后的职业生涯打基础的阶段。

我们应该关注学生的全面成长。什么是全面成长?我觉得有两个方面:第一,对于学生个体而言,大学是一个打基础的阶段,因为我们很难判断学生走入社会后会从事什么工作,大学所要做的就是尽可能地帮他把底子打好。这个底子不光是指知识结构,还有能力、思维意识等。中国学生尤其缺乏思辨能力,总是附和,很少反过来想"为什么会这样"、"不这样行不行"。我们要想办法去强化思辨能力。第二,对学校整体而言,"全面成长"还有一个潜台词:谁说我工科院校就只培养工科生?谁说我西工大就只能出总师、所长、院长?我培养出了全球著名的影星、艺术家、文学家、杰出运动员,这同样是学校人才培养的成功。这是"全面"的第二个含义。现在的大学教育真的应该为学生的全面成长打下基础。

我们可以从这个角度出发,再去审视课程体系改革、培养方案制定以及教学方式,不仅要考虑给予学生的知识结构,还要思考用什么方式给予他。我们过去老是讲教学改革,但现在还是满堂灌。过去知识就那么一点,现在信息量那么大,大学几年时间你能够传授给学生多少知识?我曾经也讲过一句话:如果仅仅从知识的传授和接收的角度出发,学生没必要来学校上课,他在家坐着,拿个 iPad 也能获取知识,对吧?所以,学校要反思,我让学生到学校里来干什么?如果你问我想不想做教学改革,我其实是很想从这些角度去思考和改变。

黄:对。我们应该思考,当知识可以通过多种渠道获得的时候,大学该为学生做些什么?

汪:就是这个概念。我在清华大学当教授的时候,对考我研究生的同学,我的第一个问题就是:"你们为什么想到这儿做研究生?"回答往往是"清华大学是所名校,导师好"。我说:"你只说对了一点点。我认为这个学校最宝贵的不是名气、导师,而是两大方面:第一,它有一批跟你一样优秀的学生,你处在这个群体里面,应该怎么利用这个资源?第二,它有一批来自不同学科的好老师、教授,这个资源你又怎么用?如果你把这两个资源利用好了,肯定会有出息。"我觉得要想进行教育教学改革的话,这是一个切入点。所以,我提了一个观点:回到人的成长、成才的基本规律本身,回到大学的教育定位本身,从这两个出发点去考虑学校应该怎么做教育教学改革。何况,如果仅把重点放在传授知识的话,学校也没那个本事把所有知识都教给学生。现在知识那么多,学生上网学到的知识可能比课堂掌握的知识多多了,更别说创新了。

黄:我们应该从这个角度去思考教育改革。

汪:是的。刚才仅谈到教学改革,就扯出这么多话题,教育真的是一个复杂系统。我从骨子里对教育或是教育管理充满敬畏。虽然从2002年做教务长兼教务处长开始,我参加大学校级管理也有十年时间了,但是我就觉得越钻进去研究它,越胆战心惊,好多事都很难把握;但也正是这种难把握的特性越让你觉得充满危机,吸引力也就越大。我觉得它真的是一门理论性和实践性都很强的科学;但另一方面,似乎谁都可以对教育说三道四。我也在思考这个问题。

黄:这就是我出版系列访谈录的原因。原来,我只听见社会上在说大学怎么怎么样,随便什么人都可以对大学说三道四。现在,我让办大学的人来说说大学在干什么,我出版此书的出发点就是让大学的校长说一说。

汪:我想,正因为教育涉及所有人,大家都关心,都有自己的想法,所以都可以来评论,但另一方面,教育过程集中了各种理念、决策和模式。教育最典型的特征是滞后效应,其成效往往一二十年才能显现,这就意味着没有任何一个指标可以及时评判是对还是错,不像我们搞工程的,判断这个边框直不直,一量就知道了。教育需要时间来检验,因为目前没法证明谁说的是对还是错,等能够证明的时候,估计我们都快不在了。我也曾问过一些朋友,你们也没有从事教育工作,你们依据什么来对当前教育进行评论,有朋友说,"很简单,凭我过去受教育的经历和体会"。可是,这里有个误区,别忘了,你受教育时候的社会状态和科学技术状态跟现在的状态是不一样的,很少有人去反思这个问题。所以我想,别人说就说吧,搞教育需要有定力,需要坚持。我经常在想:中国办现代意义上的高等教育有多少年了?别人又走了多少年?我们做科研,先要去查文献,看看这些东西在哪,别人是怎样想的、怎么做的。既然教育是一门科学,就按照教育规律去做好了,多向先行者学习,只不过千万不要拿过来就用,这样很可能会东施效颦,我们还要认真去思考先行者的路是怎么走过来的,在研究的基础上进行实践,就会对教育工作慢慢有感觉,但我们不能要求非教育工作者也这么研究、实践以后再发议论。所以我们要理性地看待社会评论。

大学不能被社会舆论所左右

黄:关键是大学的管理者要心里有数,知道什么才是大学的根本。

汪:其实我也有些担忧,我们有时会忽略了大学立足的根本,可是那些最核心的价值观不应该丧失。我离开清华大学前,针对高校的一些现象,曾经讲过三句话,归纳为"三个不等号"。第一,有的学生对学位的追求大于对学问的追求。第二,有的教师对研究项目经费的追求大于对学生培养质量的追求。当然,这两个现象,也不能完全把板子打在学生和教师身上,学校和社会也要承担很大责任。第三,有的学校对短期评估指标的追求,大于对办学根本目标的追求。我觉得这是一个很大的问题,现在各种各样的因素使得我们慢慢丧失了一些大学的核心价值观。所以,在西工大工作,如果问我"办学最重要的是什么",我想坚持五句话:"以学生为根,以育人为本,以学术为魂,以学者为要,以责任为重。"第一句话讲的是学校做一切事情的出发点,第二句话讲的是学校应该做什么,后面三句话讲的是在这个过程中应该遵循的价值观。我个人认为如果不坚持这样,办不了好大学。上次毕业典礼,我看到有几个学院领导没来,就跟他们讲:以学生为根,不是看你口号喊得多响,而是看你在小事上怎么选择,学生开学典礼、毕业典礼时,院长、大教授们是来参加这个典礼,还是去跑科研项目了?如果你真正把学生当成自己的孩子,答案就很明确了。

黄:那个时候,他绝对不会去跑项目。

汪:是的。如果把学校比喻为一个家庭的话,新生入学和学生毕业就像家里添丁和女儿出嫁一样,做父母的肯定哪儿都不会去,守着孩子降临,送孩子出门。是不是真正以学生为根,是不是把学生看成自己的孩子,是从这些小事看出来的。当然我们今天也只能靠不断地提倡,不断地促进,从而形成一种文化。

黄:我们只能提倡,也没有办法要求别人必须这样。

汪:是的,总不能因为他不去参加学生的活动,就处罚他吧?上星期五教育部才宣布卸掉我的电子科大校长职务,所以算是兼任了几个月的两校校长。我曾经在电子科大跟学生一块打篮球,一块唱歌,他们还让我走猫步,并录下来了,大家玩得很开心。打篮球的时候,谁管你是校长,学生为了抢球,把我弄得很狼狈。中间休息的时候,记者采访我说:"校长,你为什么跟学生打球呢?"我就说:"这是大事吗?我觉得很正常啊!"我觉得校长跟学生是亦师亦友的关系,朋友间打篮球太正常了。接着,他问第二个问题时可逗了:"那你跟他们打球是什么感觉呀?"我差点憋不住把脏话说出来了,跟学生一块打球就觉得自个儿老了,跑也跑不过他们,跳也跳不过他们。我星期五上午卸任,下午去看学生,他们在那儿围着我抹眼泪,弄得我心里也特别难受。但是我想,如果一个老师心里真的有学生,真正把学生当成自己的孩子,那以学生为根的问题就不难解决了?但是,从行政上,我们没有措施让所有老师都把学生当做自己的孩子。

黄:想来想去,这种事情我们除了讲一些道理,提倡一下,能做的很有限。

汪:小平同志曾经说过,后面的人永远比前面的人要聪明。情况总是在变化。我还是那个观点,我们办现代意义上的大学充其量只有一百来年的时间,我们还是"小孩",正处在摸索阶段。

黄:这个观点也很重要。我们能够做到这一步已经不错了。

汪：是的。新中国的教育成就有目共睹。前些年有一段时间，舆论媒体批评教育的声音很多，似乎新中国教育的成就不大，我并不认可。钱学森问："为什么我们的学校总是培养不出杰出的人才？"其实我在想："中国改革开放这么多年，国际地位提升，解决了很多大问题，靠的是哪些人？"靠的正是新中国成立以后培养出来的人齐心协力干出来的。这些人都非常了不起！我认为钱老的话最确切的含义是：中国的高等教育没有培养出科学巨匠。但这句话也要从两方面来谈。你说，产生牛顿、爱因斯坦的特定历史时期还存在吗？现在，科学技术的发展还能只靠一个人的力量吗？我认为不可能。中国的飞船、运载火箭，不也是世界水准吗？靠的也正是新中国成立以后培养的这帮人呀！只不过是，科学发展到现在，重大成果大都需要学科综合，单靠个人的力量已经不可能完成一个新的跨越了。这个年代出不了像牛顿、爱因斯坦那样的大师，我想也是因为彼大师非此大师。

黄：哪怕是民国时期的大师，现在也出不来了，概念不一样了。

汪：所以，我们真的不能妄自菲薄，否则，一点信心、底气都没有。致力于搞教育的人不要人云亦云，自己骂自己。我们确实要看到中国的高等教育有一些很落后的地方，但是不能看不见成绩。

黄：中国教育正处在一个从精英教育到大众教育的转型时期。一般来说，在这样的时期，教育都是被社会诟病的，所以不足为奇。

汪：对于社会、媒体的评论，我们应以平和的心态去看待：一方面我们不能完全被它左右，另一方面如果我们不考虑社会现实，不考虑方方面面对大学的影响，大学也办不好。处在这个环境之中，我们要汲取各方评论的营养，也一定要坚持自己的主心骨，不能完全跟着舆论走，否则就办不成一个有特色的大学。

谈到特色就要谈到差异，不同的大学，不同的历史文化、精神特质，多年的积累形成大学的特色和大学间的差异；同一学校内部不同学科的特点不一样，发展规律和模式也有差异；不同的学院综合实力、发展阶段也不一样，所以职能部门的政策也应有所区别，不能一刀切。

学院的院长要走自己的路

黄:这个问题也值得说一说,前面你也多次谈到。你对学科间的差异有哪些思考?

汪:我离开成电之前写了一篇文章,其中有一点就谈到差异化的问题。我一直鼓动各学院的院长走自己的路,反过来,如果你对学校的一些政策、措施不赞同的话,我们可以一起商量、讨论。我认为,大学管理的方式应该是协商的。理想状态是什么呢?就是大学的职能部门把过去的纯行政化管理变为对共性事务的规范和对个性服务的支撑。

黄:这是你理想中的大学行政管理?

汪:对。我觉得这样做的话,学校就有味道了,特色也出来了。就像你讲的,如果愿意走这条路,校长不就轻松了吗?

黄:还有个例子:很多人每天走 20 里路,不会叫累;但如果陪老婆上街买东西,逛 10 分钟就叫累了。这就是差异。

汪:道理就这么简单。

黄:如果学院愿意干,也不会觉得累。我们这个访谈的目的就是让大家来关注教学改革,思考这些问题。我们不一定能够提出一个办法来,就是想让大家真正去重视它。你刚才说得很对,从小事情上就能看出来你是真重视还是假重视。

汪:最后还想讲一点,我认为,综合性大学的意义在于学科的完整性对于学生培养的优势,因此,文化和艺术对大学也非常重要。当年院校合并的时候,清华大学基本上没动,只是把中央工艺美院合进来了。这样做有两个考虑:第一,从实施上讲,它体量不大,不会消化不良;第二,别人都说"你们又多了一个排名第一的学科",因为当时中央工艺美院的艺术学全国第一,其实这不是决定性因素。因为对清华大学而言,多一个或少一个排名第一的学科不会太影响清华大学的发展,重要的是艺术院校进来之后,对整个清华大学文化的影响。我认为,纯工科大学的文化氛围对学生的成长是不全面的。比如,我们现在老是讲大学的创新,暂且不说十几年的应试教育把孩子的个性、天性和活跃的思维都给磨掉了,就说大家需要的创新思维,大学也教不会他,这种发散性、跳跃性的思维是熏陶出来的,在此基础上,他才可能创新。工科和理科方面的学习对逻辑思维的训练很重要,但对发散性的思维可能没多大贡献;而艺术恰恰是最需要发散性和跳跃性思维的,因为艺术不能雷同,而是稀奇古怪的,艺术家骨子里都在琢磨如何求新求变。所以,艺术带来的氛围对学生发散性和跳跃性思维的熏陶是很重要的。

　　从文化的角度看,我总觉得好学校像一锅味道很醇的老汤,是由办学多年积淀下来的传统和文化所形成的老汤。这是最宝贵的,不知比拿多少奖、多少经费要宝贵多少倍!大学应该有意识、有组织地主动去挖掘,去提炼,然后再把它的味道调得更好一点。我们有的大学很少做这种事,我觉得是一个缺失。

陈十一：
综合性大学的新型工科

(2013年5月11日,北京大学)

陈十一,1956年生,浙江天台人,力学教授、中国科学院院士。1981年在浙江大学力学系获理学学士学位。1984年、1987年分别获北京大学力学系硕士、博士学位。1987—1999年在美国 Los Alamos 国家实验室从事研究工作。1999—2005年任约翰·霍普金斯大学机械工程系终身教授、讲席教授,曾任系主任。2005年起,任北京大学工学院创院院长。2011年起,任北京大学研究生院院长。2013年9月至2013年11月任北京大学副校长兼研究生院院长。

本科教育以学生为中心,要尊重学生的选择,所以一所好的大学不应该给学生太多的条条框框。我们要培养的是国家的精英。我们绝大多数确实是需要工作,需要生活,需要家庭。但是北大这样的学校要培养几个人,敢于去冒险,敢于去做大事情,所以我感觉要培养年轻人的冒险精神。

如果重复清华，就是北大工科的失败

黄达人：陈老师，到你这里来访问的一个重要原因是，北大工学院是综合类大学新办的工科，成长很快，而且全球工学院院长委员会也放在你这里开。所以，我想问的第一个问题是，综合大学办工科和工科大学办工科的区别在哪里？

陈十一：我个人感觉，中国所谓的综合性大学和工科大学，实际上与美国的综合性大学和以工科或者技术为主的大学还是有很大区别的。比如，MIT（麻省理工），我们认为是最好的工科大学，但 MIT 的理科是非常强大的；Stanford（斯坦福大学）更是如此，它是综合性的，同时理科极为强大；而中国自 1952 年以后，所有以工科为主的大学，理科都被较大地削弱了，包括浙大、清华等，现在这些学校正在加强理科的建设。

也就是说，中国的技术性、工科性大学的理科基础教育不够，目的性太强，仅仅是满足社会现在的需求而不是去引领整个技术的创造，很少去讲创新，培养创新型人才，过度讲解决问题。但我们都知道，发现问题和解决问题是同样重要的。

在这种情况下，一个办法就是加强传统工科为主大学的文理学科建设，加强多学科的交叉性，还有一个办法就是在北大这种综合性大学去办工学院。如果老师整天忙于工程的具体问题，他的原始创新能力就有可能受限制。在这方面，以前的 Bell Lab（贝尔实验室）与 IBM 等机构就做得很好，他们既获得不少诺贝尔奖，也能够把最前沿的东西转化为生产力。

当初我们在北大重建工科，一年半以后很有意思的发现，就是哈佛也开始关注工科建设。北大工学院是 2005 年 6 月建立的，哈佛 2006 年年底宣布工学院成立；接着，2010 年，Brown（布朗大学）由 Division of Applied Science，改为 School of Engineering；国内，南大也已经建了工学院，在强大文理科的基础上来建工科，看起来是大家的共识。

我们感觉,在北大建设工学院就是利用综合性大学的优势去提倡创新,加强基础与能力的培养。所以,我们从一开始就希望跟清华的工科不一样。我很早就说,如果我们重复清华的工科,那就没有必要,就是北大工科的失败。我们将更加着重工科与其他学科的交叉与协同。我们是贴在理科边上的,贴在文科边上的,贴在医学边上的工科。

黄:能不能举几个比较典型的例子?

陈:比如说,我们研发的"假肢",里面是有自动反馈回路的。戴一般的假肢,要学一个月才能走路,戴我们这个,学一两天就可以走了。北京市投了资,今年就要上市销售。这是我们北大工学院力学系理科做出来的东西,从做控制的基础理论发展起来的,它不是完全的工程问题,而是解决了一些原理问题,最后通过工学院把这些基本的东西变成产品。

第二个例子,我们的稀土尼龙可以做得跟丝绸一样,它的光亮、柔度甚至比一般丝绸还要好。稀土尼龙就是北大化学院基础研究的成果,然后我们把这个重要的技术发明做成一个产品,现在我们已经和包头等地在合作。

我们以前不太关注那些从最基本的数理化生做出来的东西,以为这个没用,离市场太远,工学院的建立帮助大家改变了这个观点。只跟着人家做工程问题,从一开始就已经落后了,原始创新是大学做产学研的根基。

黄:你是希望通过理科解决原理问题,然后把它变成产业。

陈:是。我希望的就是有原始创新的东西,然后把它转化为产品,这样的产品我感觉它的附加值也比原来要大,大学需要的企业家精神应该建立在这个基础上,当然工学也要创新。

黄:所以,综合性大学的工科应该利用理科、医科、文科所取得的成就。

陈:我的感觉是,传统的工学也是很重要的,但是研究型大学应该更加着重基础性的创造。把原理性的东西、新的发现、新的发明变成社会真正能用的东西,这就是我们的工科区别于一般工科大学的地方。

我们称为工程科学(engineering science)。北大工学院不仅仅是围绕着解决工程上的实际问题,而且是需要原理上的突破,需要思想与技术上的创新,需要技术与产品的结合,这就是 tech-transfer(技术转移),最终把核心技术做成产品。而北大也恰好具备这样的条件,我们的基础研究非常强大,这是我们的特点,这个其他学校也难以复制。

最重要的评估是对自己的评估

黄:根据现在工科的国际评价体系,是不是这种做法更容易得到国际上的承认?

陈:看你怎么看这个国际评估与指标。我认为排名像选美一样,选美总得有标准,根据不同的标准可以选出不同的美女。但我感觉更重要的是内在的东西,是你自己对自己有没有信心。大家说评估很重要,我感觉这些东西,既重要又不重要。实际上大学里最重要的建设是不能靠外面人来评论的。在这里,美国很多大学的做法有借鉴意义,他们采用的核心评价是每五年的 peer review(学科同行评估)。以前我在美国大学当系主任的时候,每五年,校长会指定一个小组对我们的 program(学科)进行评估。看看国内外同行对我们的看法,那是深入学科内部的诊断式评估,对一个学科的全面评估,哪个对发展比较有用,比较具有针对性。

黄:其实校长应该最看重的是这个,而不是国际上别人给的排位。

陈:人家的排位是根据人家的标准排出来的,是相对表面、粗线条的东西,没有一个绝对的标准。那个东西你说不重要也不是,对吸引本科生会很重要,因为家长要看排名;对学生今后的工作出路会有关系,因为社会相信所谓的名校;对学校的整体发展有一定参考价值,因为每个校长都希望看到好的排名。但是真正最了解自己的,是你自己。比如说北大,我们数理化天地生、文史哲政经法、力学学科都很好,但是这些学科到底在国际上处于一个什么样的位置,我们的发展方向是不是正确,我们的学科领先或差距到底有多少,我们为国家的服务到底做了多少,这些是大学管理者与领导者应该知道的。我做院长我必须知道我的学院应该怎样发展,我的学院和世界顶级的名校差距在哪里,是我的人才不行,还是我的理念不行,还是我的发展方向不对。这些院长应该知道,校长心里应该清楚,然后,学校就要思考下面几个学期或几年甚至更长时间我们应该如何投资、如何支持他们,从哪几个方向支持院系发展,校长投入下去就知道有没有回报,有没有进步。

我现在负责北大学科发展和科研,我认为北大要做自己的国际学科同行评估,清华已经开始这样做了,真正了解自己不是一件容易的事。

黄:这是一个很重要的观点。

陈:教育部的评估重不重要?也重要。但教育部是拿一些普适的指标来套用,每个大学、每个学科都有自己的定位,用一把尺子去量,量出来的是大概的框架而不是特点。大学应该有自己的特点和自己的定位。现在我们很多大学都太像了。不要光看数据,而是看了数据之后,你要清楚今后缺乏的东西。所以,我觉得要把学科同行评估做好,要深入地研究这些指标背后的意义。

基础性　创新性　综合性　国际性

黄:谈得很好,接下来我还要问,你的人才培养和原来的工科大学有什么不同?

陈:我希望北大和他们不一样,比如我们强调"四个性":基础性、创新性、综合性、国际性。

先说基础性,北大的力学系当初在数力系里,我们非常强调北大学生的数学底子、物理底子和化学底子。我们工学院学生的数学比物理学院对数学的要求可能还要高些。我们希望训练学生具有非常强的理科思维,一开始就是这样。

黄:这是一个特点,非常强调数学。

陈：我们工科的定位是工程科学。对每个学生的教育就要非常贴近科学，用科学的眼光来看工程问题。所以，从某种角度上来讲，我们强调技术，而一般的工学院强调的是工程。技术里头有创新的含量，有理科的含量，有很强的基础数理化的含量，有很强的个性化的含量。所以，我们在课程设置上就沿着这样的一个思路，贴近理科。整个工学院，第一年的课全都是一样的，跟原来的力学系基本一样，第二年才开始分专业。我们一届120个学生，6个专业，我们强调尊重学生的个性化选择。比如说，我们有一年航空航天系只有两三个学生。

黄：这也是一件了不起的事情，一般的学校都会规定名额。

陈：本科教育以学生为核心，尊重学生的选择，六个专业随他挑。一个好的大学不应给学生太多的条条框框，你要有这样的勇气，你可以做说服工作。我做院长时，看只有三个学生学航空航天系是少了些，我亲自动员了半个小时，最后只有一个学生转到航空航天系。

黄：这充分体现了一个好学校的做法。

陈：北大提倡的是把每一个学生培养成精英。我们新增的学科会有一些压力，但是我觉得比尔·盖茨只有一个，也很难培养出来。如果北大能够培养出比尔·盖茨，能够引领技术的创新，就值了。Caltech（加州理工）的学生很少，但他们培养的学生往往非常优秀，非常有个性。现在一些大学花很多的时间去争好的生源，但我觉得最重要的还是他们走向社会时是什么样的人，是否还是最优秀的。

我们开了 world classroom（世界课堂）。通过 internet 和美国的大学、以色列的大学、韩国的大学一起上课。我们的教授可以在任何一个地方上课，学生一起听课，在网上一起讨论。

不是看录像，老师在那讲的时候，你可以看到美国学生在那，你可以看到各国学生在那，他们最后会聚在一起。比如说设计课，他最后的设计展示可以在北大做，也可以在美国做。这对本科生的讲演能力、英文的交流能力、创新思维，都有非常大的帮助。我们已经做了四年，成效不错,文理工的学生都有。

还有一个我们做了五六年了,叫 Capstone Design(顶级设计),我们跟国外大学合作,我们出二十个学生,他们出二十个学生,组成五个组,每个组八个学生,做 cross-culture design,设计某个产品,比如说自动打扫房间的东西,你要让美国人喜欢这个产品,中国人也喜欢这个产品。题目是企业出的,裁判是那些提供资金的企业。学生很喜欢这个,可以代替毕业论文,相当于毕业设计,我们的这个毕业设计和其他学校还不一样,更加强调创新性、国际性,强调企业界的认同。

黄:有点工程科学家的味道了。

陈:工程科学就是要做这些东西。

就业率掩盖了北大培养学生自主创业能力的目标

黄:下面一个问题,你能不能讲得再宏观点,跳开北大?对工科人才培养,像北大这样的综合性大学,是一类;第二类是传统的工科,像清华、华中科大、哈工大、上海交大这些学校;第三类是地方应用性本科;第四类是高等职业教育里面的工科。能否说说他们之间人才培养的定位有什么不同,在培养目标上、课程体系上,或者实践环节上又有什么不同?

陈:我的感觉,我们一些传统的工科,很像苏联的工科,解决实际问题的能力非常强,但它缺少创造性的教育。像 Caltech、Stanford、MIT,实际上更注重培养学生理工的能力,有头脑,也有操作,更贴近我刚才讲的工程科学。顶级的像 Caltech 的航空航天,它培养学生有解决基础性问题、核心技术问题的能力,通过解决基础问题与核心问题来推动技术发展和产业发展。北大力学一直在讲通过解决核心科学问题来推动技术发展,北大工学院必须走这一条路,继承这个好的传统。

现在其他工科院校也在反思,有时也听到某校有人说,我们工科已经不如北大了,也有人把我们的快速崛起说成是一种新的工科发展模式。实际上在北大我们也经常讲,北大某某理科专业不如清华了。我认为这是一个很好的现象,你有没有注意到,这都是自然选择、自然竞争的结果。在波士顿,MIT 和 Harvard 是最好的工科和理科;在旧金山,是 Stanford 和 UC Berkeley;在纽约,是 Columbia 和 NYU;在北京,就是北大和清华。实际上我觉得这是一个很好的设计,一花独放没有意思,一定要有 peer pressure(同伴压力),一定要有竞争,合理的碰撞、合理的竞争才能使教育更好。

黄:这是一个很好的观点。有竞争,认真程度都不一样。

陈:教育也好,科技也好,一定要让竞争成为一个重要部分。没竞争大家就不会去想创新。美国大学的 tenure(终身教职),就是一个极致,你要得到那个位置,你就必须发奋,把你的创造力、内在力给发挥出来,你要有竞争力,这是有道理的。从教授位置申请、升迁到 tenure,都要经过竞争。

当然,不同学校的定位是不一样的。例如,现在社会上很关心就业率,但我认为,所谓就业率实际上掩盖了我们培养学生的自主创业能力的目标。像北大这种学校,百分之百就业了,好不好?不好!就业不是研究型大学的培养目标。我很希望有些学生说,毕业了我就创业去,我自己靠自己。人家还有没毕业就创业去的,怕什么呀?你一个二十几岁的人毕业了,没工作,怕什么呀?我们的学生,有的人要出国就让他出国,有的人想在大学跟老师做实验,把它变成产品也挺好的,说不定哪天做出个 Microsoft 来。

你要培养的是国家精英。我们绝大多数确实是需要工作,需要生活,需要家庭。但是北大这样的学校要培养几个人,敢于去冒险,敢于去做大事情。所以我感觉要培养年轻人的冒险精神。

我同意教育行政主管部门去统计就业率,但是不要去鼓励百分之百的就业,要鼓励多样化的人才成功模式,尤其是顶级大学,要出一些不一般的人才,但是家长可能就担心了,我觉得社会要有容忍度。

黄:所以我说很多东西不要用一个指标去套。

陈:像卓越工程师计划,我们工学院就没有参加。

黄:我认为,卓越工程师计划现在的目的是让学生回归工程,更多的是回到操作上面去,首先应该是应用性本科的。没有必要让清华这样好的以工科为主的学校去加强动手能力,这样的学校应该朝你说的那个方向去发展。

陈:中国那么多高校,其实都在做企业应该做的事情。美国的企业很强,会拿出20%—30%的钱去解决工程技术的问题。美国的大学主要是关注技术的创新,而中国很多高校主要是拿经费,解决工程技术问题。这也重要,但是大学的核心不应该在这里。中国最好的工科大学的核心应该是更注重技术的创新。

黄:所以,这些学校觉得要努力发展理科。那下一个问题,这条路怎么走?是让搞工科的人去发展,还是重建理科?我在中大做校长的时候有一个感觉,就是我们是文理见长,应用性的经费大概十分之一都不到。当时我们提出要为广东服务,但是我们没有让搞理论的人去搞工程,我们是进了一些专门搞工程的人。

陈:学校的定位不一样,发展道路也可能不一样。我认为,在工科院校里面发展强大的理科,应该是一个好的思路。

院长决定学院文化

黄:作为一个学院的院长,你认为可以做哪些事?比如说,教学改革,我认为应该是院长首先动起来,而不是学校来号召。

陈:像我们这种新建学院,没有一个很强内在驱动力的院长是做不出来的,院长没有自主权是做不好的。

黄:这可能有普遍意义,就是想把一个学科做好,其实院长是关键。

陈:院长决定学院文化。我们学院是院长负责制的。我比较赞成学校先挑院长,再由院长挑副院长,由院长来组阁。实际上,我做了院长八年,学校一直支持,而且我挑选了副院长后,学校没有否认过,这对学院的工作比较重要。

黄:也就是说,如果说一个学院想要作出改变,那么院长起的作用是很关键的。

陈:我同意你这个说法。实际上我跟学校一直提倡,一个大学真正的根基是在院系,办大学很重要的是要中心下移。学校最重要的是院系建设。

黄:这是我要访问你们几位院长的重要原因,尤其是教学改革,其实根基就在院系。前几天开会,中科大的侯建国校长也说,大学出面来抓教学改革,有点像大炮打蚊子,因为教学改革关键在于院系。

陈:事实上,国际合作的根本也是在院系,合作的基础也在院系,而恰恰我们把院系这块给忽略了,所有的资源都集中在学校。我经常建议,北大的资源应该分到学部去,学部的资源应该分到院系去,预算应该让院系来做,调动院系的积极性。院长手里有钱,学院建好建不好是院长的事,建好了我再重新聘用你,建不好我全世界公开招聘,这样就把整个责任就往下移。这涉及中国高等教育的根本,也是大学现代管理理念的根本,而我们恰恰在这个地方做得不好,大学校长太忙。用职能部门来管学院我觉得不如直接把责任交给院系,职能部门来服务。

黄:我认为现在的核心是院校两级管理没有去落实,我们的预算也没有放到学院去,结果学校的发展都是停留在口头上。

陈:为什么北京工学院初期发展得比较好?我觉得跟院长负责制有关。前三年,学校每年给学院有2000万的预算,后面四年,每年2800万。现在工学院每年的自筹科研经费已经超过2亿了。尽管启动经费不多,但是学校给了学院自主发展的政策与机制,这对院系建设是至关重要的。

黄:你能够推动学院改革的原因是人员是自己定的,还有学校的支持。

陈:学校的支持当然是最重要的,人财物的配置和学校政策的支持是院系成功的保证。学校得把好院系领导的聘任关。学院这么多,校长哪里管得过来？北大 36 个学院,每个院长一个星期见校长半个小时,校长其他事就不用干了。所以,一定要把权力和责任放到学院去。

黄:你刚才提到,现在一个现象是职能部门比较强势。

陈:职能部门应该树立为院系服务、为教学与科研服务的基本职业规范。我现在负责研究生院,我就提出,只要院系提的有理,研究生院的工作就得努力跟上。

黄:接下来我想问,学院改革的成败当然首先在院长,但是往往有一些大牌教授不愿意动到他的山头,如果遇到这样一个情况,你是怎么做的？

陈:我感觉,大学的根本是教授。你说的这个山头现象,从我们学院来说,应该不太明显。我们的绝大多数教授了解现代大学的办学理念。对于教授,首先你不能仅把改革的责任压给他们,而是要把改革的成果给大家分享。拿薪酬来说,一般是新体制工资高,老体制工资低,那么我们怎么办？去筹钱,尽量把工资拉平。我们找企业家校友支持我们的改革,在这方面我们有一些教训也有经验。在办学理念上我们也有分歧甚至争吵,但是我觉得大家在努力办好学院这一点上是一致的。

关于研究生教育的几点看法

黄:因为你现在也管北大的研究生教育,最后,能否说说研究生教育这一块,你作为研究生院长的一些看法？

陈:我个人感觉,中国的研究生教育要从根本上加强大学办学的自主性。哈佛的研究生显然就跟斯坦福的不一样,它的质量控制、它的特点,包括研究生的招生名额和培养方案等都是根据自己的战略定位与发展自己决定的。

黄:我再往深处问一问,国外研究生是教授给钱的,但中国的研究生是国家管的。名额怎么来,是不是与培养经费的来源有很大关系?

陈:美国的研究生大多数是教授竞争来的课题经费支持的,学校不需要管,也不需要拨款。所以,我觉得,国家把一定的经费拨给学校就行了,招多少、如何培养由学校自己定就行了。

研究生的根本问题,首先是质量问题。研究生培养的质量由很多方面决定:大学办学的自主权、研究生的录取,还有一个很重要的,就是大学教授的职业精神。现在中国的教授很多是花时间搞经费,没有把主要精力放在科研与教育上。真正的学者是需要下一番苦功,静下心来去做研究的。要把中国大学的老师变成真正的研究者、真正的学者,这样中国大学的发展才有希望。

给大学的拨款,实际上很多钱都花在买设备上,真正投在人头上的少。我们的设备都比国外好,我们对人的投资反而比较少,导致教授收入中有很多是隐性的。

黄:我认为,多渠道的收入是社会腐败的根源。

陈:就看教授心里想要的是什么。教授如果不是全力以赴,高等教育就没有效率。美国的大学里,教授真的很喜欢教育,喜欢做学问,主要职责比较明确,教书做学问,全力以赴,没有其他事情。中国人很勤奋,很聪明,资源也不少,再出不了好的学问、好的成果,就是愧对人民。

黄:我们的作用其实就是在外呼吁,在校内不断地引导教师。

钱颖一：
通识教育，个性发展

（2013 年 5 月 11 日）

　　钱颖一，生于北京，祖籍浙江，经济学家。1981 年清华大学数学专业本科（提前）毕业。毕业后留学美国，先后获哥伦比亚大学统计学硕士学位、耶鲁大学运筹学/管理科学硕士学位、哈佛大学经济学博士学位。之后任教于斯坦福大学、马里兰大学、伯克利加州大学。2006 年 10 月起，任清华大学经济管理学院院长。

　　我们的通识教育是"三位一体"的：首先是价值塑造，第二是能力培养，第三是人类核心知识获取。我加了个"核心"作为前缀，因为知识太多了。最容易理解的是知识，然后是能力，最后才是价值。通识教育是三位一体的，通识教育本身就是目的。培养每一位学生成为有良好素养的现代文明人是本科教育的第一个目标。本科教育的第二个目标是创造一种环境使得杰出人才能够脱颖而出。

黄达人：钱老师，今天我们来，事先是作过准备的。在网上找到你关于教育的文字就有12万字，都读过了。关于讲教育的，我访问的那些人里面，讲得最多的就是你。但是我们今天来主要是想听你说，我总觉得访谈录应该更加生动，有故事，让读者愿意读下去。

钱颖一：我确实是从数学转到经济学，又从经济学研究到教育实践。

黄：我现在也不带学生了。但是我认为，数学对我影响很大。现在是对高等教育管理感兴趣，但还谈不上做研究。原来我也没想到我会一直这么做（访谈）下去。

钱：我从2012年9月开始主编了一本杂志《教育》，目前已经出版四期了。我们的编委中没一个人是专业研究教育学的，但都亲身经历过中外教育。

黄：陈十一早上说得非常好，他在外面说得不多啊，但是没想到他说得那么深。而且他一说就是我们浙大的数学系，我们俩一个系出来的，我还比他早几届。

钱：他本科是浙大数学系的，我本科是清华数学系的。

文科的"用"

黄：那我们就从你文章中的问题开始。我觉得你关于文科的分类特别新颖，能不能说说？

钱：那是我十年前发表的一篇文章。当时，陈希在清华做党委书记。我之前跟他就大学学科谈过几次，有一次他说："你到学校党委常委扩大会上讲一次吧。"那时候，我还在美国教书。讲完之后，我就整理出一篇文章，题目是《谈大学学科布局》，发表在2003年的《清华大学教育研究》上，内容是我对大学学科的一个整体思考。

我那篇文章中，画了一张图，有四个象限。上面是基础学科，下面是应用学科，左边是理科，右边是文科。这个结构就是用来指导一个完整的大学学科体系应该是怎么样的(图一)。

基础学科中有三类:自然科学、社会科学、人文。人文不能叫"科学",而应该叫"学科",现在大家都这么叫了,当时还是叫"人文科学"。人文的英文是"humanities",后面不加"science"。但是,社会科学和自然科学都是科学,就是"science"。严格地说,数学不是自然科学,我是在出国以后才知道的。原因是,所有的科学都必须验证,比如物理、化学、生物、社会学、政治学、经济学、心理学等,都必须验证。而数学是不需要验证的,你可以随便做一个假设,然后进行逻辑推论。两者是有差别的。我们把数学和自然科学分为一类,社会科学是另一类,文史哲又是一类。这就是基础学科的三大类。

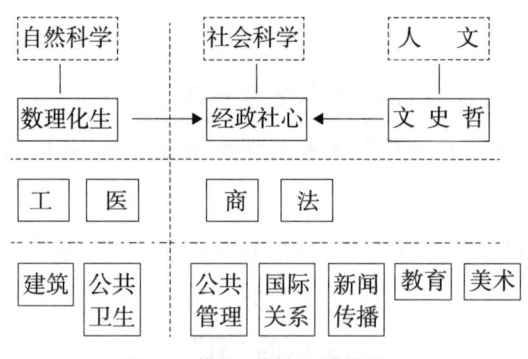

图一　学院、学科之间的关系

下半部分是应用学科,理科的应用学科包括工程、医学、建筑等,文科的应用学科包括管理、法律、新闻等。我为什么要讲这个分类呢?听起来好像很抽象,但它实际上都对应着美国大学中的各个学院。一般来说,美国的大学把基础学科叫做"arts and sciences"——文理学科。哈佛、耶鲁等都有对应的文理学院,就是基础学科,都招收本科生。而应用学科部分,在不少大学,除了工程有本科生外,其他都只有研究生。这跟美国大学本科的通识教育传统有关。美国大学的学科分类与它的院系设置是基本对应的。

我们国家在1952年之前,也大致是这种路数。老清华历史上最多的时候有五个学院,分别是文学院、理学院、法学院、工学院、农学院。

1952年之后就变了。

我还有一个观点,就是文史哲、社会科学、自然科学是在一个层次上的,都是基础学科。当原来的工科院校转型为综合性大学时,通常只把文史哲看做点缀。我这样说,是把原来认为边缘的文史哲上升到了基础学科的位置。

黄:你的观点对认识美国的大学尤其有好处。

钱:美国的高等教育是在德国和英国大学的基础上演化、发展起来的。美国的高等教育开始时是模仿英国,三百多年前,哈佛就是直接把英国的东西搬了过去,直到19世纪中还是这样。后来,美国大学从德国那里学习,那个哈佛本科学院(Harvard College)变成了哈佛大学。但是后来美国大学又与英国和德国的不同。在美国,法学院和医学院只有研究生,没有本科生;但是在英国,跟我们一样,也是从大学一年级就开始分专业,包括法律和医学。美国的本科教育是通识教育为主,专业教育为辅,研究生才是专业教育,分得比较清楚。亚洲和欧洲的学校一般都没有分得这么清楚。

黄:除了工学。

钱:对,除了工学。

黄:在这个分类里面,我对你的一句话特别有兴趣。你说,应用学科是靠有用,而人文这块是靠有趣。

钱:其实,我想说的是基础学科都是靠有趣,而不是靠有用。2012年我在清华经管学院本科生开学典礼上的讲话,题目叫做《"无用"知识的有用性》,一些报纸刊登了。

黄:我们有一个常务副书记,本身是位非常好的历史学家,他用了一个比方来说明人文学科的"有用性"。他说:"家里最有用的地方是厕所,其次是厨房。家里最没用的东西,数来数去可以说是墙上挂着的那幅齐白石画的虾。但是家里有客人来了,你会带他去参观厨房和厕所吗?我想,大家坐在客厅评头论足讨论得最起劲的,恐怕还是齐白石画的虾。这就是人文学科。"他跟你的观点很接近,所以我希望你来阐述一下"文科的用"。

钱：我还是回到我的这张图：基础学科在上面，文科在右边。如果你想学数学，最开始可能认为这东西有用，其实真正学了数学，你就会发现，证明定理很有趣。陈省身有一个题词——"数学好玩"。那时我上他课的时候，他也说："学科多得是，不一定要学数学，除非你喜欢。"我觉得基础学科就是由好奇心驱动的，而应用学科是为了有用：学卫星的，你必须得造出来卫星来；学医学的，你得把人的病治好；学法律的，你得会打赢官司；学工商的，你得会赚钱。这就是"有用"。所以，我觉得这四个象限的划分是很有道理的。

黄：你能不能从这句话引申出我们的就业情况，以及对学生教育的课程设计？

钱：那就要涉及一个非常根本的问题，可以一直追溯到洋务运动。当时我们为什么要学习西方？因为西方首先造出了枪炮。所以，我们要科技救国，这样就搞起了洋务运动。最开始出去留学的学生，比如詹天佑等，学的都是铁路、工程、技术，因为西方的这些东西让我们直接感受到：这都是有用的。所以，不仅仅是我们这一代人这么认为，一百多年前就已经是这样了。我们还看到西方有西药，这个东西能治病，在很多情况下比中药灵。落后国家向先进国家学习时，首先看到的自然是致命的和救命的东西。中国最早建的像交通大学，主要设置的是工科。那时候，出去留学的绝大部分人也是学工科，以求工业救国。所以，落后国家的学习是从实用开始的。即使是现在，你为什么服气这些发达国家？是因为它的实力。实力的背后又是什么？是科技，是有用的科技。

一百年前，改革家们说孔子的东西没有用，那个东西怎么能造出枪炮呢？所以，把孔子给否定了。1952年院系调整的时候，把科技、教育作为"追赶"发达国家的工具，大学教育也是为这个目的服务的。

黄：其实，这种观点还在影响着今天。

钱：所有市场经济中也同样有这种趋势，因为市场都比较注重利益，特别是短期利益。我们的学生老是抱怨说："怎么不早点儿教我会计？会计能帮助我找实习时的面试。"这些学生的目光都是很短浅的。所以，我做教育改革时有一个信念：别用就业来衡量教育的成败，至少在像清华这样的学校。当然，清华学生面临的问题不是能不能找到工作，而是能否找到更好的工作。我说，教育的最终效果只能在二十年后，甚至三四十年后才能看清楚。学校和公司不一样，公司就是看财务报表，每个月、每个季度都有报表。这是教育同经济不一样的地方。

如果你去问学生某一门课有用与否，刚毕业的人、毕业三年、五年、十年、二十年的人，回答都是不一样的。毕业一年的人就会说"会计最有用"，而毕业二十年的人的回答是"人文类的课程长期最有用"。所以，我在那篇《"无用"知识的有用性》中讲到有用和无用的时候，提出了一个观点：人们对有用与否的看法，跟时间长短有关。好多眼前觉得好像没有用的，长远来看是有用的。那种只看眼前利益的功利主义，我叫做"短期功利主义"。你可以说关注长远效应也是功利主义，比如数学的一些定理，你今天看不到用途，也许过了二十年以后，就突然特别有用。黎曼几何就是这样，当时毫无用处，后来在相对论里面用到了。当然，除了功利主义，还有别的价值观，就像你刚才说到的齐白石的画，它的用途在哪儿？美本身就是价值，不一定非要去提高其它产出。

黄：我们对不同的学校、不同的学科，都应该有不同的评价体系。比如，我去访问了一些职业学校，它的学生毕业后，一进企业就能上手；但是，清华、北大出来的学生并不一定马上就能上手。

钱：三年前，我和清华的顾秉林校长等一起去美国访问。伯克利、斯坦福的工学院都是美国最好的。我们搞工科的一个老师就提议去看看他们的工科实验室。看了一个电子工程方面的实验室，是由十几家顶尖公司一起赞助的。他马上就有问题："你们怎么会有这么多公司赞助？这样的话互相之间不就没有商业秘密了吗？"因为在中国就是一家公司赞助一个实验室。得到的回答是："我们的研究都是五年、十年后才能看到商业意义的。所以，在这个阶段没有利益冲突。大家都是电子行业的，都可以来支持。"我就从这儿悟出一个道理：我们的工科研究跟美国大学的研究不是一回事。美国是做基础性研究,我们的研究大多是商业应用阶段了,这在美国是由企业来做的,而不是在大学做。

黄:我们大学做的其实是企业应该做的东西。

钱:但我觉得,全国2000多家大学,总得有1%的学校做的研究不是为了今天有用吧。当然,99%的院校可以为今天做研究,毕竟要为国家和社会的现实需求考虑。这1%的学校中肯定应该有清华。所以,科研应该分层次。教育也一样。市场上需要有技能的人。但是,我认为即使是专科院校,也不能只教学生操作性知识,即使他一出去就马上要用,你也得教他一部分培养能力的。我觉得像清华这样的学校,基本上应该培养学生的能力。知识本身的有用性时效不会长,比如某个时期学的计算机语言,几年之后就更新了。

我们对美国大学在认识上有一个重大误区,就是只认可它的研究。我们敬佩美国大学的研究水平,但这只是一部分。美国的大学特别厉害的地方不在这儿,而是它的本科教育,一般人不清楚。我们说美国的大学本科生差,那是衡量标准不一样。我们的衡量标准是看基础知识是不是扎实,微积分是不是学得好。这个我们肯定比他们强。但是,如果看它对一个人的整体培养,包括知识、能力、价值等各个方面,美国的本科教育无疑更胜一筹。

在美国的大学本科,分专业很晚,到第二、三年才分,前两年基本上都是通识教育。在美国,到了研究生阶段,才是真正的专业教育。它在理念上很清晰,操作上也很规范,这是我们以前很少关注的。我们只会说:"他们的数学基础还不如我们呢!物理专业的连四大力学都没学全。"其实,这里牵扯到的不是一两门课的问题,而是对教育的基本态度:衡量教育的标准到底是什么?

黄:所以,这个话题往前说就是:对于基础学科,先不要管它有没有用。另外,是不是可以推论:基础学科的学生应该更少一点?

钱:美国的本科生对"专业"(major或者concentration)的概念是比较淡化的,不像我们这么强。它从第二、三年才开始选专业,之前还不知道自己的专业。在中国,复旦也有了"复旦学院",但一进大学就知道自己是什么专业的,只不过前两年并不根据专业上课。所以,美国的本科到了第二年都没法定义到底有多少理科专业学生。到了第三、四年,才上专业课,而且按我们的标准来看,它对专业课程的统一要求较少。当然,每个人不同,不排除有些学生自己去学了很多课程,那是另外一回事。学生的专业选择也完全是自我选择,爱学什么专业就可以上什么专业,除了有些学科,比如工科和商科,需要额外的考试才能进入,比如伯克利的工学院。

黄:所以,在国家整体布局上,也没有必要控制什么专业的学生要少一点、多一点。

钱:那是计划经济思路,其实市场可以起调节作用。在计划经济体制下,所有专业都是有计划指标的。但是,最后学数学的人都转行搞其他的去了。有证据表明,绝大多数学生毕业后都不从事自己在大学学的专业了。当然,也听到有人反驳说:"即使不在这个专业工作,他学的专业知识还是有用的。比方说,清华为什么招这么多工科学生?正因为他有工科基础,即使后来去学管理了,这样更好。"我不知道这种说法是否正确,这是需要检验的。

当然学生还不太成熟,又受短期功利主义的影响和周边人的压力,很难作出长远的规划,所以学生要听些长者的话。比方说,学生不愿意学历史课、中国文明课、西方文明课,认为这种课没有用,对他找工作也没帮助。这里的部分原因是我们的市场环境与发达国家不一样。在美国,投资银行高盛面试本科生的时候,从来不问与金融有关的问题,而是问哲学、历史问题。我的一位在哈佛本科学经济学的朋友说:"我当年本科毕业后就进了高盛工作,但是我在哈佛一门会计课、金融课都没念过,面试也从来不问这种问题。"这是高盛在纽约的面试情况。但是在北京,问的问题全都是技术性的问题。这就是市场环境的区别。

黄:但是,高盛在北京面试的时候,也是老外自己来问的?

钱:是的。高盛的一位前总裁同我讲,有一次,他在美国面试一个普林斯顿的学生,就问他:"你本科毕业论文写的是什么?"学生答:"两个公司的合并与兼并。"他说:"你写这个干吗?"后来,我就问他:"你觉得他应该写什么?"他说:"在普林斯顿应该多学点文学、哲学之类。"那边的环境就是这样,大家都认可。在咱们这儿不行啊!

通识教育:培养现代文明人

黄:其实,你已经转到我要问的第二个问题了。你们学校在设计本科阶段的经济学课程时,跟美国的大学、中国别的大学比,有什么特点?在研究生的时候,又有什么特点?

钱:我们学院有4000多名在校生,教学项目也比理科、工科要复杂。我们学院有三类教学项目:第一类是本科,第二类是专业硕士,第三类是博士。这三类是完全不一样的。我们的本科有三个专业:经济与金融、会计、管理信息系统。

黄:你们的本科专业课跟美国相比呢?

钱:基本一样,可能课时更多一些。但我花力气最多的是引入通识教育课程,它们与专业无关,这三个本科专业的通识课部分都是一样的。我觉得,对整个清华大学来说,不管你是什么专业,这些通识课都应该是一样的,但是目前还做不到。我们只在经管学院做到了。

我们的本科教育理念是通识教育与个性发展相结合。对通识教育的看法,最典型的观点是:它可以扩大知识面,补充理工科的不足。这是比较流行的观点,特别是在原来的理工科大学。比如说,你是学工程的,但是通过通识教育,可以加点管理,懂点人文,也学会点艺术欣赏。总之,基本上认为通识教育是专业教育的补充。

其实,大学主要还不是学知识,而是培养能力和塑造价值。1928年,爱因斯坦获得诺贝尔奖之后,到美国访问。有记者问爱因斯坦:"声速是多少?"爱因斯坦是最有资格回答这个问题的人,但他拒绝回答。他说:"我不需要记住,因为书里都有答案。"然后他说:"The value of a college education is not the learning of many facts but the training of the mind to think."翻译成中文就是:大学教育的价值不是学习很多事实,而是训练大脑去思考。在今天这个信息时代,所有知识在网上都能找到,更不需要记住很多事实了,只要上网就可以找出来了。因此,思考的能力变得更重要。所以,我觉得思考能力这个层面比知识层面更深一层。

我们总认为大学就是知识传授与获取的地方。我觉得不对,这只是第一层。第二层是能力培养,这可以从功利主义的角度去理解。最近,有两位美国的大学校长来访中国,刘延东就问他们:"中国留学生在美国的大学中有什么优势和劣势?"这两个校长的回答是一样的:"中国学生的优势是基础知识扎实;劣势是缺乏 critical thinking,即批判性思维。"我们要培养学生的思维能力,这是第二层。

通识教育还有第三层,我们叫价值塑造,比如要让人知道美本身就是价值。价值跟你有无创造力没有必然关系。所以,我们提出首先要培养现代文明人。

不要小看"文明"二字的分量。文明可以有很低的解释,也可以有很高的要求。做人要有道德底线,这是价值观问题。我们的通识教育是"三位一体"的:首先是价值塑造,第二是能力培养,第三是人类核心知识获取。我加了个"核心"作为前缀,因为知识太多了。最容易理解的是知识,然后是能力,最后才是价值。通识教育是三位一体的,通识教育本身就是目的。

培养每一位学生成为有良好素养的现代文明人是本科教育的第一个目标。本科教育的第二个目标是:创造一种环境使得杰出人才能够脱颖而出。我在这里有意不用"培养"一词,也有意避开"拔尖、创新"之类的词,而是用了"杰出人才"。

我在 2011 年发表在《清华大学教育研究》上的《论大学本科教育改革》一文对这两个教育目标以及通识教育与个性发展相结合的教育理念有详细论述。

黄：你用的是"环境"一词，跟我一样。我在外面做报告时，也提到，大学校长要干什么？营造环境。你作为院长，没有去主抓专业教育，而是首先抓通识教育。很少有院长会抓这一部分的，他们始终看不透。

钱：为什么我特别关注通识教育？我在美国的大学里待了二十多年。我知道，在本科阶段，在专业知识上，我们很容易就可以赶上。比如美国的经济学本科专业，基本上就是七八门课，最多不超过十门课。我们全部学来，一点问题都没有。但是，我觉得，通识教育就太难了。

北大元培学院、浙大竺可桢学院、复旦学院的课程表，我都研究过，也看了中山大学甘阳搞的博雅学院的试点方案。在方案这一层，我们还研究了包括哈佛、耶鲁、MIT、伯克利、斯坦福的本科通识教育。比如说哈佛，通识教育有八类课程，每一类中有十几门甚至更多的课程可供学生选择。我们没办法提供这么丰富的课程，由学生自己选择。我们只能在一类中提供几门课程。

同美国的大学相比，我们学生的整体课时量较多。它重在几个地方：第一，有四门政治课；第二，有很多英语课；第三，我们的基础课程，比如数学、物理等，比美国的要多。在这次改革中，我们从清华大学要求的140个学分里，拿出20个学分为任选课。包括清华在内的国内工科学校都存在着这个问题：140分排满。其中有所谓"选修课"，但都是"限选课"，不是"任选课"。

黄：这是一个重大的改革。然后，通识课你加了多少？

钱：通识课一共是70个学分，包含政治课的14学分。我们把通识课分成三类：第一类是政治课，第二类是基础技能课，第三类是通识教育核心课。

第二类基础技能课程包括中文（中文写作、中文沟通）、英语、数学（线性代数、一元微积分、多元微积分、数理统计）。我现在觉得，中学的外语教学水平大幅提高。我专门到中学去听过课，让我印象最深的是英语课。我这才明白，为什么清华的学生都说进了清华以后，英语水平下降了。在中学，每天至少一节英语课。到了大学，一般一星期只有一两节。而且,我觉得那些中学教英语的老师的英语都挺地道的。他们不少是从外语学院出来的,英语发音很标准。

第三类通识教育核心课程有八个课组,都是新加的,包括中国文明、西方文明、批判性思维与道德推理、艺术与审美、基础社会科学、中国与世界、物质科学、生命科学。每个课组里面至少选一门,通常有至少两门课可选。一开始的时候,每一个课组里面只有一门课时,效果不好。为什么?因为这就等于你强迫学生学某一门课,学生不愿意也不行。所以最好有至少两个课堂,让学生自己选。

黄:需要选几门?

钱:总共八个课组,每一组里都要选一门,所以至少八门。生命科学是生命科学院开的,物质科学是物理系开的。其他这些课,基本上都是我去找人来上,有清华的、北大的,也有社科院和其他地方的。这些课中,最难找到教师的有两门:一门是中国文明,一门是中文写作。写作是最基本的,但为什么我们的学生不会写作文?高考作文是八股文,不是我们需要的。

黄:你们这个是别人没有的。

钱:现在,又回到了最初的问题,为什么我们会没有人愿意教通识课?为了找教中文写作课的老师,我曾专门去了几次清华中文系,回答说:"我们二十几个教师都是搞研究的。我们要在 SSCI 上发文章。"我们的数学、物理、外语都有很好的公共教研室,都有很多人愿意教公共课,这是我们的强项。但是在人文学科中,就没有公共教研室,就这么简单。

黄:人文学科都是自己专业的老师,没有教公共课的。学校的整个氛围没有形成。

钱:是啊!应该是学校给编制,就像做公共数学、公共外语一样,去建设通识教育课程。哈佛本科生只有一门必修课,就是英语写作(expository writing)。12 个人一个课堂,一个学期开七十几个课堂。教师一个字、一个字地给你改作文。我们做不到。

个性发展:因材施教的误区

黄:通识课就说到这里。下面,再来讲讲你的创新教育。

钱:本科仅有通识教育是不够的,还要有"个性发展"。这是有针对性的。我觉得,我们在本科教育阶段,学生的个性发展受到了很大的压抑。特别是我们这个学院,经济和管理人才将来的出路很多,有人做学术,有人走商业道路,也有人从政。我们在推动学生个性发展方面有许多举措。在 20 学分的任选课空间,留给学生自由选择,这是必要条件。数学、英语要分 A、B、C 三个难度等级,因为我们学院文理兼招。清华大学搞了一个"清华学堂计划",从一年级就开始组成尖子班。我们不是在第一年搞,而是在第三年;我们也不叫"尖子班",而是叫"优秀人才培养计划",有三个方向:一个是学术,一个是创业,还有一个是领导力。大家可以根据自己的个性进行不同选择。这跟专业不矛盾,我是主张淡化专业的。我们学院本科每年有 200 人,这三个计划每年在大三学生中招 45 人,也只占了全院人数的一小部分。

黄:这个计划里有几个学分?

钱:学分不重要,理论上只有两三个学分,重要的是学生参与。比如,我们学院的党委书记杨斌教授主持优秀人才领导力计划,同时他也讲授"批判性思维与道德推理"课程。这个课的大课有二百多人,但是同时有十几个小课。这个小课不是我们传统中的"习题课"概念,它是真的要上课,要讨论,但规模比较小。甘阳的两个观点非常对,就是在通识课程中,第一,必须读经典,第二,必须是小课。但是,剑桥、牛津那种只上小课的模式是不可复制的,因为成本太高。我们只能大课、小课结合。杨斌把"批判性思维与道德推理"课与优秀人才领导力培养计划结合起来了:他要求参加这个计划的 15 名学生,都要在他的"批判性思维与道德推理"的课中到小课上去讲课。因此,这个优秀人才培养计划不是课程或学分的概念,主要是培养学生的实际领导力。而在优秀学术人才培养计划中,主要是引导学生读一些经典论文,比如诺贝尔奖获奖人的获奖论文,再进行分析。在优秀创业人才培养计划中,就更切合实际了,找一些正在创业或者创业成功的人来讲。所以,这三个方向的优秀人才培养计划是在个性发展的框架之下设计的。

我们还鼓励学生读本科第二学位,如数学、法律、新闻等。总之,我们把必修学分砍下来以后,学生就有了更大的自由度。

黄:你还提到,现在对因材施教有个误解,能不能详细讲一讲?

钱:什么是因材施教?我们通常理解的"因材施教",就是多学一点,早学一点,学深一点。其实,这都是对知识获取而言的。但是早学点知识,多学点知识,学深点知识,对于能力培养并没有太大帮助。我们都知道,在数学中,用高深的工具证明一个定理比用普通工具证明要容易得多。如果你不用高深的工具就能证出来,那才是真正的厉害。

在最近的"PISA"(Program for International Student Assessment)考试中,上海中学生在国际比较中排第一,参加考试的都是15岁的中学生。这个考试是外国人设计的,不是我们设计的。当然,上海不代表整个中国,但还是能说明问题的。这个结果出来以后,在美国是很大的新闻。因为正好它金融危机以后,美国的国家竞争力有所下滑。有一次碰到清华教育研究院的老师,我就问他们有没有研究过这个情况,该怎么解释。她说有两个解释,我觉得还是有道理的:第一个原因是中国学生每天在学习上所投入的时间比美国学生多两个小时;第二个原因是我们对好学生,都是让他们超前学,初中学高中的内容,高中学大学的内容,大学时学研究生的内容。这样我就明白了,这就是为什么我们的学生在同年级的考试里能超过外国人的原因。但是到了博士阶段,没有超前学习的内容了,要靠自己的创造力,就不行了。我觉得这个观察既能解释为什么我们能超过外国同年级的,也说明了我们到了前沿就不行了。我觉得,真正厉害的是一个人学过的东西不多,但能证明一个谁都没想出来的东西。如果你能用高深的知识证明简单的理论,这个不算厉害,只能说你学得超前。这是我批评的"因材施教"。

黄：就是不要误解成："因材施教"就是读早一点，读多一点。

什么叫"研究生"？

黄：刚才讲了本科的情况，下面还有一个问题，就是研究生培养的定位。

钱：首先，我们要知道"研究生"这个词是有问题的。英文叫"graduate student"——本科毕业后的学生。2012年，在清华大学研究生开学典礼上，我作为教师代表讲话。我说："研究生这个词在英语中没有'研究'的涵义。"现在的研究生中，只有一小部分是研究导向的，大部分都是专业硕士生，比如MBA。我看了在我前面六年的教师代表讲话，所有人的讲话都是在讲"研究"。我不是反对研究，但是现在的graduate student不一样了。所以，我才说"研究生"这个词翻译错了。最初之所以这么翻译也有它的道理，因为那时的graduate student都是做研究的，不管是博士还是硕士，但现在已经不是了。在我们学院，每年招收60个博士生，但是专业硕士，包括金融硕士、会计硕士、MBA和EMBA，每年将近1000人，叫他们"研究生"是不准确的。

所以，我把研究生这块儿分两部分：一部分是专业教育，一部分是博士教育（研究导向）。博士教育就是钻研学术研究。为了突出学术取向，我们只招全职博士生，不再招在职博士生了。博士生就应该专心做学术研究。

黄：中山大学岭南学院和管理学院开设的经济、管理在职博士也都停掉了。我原来还兼任研究生院院长。我有个规定：在职博士的比例要逐年下降。这个不敢砍，但是要逐年下降。

钱：另一方面，过去专业硕士的课程又太学术性。以MBA为例。这是一个专业硕士项目，为了培养管理者的，不是为了做研究的。但是，在我们原来的课程体系中，有很多课都非常学术，比如运筹学等。改革后，我们增加了关于领导力、沟通、伦理的课程。这些课程中一些以心理学为基础,而非以数学为基础。虽然数学统计也有用,但是在现实的企业管理中,不是最重要的。当然要读懂财务报表,但主要还是整体的分析和判断。在MBA课程做了大幅度改变之后,我们已经完全摆脱了过去那种学术导向的课程设置。

黄:现在,全国很多院校都在跟着走。

钱:改课程设置容易,但难的是师资。能教数学的教师很多,但是能教领导力的教师没几个。还有一个是体验式学习。搞工科的要搞真枪真刀的设计,那我们的管理学科也要到企业去解决实际问题。医学院的学生没有临床实习是不能毕业的。工科也是,如果没有设计过东西,也毕不了业。同理,学管理的学生,如果没有做过任何实践项目,怎么能从商学院毕业呢?专业硕士就是要有实践性。

黄:所以,你把课程体系也换了。

钱:事实上,这些年来,我们学院的所有学位项目都做了改革。我们是逐步改革,每年都有侧重:2008年的重点是MBA项目,2009年是本科项目,2010年是硕士项目,2011年是博士项目,2012年是EMBA项目,每年有一个重点。我们学院的教学项目多,学生也多。改革只能逐步进行,稳扎稳打。到现在为止,我们把所有的学位项目都改革了一遍。当然,改革成果还在不断巩固和完善。

院长应有领导力和执行力

黄:下面,我再问一个个性化的问题。你认为,在推动整个学院教学改革的过程中,学院的院长起了什么作用?

钱:推动教育改革,院长必须是思想的引领者,同时又是行动者、执行者,总之要有领导力和执行力。

但是,改革不是靠一个人设计,而是要不断学习和调研。在2012年EMBA的改革中,我召开过十一次讨论会。在2009年本科改革时,我成立了四个研究小组,分别研究国外、国内和清华自己的情况。在

2008年MBA改革中,我召开过八场研讨会,有校友参加的,也有雇主参加的。比如听校友的意见时,我把校友反映的清华学生的长处和短处都列出来。长处是数理基础强、实干、踏实;短处是缺少梦想,表达能力差。这些是改革的起点。

黄:你的改革在清华是得到高度认同的?

钱:还是得到了认可,但是不容易推广。比方说中文写作课,大家都说好,但是找不到教师来讲课。

黄:但是,学校能支持你做。

钱:学校允许我们学院搞试点,这是最大的支持。

黄:我现在在外面讲课时,有一个很重要的理论:所有的教学改革关键在学院而不在学校,离开了学院全是空的。我在施一公、饶毅那里参加了一个生命科学研究两周年的会议,国家有关部委的人也去了。中科大的侯建国校长说:"说真的,教学改革的事情是学校去管吗?大炮打蚊子——打都打不动。所以,一定要靠院长推动。"今天早上,我跟陈十一还在讨论这个事情。

钱:学院层面确实是可以推动很多改革,如果院长具有领导力和执行力的话。但是,仅在一个学院中推动改革,有时成本会很高,特别是通识教育,如果由一个学院做,是非常不经济的。当然,学院作为试点是可以的。中国的经济改革就是这样推进的,先在一个地方搞试点,之后再推广到全国。我在清华经管学院推动教育改革,很受益于中国经济改革的经验。

黄:其实你今天讲的很多话都是经济学里的。

钱:既然在一个学院中做了试点,就应该记录下来,希望能影响更多的学院和学校,让更多人受益。

我再跟你讲一个教学改革的具体例子,有跨学院、跨学科的成分。2012年做EMBA改革时,我设计了一门课,叫"清华探究",是一门学院与大学融合的课程。它的起源是这样的。2012年7月毕业之际,我按惯例参加EMBA毕业生座谈会。有一人就提意见说:"我在清华这两年,只进过经管学院的这两栋楼,清华的其他楼我都没有进去过。"这句话反映了一个一般性问题:我们这个学院是孤立的,没有融入清华大学。这个人说得很对:她没有必要去清华的别的地方,只要到这两栋楼上课就可以毕业了。但是我们跟长江商学院、中欧商学院不一样。虽然我们不如它们独立和自由,但是我们有一个潜在的优势,就是我们是清华大学的一个学院。所以,这就萌发出一门新课也就是"清华探究"的想法。

2012年11月,这门课就开出来了。它包括四个半天,走进清华的八个实验室,并参观清华的旧建筑和文物等。这不是为了看风景,而是看这里的文化历史,比如实地参观王国维纪念碑。顺便说,碑文作者陈寅恪是连接中山大学和清华大学的重要桥梁。这门课还安排了2个院士、20个老师在实验室现场讲解。通过这门课,EMBA学生了解了清华大学的历史和科技研究的前沿。另一方面,清华其他学院的教师也有机会认识这些EMBA同学,他们中很多都是在寻找投资机会。

黄:我觉得这门课开得很好。否则,清华经管学院不就跟长江商学院一样了?

钱:是啊!而且独立商学院很难模仿这门课,其他大学也不容易。

"清华探究"这门课的设计,还受到一门本科课程"实验室探究"的启发。这门课主要是为理工科学生开的。2012年8月,我在国外召集我们学院的本科校友座谈,我问了他们一个问题:"你们毕业几年了,能记住在清华上的哪门课?"有个同学说,觉得"实验室探究"这门课很好。他说:"我们一个学期要去八个清华的实验室——总共有100个实验室开放。"这门课给了我启发。还有的同学说,去美术学院很有意思,比如有汽车设计等很多东西,过去都没见过。美术学院离我们学院很近,但过去完全没有来往。其实,清华"美术学院"的名称是误导,它的英文名"Academy of Arts and Design"(美术与设计学院)更加准确,因为这个学院的绝大部分老师都是搞设计的,不是搞美术的。

从7月在EMBA学生毕业座谈会上听到他们说没有去过清华的

其他地方，到 8 月听到本科毕业生说起"实验室探究"这门课，再到 9 月回到清华来具体设计这门课程，到 11 月正式开出这门课，一共也就是四个月的时间。这门课一开出，就受到 EMBA 同学们的一致好评。这就是领导力加执行力的一个例子，也是学科交叉的一个例子。

黄：学科交叉有好处。

钱：关于这门课，还有一个细节。在文化历史这一部分，我当时找了清华校史馆的退休教师黄延复。他是研究清华校史的第一人，当时已经 84 岁了。我亲自上门到他家请他，谈了一个半小时，最后，他说了一句话："士为知己者死。"2012 年 11 月，那是严寒的一天，他亲自带领同学们去看清华户外的文物，晚上还加了一场讲座，专门讲梅贻琦、王国维、陈寅恪、叶企孙这些老清华教授。不幸的是，今年（2013 年）春节期间，他去世了。如果我当时不抓住那个机会，就会永远错过了。

黄：听了这些课，EMBA 的那些人也很高兴。

钱：在课程结束当天，他们给我发了短信，说这门课极好，认识了清华，了解了清华的其它学科。从下个学年开始，MBA 也有类似的一门课了。当然，课程内容也会有点不一样，因为 MBA 学生的岁数年轻很多。我们把 MBA 这门课要去参观的实验室定位为国家的七大战略产业，比如新制造业、生物制药等。

2013 年 4 月底，我们学院发起建立了一个全新的、跨院系的教育平台，叫做"清华 x-lab"，这是一个在清华全校范围内的创意、创新、创业的教育平台。这个平台的定位很清晰，就是做教育，培养学生的创业精神。这次，我们联合了清华的 12 个学院的院长一起签订了一个联合创办的协议。"清华 x-lab"这个名字是我取的，"x"有双重含义：第一，未知数，就是要探索未知；第二，交叉，就是学科交叉。"lab"的含义就是实践性、体验性。

黄：我非常佩服你。作为院长，你一直尽心尽力地在做。

钱：我的信念是，要不惜投入成本去实现改革目标。力争最优，但如果达不到最优，也要努力去争取次优。

田国强：
创新型人才培养有其内在逻辑

(2013年5月16日，上海财经大学)

田国强，1956年生，湖北公安人，经济学教授。1976年秋进入华中工学院(现华中科技大学)。1982年，获华中工学院数学硕士学位。1987年，获美国明尼苏达大学经济学博士学位。1987年起，在美国德克萨斯农工大学任教，任终身教授。2004年起，任上海财经大学经济学院院长、高等研究院院长。

我们在课程体系上是三位一体的：第一要有历史感和历史深度，能够从比较长的视野来考虑问题，政治经济学、马克思资本论、经济思想史等课程就是着力于此；第二要掌握统计量化实证分析工具，我们非常强调数理基础的训练，本科生用华东师大数学系的教材《数学分析》；第三要掌握现代经济学理论分析工具，本科生一年级要先上《经济学思想与方法》，是我和几位海归老师共同编写的，主要是明道。

创新型人才培养有其内在逻辑

黄达人： 田院长，来之前做了功课，特别是在网上看到了你关于高等教育的万言书，很感动！像你们这样一批从国外回来的教授真的在为中国的高等教育殚精竭虑。今天来访问你，就是想听你说，如何进行人才培养？

田国强： 人才培养尤其是创新型人才培养，是大学的根本任务，也是时代的战略要求。国家间的竞争是人才的竞争、资源的竞争、制度的竞争和话语权的竞争，其中最根本的是人才的竞争。中国要培养出真正的创新型人才，需要遵循大学发展的内在逻辑，在一个大的格局下而不能只是局限地谈如何把人才培养出来。

一流大学的发展有三个必要条件。第一，要有一流的师资。相对来说，我们现代意义上的商科、经济学的师资比较欠缺，需要到国际市场上去引进一些人才，形成一个大环境。第二，要有一流的学生。我认为，中国初、高中的教育是相当成功的，"985"、"211"大学的学生，在世界上任何一所顶尖大学都能成为好学生毕业，但我们为什么没有世界一流大学？从根本上来说，是我们高教体制的问题，办大学确实有一些最基本的内在规律是必须遵循的。大学价值，在于能不能把一个一般的学生，培养成一个创新型人才。第三，要有先进、科学的课程体系。

2005年，我在《关于改善学风、教风的建议》一文中曾给出一项研究结论，即根据思维生长规律，学习成本是随着学习程度的加深不断增加的。这也是为什么美国的幼儿园、小学四年级前基本没有作业，只是简单培养一下兴趣，小学四年级以后，才开始布置家庭作业，高中、大学也都相对比较轻松。但是，一旦进入研究生阶段就很不一样了。

而在中国，学习成本到达顶点的时段，就是高考。接着，一旦进入大学就开始"放羊"。我听说，甚至在某些"985"大学里，特别是文科的学生,一学期有17个星期,基本上前10个星期没有考试,也没有作业,即使考试也只需要背一背。有的老师从本科生到硕士生、博士生教的内容都是一样的,博士生很多但对他们的要求却很低。在美国,这是不可能的。因为美国的高教体制就像是一个机器,只要能从大学出来的博士,肯定就差不到哪里去。所以,虽然说我们的本科生数学水平相当于美国的硕士,但总的来说,与美国相比,我们的本科教育就开始落后,硕士教育差距开始进一步拉大,博士教育更是远远落后。根本原因是,中国大学传统的人才培养模式不符合教育的规律。

人才培养有很多类似的逻辑。比如,我今天刚刚给博士生和硕博连读生上了《高级微观经济学Ⅱ》课程,有学生说:"田老师,你这个教材写得太好了! 为什么全校不统一都用你这个教材呢?"我说:"你错了。如果把教材统一起来,那怎么会有更好的教师出来呢?"在美国大学任教,我们的系主任对我的教材选用从来也没有统一要求。自博士一毕业开始,我就把学科领域最前沿的知识逐步放入我的教材里,并加入了我自己的学术和思想贡献。如果统一教材,那很容易被几百年前、几十年前的旧框架所束缚,难以激发学生的求知欲及其为知识大厦再添新砖的学术冲动。

黄:对于同一门微观经济学,教材也是不一样的。

田:基本上,我们的老师也都在教学大纲中写了几本参考教材,但也不会专门去管。这几本教材的内容都差不多,你可以加自己的东西进去。学院有一个基本的教学课程提纲,这相当于学院和老师们的一份合同,规定了基本的要求。老师基于课程提纲编写每门课的教学大纲,在第一次课发给学生,这相当于老师和学生的一份课程合同。明确告知学生,教师非常清楚他(或她)将要做什么,包括教学的目的、内容、进度、课程的性质、组织形式等;同时规定学生学习的任务和要求:成绩考核标准、课堂秩序和纪律等。

其实,这些是三位一体共同服务于人才培养的,从先进而合理的课程体系设置开始,然后是基于科学研究的知识创造,最后是通过教学与研究的结合完成基础和前沿知识的传授。在美国的大学里，研究成果出来后，可以马上传授给学生。但如果是在研究所，不知道要等到什么时候。如果研究人员同时也是大学教授，不仅可以马上传授，博士生也可以马上参与研究，从而成为实验人员。

但是，我们国家现在很多情况下都把研究和教学人为地对立起来，把本土化和国际化对立起来。与国际通行的做法相比，我们的学科和学术评价体系也非常不一样。一个例子是，像施一公教授这么优秀的人才，去年没评上中国科学院院士，而今年上半年却当选美国科学院、美国人文与科学学院双料外籍院士。

教育部的学科评估也很有问题，很多划一的指标并不符合国际惯例。比如，如何排列第一作者与通信作者。我在美国时曾写了一篇文章，基本上是我做的，但是协作的人因为姓氏首字母为B排在我前面，我就跟导师说想排在前面。我老师当时跟我说的话对我影响很大。他说，你如果这样，就表示这个人几乎没贡献。在美国，至少经济学领域按姓氏字母顺序排列的作者都是平等的，除非你把它颠倒。交叉学科或者做研究的时候，一定是要涉及团队协同的。当然，自然科学领域的实验论文，有的是按贡献顺序排的。不能一刀切，应该具体情况具体分析。"病万变，药亦万变。"

很多时候，是教育主管部门管得太细了。领导主要决定发展方向和战略，不要事无巨细什么都去管。其实管好该管的就好，不该管也管不了的不要去管。

学生工作不能仅靠辅导员

黄：我听说你在学生工作上特别用心，这一块能否介绍一下？

田：我认为，学生工作很重要的环节就是对学生人格的培养。我不是学院的书记，不分管学生工作，但是作为院长，我要告诉学生一些做人最基本的要求。每学期，我要开两次学生见面会，跟学生面对面交流,那就是9月的新生见面会和5月的全院学生大会。并且,我们计划自下个学年起,在全院学生中推广本科生导师制,而不仅仅是大学后期的学术指导老师,从大一刚入校就开始分配导师,从人生、学习和生活等多个方面提供指导。

现在,大学生的心理素质很差,动不动就想轻生。我们学院九年多来,没有发生一例。我就跟他们讲清楚道理:大学生轻生往往就两个原因,第一是失恋,第二是学习没搞好。对于失恋,确实是很痛苦的,我也失恋过。这是人生的一段体验,但并非人生的全部。关于学习,这次考不好,还有机会补考,大不了重修。只要努力了,就没有过不去的坎。

我也常跟学生讲我的亲身经历。1979年我考取林少宫教授的研究生后,由于请假回家看望卧病在床的祖母未能参加本科期末考试,结果被取消了研究生资格。我因此十分沮丧,曾独自在长江边上坐了四个小时,思考要不要跳进江里去,最终没有。一年后我第二次考研,终于如愿以偿。很多时候,你当时想就是天大地大的事,事后回头一想,其实也没有什么大不了。只要有百分之一的希望,就付出百分之百的努力。无论成功与否,至少你不会后悔。

黄:九年没有出过事,是很了不起的! 除了和学生谈心,你还有什么办法?

田:我们很重视学生的基本人格和价值规范塑造,凝练了一些关键词作为院训——诚信、包容、感恩、奉献、责任、荣誉。

诚信规范是最基本的,人无信不立。林肯说过:"你可以欺骗一个人一辈子,你也可以欺骗所有人一时,但你不能欺骗所有人一辈子。"长远来讲,老实人是不会吃亏的,人都喜欢跟真诚的人打交道。

包容心态很重要。凡事不要斤斤计较,抱着包容的心态一定能化解众多误会。博弈论里的核心思想有两个:系统思维和换位思考。我们希望学生能够包容一些,为人处事能换位思考。

感恩意识,就是要感恩父母、感恩社会、感恩国家、感恩老师。父母把我们带到这个世界上,含辛茹苦地抚养我们长大,一定要感恩父母。同时,个人的命运是和国家、社会的命运紧密联系在一起的。

奉献精神,这与经济学的理性假设并不矛盾。我跟学生讲,无论是国家、学校、家庭、个人,在通常情况下都是自利的。这就是亚当·斯密的理论,也就是司马迁所说的"天下熙熙皆为利来,天下攘攘皆为利往"。但是,在非常规情况下,人也是有奉献、牺牲精神的,比如说战争、地震的时候。

责任心是目前学生比较欠缺的,不谈对国家、对社会,即使对班级、对家庭也缺乏最起码的责任感。所以,我们希望大学生在校期间就加强对其责任感的教育和培养,这样其进入社会之后才能更好地形成一种责任担当。

荣誉感也很重要。它能够形成一种向心力、凝聚力,也是团队意识、团队精神的重要泉源。有了这样一种荣誉感,会提供一种自觉去融入和维护自身所属集体的激励。

黄:你们有没有组织志愿者服务等活动?

田:还是挺多的。我们学院有一个学生志愿者团队,与上海博物馆、元代水闸博物馆、上海市杨浦区福利院、三门中学、密云学校等建立了长期志愿服务项目。其中,密云学校是上海市唯一一所针对智障学生的公办学校。当然,志愿者团队也不单单是我们经济学院的学生,而是在全校范围内招募志愿者。每个学期至少去每个学校支教三四次,其中还包括一些图书捐赠、帮小朋友实现他们的愿望等各种志愿活动。

黄:我比较赞同你的做法,做好事不一定只是通过捐钱这个途径;有时候,捐钱容易做,但有更多的事情需要付出精力。

田:我们最早讲人要有 IQ,要比 intelligence(智力);后来,又再讲 EQ,emotion(情感);实际上,还有一个 SQ,spirit(精神)。精神面貌非常重要,人没有一些追求,基本上就完了。我们一定要培养青年人的忧患意识、危机意识,让他知道一切来之不易。我曾回母校华中科技大学"人文讲座"给学生做题为"国家、社会与人生"的报告,主要内容就是讲个人的前途、利益一定是与社会、国家联系在一起的。因此,我强调的是要树立大学生对国家与人民的责任感、集体荣誉感,要有奉献精神。

院长应有所为有所不为,信息对称很重要

黄:作为院长,你是怎么管理学院的?

田:说实话,院长不太好当,既要有战略,起到引领和指导的作用,又要有具体的改革思路和行动。在过去几年中,我主要是本着"抓大放小,无为而治"的原则,具体工作做得很少,基本上不管什么事情,主要依靠学院的领导班子在管理。

"无为而治"主要有两个先决条件:一是建规则,我到经济学院之后,高度重视制度体系建设,逐渐形成了超过17万字的各种规章制度文本;二是建团队,学院已形成一支高效的党政领导班子。作为领导,管理的幅度不能太大,这也是管理学里的一个基本原则。我真正管的就是学院三四个主要领导。本来校长把财权、行政管理权和人事权都给我了。我现在一个个都放下去,可以说,我是最没权的,因为每一块都有人在管。具体的事情,班子的成员管得挺好的,我主要是为大家"分忧解难",大家解决不了的事情我去解决。因为我的时间、精力资源是有限的,不可能把所有事情都亲自做好,所以要有所为有所不为。尽管我不太管具体的事情,但我们特别强调信息对称。所以,我的信息沟通渠道非常顺畅。

此外,我们学院还聘了二十几个行政人员,管理模式与企业类似。全世界所有的大学中,只有中国高校的行政人员放寒、暑假。我上任以来,经济学院的行政人员就没有寒、暑假了,采取年假制。大学办学是有内在逻辑的,老师、学生还在利用寒、暑假从事科研、教学、学习,履行服务职能的行政人员怎么能够放假?这么多年实行下来,有力地保障了学院教研中心工作在寒、暑假期间的正常开展。

黄:关于信息对称,能否详细阐述一下?

田：只有信息完全掌握和了解后，才能将事情做好，其结果才可能最优。这就是信息经济学中所讲到的，只有信息完整的情况下，才有可能达到最优("best is first best")；在信息不能对称的时候，获得信息需要代价，即使通过激励机制的方法，也多半只能得到次优结果("best is second best")。做到信息对称，对行政工作也是至关重要的。

我在经济学院行政工作中，非常注意信息对称，做事情尽可能做到开诚布公，消除可能的误解、误会，尽可能达成意见一致。比如，经济学院建立了一套如何获取信息的机制，所有的院领导参加会议，都要提供会议纪要，做到院领导班子成员之间的横向信息对称，同时每一个行政人员周五下午对本周的工作进行回顾，对下周所要做的工作进行展望，做到院领导和行政人员之间的纵向信息对称。

同一个学科在不同学校的教学模式也不相同

黄：你在课程体系上做了哪些改革？

田：我们学院在学校中的定位是理论经济学的学科建设和人才培养，并承担了"国家经济学基础人才培养基地"和经济学"国家优势学科创新平台项目"的建设工作。所以，学院的人才培养侧重点是理论拔尖创新人才。熊彼特曾说，经济理论、历史与统计是科学的经济学家与其他一般经济论者的重要区别。所以，我们在课程体系上也是三位一体：

第一要有历史感和历史深度，能够从比较长的视野来考虑问题。政治经济学、马克思资本论、经济思想史、经济史等课程就是着力于此。我们的一大特色就是加强了从本科到硕士到博士的《资本论》课程教学，在国内开这么全的，恐怕只此一家。我们希望学生能够更多地接触和了解马克思主义的原典、经典。

第二要掌握统计量化实证分析工具。在本科生方面，我们非常强调数理基础的训练。以前上《高等数学》，我 2004 年一到任全部改成上《数学分析》，用的是华东师大数学系的教材。现在，在经济学中用到数学的地方比物理学还多。我觉得我们在决定方向、战略的时候,需要建立在定量分析的基础上,但是领导不懂这套定量,他常常只要结果。现在,国内教学存在的问题是过于强调定性,定量分析的训练太少。定性和定量分析就是百分之一和百分之九十九的关系。百分之一是你要去做的,但是要花百分之九十九的时间去探索和经历。

在现实中,很多事情必须要用数据说话,定量分析很重要。"二战"以后,整个经济学发生了一个革命性的变化,就是引进了模型、数理等科学方法。以前,亚当·斯密提出"看不见的手",人们觉得模糊不清;自此,这个结论被明确地证明了。但是,光是用数学搞定量分析也没用。经济学终归是一门经世济国的学问,是一门与历史相勾连的学科。在国外,即使是拿了诺贝尔经济学奖的数理统计方向的教授,都认为经济思想史是非常重要的。

第三要掌握现代经济学理论分析工具,中国的国策搞社会主义市场经济,必须了解市场怎么运作。本科生层面,一年级要先上《经济学思想与方法》,是我和几位海归老师共同编排的,主要是明道。这门课占一个学分。接下来,要上中级微观、中级宏观、博弈论与信息学,这三门课共九个学分。四门课加起来共十个学分,构成我们的经济学基础。研究生层面,我们系统开设了"三高"课程——高级微观经济学(Ⅰ、Ⅱ、Ⅲ)、高级宏观经济学(Ⅰ、Ⅱ、Ⅲ)、高级计量经济学(Ⅰ、Ⅱ、Ⅲ)。

另外,在本科层面我们还有一个规定,就是要用国际上最好的教材。如果我们编的教材超越不了国际最好的教材,那么我们就用国际的原版或翻译教材。如果这门课是全英语授课的,那我们就用原版教材。

黄:你把数学、经济学的课程大幅度增加了,相应地,你减了哪些课程的学分?

田:减了任意选修课。我们现在面临一个问题,就是不像哈佛大学等世界一流大学那样有很多优质的课程资源让学生去选。以前,经济学院的任意选修课都是讲一点皮毛。与其选修课讲得不深、不透,浮光掠影,那还不如把主干课程学好。

黄:不同学校的情况是不一样的。我始终认为,即使是同一个学科,不同学校不能用同样的教学模式。钱颖一那里是改通识课程,从外面请人教。首先要把通识课改好。

田:钱颖一的情况跟我们不一样,他那个学院就是我们整个上海财经大学。同时,清华大学是一个综合性大学,有很多可选的优质选修课程。当然,我们在课程体系上的改变是渐进的。

黄:你的这个改变,学生反应如何?

田:学生私底下花的时间多了很多,不会出现一直玩到学期末的最后两个星期才临时抱佛脚的情况。整个课程体系上,数理基础课程增加了,对经济学基础理论课的学时也进行了微调。我在美国读博士的感受,学经济学关键是打好基础。所以,我始终认为,学经济学要把两方面抓住:一个是经济学的基本理论训练,第二个就是技术性的数理工具训练。因为绝大部分知识要靠学生毕业以后自己学习,我们更多要培养他们自主学习、自我分析的能力。

社会上以前对财大学生的评价是这样的:上手快,好用,但后劲不足。这是急功近利的短视教育留下的隐患。我们现在对学生主干课程的要求加深了,一个结果是慢慢改变了社会对我们的毕业生的印象,口碑声誉明显提高了,信誉机制建立起来了。举个例子,浙商银行行长在面试时遇到我们一个博士生,就说上海财大经济学院的博士学位很难拿的,你能顺利毕业,肯定很不错。

人才培养紧跟国家需要,但不一味追求就业

黄:你如何评价社会上对于大学人才培养与社会需求脱节的观点?

田:我们现在培养的特色就是紧跟国家的高端需要,但不是一味简单地追求就业。大学不应该与市场走得太紧密,如果市场需要这个技术或方向,你马上就去办,这样发展下去,学生就只懂得一个很狭窄的

领域。所以,一定要对学生进行通识教育。我认为,通识教育还包含对学生基本能力和素质的培养,使他今后不管在什么情况下,都能找到一条自己的道路。

黄:你所指的这个基本能力包含哪些方面?

田:比如,国际化视野、社会责任意识(或伦理道德)、沟通能力和领导力、批判性思维能力、分析能力、终身学习和自我完善能力。这些是大学生在接受经济学核心知识和专业知识传授之前,通识教育应该着力培养和构建的。

恢复助教制度

黄:看了你的材料,我很认可你说的恢复助教制度这个观点。你们学院是怎么做的?

田:我2004年一到上海财大就提出要恢复助教制度,给每门课或每两门课配一个助教。现在,我们的大课基本都单独配了助教。标准是以30人为界,一般30人以上的课都会单独配助教,30人以下的小课是几门课共享一个助教。

黄:助教要承担多大的工作量?

田:助教主要负责批改作业、答疑、讲习题课。我们要求所有的基础课都要有教学大纲,都要开习题课。每门课助教的配备、助教工作量的核算都是有规定的,要跟教学大纲上写的对学生的课程要求相一致。

黄:每个助教的习题课规模有多大?会不会单个辅导?

旁:习题课是和老师的教学班规模一样的,目前我们还没有分小班,是整个班一起上。这点上,我们跟国外还没有完全一致,国外有讨论课。比如,曼昆在哈佛大学讲课,上课的有六七百人,配备了十几个助教。有的课如果是两三百人的话,就把它分成30个人的小班,叫讨论班,学生是要注册的。我们经济学的专业课目前还是按自然班来上的。

黄：你们现在做到什么程度了？

田：我们现在是老师布置作业，然后习题课由助教讲解。在经济学上，还没有做到讨论的程度。这跟学科差异有一定的关系。

按国际高标准制定人才退出机制

黄：你刚才讲到"重技能、轻理论"，结论就是跟课程设置的改革有关。我还想请教，你们在人才退出机制上做了什么尝试？目标是什么？我说的退出，指的是解聘，而不是自己要求离职。你们对老师的要求是什么？比如说如何考核老师？

田：你这个问题问得很好。一般来说，对于海归教师，我们是基本上按照国外的标准，签订三年，中期考核合格后再签三年的合同；但是，我们每年都会要求他们提交一份涵盖个人科研、教学和服务工作的Annual Report，由院长给出评语，并据之给出一个Job Appointment Letter，实际上是一年一考核。理论上可以一年解聘，但我们给他的预期一般是六年，前提是要满足条件。我们每年都要考核，每三年有一个去留的决定，每六年一次大考。这个是和国外一样的。三年里，如果你做得真的太差了，第三年就可以让你走人。

流动，是我们整体人才方针中的重要一环。这些年来，我们已经形成了"以用为本、注重绩效、高端引领、批量跟进、引得进、留得住、用得好、流得动"的人才战略方针。这八句话环环相扣，相互作用，有非常深刻的内在逻辑关联关系。

其中，前四句话，主要针对海外顶尖和领军人物，引进他们的目的是希望借助其国际视野、对学科建设的前瞻眼光和学科发展的战略高度、研究前沿、学术标准和学术网络关系，来进行科学研究、学科建设和全方位教育改革，以此形成高端引领，帮助进一步引进顶尖、领军和高层次杰出人才，并批量培养出优秀杰出人才，而不是拘泥于一定要全时待在国内和一般的具体行政事务上。这也是上海财大首创的海外院长实聘制的要义所在。

后四句话,主要针对刚毕业不久的海外高层次人才。我们希望创造一些条件或环境,使得高层次人才愿意来、愿意待下来并成长为卓越人才。但是,要真正实现"引得进"、"批量跟进"和"留得住",还需要"流得动"。实际上,"流得动"也是 tenure track 制度的核心,在很大的程度上,它比"引得进"重要得多。只有以流得动作为前提,才能更好更多地引得进,不断地优化师资,补充人才的流失和人员的淘汰,否则引而不流,只能是一潭死水。

黄:我们的做法是,从 2003 年开始进行人事制度改革,对所有讲师,三个聘期九年内如果升不到高级职称就要离开。到 2012 年,总共 150 多人离开原岗位。现在又改为六年非升即走。

田:按国际的标准,六年非升即走。我们去年才开始做,所以到现在还没有辞退一个人。

黄:你们对于拿到豁免权的标准是什么?

田:我们会给六年时间,拿不拿得到常任教职就看这六年了。现在,财大的时限是六年,清华是十二年,北大也差不多。我们是中国第一个严格按照国际高标准要求这些海归的,所以压力非常大。我们的目标是达到美国和全世界前五十名大学的水平,目前海归获得常任教职的参照系则是全球经济学教研机构六十名左右的标准。

黄:如果六年达不到的,你怎么处理?

田:他接受聘任的时候,我就明确告诉他这个规则了。六年达不到标准的,原则上必须离开。当然,也有一个路径是按照学校的标准重新申请,重头来过,标准是和其他外面的人一样的。但那个要求很难,很多人都不愿意尝试,所以还有一些人六年未到就提前被其他学校聘走了。

黄:那现在操作下来,进入终身制的有多少个?

田:现在有五个吧。

黄:他的待遇跟国外经济学的教授相仿?

田：现在，国际上拿到终身教职的教师的待遇接近 80 万。我们经济学院常任教职老师的待遇基本上是与国际相仿的。我们引进的海归教师的水平是比较高的，具有国际流动能力，所以我们常常面临国外高校挖墙脚的竞争。之前，我们已有一个教师被全球排名前十的商学院挖走，马上又有一个教师要被新加坡南洋理工学院挖走。我们正准备更改起薪，以应对国际国内的竞争。

黄：那对于其他的常任人员，你有什么退出机制？

田：您所说的"常任"，应该是指我们现有的存量老师。我这里所说的常任，是我们实行的常任教职制度。与常任相近的是终身制，但终身制常给人一个很坏的印象。在美国，包括教育部，老是说"我们都没终身制，你们却搞终身制"。所以，我把 Tenure-track 翻译成常任轨制度。现在，包括上海市教委在内都已经采纳了"常任轨"的提法。

黄：除了对海归用年度考核以外，你对存量教师有没有相应的退出机制？

田：实际上还是有制度的，但我们对副教授没有实施，对讲师则提高了他们的压力。我们现在主要是通过教学岗、研究岗和教学科研并重岗的分类，对一些研究做不上去的教师适当减轻其研究压力。但是，还有一些老师连基本的教学都做得不好，原则上我可以解聘他，但是我不敢，因为学校实际上没有这个制度。而且，我一解聘他，学校就把他放到人才交流市场去了，那我就成了大反派。

黄：我们退下的教师，有转到行政岗位的，也有到外面去的，也有做实验人员的。

田：这个机制太棒了。我们现在是一个都没解聘，让他们做行政、搞培训又不愿意，就只好把他们都养在这个地方，在本校校内连流转都很难。

黄：你现在做的这个退出机制其实是很受局限的。

田：在人事制度改革方面，除了海归那一套，财大基本上都没动。如果制度不是一流的，哪来的一流大学？我现在连想涨工资都不敢涨。有些人什么都不做却又搭便车拿钱,最后就更加不愿意走。我们已经碰到了这样的问题。

黄:其实,从学院来说也可以做。对于外面来的老师,你可以把合同定得好一点。

田:我可以做,但是压力太大。从2012年开始,经济学院已经开始做了,非升即走。但是,我们现在要求将引进讲师的标准提高到原来副教授的标准。

院系与学校应该相辅相成

黄:作为一个院长,在整个教学教育改革里,你怎么看待院系的作用?

田:院系的作用实际上是很大的。当学校层级不知道改革能否成功的时候,你不能瞎折腾。这时候,由院系来做可以减少风险,这就需要学校给予学院一定的制度权力。像我们中国的改革,刚开始也是先在沿海地区试点,想直接在全国进行肯定是行不通的。同样的道理,在学校中,院系改革应该先行,一旦有好的经验后可以在全校推广。学校与院系应该像这样相辅相成。

黄:如果永远只是搞试点的话,也是不行的。

田:永远只谈院系改革的话,肯定是不行的。但是,改革是要冒风险的,在学校层面搞还不成熟的前提下,应该鼓励院系基层大胆探索,先行先试。作为院长要尽快地改革,不要贪图稳定,有时候你越想稳定越不稳定。同时,在中国办事,一把手不支持,基本上办不成。所以,校长的眼光、魄力对于基层的改革探索及其推广也很重要。

一个大学要成为一流,首先要有眼光一流的校长,以一流的校长去聘任一流领军人物的院长,以一流的院长再去聘任一流学科带头人的教员,以一流的教员去引进和培育一流的人才,如此才能形成一流人才的滚雪球效应和凝聚效应。并且,校长应该鼓励基层院系大胆闯,大胆试,坚定不移地走改革创新的道路,在发展过程中逐步解决不断出现的各种困难和问题,而不是一听到不同意见就批评指责,叫停整改,使得改革用力方向不一。对于得到实践检验的院系改革经验,应该在全校层面推广。

黄:那你这个院长在这里起到什么作用?

田:一个学院搞不搞得好,关键靠院长。选院长不单单是引进一个学科带头人的问题,如果说这个人有能力但没有眼光,也不行。如前所述,一流的人才相对会更有优势和动力而去招并吸引、凝聚到一流的人才,而二流的人或由于自身学术眼光的局限,或担心被超越而缺乏动力,或由于学术圈关系的有限,或无法形成吸引拔尖人才的标杆作用等因素,更能或想找到的是三流甚至不入流的一般性人才。

院长对院内的人事安排应该有充分的话语权,以更好地推动学科建设和教育改革。国外大学一般是由董事会遴选校长,校长任命他的常务副校长、院长。校长是对董事会负责,必须把这个学校搞上去。但是,如果说校长是由老百姓选举的,保守势力就会阻挡你的改革,或阻挡学校往前走,不让你得到好的进展,道理很简单。院长一上台马上任命系主任,系主任一上台要马上把系里原来的本科教学处理掉。就是说,学科建设不应该由教授委员会来定,而是应该由行政来决定。

教学改革既要明道,也要优术

黄:最后一个问题,你对于如何进行教学改革有些什么建议?

田:任何改革要成功,必须满足两个必要条件:一是参与性约束条件,二是激励相容约束条件。我们提出的教学改革一定要满足激励相容性,尽可能让大多数老师和学生从改革中获益,增加其参与度。只有这样,改革才能成功,学校才能稳定,才能发展,在制度上才能创新,才能培养出高层次创新型人才。

整体上,在教育教学改革中明道与优术都很重要。明道决定眼光,眼光决定目标,而目标决定方向、战略、愿景、使命、格局和未来;方法决定策略,策略决定举措,举措决定细节,而细节决定成败。这也就是老子所说:"天下难事必作于易,天下大事必作于细。"

胡舒立：
培养新闻学的复合型人才

(2013年7月1日，中山大学)

胡舒立，祖籍浙江上虞，著名媒体人，新闻传播学教授。1978年，考入中国人民大学新闻系。1982年大学毕业后，进入《工人日报》国内部当记者。1992年，转任《中华工商时报》海外部主任、首席记者。1994—1995年，获美国斯坦福大学奈特奖学金，赴美学习发展经济学。1998年起，创办《财经》杂志，担任主编。2009年11月辞去《财经》杂志主编，就任中山大学传播与设计学院院长，兼任财新传媒总发行人兼总编辑、财新《新世纪》总编辑。

新闻这个行业发展、变化太快，一直存在着基础和实用的矛盾。所以现在我的反思是，对市场需要有一定的敏感性，但却不能贴得太近，如果紧跟市场的话，就应该去办培训班，大学教育还是应该区别于职业培训。大学教育的目的是要让学生的基础更扎实，不能够被短期市场需求所牵引，要有前瞻性，预判今后较长期，相应领域需要什么样的人才，应当有什么样的知识结构。

新闻学人才培养的定位

黄达人：胡院长，今天我们的角色要调换一下，是我来采访你，但是我希望与普通的记者采访不一样，以聊天的方式进行。请你从学院院长的角度，谈一谈你对于这个新闻学科人才培养的想法和举措。

胡舒立：谢谢黄校长。坦率地说，我们这样的传播学院应当培养什么样的人才，这是我想了很长时间的问题。我想答案其实是比较清楚的，就是一定要培养新闻传播领域的复合型人才。

现代人才的竞争，其实就是人的复合型能力的竞争。这个问题在新闻传播领域尤为突出，主要以互联网为特征的这场技术革命，首先冲击和挑战的就是新闻传播这个行业。互联网本身不是新闻媒体，但其自身有强大的媒体功能，而且直接改写了媒体这个行业的规则。互联网，让传播这个行业变得很热也很难。

我担任院长之后，认真分析了中大传播与设计学院成立六七年的学科搭架过程，也分析了国内外同类学院的现状和趋势，并且结合我从业多年的领域做了思考，我想答案是比较清楚的，需要将高校教育的不同学科融合起来，解决复合型人才的培养问题。但该怎么做？这并不容易。中大给了我这个机会，而做起来是一个过程。

"复合型"主要表现在哪些学科的结合呢？我觉得，首先是文理结合。具体来说，新闻传播学和计算机科学、设计学都有密切的关系，现在又将心理学和人类学加了进来。新闻学科本来就是在其他学科的基础上发展起来的，而进一步和其他学科交汇整合，仍然是一项系统工程。这三四年来，我们主要是通过文理两大方向的多学科整合，构建了一个比较完整的开放性框架。这个框架符合复合型人才的培养需目标，我们也明显感受到好处。

在学科建设过程中，强调前瞻性和基础性也非常重要。我们这个学科主要是应用学科。但因为新媒体行业变化太快，市场上出现许多新的需求。人才培养当然要适应这种需求的变化，但大学不是职业培训学校，不能搞短期行为。比如市场上产品经理短缺，或是用户行为分析师短缺，大学不能简单按这种需求来作教学安排，设置专业。因为相应职位的短缺可能只是阶段性现象。市场变化太快，而大学的培养周期比较长，等你花四年时间培养完，市场早就变了。所以，我觉得培养还是要有前瞻性，预判长期而言，相应领域需要什么样的人才，应当有什么样的知识结构。

另外，也必须看重基础性，"以不变应万变"。比方说，新闻行业的许多传播手段都会变，但文史哲、经济学的基础知识总是需要，而且新闻领域采写编评的专业基础总是需要。不能说因为你觉得市场需要不同，就觉得这些基础都是过时的。其实，往往是赶了一阵子时髦之后，才发现基础性的东西更重要。这些年来，我们反反复复地在想怎么把基础性这一块补足。

我坚持认为，在学科融合的大原则下，还是要确定骨干学科。复合型人才培养的目标确立后，要防止复而不合。现在的体制，很容易让单一学科变成各自打算盘，相互争资源。每一个学科的人才都很优秀，都很努力，但是都只顾着发展自己的学科，这样会使学院的多学科建设变成"五马分尸"。所以必须明确主干学科，使每一个学科都围绕主干学科发展，又具备相应的发展空间。这个主干学科恰好需要以复合型的方式来发展。

我们现在就把新闻传播学作为一个主干学科，同时它要有开放的态度来接受不同的学科。我们的方针是：以新闻传播为主，旁涉艺术学、设计学、计算机、心理学、人类学，还有管理学等。

但是，你对这些学科本身要有一个价值认定，就是说它们是围绕新闻传播学这个基本构架来做的，否则，学科之间很容易发生冲突。比如说公共关系，它原来是属于管理学的，比较强调要迎合市场的需要，进而帮助企业进行包装。可是，新闻系本身又十分强调公众的知情权、监督权。这样一来，两者就存在某种冲突，可以说是价值的冲突。但现在，我们把公共关系和传播学放在一块来整合，强调在做公共关系的时候要注意社会责任感，在长远发展中强调企业的品牌建设。还有就是我们的创意媒体专业。它原来比较追求那种小情绪、小趣味，学生的毕业作品都是比较小资的东西。但是，现在我们强调要有一些重大的社会关切，要有人文的追索。创意系的学生要修新闻系的课，更多了解新闻领域的大关怀、大课题。创意媒体系分成了两个专业，一个是媒体设计，一个是影视表达（现在在院内是用影像传播的概念），都强调大关怀。这样的培养已经显现出一些成效。比如，今年的毕业作品中就有一个表现广东地区拆迁的现场摄影作品，拍得相当震撼。另外，毕业生现在也在做一个电子杂志的主题，在采编的过程中，去反映一些他们眼中的重大社会议题。新闻注重采集，创意媒体注重呈现，如果在呈现中体现出重大关怀，两者的结合就产生了意义。

对于新闻系，我们觉得它最大的问题就是过去太单一了，只是拼命地讲采访、写作、编辑。现在，我们开始强调多媒体的融合。我们开了一门"融合报道"的课，与理科的视觉可视化融合在一起，让学新闻的人知道怎么更多地拥有一个从新闻的采集端到呈现端的概念。

一个是复合型人才的培养，一个是将应用型与前瞻性和基础性结合，一个是在主干学科的前提下，多学科、辐射性地发展，对其他学科采取比较开放的态度，再一个是强调社会关怀和价值观的主导。我觉得，在这些方面，我们的学科整合和发展方向还是比较清晰的。

加强学生实践能力培养

黄：在人才实践能力的培养上，你们有哪些具体的举措？

胡：首先，我们增加了和业界的互动项目，其中比较突出的是"卓越记者计划"，至今已经办了六届。每个学期，我们都会在全国媒体界有五年以上新闻实践经验的人当中遴选五个人来我们学院驻校，他们要交一个学习计划，这样就可以在这里自由地学习和选课，还可以听中大校园里的其他课程,听各种讲座。他们不仅是在这里学习,还要给学生们办讲座,介绍自己的实践经验。

我们的新闻系和创意媒体系都强调贴近实践。但如果学生天天去实习的话,就没有时间上课了,所以我们就把这种实践引进到学校。

有些"卓越记者"还带着学生去采访。比如说,我们今年搞了一个"大学生回家过年"的专题。有一个河南《大河报》的卓越记者,提出搞一个"大学生回家过年"的沙龙工作室。在《大河报》的支持下,我们的学生去报名参加选拔,各个系的同学都可以参加。最后,选出十个人去陪农民工回家。具体过程就是先跟来自他们家乡的一个农民工交朋友,然后一起回家,并把这个过程报道出来。这种事情是对学生的成长非常有意义。我们通过这样的"卓越记者计划"来给大家提供不同的实践机会。现在,"卓越记者"里面都会有一个设计或者影像之类的板块,跟我们的创意媒体结合。

另外,我们也在尝试打造一个人文新媒体的实践教学平台,在这个平台中,学院将从教学的角度把关,从媒体业界、企业界等引进适当的实践项目,如新闻拍摄计划、创意视频项目、网站设计项目、媒体设计项目和公益传播项目等,让教师带着学生参与进来,由此,学生可在真实的实践情境中成长。不过,我们设计了一些机制,并对引进的项目会有严格考量,避免一些在高校出现的让学生充当廉价劳动力、将实践项目产业化的倾向。例如,我们不会将那些低层次重复的项目纳入进来,而是重视那些具有创新空间的项目。

课程设置:文理结合,"道术"兼攻

黄:你有一个看法很重要,就是你一开始对培养什么样的学生有一个基本的定位。那么围绕这个定位,你作了哪些努力?比如说,在课程设置上,你是怎么改的?

胡:学生的培养不能和时代脱节,不能培养一些过时的、用不上的人。同时,目光也不能太短浅,必须深刻地理解行业趋势。而在我们这个领域,需求变化可谓日新月异。几年前,做梦也不会想到会有社交媒体,有微信这样的工具。今后,还不知道会出现什么爆炸性的革命。所以,我们这个领域既要有一些前瞻性,也要有"万变不离其宗"的态度,要继续发展新闻传播学的基本训练,培养基本人文素养。我们现在有四个专业,五个方向。这四个专业有着共同的主干课目。

我们把主干科目叫做"院级平台课",也就是基础课,注重基本的素质培养,主要分为三大模块。

第一个模块是基础的人文与社科课程,有政治学原理、社会学基础、经济学原理、人类学、人文经典导读、近现代思潮、视觉文化研究、写作基础等,大概共十几个学分。学生有一定的选择机会,就是要求他们在这个模块里面要选够一定的学分。第一年学生是不分专业的,共同上这些平台课。

第二个模块是传统的新闻学和传播学课程,都是专业必修课。因为既然我们已经确立了以新闻传播学为主干学科,就意味着即使是创意媒体专业也要了解新闻传播学的知识。这个模块有12个学分,包括大众传播通论、传播理论、传播伦理和法规、研究方法等。

第三模块是与新媒体技术相关的课程,这些课程都是专门由有计算机科学背景的教师专门为文科生设计,以理解技术变迁和应用能力培养为主要追求,共8个学分,所有专业的学生都要求修读。这个课程对于我院学生适应新媒体时代获得认知和应用技术的能力有很大的帮助,这个我想在国内的新闻传播院系中是独特的。

黄:这三个模块就相当于学院基础课的三个方面。这些课和传统新闻学院的区别在哪里呢?

胡:传统的新闻学院一般就是开中国文学史、世界文学史、古代汉语、现代汉语等,对社科涉猎比较少,也有一些是让学生去上全校的选修课。我们是学院为新闻传播的学生专门开课。师资中一半是院内的老师,另一半外聘。另外,大部分新闻院校没有"数字技术导论"的课程。这个模块是我们自己创造的,让学生通过互联网的架构来认识新媒体的理念。

总而言之,我们跟传统不同的就是两部分:一是"道",这方面强调人文基础;二是"术",这方面强调对新媒体的理解。

黄:这是跟传统做法的比较。那么,你们跟国外类似专业相比较,有何异同?

胡:我觉得,我们的做法是基于对国外优秀新闻传播院校的调研和理解,以及对比了目前国内新闻传播教育的一些不足来设计的。在方向上,是与国外优秀院校的做法是趋近的。

与海外相比,国内重复开课比较多,新闻学、传播学的课程划分太细。例如,新闻学的课程在具体的业务领域分得很细,例如会分成时政新闻、社会新闻、文化新闻甚至娱乐新闻等课程。这种课程建设的思路是过于追求前端应用,而对基础重视不够。因为这些细分领域所应用的往往是一些具有普适应用价值的一般性的基本的采写能力,而并非特殊领域的特殊能力。在国外,比如在美国,只有在专业硕士阶段才会提供细分课程,而在本科阶段,他们重视的是基本采编能力的一般性课程。

其次,国内新闻学和传播学常常是混合培养的,传播学与新闻学这两个关联学科的关系并没有理顺。当然,这一点在很多国外院校也多多少少存在,不过,国内的情况更严重,很多新闻系的课程由各种细分的传播学课程拼凑而成。在新闻实践人才难以进入高校的前提下,新闻传播学院主要招收的都是从事所谓传播研究的人才,课程也主要由这些研究型人才提供。传播研究当然对于新闻学的教育甚至整个新闻学科和行业的发展都具有长远意义,但现在的问题是,这些传播学课程的外延太宽,例如会涉及流行文化、社会动员、游戏产业等无所不包的范围,这就使得国内新闻学的培养不能聚焦,也无从培育一种造就新闻人才的学习文化。

另外,国内新闻学在近年来有一个缺点,就是太跟风于市场。比如说,现在市场需要什么,它就做什么;结果过了几年,市场变了,它所培养的人才就不能满足新的市场需求了。因为新闻这个行业变化太快,所以一直存在着基础和实用的矛盾。现在我的反思是,对市场需要有一定的敏感性,但却不能贴得太近,要是追市场的话,就应该去办培训班,而不是大学教育,大学教育还是应该区别于职业培训。大学教育的目的还是要让学生的基础打得更扎实,而不能够被短期市场需求所牵引。

黄:这是一个很重要的理论。其实,不同学校对学生的培养有不同的目标。一种是紧跟市场,我们也不去否定它,因为职业教育本身就强调上手要快。但是,我们也有一批大学更加强调人才的养成,而不是人才的开发。

胡:原来我们的数字媒体也是偏向于人才的开发。想法并没有错,但是这个行业变化太快。学生一毕业,这个岗位可能已经饱和了。所以,太紧跟市场走也不行。我们提出了"人文新媒体"的概念,就是把互联网和更高远的非商业的人文价值相结合。未来十年,我们想要追求一个更高的公益的社会价值,而不仅是简单的商业引导。所以,我们在培养学生的时候,不是从市场缺乏哪个岗位出发,而是从眼下这个大的方向出发,积极寻找下一个跳跃点。

黄:能不能说一说,关于"数字传媒"我们原来的做法是什么?里面的课程作了什么调整呢?

胡:原先就是单向发展,跟市场贴得比较近。想法其实挺好的,把新媒体与技术相结合,但是跟市场跟得太紧了。比如,刚开始出现苹果手机的时候,会设计 APP(智能手机的第三方应用程序)当然很重要。但是,现在最大的问题就是 APP 过剩。学生做的面向就太窄了。

现在,我们作了调整。学生不是跟新媒体的一个点结合,而是和一个面结合。过去我们过于集中于这个领域里的某一个产业。而现在,我们需要培养的是一种"转型人才"。首先强调的是创意能力,要敢于大胆地去发挥、设计;然后,是培养他们的呈现能力,对于一些产品,我们要用什么样全新的办法去呈现;此外,他们还要熟练计算机操作,要知道怎么用三维的方式在计算机、网络平台上实现创作,要知道怎么掌握新的软件,这是技术应用能力。接下来,还会考虑是不是要让他们学会一些编程,储备一点技术开发的能力。

我来到传院之前,这个系原来是分为两个专业:一个叫数字媒体艺术专业,还有一个是艺术设计专业。当时艺术设计专业的涵盖面很宽,包括平面设计、空间设计、工艺设计、工业设计等。目前我们取消了艺术设计专业的招生,同时把"数字媒体"专业改为了"媒体设计"专业(方向),让它更多地贴近新媒体,服务于媒体转型。

之所以暂停了艺术设计专业的招生,是因为我们觉得艺术设计专业和我们学院本身的特点不符合,中大不是艺术院校,我们学院也不是一个艺科学院,没有大力发展这一学科的条件。但是,艺术设计中平面设计这一块则可以和媒体尤其是向新媒体转型的需要结合起来,发展为媒体设计。

在实践中,我自己也感受到,在新媒体时代想要前瞻地看,还是要落到形象表达这一块。但是形象表达可能涉及两块:一是怎么用计算机来做创意和呈现,这一块就是我刚才讲的媒体设计的内容;二是怎么用影视记载这个时代。

针对后者,我们也开始规划出一个新的方向,现在我们叫做影像传播专业(方向)。当然,我们所讲的影像传播,不单单着眼于传统的在报纸和杂志应用较为广泛的静态影像的摄影,也不只着眼于传统上主要应用于电视领域的摄像、纪录片等的内容。我们要做的是新媒体平台上的视觉传达,这将打通媒体平台差异所导致的这种隔阂。因为我们知道,随着YouTube这类新的互联网平台出现后,将来肯定是各种影像传达方式都应用的平台。

这一块恰好可以与传播学结合,变成"视觉传播学"。因为我们在教学设备上有这样的条件,可以在教学层面把影视这块资源给用上。

当然,这两个专业(方向)有很多交集。现在,在影视这一块,我们致力于把影视和摄影结合起来,培养这样的新人才,同时也要求他们掌握一些新技术。这两块都和媒体贴得比较近,又能服务于将来的转型。

因此,和原来的数字媒体艺术相比,改变还是很大的。

总而言之,对我们学院而言,新闻系是加强的问题,公共关系是提升的问题,创意媒体则需要整体调整。现在学院的共识已经建立,对学院下一步如何走也是清晰的。

师资构成:引入业界人才的意义与困境

黄:下面这个问题我比较关注,你们的师资队伍是怎么构成的?跟传统的相比,有何异同?

胡:传统的只是新闻学和传播学的人才,都属于传统文科的范畴,以传统的人文社会科学研究为主。我们在此基础上,增加了两类人才。第一类是我们比较自豪的计算机方面的人才。其实,在海外的新闻院校里,理科人才的比例还是相当大的。另外,我们还多了一类人才,都是原来艺术设计专业留下来的。正是这种交叉学科,才能培养出我们所需要的人才。

新引进的许多老师不但学科背景不同,专注领域也不一样。文理兼有,这样更加适合新媒体的需求。这也是我们学院的优势所在。对于学院原来的老师,我们也会进行引导。像一些老教师,我们就安排他们上比较基础的素养课。有一些年轻一点的,我们就会跟他们谈,让他们接触新闻媒体。比如说有的老师原来是学建筑艺术的,现在想主动转型,我们就给她介绍机会,让她去媒体考察。回来后,就开设了一门新课程——信息可视化。信息可视化本身也很复杂,有些是搞技术的,有些是偏艺术的。所以,她就在里面选一块,专门研究新闻主题的可视化。这样,就既能结合她的专长,又能回应媒体的需要。在新闻传播学里,这门课程也变得非常新颖。

现在,老师们整体上都对新媒体有兴趣,都愿意参与。因为他们也觉得这是一件有意义的事情。

黄:在引进方面,是直接引进还是以兼职为主?

胡：在这方面，我有一些思考。世界上所有的国家，高级记者、著名编辑都能直接进入大学当教授，只有我们中国不行，非得要有博士学位。所以，我们现在要招人才就很困难。我们有一个老师在《羊城晚报》干了15年，发表了600多万字的作品，也是通过B系列（流动编制）进来的。要想引进这些业界人才，我们得通过重重说服，让他们放弃原本的工作。

黄：这件事情有必要作为一个重点来说一下。在大学，尤其是应用学科，引进这些人才的阻力在哪里？除了人事制度的阻力之外，本人的意愿是什么样的？

胡：首先，他在业界的收入和待遇要比学校高得多，灵活性又强，因为人家是企业化的。高校唯一的好处就是有寒暑假，生活比较舒服。但是，在业界发展得生机勃勃的时候，人并不会去追求这种舒服。你想用舒服来引诱他们是不太可能的，而是要用教书育人、百年大计或者传道授业来打动他。但是，传道的人有一种职业自尊心，他希望职称上是教授或者至少是副教授。可是，我们现在规定，连讲师也要是博士。

哥伦比亚大学、UC Berkeley 都是有业界人才的。他们当中很多都是没有博士学位的。我们业界人才，在事功之外还愿意传道的人本来就少，但是等到他们愿意传道的时候，学校本身带来的阻力又过大。学校都要求引进特别有名的人才，但是特别有名的人，更没有必要非得进入高校。

黄：对此，你有什么建议？

胡：我觉得分两种情况：一种确实很优秀的就应该直接当教授了，还有一种可以成为实践教授。他是专职的，而且待遇跟教授一样。但是，他跟那些正式的教授不是一个系列的，也没有编制限制，只要拿到专门的经费就可以做。

目前，我们正在申请业界人才引进计划，已经严格按照学校要求的选拔、评估、培养机制来进行。他们的业界能力要受到三位同行的评价；另外，他要进行试讲，讲的课程要跟我们匹配。如果是比较年轻的，进来以后,研究也要能够对接;对于年纪大的,但是已经足够有资格了,就可以给教授职称。但是,这个计划暂时还没有实现。

黄:其实,你去看职业教育特征很强的专业,都有一个特点,要求有双师型的教师队伍,既要有从事理论教学的,也要有搞实务的。

胡:现在我们也是在业界找些兼职的,主要有两种方式。第一个是我们跟《南方都市报》一起搞的"访问学者计划",把业界的名人请来驻校一个月,一个学期请两个人。但是,经过前一段时期的实践后,我们也有了一些新的认识,我们认为兼职这一块也要阶段性地调整,因为业界名人不可能上班的同时再来做这个,媒体就是24小时都有活。业界的人只能来做指导,不能来讲课。讲课的教师一定是要是临时性专职任教的。

第二个方法就是努力招收一些有业界经验的博士,但这一种类型的人才显然非常少。现在来应聘的博士大多是从学校到学校,没有什么实践经验。所以我们也在尝试自己培养,尝试从业界找一些人来念博士。但是,这里同样也遇到我刚才跟你说的问题,就是如果对业界精英没有任何优惠,那他们是不容易去改行的。要是在业界的话,待遇、工资都不错,但如果做博士的话,至少在读博士期间是没有什么收入的,这就很难吸引到人。如果吸引到人,我们要面对的问题则是帮助他化解脱产学习之后面临的经济困难。

比如我们有一个博士生,在美国《华盛顿邮报》、网易、中央电视台都干过,资历非常好,所以我们想让他提前一年留校做讲师,但政策不允许。而且这些人毕业以后有个问题,就是年纪偏大。他想转到教学的时候,就碰到了学校的硬杠。

黄:对于新引进的博士,你们有什么举措?

胡:博士毕业后,我们要求他们必须挂职一年。现在,我们狠到什么程度呢?今年,有一个博士毕业后,到我们这里应聘讲师,聘任委员会认为是可以接受的。但我们咬紧牙关没有接收,连合约也没签,要求先挂职实习一年,每个月只给他1000块钱补贴,因为我们坚持要求有实践经验。没有实践经验，要你何用？我们就是倒逼你，就是要树立一个样板。今后要是博士应聘，没有经验的就是不让进。

接下来，还有第三种引进业界人才的方法，如果能推广，一定程度能解决实践型人才的问题了，就是用 B 系列的方法先引进，等到我们有副教授名额后，就给他转 A（固定编制）。

黄：这样的教师构成，对培养学生起到什么作用？

胡：有实践经验与缺乏实践经验的教师在新闻教育上会很不一样。新闻传播原本就是一门应用学科，它要求学生能够在具体的情境中运用经验和原则。没有实践经验的教师可能在抽象原则的教授上没有问题，但无法对具体情境中如何应用这些原则提供指导，更无法带领学生不断在具体情境中应用这些原则，并举一反三。除此之外，我也认为，没有实践经验的教师不大容易激发学生对这个专业的真正的热爱，这大概也是"热爱"需要在具体而非抽象的环境和土壤中被激发和培育。

当然，我也并不认为实践出身的天然就能当教师。我自己是实践出身，对此深有体会。我认为，教师是一个专业。我原来以为我的实践经验总结好，就能讲好，其实这就很难。即使有实践经验，有名气有资历，还要认真地对待教书育人这份工作，要有虔敬之心，有专业追求。这是很重要的。

黄：其实，教师也是一门职业。好记者不一定是好老师。

胡：业界的人也要下决心去转型才行，过分骄傲的人不适合转型。所以，我觉得我们要找转型的人，不能过分执着于这个人是否有名，而是要看他们是否对研究、对这个"百年树人"的行业有献身精神。大学在引进业界人才上应该特别考虑这一点。就新闻行业而言，名利诱惑可能比其他行业更甚。因为新闻是隔夜出名的行业，一篇稿子一发，第二天你就和别人不一样了。而教育这个行业要求你要有能长期沉下来的心。尽管我自己是因为有一点"名气"，才被选进来做院长的，但在新的岗位上我也在拼命地转型。

所以，回过头来找人的时候，我觉得不能过分追求有名气，引进的业界人才应该是一流人才，但不一定是顶尖的名人。我们这个行业很容易成名了，各领风骚三五年。而业界人才进入高校，应当是那种有理想又比较扎实、比较低调的人。

最近，我们请美国人来做短期的讲师。他原来是《纽约时报》驻非洲的记者，但只是一个普通的评论编辑、记者，没有做到多高的位置。但是，他非常喜欢教书，课讲得特别好，给每个人评改作业都非常详细。这就是教学人才。

所以，对业界人才，我们要细辨，不能停留在他们在那个行业上目前的成就，尤其不能按照职位来。我们这个行业，在报社、媒体的职位高、官大，并不能说明你会教学。所以，我觉得教书的时候，选什么样的人也很重要。

黄：这段很精彩，更深刻。我下面要问的是，你们的教师结构为什么要这样组成？一定要用这样的教师。那么，这些教师能起到什么作用？

胡：我觉得这些人才的核心任务就是要帮中国新闻业转型。这个行业对中国的发展，对中国的社会转型，太重要了。所谓的前瞻性和基础性，就是要让这个行业发展，而不是说在这个行业中找到一份小小的安身立命的工作，甚至这个工作还朝不保夕，可能明天这个行业就没有了。我们做的不是职业培养，而是能让他们去推动这个行业的发展。

我们比较强调他们对这个行业价值的认识，还有就是对转型的坚定性认识。在学校的基础课之外，我们还要提供那么多的院系基础课的原因，就在于要让学生们有一种大时代的观念。因为我们新闻行业在转型，同时中国社会经济也在转型。现在是一个百年不遇的时代，改革还在深入，学生需要对这一过程获得深刻体认。

潘建伟等：
红专并进，理实交融

(2013年7月4日)

潘建伟，1970年生，浙江东阳人。1987年和1995年先后获中国科学技术大学理论物理专业学士和硕士学位，1999年获奥地利维也纳大学实验物理博士学位。1999—2001年在维也纳大学实验物理所从事博士后研究。2001年起任中国科学技术大学教授，2003—2008年任德国海德堡大学物理所玛丽·居里讲席教授，2011年11月当选为中国科学院院士，2012年6月任中国科学技术大学校长助理，2012年9月当选为发展中国家科学院院士。

蒋一，1969年生，江苏无锡人。1987—1992年在中国科学技术大学近代物理系学习，获理学学士学位，1992—1993年在中国科学技术大学工作，1993—1998年在中国科学技术大学近代物理系学习，获理学博士学位。1998年起在中国科学技术大学近代物理系工作。2001—2003年在美国密歇根大学物理系从事博士后研究。2005年任中国科学技术大学教授。2011年9月任中国科学技术大学教务处处长。2008年当选中国科学技术大学党委委员。

古继宝，1968年生，安徽繁昌人。1987—1994年在武汉大学政治教育系学习，先后获得学士与硕士学位，2001—2004年在中国科学技术大学管理学院学习，获管理科学与工程博士学位。自1994年起在中国科学技术大学工作，2010年任中国科学技术大学教授。2009年至今，任中国科学技术大学研究生院副院长。

欧美的大学不会忙着教你一个完整的知识体系，而是告诉你知识是怎么创造出来的，给你讲整个科学漫长的发展历史。它是一种渗透型的教育，而不是知识型的教育。经过这么一种教育之后，学生将来创造新知识的能力就出来了。相比之下，我们中国学生的知识要全面、系统得多，但从创造性上讲，外国学生在黑暗中看到亮光的能力比我们中国学生强。因此，核心课程要讲得深，得找一些对这个领域有深刻理解的人来讲。

人才培养的定位：红专并进

黄达人：潘老师，我想先说明来意：我始终认为，大学的根本还是培养人才。由于不同的学校有着不同的办学定位，人才培养的定位也不尽相同。不光是学校，在同一所大学，不同学院的人才培养方式也是不一样的。因为你在中科大这样一所学校既当过学生，现在又在当老师，还担任学校的部分领导工作，所以想问问你的体会。

潘建伟：黄校长，我很赞成你对不同学校有自己特色的观点。我想先讲一讲我们学校与其它学校不同的一个地方，就是我们的校训：红专并进，理实交融。我发现，我们科大很多学生身上很好地体现了这一点。我也觉得这才是大学的根本，即要培养什么样的人和为什么而培养。

前段时间，我们学校在宣传我们的老校友——化学物理系首任系主任郭永怀先生。1999年，我在维也纳中国大使馆里看"两弹元勋"系列片时看到了他的故事。他因为飞机失事不幸遇难，当时，他被发现的时候，虽然身体都烧焦了，但还是跟他的警卫员紧紧抱在一起。大家觉得很奇怪，把他们的尸体分开之后，才发现两人中间保护着的是在基地里测试的数据。我们物理学院近代物理系首任系主任是赵忠尧先生，1946年他在美国的大学做博士后、助理教授的时候，把薪水积攒下来，买各种各样的部件。新中国一成立，他就坐船回来了。很不幸，到大阪后，朝鲜战争爆发，他就被拦下来了。当时，他面临着三个选择：要么坐牢，要么去台湾，要么回美国。他选择了去日本坐牢，最后得以回到祖国。1955年，赵忠尧用带回的器材和零件，主持建成了中国第一台质子静电加速器，并进行了原子核反应的研究。如今，这台加速器的那些部件还放在我们的校史馆里。知识分子报国的这种情怀，在科大的教师、学生身上都有很好的体现。我们把它看成我们科大值得珍视的精神。

另外,我们学校还有一个不同的地方。追溯起来,国防科技大学的前身是哈军工,建校比我们科大早一点。国防科大和我们的区别就是:国防科大以技术为主,通过学术研究落实到"工"上面;我们以学术为主,以求在技术上起到一个牵引作用,在搞基础研究的同时,把科学本身转化成生产力。这几年,我们出色的科研成果比较多,几乎每年都有成果入选两院院士评选的年度中国十大科技成就,还多次入选欧洲物理学会、美国物理学会评选的国际物理学重大进展。我特别自豪的是,这些成果都是在我们科大开花结果。我个人觉得这样的成功真的不是偶然的。远离大城市,大家反而能潜心治学,学校风气民主,年轻人成长很快。

人才培养的目标:基础宽厚实、专业精新活

黄:针对红专并进这样的人才培养定位,你们在人才培养上有哪些具体的举措?

蒋一:科大当初建校的目的就是为国家"两弹一星"事业培养人才。我们校训的第二句话是"理实交融",即理论和实践的交融。科大这么多年来,无论是教学形式,还是培养模式,都作了很多改革,但有一个魂没有丢,就是:基础宽厚实,专业精新活。

我们用了四年时间,完成了一个新的本科生培养方案改革,这个学期正式实行。当时,经过大讨论之后,我们把课程分成四个层次:第一层次,学生的通识教育,主要在大一期间完成,我们把通识教育分成数理、人文、技术应用三个模块,每个学生都要学这三个模块。

科大有个与众不同的政策,在十年前,就几乎可以做到学生100%转专业了——大学一年级以后,学生可以选择转专业,成功率可以达到90%。去年,我们成立了学校层面的学生学业指导中心,实现了学生百分之百可以转专业,无条件,不要求绩点。

十年前,我们做的是跨大类转专业,比如物理、数学之间,或者工

程、信息、管理之间转。那时候还有一个学院自己设的门槛——面试，送出单位也会有一点障碍。但是，我们在学校层面不断扭转这种现象，不断强调"你不能拦着学生"。有些学生没有被接收可能是因为他底子薄，基础差。但是学生有一个弹性抉择的过程，他不一定非得四年内毕业，也可以六年。所以，我们从去年开始，就成立了学生学业指导中心。如果你转专业，对象学院不接收你，我们可以请学生学业指导中心的指导专家为你制定你所想转的专业的个性化学习方案，只要你最终学业达到这个专业的毕业要求，你就可以拿这个专业的毕业证书，这样就可以让大学生百分之百按照专业意愿学习。这些专家是教务处从各个学院抽调的教授，我们挑选专家有三个要求：第一，要有良好的科研经历；第二，要有良好的教学经历；第三，要善于沟通。这个谈话会起到作用，比如去年28个想转专业没有被学院接收的学生，经过谈话之后，有22个学生对现在所在专业和想转过去的专业有了更加全面的了解，主动放弃了转专业。这是我们非常愿意看到的结果，因为这样他的心就定了，目标明确了，学习劲头也强了。但是，有6个学生还是坚持要转。那我们的做法就是：比如数学学院的学生，想学物理，物理学院又不接收，那这个学生的学籍管理不动，他还是数学学院的学生，但可以开始学物理学院的课程；只要他符合物理学院毕业生的要求，教务处就给他物理专业的毕业证书和学位。因为学院可能要保护自己的利益，转出去的本科生多了会影响到它的研究生指标。

这是为什么我们把第一层次的课程设成全校一样的一个原因。我们不能拿学生做牺牲品，主要有两方面的考虑：第一，对于大一的学生，全校的课程设置几乎相同，既方便学生一年以后转专业，也给学生近一年的时间考虑和发现自己适合的专业，因为学生高考报专业时未必了解什么才是适合自己的；第二，这几个模块每个学生都学，才能保证学生的基础宽厚实。

黄：你们不是按"类"培养，而实际上是全校都一样？

蒋：一年级是这样的。从二年级开始就有区别了，各学院设置学科群的基础课，这是第二层次。第三层次是专业核心课，第四层次是专业方向课。我们要求，第一和第二层次的学分比例要达到四年毕业要求学分的70%左右。专业核心课只有四到五门，专业方向课也只有三到五门。课程设置是教务处组织全校老师讨论的，而不是哪个学院说了算的。比如数学里面哪些课算是全校通修的，物理里哪些课是全校通修的，都是要全校层面来讨论决定的。讨论完之后，物理的通修课教学任务就交给物理学院了。只有全校讨论的结果，才能保证各个学院的第一层次课是一样的。学院也是同意的，参与了讨论，要发表意见。举个例子，我们的物理分为A、B、C三类，但是第一年的物理要学什么，不同学院几乎是一样的，否则转专业就麻烦了。比如大家第一年都上力学、热学，只是要求略有不同，例如物理学院的力学为80个学时，而很多学院的力学是60个学时。

黄：也就是说，物理学院本身的这些课会讲得更深，学时数也不一样。

蒋：是的。我们做了这四个层次的课程梳理，完成了新一轮的培养方案的修订。这个培养方案可以解决你刚才提到的核心课程太多的问题。我们现在大大减少了核心课程的数目，只占总学时的15%。核心课程包含的范围就是专业核心课。像学物理的，力学是核心课程，但不包括在专业核心课程里面。因为我们把力学放到了基础通识课里。我认为这是我们科大学生需要具备的基础，科大学生的特点之一就是数理基础特别强。

黄：这个跟以前相比，有哪些变化？

蒋：主要是第三和第四层次的课程数和课时数调了下来。一年级的课是所有学生都要学的共性课基本没动。二年级的课略有调整，专业核心课和专业方向课以前比例比较大，现在减少了。这个调整就反映了我们所强调的"基础宽厚实，专业精细活"。我们通过一、二年级来完成"基础宽厚实"，通过三、四年级来达到"专业精细活"。这是我们课程培养方案的一个改革。

核心课程：教给学生创造知识的能力

黄：我在前面的访谈中，有受访者提出，课程改革上的一个问题是核心课程太多，而且讲不深。刚才讲了把核心课程减下来，对于讲不深这个问题怎么看？

潘：我非常同意这个观点，我们国内的"核心课程"太多了。至于现在我们核心课程多却讲不深的原因，我认为，第一，不是由大师来讲，也不是真正处于科研第一线的人来讲，这是我们教学里面的缺陷。

我记得我们刚进科大的时候，教材还是蛮好的，尽管有些老化，但有几个方面写得是很好的，当时方励之的《力学概论》对我的影响是终身的。为什么这么讲呢？在那本书里，关于"杞人忧天"，他举了个例子：我们会问，为什么会有白天和晚上？如果不进一步思考的话，就会说因为白天太阳在这边，晚上太阳到背面去了。进一步思考下，我们知道每个恒星都在发光，如果恒星是均匀分布并且整个宇宙是稳态的话，恒星的数目就随着宇宙半径的三次方增长；它的光都会往地球上照过来，光照强度是随着宇宙半径的平方衰减。因此如果宇宙半径是无限大的话，我们发现地球的各个面都是无限亮的，而不会有白天、晚上之分。我当时就想，白天、黑夜之分就能推断出宇宙一定不是稳态且无限大的，从这么一个很简单的事实，加上进一步的推理之后，就能提出很深层次的科学问题，这是多么有意思啊！书中说，由此我们可以有三种基本假定：第一，宇宙的空间是有限的；第二，宇宙的寿命是有限的；第三，宇宙是在膨胀的。无论哪种假定，都与我们对宇宙传统的认识不一致。这门课学下去，你就会觉得提出问题最重要。我觉得这本书编得非常好，但是后来这本书没有继续使用了。

前段时间，我发现有一本《力学》的书，比原来厚多了，我一看，"唉哟，我的天呐！这本书的作者太厉害了——看完之后，把我本来明白的一些东西弄得反而不明白了。"所以，我的意思是核心课程讲不深的原因在于不是由大师来讲，也不是真正处于科研第一线的人来讲，这是我们课程教学里面的一些缺陷。

如果老师只能像赵括那样纸上谈兵，讲的都是非常虚幻的理论，那教给学生的知识就完全都是空的。有一次我考查我研究生的功课时，问他们怎么判断两个粒子处于"纠缠态"？这是个很基本很简单的问题，但他们在学了两个学期的高等量子理论后却讲不清楚。这就说明，我们现在的很多课程内容离真正的科学已经很远了，完全形式化了。

我们现在离近代科学的实验越来越远了，我们学的实验课程大多是近百年之前的实验。但是，欧洲的大学是这样的：传统实验必须要做几个，但是，如果你能很好地接受一些概念的话，就不一定要把前人的实验都经历一遍。我在国外的时候发现，学生除了需要设计一些经典实验之外，还有一些近代的实验占了他们很多的工作时间。我们做前沿研究的实验室，每年大概有四个星期向本科生开放来做实验课程，在维也纳和海德堡都有。这样尽管学生本科培养出来之后，知识体系可能还不是太系统，但他已经可以去世界一流的实验室开展前沿科学工作了。

因此，我们协同创新中心正在进行一些实验课程的改革，例如我们计划逐步将发展成熟的量子信息技术和近年来发展起来的典型的实验方案融入研究生和高年级本科生的实验教学。2013年至今，中心先后投入500万元重点建设了国内高校首个量子信息教学创新示范实验室，其中装备了中心研制的小型纠缠源实验系统、BB84量子密钥分发实验系统、B92量子密钥分发实验系统等一批国内首创、独具特色的教学仪器设备。中心编制了相关的实验手册，并在我校开设了本科5级实验课程《纠缠源的产生与应用》和《量子保密通信实验》，2013年度和2014年度参加实验学生已累计超过220人，实验教学得到了学生的热情参与和积极互动。

对于实验科学来讲，我自己还有个观点：很多大师都是属于"近亲繁殖"的，比如对于诺贝尔奖，我做过统计，实验系列的，如果说老师是得诺贝尔奖的，他的学生很可能得诺贝尔奖，或者他的徒孙很可能得诺贝尔奖,为什么呢?因为实验科学的发展,它的技术本身有很大的继承性,所以我个人认为在实验科学方面应该是一对一进行培养的。

但像那些真正的理论科学大师爱因斯坦、牛顿等,这些天才不是靠普通的方式能够培养出来的,我也做过调研,对于这类人,我的感觉是,要让他有一个环境能够汲取到当前国际上最领先的知识,干预越少越好,像数学家佩莱尔曼证明的那个东西,他也没有什么很有名的导师,是完全地靠自己。理论科学不一样,需要对整个科学体系有个比较系统的了解,他才能取得突破,因为要站在前人的肩膀上,所以理论科学和实验科学是有一定的区别的。

黄:复旦大学杨玉良校长就说,诺贝尔奖是有门派的,你讲的是更多体现在实验科学上。

潘:对。但是有一些理论课题,如果老师正好把你引到比较好的方向,给你指点,如果你能做出来的话,那是非常好的。所以理论那块也是有部分的近亲繁殖,但是没有实验领域那么显著。实验的话真的可以画出那个体系表。

说回理论科学的教育,我们国内的知识体系采取的是苏联模式,比较讲究系统,一开始就把宏大的科学大厦弄出来了,让人觉得非常崇拜,你每天就只能思考那些最重要的问题。但是,那些特别高深的、最重要的问题基本上都是很难突破的,学生成天思考这些问题,最后只会"高不成,低不就"。在欧美通常先不会忙着教你一个完整的知识体系,而是告诉你知识是怎么创造出来的,给你讲整个科学的漫长的发展历史。比如说原子的概念,第一个学期把原子概念形成的整个发展史讲一下,第二个学期再讲一些经典的理论,最后才讲整个量子力学体系的构建。这么一来,你在摸索的过程当中,就知道知识是怎么被创造出来的。它是一种渗透型的教育,而不是知识型的教育。经过实战,经过这么一种教育之后,学生将来创造新知识的能力就出来了。

定理的发现只是一个节点,更重要的是要把它的故事讲出来,把它的发现历程讲出来,这很重要。相比之下,我们中国学生的知识要全面、系统得多,但从创造性上讲,外国学生在黑暗中看到亮光的能力比我们中国学生强。

因此,核心课程要讲得深,得找一些真的在这个领域里面打过仗的,对这个领域有深刻理解的人来讲课。我们组的一位卫星系统工程总师曾经因为课程无趣差点没能把大学读下去,后来他参加了我一个关于量子力学的短期讲座,上完之后,他跟我说:"潘老师,我对量子物理已经有了较深的理解。你讲得特别简单,但是又特别深刻。"这是他自己的体验。现在我们也倡导,要求那些在科研一线的青年老师到教学第一线去,这样教出来的东西都是活生生的,而且教给学生的是创造知识的能力。

我现在最大的心愿就是给本科生好好地上基础课,前段时间,尝试了一下。第一次课的时候,我到教室一看,只有零零散散几个人,说老实话,当时挺受打击的。过了十几分钟,黑压压很多学生从另外一个教室涌了过来,最后教室里的走廊上都站满了学生,原来教务秘书把教室给调整了,没有及时通知学生。从那次以后,更加坚定我要给本科生上基础课的决心。

同样是力学,不同的教材、不同的人教,效果是不一样的,这才是关键。我们现有的课程设计比较"团块化",就是说它在比较小的范围内很密集,看着有很多门课,但其实广度和深度都不够。所以,我们的原则、目标是扩展课程广度,增加课程深度。举个例子,关于量子力学,大家用的教材讲的内容都差不多,但是进入研究阶段之后,这些知识对量子力学的研究是不够的。其实在量子力学这门课上,本科生应该学得更多,我们现在讲的深度还不够,包括数学也是如此。过去,我们的传统就是基础要非常扎实。但这个所谓的基础扎实,就是没有什么遗漏,要把知识学全了。现在,我们认为这个观点不一定合适。和国外的大学教育比较,他们的学生看似不是很扎实,学的内容好像不是很多,但是他们进入科研的速度非常快。为什么呢?第一,尽管他们学得没有那么多,但他们学得比较宽,在某几点上学得比较深。第二,在学的过程中，我们是知识性的学习，他们则是探索性的学习，会提出很多问题，让学生来解决这些问题，这是训练出来的结果。我们的学生尽管学了很多，但是进入科研的速度还是很慢，解决问题的能力也比较弱。

蒋：我们科大正在致力解决这个问题。除了刚刚说到的四个培养层次的改革方案，我们把学生的毕业学分数从190个压到160个，总共减了30个学分，一个学分对应20个学时。以前我们的教学是老师讲的多，学生学的多，但是学生自己去学的不多，这也是我们学不深的一个重要原因。我们把学分压下来，第一，可以增加学生的自主学习时间；第二，我们要保持广度，让学生可以在剩下来的时间在他感兴趣的地方好好钻研；第三，我们的课程，老师讲的多，学生自身研讨的少，所以我们也想增加研讨环节，包括在课程教学这块。像美国，大作业普遍比较多，我们的project很少。其实这是让学生学得深的一个很重要的手段。你要给他时间，让他锻炼。大家都说我们学生的创新能力不够，其实和培养方式有直接的关系。

高考前的应试教育让学生基本上丧失了创新能力，我们学生会学很多，知道很多，但让他们凭着自己的兴趣钻研一点东西就有困难了。去年我下定决心试试看，上课时我讲得少，有些问题让他们自己分析。原来只有期中和期末考试，也考得难，现在，我是一段一段考，一学期考四次，考得并不难。结果，学生受不了，只有大概不到25%的学生很喜欢这种模式，大部分学生都不适应。我觉得创新能力方面的教育其实是个系统工作，不是只靠大学阶段就能培养出来的，我们只能去强化它，优化它，在我们这个阶段尽可能扳回来一点。

潘：现在，物理学院有一个做法挺好的，他们叫"置零"，我们称之为"洗脑"，就是把应试教育的痕迹给洗掉，让学生的思维方式归零。我们有入学教育，告诉学生大学和中学分别是怎么回事，告诉他应试教育在这里是不适用的。中学的目的是你要得高分，然后上一个好大学。中学生的习惯是翻来覆去就是那几本教科书、复习资料，阅读范围非常窄。他们整个的思考内容和关注点，就固定在高考那几门课上，思考能力和眼界都受到了限制。他们对人类的人文并不是非常了解。入学的时候,我们问学生课外阅读书目,结果惨不忍睹。除了普遍知道的几本名著之外,他们基本上都没读过。而大学是你追求知识、追求创造性的阶段,要培养你一生的习惯,找到一个一生追求的目标。

研究生教育:培养创造性和独立开展科研的能力

黄:关于研究生教育,你们有什么看法?

潘:关于这一块,我还是有点心得的。我们有个规定,除非特别情况,基本上每个老师每年只能招收一个学生。五年下来,我们一般也只有五六个学生。我比较支持一对一的精英式教育,这样导师才有比较多的时间跟他进行讨论。其实,美国老师招的学生也很少,一般一个导师通常大概只有五六个学生。从学生的规模上,我们这里跟其他几个组相比是最小的,老师人均带的学生是最少的。

古继宝:其实,在我们学校,导师的"质量意识"非常强。在招生方面,硕士科学学位的招生规模很小,主要是通过推免的方式,因为推免生的质量比统考来的还是要好一些,一般都是"985"和"211"院校的学生。对博士这一块,原则上,我们要求博士招生以"硕转博"为主,到二年级下学期的时候进行,三年制的博士招生只是作为补充。今年,我们招的995个博士里面,有90.2%是"硕转博"的,只有不到10%是从外面考试进来的。在培养过程中,研究生院采取放权模式。比如课程设计,全部是由学科点和学院来制定的。研究生院主要是负责搭建一些平台、制定一些政策,比如鼓励学生出去开国际会议,进行国际学术交流,由学校统一给予资助,但博士生在国际会议上必须有大会报告。现在,我们把权力下放给各个学院,学校不统一制定标准,因为各个学科的实际情况不一样,学院自己定国际学术交流资助的标准。

黄:这点我特别欣赏。我认为这里最有价值的就是差异化管理。

古：课程体系由学院负责，研究生院则负责支持高水平学术讲座、学术论坛和学术沙龙，等等。这些讲座或论坛可能是涉及某些知识点的，也可能是系列的。我们还有一些措施，比如，一般硕博连读需要五年到六年，到第五年的时候，已经有一部分学生做得很好、达到博士学位标准了。这时候，导师可能觉得，"让他再继续做，极可能出优秀的成果，可能得'全国百篇优博'。"于是，学校制定了"创优支持计划"。首先，审核的基本标准就是"按照现在的博士标准，你已经达到了，但是，你还愿意再继续做一年或者半年，学校就给你支持"。如果是再做一年，除了原有的导师助研之外，研究生院给予3万元的生活补助，同时校人力资源部给予他助理研究员岗位，每年又会有4万元的岗位补助，总共可以拿到八九万元。2010年，学校重点以博士为对象，重新修订了学位标准，重点强调提升两个素质：创造性独立开展科研工作的能力和国际学术交流能力。各个学院、各个学科都据此制定了相应的学位标准。

黄：现在，你们博士毕业有什么要求？

古：这次学位标准的修订，整体上要求都提高了，例如化学与材料学院是发表两篇SCI论文，但至少有一篇是在二级以上杂志上发表；地空学院的要求是累积影响因子达到1.0以上，这次从1.0变到了2.0；即使是管理学科，也要求两篇SCI或SSCI论文。毕业的标准提高了，导师的责任更大了，他们对博士生的选择自然就更慎重了。每次校学术委员会开会时，都会对每个学科的博士毕业质量进行评估，有些学科毕业的博士多，但是高水平论文少，则会受到委员的批评。所以对于培养质量不高的学科，学位委员会要求：第一，要压缩其博士招生规模；第二，要抓紧时间提高标准与提高培养质量。通过这些举措，整个质量文化起来了，慢慢地形成一些规矩，对学术规范的要求也越来越严格。比如在学校学位授予的文件中规定，论文署名导师第一、学生第二，等同于学生第一。有一次在校学位委员会上，有几个博士生三篇论文的署名都是导师第一，有委员认为，"作为一个博士，必须具有独立开展科研工作的能力。如果是学生做的,你导师怎么能排第一?如果确实是你导师做的,那学生就不合格了,因为你从来没有独立做过一件事,怎么能博士毕业呢?"此后凡是此类情况,导师以及相关学院必须就此作出单独说明。

在校学位委员会上,经常会对涉及质量的问题展开讨论。再比如:在生命科学学院等一些学院,发表一篇特别优秀的论文,可以有两个共同作者,可以满足两个博士论文发表的要求,但是学位委员会通常要求导师对此给予说明,每位博士生都应该有其独特且足够的贡献。从这里可以看出,在质量标准方面,大家都是非常认真的、较真的。学校里面的文化氛围很好,整体上形成了一个老师、学科、学位委员会层层把关的格局。

提高学术国际交流能力

黄:刚才你们提到研究生的国际学术交流能力,在这方面,你们有哪些做法?

潘:国外有一个比较好的传统,就是国际交流。在本科期间,他们通常有一个为期三个月到一个学期的交流,他也可以拿在国外的本科论文回来进行学位答辩。这么一来,等他本科毕业之后,要决定将来做什么样的研究工作的时候,就已经有比较好的能力来辨别什么样的导师更适合自己,这非常重要。学生经历国外这段时间的训练,或者到国外某个科研小组去做半年的论文之后,他基本上就知道如果他想做这一行的话,国际上哪几个小组是比较好的,将来就可能去跟他们联系,开展工作和深造。

黄:这半年的国际交流不是说真正要学到什么,而是一个打开视野的过程。

潘:对。包括科大在内,我们国家已经有部分院校在做了。送学生出去几个月之后,他们在后来择校的时候,都能够比较好地选择对口的专业和相应的老师，能够比较快地进入下一阶段的学习。我觉得这个无论从国际化教育的角度来讲，还是对学生而言，都是重要的。我认为在选择导师的时候，应该有多方面的比较，而不是单纯地看老师是否有名气。我们平时给学生做报告的时候，也会跟他们提到这些经验。现在，研究生院做得很好，而且它有个规定，学生在读研究生期间，必须出国交流一次。

黄：你们现在每个研究生都有这个机会？

古：原则上，我们要求每个博士生都要有一次出国经历，参加国际学术会议也可以。而且，学校会给予1.5万元的资助，如果不够，导师会额外再补一点。从前我们派人出去学一些好的技术要去留学生基金委申请奖学金，但那很慢，可能根本赶不上科研的需要了。所以，我们就简化了程序，直接从学校的经费里面出。

蒋：国家留学基金委对我们的要求太高了，比如GPA要达到3.5以上。我们科大本身就对GPA卡得很严，最好的学生一般只有3.8、3.9，但其实，我们绩点能达到3.3、3.4的学生，也是很好的学生。这些学生如果因此不能出去，我认为是可惜了，于是我们就自己掏钱。实际上是从教学经费当中拿钱，去年用了300万，今年用得更多，达到了1200万。我们比照留学基金委的标准，综合路费、生活费和学费，得出这个数目。我们现在一届送出一百多个学生。我们的资助标准是：最好的学生能够得到我的全额资助；去的学校差一点的，能够得到三分之二的资助。除了单项派出之外，我们还欢迎国外的学生到我校来交流。这次物理学院办的"未来物理学家国际夏令营"，由我们掏钱，邀请了全球20所物理最好的大学的学生，同时也邀请了国内大学有物理一级学科的学生。中外学生共同组成一个物理夏令营，比例差不多是一比一。我认为这个事情有几个好处：第一，不仅我的学生过去了，你的学生也来了，可以把科大和国外最好大学之间的学生交流做实；第二，我们跟外面的人接触也一样可以开阔眼界，送出去和请进来，实现双向交流；第三，我们还有一个很实际的想法，那部分立志做物理研究的人可以很早就建立国际联系,这种人脉资源虽然很隐形,但是很实用;第四,科大的知名度起来了,国外的大学都知道中科大在做这个,而且是最好的学科。这些学生反馈回去之后,如果做得好,慢慢就做成国际上认同的交流平台了。

潘:我们还有一个非常灵活的基金,可以为研究生出国参加国际会议提供机票,其他的相关经费从我们的课题经费里出。我们从国外请进来的专家是比较多的,而且来了之后一般都要待几个月。所以,我们有很多学生的文章都是通过国际合作发表出来的。形成这样的规则之后,当他们有比较好的理论方案时便会先和我们组联系,我们的许多实验能够抢先做出来,主要是得益于这种"请别人进来,送学生出去"的机制。

由于开展量子信息研究需要多方面的知识,从2003年开始,我们小组就开始尝试派一些优秀的学生到国际上的先进小组去学习,甚至为了能把一门关键技术学到家,我们会派他们出去较长时间。例如,我们派陈宇翱去德国马普量子光学所和海德堡大学物理所学习冷原子物理,陆朝阳去了剑桥大学学习量子点固态量子计算,张强和张军分别去斯坦福大学和日内瓦大学学习单光子探测技术,等等,他们在外面都待了四到六年的时间。但是,在学生去之前,我们要花很大的精力做他的思想工作,强调要回来。所以我刚才讲,又红又专是很重要的。只要有机会,我总是会给他们做一点思想政治教育。在外派学生的过程中,会遇到两种情况:当那个国际小组正好也需要我们组的知识、需要与我们开展合作研究时,外派就会比较顺利;但有时候那个小组不需要我们组的知识,我们的学生纯粹是为了去学习的,这时候往往难以从对方获得足够的经费支持。这时候怎么办呢?我们就只有自己多方筹措资金,自带干粮,保证学生在国外的基本生活待遇。最后,他因为有这种道德上、诚信上的约束,一般都会回来。这是我们为了研究生培养、学科建设在做的一些事情。我们对看准的学生、对觉得需要引进的知识,都有足够的耐心和决心,这个我是比较自豪的。国际上很少有一个小组可以同时具有各方面系统性知识的。从去年开始,我们就进入了一个非常良性的循环。去年,我们在《自然》及其子刊上发表了四篇文章,今年也已经发表好几篇了。

除了常态的短期的学生交流之外,我们也坚持老师的国际化,与国际同行加强沟通与交流。

黄:派出去的学生有多少回来了?每年都会派一个出去?

潘:我最好的几个学生都回来了。比如陆朝阳四年学成归来,便入选了中组部"青年千人"计划,陈宇翱先后入选了"青年千人"计划和国家杰青,张强和张军回来后发展的单光子探测技术已经在"京沪干线"工程中得到了应用。现在,我们每年都会选几个很好的学生,带着奖学金派到国外最好的小组。我们会跟他讲:"如果我们需要你,你一定要回来。"因为我们希望他带回来的知识跟我们目前已经掌握的知识是互补的。现在,我们还在往外面派,但从整个国家层面上来看,他们不一定会回科大来发展了。将来,我们会选择性地派出去,如果有特别好的人才,也会再留一两个进来。如今,我们"青千"回来了四个,"百人"计划学者大概有六个。现在,我们的知识系统就比较互补了。

黄:你们的高层次的人才引进在有计划地进行。

潘:对。现在有了协同创新中心这个资源,我们就可以从整个学校的层面非常顺利、明确地进行。

关于人才培养,我理解的可能狭隘一点,我们把学生送出去,其实也是为了科大的学科建设,希望能建设成一个全面互补的学科系统。而且,我们在挑学生回来的时候,也是这样做的。现在,我们中心有个规矩,比如说有四个人 ABCD 来申请我们的骨干岗位,其中 BCD 三个人可能都是做同一个方向的,A 是做互补的另一方向的。经过我们考核后,BCD 三个人中排名第一的,我们就要了;排名第二、第三的,可能比 A 的文章要多得多,引用率也多得多,但如果 A 是在他的那个方向我们能找到的最好的人了,我们肯定会选他。我们有个条件就是:要最优、还要互补、最简。这个原则和国外非常一致,海德堡大学和 MIT 就是这样。假设我们要建设自己的实验室,就这样搭配。

但是,在学校评职称的时候就不是这样,它看的是你的论文数量和引用率。现在,至少我们会在协同创新中心里把这个东西纠正过来。我们没有特别要求引用率什么的。但是,我可以毫不犹豫地说,我们想引进回来的人在美国是很容易找到教职的。为了把他引进回来,我们前期做了很多投资,也做了很多思想上的工作。对于引进人才,我觉得不要跟他们讨价还价。我宁愿多给,你要价500,我会愿意给550。因为人总是讲究感情、讲究良心的,这样一来,别人很难再变卦,无论在实验室条件上,还是在他的待遇上,至少在我们这个实验室,我是这样做的。

黄:你刚才说的思想教育,你是怎么做的?能不能举些具体的例子?

潘:别人说是"先爱大的,再爱小的",我的观点和别人不一样,我是"先爱我自己,再爱我的亲人,再爱我的朋友,以及我的母校、我的国家"。还记得,当时陈希书记每年去一趟海德堡,连续去了四年。后来,学校条件已经有改变了,他说:"建伟,只要你还没有完全决定回去,我就每年来一趟,一直等到你回国为止。"我非常非常感动,后来,我觉得我还是喜欢科大"又红又专"的传统,就回了科大。我觉得只要母校需要,能够让我们发展的时候,我们肯定是毫不犹豫地就回来了。2009年,观看"复兴之路"的时候,我也很激动,现场就把真实感受用短信发给那几个在国外的学生。我只要有机会,就给这些学生打电话、发短信谈心。我是老太婆念经,我总觉得进行科学研究的人,不要太安逸也不要太奢华。现在我觉得我们这个团队是比较稳定的,大家也比较顾全大局。

人才培养需要好的文化环境

黄:最后一个问题,你怎么看待"钱学森之问"?

潘:我一直在思考这个问题,钱学森先生老在问,为什么我们到现在为止还没有出过科学大师？民国时期，尽管条件比较差，但我们的本科教育是很成功的。杨振宁先生他们出去之后，尽管没有机会做实验，但基础知识的掌握一点不比美国人差。很快杨振宁先生、李政道先生就得诺贝尔奖了。我暂且不讲这种科学大师是不是通过留学培养的，但这些人确实都有留学经历。为什么改革开放之后，仍有大批的学生往外送，30多年过去了，始终没有新的大师再出现呢？我想可能是在"文革"期间，文化底蕴给摧毁了。2000年，我陪家人在因斯布鲁克的大峡谷露营区遇见一位老太太，她问我的职业，我告诉她说，研究量子物理和量子隐形传态。"哦，我知道那个工作，还找到了 *Nature* 杂志上的那篇文章，但是我看不懂。不过，我尽力了！"还有一次，我在海德堡大学的时候，因为鼻腔手术而住院。一个护士过来问："你是不是研究量子物理的潘？你能给我讲讲什么是量子物理吗？"她保持着这样一种原始的兴趣，让我非常感动，但因为鼻子里插着管子说不了话。

在我们国内，身边关心我们干了什么的人很少，很多人都只看结果。2009年我在德国一个湖区度假时看着收工后的牧民拿着自制的果子小白酒，有人拿着小提琴，在"露天的音乐厅"自娱自乐地拉起来了。其实科学也是如此，只有在好的文化环境里面，科学才能比较从容，才能做好。民国时期，我们还是有这样一种环境的，我们有几千年的文化积淀，有佛教、道教以及各种宗教、哲学，加上西方的文明，其实我们也能做得很好。我想，可能是我们把所有文化传统全摧毁之后，文化就显得特别单薄了，失去了多样性和丰富性，失去了人文底蕴。在海德堡，我招了来自香港、台湾、大陆的学生，可以很明显地感觉到差异。当然，我们国内的学生也是非常好的，但是给自己留后路、有了后路就不顾眼前的这种学生会比较多，比如说他当时很坚决地说"我愿意到你这里来做"，但是明天他就有可能告诉你他拿到签证要去美国了。他会一直把自己放在一个非常保险的位置。或者他在临走的最后几个月就不怎么干活了，只是在实验室里面待着。然而德国学生并没有这样。我有个德国学生半年之前就告诉我他要离开去做博士后，走的前一天，他还会跟接替他的人交接,讲清细节问题。去了瑞士之后,他还跟这里保持着很好的联系。如果他们能够对你比较坦白诚实,那他们在做科研的时候自然就能够踏踏实实地去做。所以,我常常在学校呼吁,我们要回归人文。我觉得这是一个很重要的内容,就是要有很好的传统。在大学的教育里面,我们不一定要完全学西方,但我们文化传统里那些非常好的东西应该重新找回来。

黄:这件事情是十分重要的,你从文化的层面阐述了如果学生过于自我,过于功利,不适于做大科学家。

潘:在国外待了十几年之后,我觉得我慢慢地可以沉静下来,做一些比较系统的、有积淀的工作了,这样才能把事情做大。目前,我们在做的实验都不是短、平、快的实验了。我刚出国的时候,就希望能够尽量多地发文章,但我后来看到国外的学生相对来讲在这方面就没有那么急迫。他们希望把事情做得比较完美,比较系统,并不特别看重发文章。我和段路明是科大出去的、理论量子信息做得很好的学生。2001年,我们俩就发现在这个领域,有个苏联人发的文章很少,但一下子就成为麻省理工学院的教授了。当时,我们两个都很不服。但是,过了十年之后,我们发现我们都是沿着那位先生所指引的方向在开展工作。他的文章发表在并不太好的杂志上,他一写就是四五十页的文章,我们花了好大工夫才能看懂。麻省理工学院有一些很好的老师,能够写出这样的文章,不管在什么地方发表,都说明这个人的能力很强,马上就能由博士提到教授了。

黄:我们现在判断别人的能力好坏还是这样,什么档次的杂志上发表文章对应他的地位。

潘:对。所以,我觉得我自己是比较幸运的。简单地依据文章的数量、杂志档次来判定一个人是不行的。当然,我们都需要有一个成长的过程。

陈 骏：
教学改革是一个长期的过程

（2013年7月5日，南京大学）

陈骏，1954年生，江苏扬州人，地球化学教授，中国科学院院士。1973年参加工作。1985年，获南京大学矿床学博士学位并留校任教。1988年，赴英国帝国理工学院地质系从事博士后研究工作。1993年起，历任南京大学地球科学系主任、副校长、常务副校长。2006年起，任南京大学校长。

我们认为教学方法的改革是非常关键的，要通过教学方法的改革来培养学生的批判性思维和严谨的治学精神，最难的就是改变照本宣科、"满堂灌"的做法。教学不仅仅是老师的单向行为。在我们传统的教育思想中，教师就是传道、授业、解惑，是一个单向的知识传输过程，但按照通识教育的理念，我们真正要做的，应该是教给学生获取知识的方法和能力，要让他主动去学习，这才是最重要的。

"三三制"改革的核心是实行因材施教

黄达人：陈校长，南京大学的"三三制"人才培养模式的改革，在全国很出名。我非常欣赏"三个阶段、三条发展路径"的改革思路，所以慕名而来。我想了解一下，你在做这个人才培养模式改革的设计时，基于哪些考虑？学校在推动这个改革的过程中，改革的困难在哪里？你们又有哪些举措去克服这些困难？

陈骏：谢谢黄校长。近年来，大家都在探讨建设世界一流大学的问题。我认为，世界一流大学建设应该有个水到渠成、瓜熟蒂落的过程，不能急功近利。如果能安下心来重视本科教育，从校长到教师都重教爱生，大学就不会浮躁，就能正本清源，回归大学之道。

这些年，南大实施新一轮人才培养模式改革，强调回归大学之道，努力办中国最好的本科教育，取得了一些阶段性的经验。下面，我先介绍一下南大进行"三三制"改革的起因。

古今中外人才成长的历史和现实不断证明，实现学生全面发展和个性发展相统一是培养杰出人才的基础。杰出人才首先是全面发展的人，是站在巨人肩上的人；他们走在时代的最前沿，站得高些，看得远些，观察得多些，领悟得快些，能够触类旁通，举一反三，从而有所发现、有所发明、有所创造。杰出人才又是个性发展的人，有时甚至是特立独行的人。只有在广收博览过程中注重发挥学生个人兴趣专长，只有在继承前人创造的文明成果基础上开发优势潜能，才能真正实现"百花齐放、百家争鸣"。可以说，个性发展和全面发展相辅相成、互为表里。检验一种人才培养模式是否成功，能否"冒"出大量拔尖创新人才，就要看这种人才培养模式能不能实现学生全面发展与个性发展相统一，能不能促进人人成才。

20世纪80年代以来，南京大学按照培养一流人才、建设世界一流大学的标准，先后推行了一系列教学改革。在这一过程中，学校逐渐摸索出"多次选择、逐步到位"的专业选择模式,发现相当数量的学生自行设计成才之路,最终能达到一种较理想的境界,自由选择学科方向比"贴标签"更有利于学生的长远发展。改革开放以来的南京大学本科毕业生中有8人当选为中国科学院院士、121人成为国家"杰出青年基金"获得者,这两项指标均在全国高校中名列第一。这些改革措施及其成果使我们真正认识到学生"自主选择"和"独立意识"的重要性。

经过多次尝试和实践,在条件基本许可和相对成熟的情况下,南京大学在2009年正式开启了以充分保障学生的自主选择和个性发展为出发点,以构建和实施本科人才培养新体系为核心,以办中国最好本科教育为目标的系统性、综合性、全方位的"三三制"本科教学改革。

"三三制"人才培养模式将本科培养过程划分为大类培养、专业培养、多元培养三个阶段和专业学术、交叉复合、就业创业三条发展路径,给予学生个性化培养。大类培养阶段的目标是通过实施通识教育促进学生科学基础、人文素养的全面发展和人的可持续发展,为学生今后进入不同领域学习打下基础;专业培养阶段的目标是提升学生的专业素养和专业能力;多元培养阶段的目标是保障学生自主选择专业学术、交叉复合、就业创业三条发展路径,实现个性化成长。

"三三制"培养体系的构建遵循"以学生发展为中心"的指导思想,打破了院系壁垒,将课程、专业和发展路径的选择权交给学生。全校课程开放后,学生的课表自主构建,各不相同。学生按照院系学科大类招生进校后,通过一年左右的自主选择课程的学习,思考自己的兴趣和未来发展,并申请进入相关专业深入学习;进入高年级,学生根据今后的职业规划,可以充分利用全校丰富的第一课堂和第二课堂教育资源,自主设计个性化的知识模块。

"三三制"改革的前提是课程体系改革

黄:"三三制"改革的具体步骤有哪些?

陈:改革第一步,也是最重要的一步就是课程体系改革。因为新的培养模式需要配套的全新课程体系来支撑,否则改革只能停留于理念,而不能"落地",所以课程体系改革也是我们这几年着力去抓的事情。首先,为了适应"三个阶段、三条发展路径"的政策,我们的课程结构调整、新型课程建设要迅速跟进。比如,我们在大力推行通识教育,就需要一系列的课程跟上去。过去,这类课程比较缺乏,我们花了许多工夫去规划课程。通识课的要求特别高。我们的老师都是在专业化教育思想的指导下培养起来的,如果一下子让他们去开很多通识类的课程,他们自己都不知道怎么开,所以难度就很大,其实这也是全国高校都普遍面临的问题。所以,在这个阶段,我们就采用多种形式去推进通识课程建设。对于特别适合的教授,我们着力提供条件帮助他去开设高水平通识课程;另外,我们积极组织院士、学科带头人、长江特聘教授、千人计划入选者、杰青获得者、国家或省级教学名师等校内最好的师资力量去建设新生研讨课,发挥通识类课程的部分作用,这就是为什么我们这几年新生研讨课开得特别多的原因。

黄:实际上,是在某种意义上去补充通识教育的不足?

陈:对。现在,我们全校已经开了173门新生研讨课,通识课也增加到了99门。可以说,在大类培养阶段,我们改革的重点放在了通识类课程的建设。

第二阶段是专业培养阶段。中国高校在专业化培养方面相对更有经验。因为我们过去就是学苏联的模式,几十年来一直在做专业化培养,所以我们这方面的优秀教师是充足的。但是,如果仔细去看,就会发现专业化培养存在一个问题,就是课程太多太细。因为我们总希望学生能够得到系统化的培养,能够掌握全面的专业知识,一旦走上工作岗位能很快"上手"。新中国成立之初,社会经济建设亟需大量的高级专门人才,希望大学生走上社会就能用,就能成为工程师。按照这样的要求来培养,大学设置的课程体系就变得太系统化。这样一来,学生的学业负担在不断加大。但是,改革开放后市场经济占据主导地位,社会日趋开放、多样和多变,体现在人才培养方面,大学教育日益重视对学生素质、能力、价值取向等方面的差异性培养。大学要为不同类型的学生谋求个性化发展的道路,因材施教,并将刚性的教学内容从"多而全"变为"少而精"。所以,在"三三制"框架下的专业培养阶段,学校主要抓学科平台课程和专业核心课程建设。每个专业都要精选出一批专业课程,确保学生学完以后,能掌握某一专业最根本、最核心的知识与技能,基本上能打上这个专业的烙印,这是第二阶段专业教育的总体思路。我们对这一块课程进行了大规模的精炼、提升和转型。

黄:这个阶段的变化是做减法。大概减了多少个学分?

陈:原来毕业总学分在160—170之间,现在基本上所有院系的教学计划都降到了150个学分。毕业要求的学分中,有50分是不能动的,它们主要是第二阶段的学科专业课程。也就是说,你要想拿学位,一定要修够这些课程的50个学分。

第三个阶段就是多元培养阶段。在这个阶段,不同类型的学生有不同的追求。基于三条发展路径,我们做了不少文章。想朝专业学术方向发展的学生,可以参与各类科研训练或选修本硕贯通课程,为毕业后继续本学科的深造打下坚实的专业基础。想朝交叉复合方向发展的学生,可以充分利用学校跨院系修课政策、第二专业培养政策,自主构建知识体系,更加系统地选修其他专业的课程,使自己发展成为更具竞争力的交叉复合型人才。想朝就业创业方向发展的学生,则可以通过选修就业创业课程、参与创新创业项目等形式,接受"双师型"的产业教授、业界专家的指导,为今后走上职场,甚至独立创业奠定基础。可以说,在"三三制"培养体系下,学生的成才通道得到了极大的拓宽。为了保障学生的学习自主性,我们的做法是让全校所有的课程对所有学生开放,所有专业可供学生选择。可以说,在第三阶段,学生的个性化选择空间最大。学校在顶层设计中勾画了三条主要的发展路径,而在实际操作中,学生通过制定个性化的课程计划和发展规划,可以实现多样化的发展,比如拿本专业学位,继续在本专业升学或就业;拿跨专业学位或第二专业证书,实现跨专业升学或就业;还可以直接创业,充分挑战自己的综合素质与能力。

黄:只要学生报名,你就会收?

陈:当然是有条件的。这就是我们推行的"专业准入准出"机制。学生选专业时,必须先修一两门准入课,只有通过了,才能"准入"这个专业学习;如果把这个专业的核心课程学完了,就可以"准出",从该专业毕业。学生可以自主选择其他课程,进一步满足今后发展的需求,这主要是通过开放各院系的课程来实现。

学校要做的是什么呢?就是为广大学生打通第三条发展路径——就业创业教育,这对于擅长培养学术精英的南京大学而言,又是一个全新的挑战。学校探索构建了以创新创业课程、讲堂、训练、竞赛和成果孵化为主要内容的"五位一体"创新创业教育体系,将第一和第二课堂对接、课堂和实践教学渗透,使创新创业教育融入"三三制"人才培养体系之中,贯穿于大学教育全过程。

另外,我们在和美国纽约大学商谈合办创新创业学院。我们原来和纽约科技大学有合作,后来他们合并到纽约大学去,就把这个项目也带过去了。我们也在跟南京市政府谈,因为这个创新创业学院不仅对我们学校开放,还要对整个南京地区的高校开放,对全社会开放。

通识教育并不一定适合所有大学

黄:刚才谈到通识课,我想请教一下你对通识教育的理解,跟以前提倡的素质教育课程相比,两者有哪些异同?

陈:我的总体感觉是,过去强调的素质教育跟我们现在强调的通识教育,在理念上有很大不同。实际上,过去的素质教育是为专业教育服务的,作为专业教育的一种补充、拓宽,它的核心还是培养专业人才,为了使专业人才的眼界更宽一点,技术更牢一点。通识教育的目标并非围绕培养专业人才,而是要培养一个全面发展的人,从专业到思想,到做人,到爱国等各个方面。这也是为什么哈佛大学的改革强调学生要具有知识、能力、眼光、公民意识等的原因,目的就是要把你塑造成一个全面发展的人。

黄:就是说,通识教育的定位并不是专业教育的补充,而是一个全新的定位。

陈:这是一个根本的改变。

黄:现在很多大学都在做通识教育,但我认为需要对通识教育跟传统素质教育的区别要有一个说法。

陈:我感觉通识教育并不一定适合所有大学,它可能更加适合一些顶尖大学。因为大多数高校主要是为国家当前的发展服务的,而顶尖高校承担的任务是为国家培养各行各业的领袖型人才,他们的毕业生要引领整个国家、民族走向未来。这种分工有着巨大的不同。所以,对于这样的人才,你给他的教育,首先就应该使他成为一个人,成为一个全面发展的人,这样他才能瞄准未来。中国顶尖大学是为国家和民族的未来服务的,它们瞄准的是未来,而不仅仅是当前。所以,在这种情况下,就不要用统一的专业教育的思想来衡量。如果把这些顶尖大学的毕业生也派到工厂工作,也去当个普通的工程师,其实是一种人才的浪费。特别是将来中国一旦成为世界大国以后,他不仅仅要领导中国走向未来,还要影响、推动世界的发展。所以,南京大学在做"三三制"改革的时候,第一件事情就是对人才培养目标作出重大调整。过去,我们一直致力于培养各个专业的专门人才,后来,我们把这个目标改成要培养各行各业的领军人才。通过实施通识教育,让学生的眼光更宽,将来能够参与世界性的竞争,通识教育的课程就是围绕这一目标而设计的。所以,它的教学内容、教学方法都要发生相应的转变。

黄:能不能举出一门通识教育的课来具体说明一下?

陈:比如说,我们有一门高水平通识课"全球化与东亚",是外国语学院开的。现在的教学模式与外院传统专业课的上法有很大区别。实际上,这门课的关键是让学生明白你现在处在一个怎样的全球化状态下,以及在整个大环境中中国应该处于一个什么样的地位,然后探讨你的世界观应该是什么样的。我们在通识课这方面投入的是一个团队,有一个专门的教师团队在引导学生讨论,而不仅仅是一位老师在某个地方上一堂大课就结束了。这里面的投入是非常大的。课程讨论的话题很广,比如说"全球化"这个概念是从什么时候开始的?它主要指什么?全球化会走向什么样的未来?东亚地区跟全球化是什么关系?该怎么去应对全球化这种现象?在这门课里,不仅会牵涉到外交、政治,还可能会牵涉到历史、文学等其他学科,所以上课的内容就多了。讲课的方法也不一样了。为使学生能对整个全球化和东亚非常熟悉,就可能采用讨论、辩论、演讲等各种各样的师生互动形式,这也是它跟以教师知识讲授为主的传统教学方式所不同的地方。

黄:这是一个很好的例子,你理解的通识课和素质教育课是不能混为一谈的。

陈:两者在很多方面确实是不一样的。例如讲戏曲,如果以通识课的方式来讲戏曲,它不光要把戏曲的来龙去脉弄清楚,还要比较中国的戏曲和西方的戏剧有什么不同以及背后的原因,是文化背景的不同,还是哲学理念的不同;戏曲通过什么样的方式传达给人们一种怎样的理念。

黄:而原来的素质教育课程往往可能就是音乐欣赏。

陈:我觉得,通识课的核心概念、共同目标是一方面让你懂得怎么去做人,同时要想方设法地去丰富你的头脑和知识。它是为了引导你怎么做一个人,做一个全面发展的人,而不仅仅是为了让你完成一点作业,懂一点专业知识就够了。所以,跟素质教育相比,通识教育更深刻。

黄:在我心目中,要开好一门通识课很难。当通识课不够的时候,我们不能用选修课当做通识课来充数。

陈:对,通识要求融会贯通。而且,每门通识课的目标都是为了塑造人。

黄：而不仅仅是知识传授。

陈：对。它是为了丰富你、武装你、成就你。

校长是教学改革的推动者

黄：在"三三制"改革的过程中，老师们是很容易就能接受呢，还是需要有个过程慢慢接受？

陈：这里面故事就多了。刚开始的时候，院系或教师会有各种担心。比如说，"在过去这么多年，我这个专业培养的学生都很成功，你现在换一种培养方法，将来不成功怎么办？"

黄：这个质疑蛮好，"我南大本来就很好，为什么要改？"

陈：对呀。把一些专业课砍掉后，有些专业性比较强的院系就觉得，"我已经没有课上了，怎么办？"哲学系最典型，他们说："我们系的学生本来就少，因此把课程分得很细，这样教师才有饭吃。你现在把课改掉了，还砍掉很多门，我将来怎么办？我这个系还要不要办了？"还有，因为在"三三制"里面，我们给了学生很大的自由支配权，学生可以在全校范围内选课，甚至进来的时候是化学化工学院的，出去的时候只要我完成了"准出"的标准，就可以从物理学院毕业。

黄：不需要物理学院批准？

陈：他的课程肯定还是要满足物理学院授予学位的要求的。在专业准入准出机制下，院系害怕万一我的学生最后全走了该怎么办，但现在大家都不再担心这件事了。为什么呢？因为在这几年的实际运作中，我们发现真正要跨院系准入或准出的学生人数并没有大幅度增加，而修读跨学科课程的人数却有了指数性增长，主要原因是：第一，每个专业实际上还是有吸引人之处的，但即便是热门专业，学生其实并不像社会上很多人想的那么趋之若鹜；第二，学生即便对商学院的课程感兴趣，也并不一定代表他想在商学院拿学位，在更大程度上，学生可能是希望学了这个东西以后，可以在理财或者相关方面能有所帮助。所以，这里面有一个很有意思的现象,就是我们放开了课程和专业选择权后,学生虽然选了很多其他学科专业的课,但是他未必真的想学这个专业。

此外,教学管理也比改革前复杂多了,比如教学管理人员会说:"过去每个院系一个年级就一张课程表,每个同学上的课都一样,课表清清楚楚。可现在,3000名本科生就会有3000张个性化的课表,大家上的课都不一样。那我怎么管啊?"

黄:行政管理人员也觉得事情变多了?

陈:对。因为大部分同学都要选专业、选课。学校制定了课程、专业、发展路径"三个百分之百可选择"政策之后,学校教务处和院系的教务员、分管教学领导的工作压力陡然间增加了很多。而且,一旦改革了,就回不到原有的模式了,大家一开始确实感觉到吃不消。

黄:你用什么方式说服了大家?

陈:我发现提振精气神很重要。我们学校提了很多这方面的口号,比如"把提高本科质量作为创建世界一流大学的基础性工程,作为重中之重",再如我们要"办中国最好的本科教育"。

黄:学校提这个口号就是为了提气。

陈:对,就是让全校师生有一个共同的奋斗目标。我们的主要目的就是让大家看到学校多么看重本科教育,比如,我们经常在会上讲"不懂本科教育的校长不是好校长,不重视本科教育的院长不是好院长",等等。这样一来,大家慢慢地就重视起本科教育。说实话,我刚开始当校长的时候,收到很多老师、同学给我写的信。我把它们归纳为七大类建议,其中一类就是重视本科教育。当时,他们觉得他们站在高处,我站在低处,他们重视学生,重视教学,校长不重视。可现在很少有人跟我提重视本科教育了,为什么?因为他们看到我是真心实意重视本科教育的,再重视他们就快吃不消了。

黄:有趣。

陈:像哲学系,他们的系主任一开始担心实行通识教育以后,他们的课没有了,现在课多得不得了。为了成长、成才,全校的学生都要去学哲学。还有地质系也是专业性比较强的,他们一开始也担心得不得了,说这以后怎么办啊?但你想想,我们就生活在地球上,将来我们的学生走进社会,要成为各行各业的领袖,他都不了解自己所居住的星球,那怎么行?

黄:但是,原来的专业课就不能用了?

陈:对。你开的专业课,人家要么听不懂,要么不需要你的这种教法,所以必须开通识类课程。比如说,我们要开设关于认识地球的通识课,告诉同学们很多关于地球的来龙去脉、演化、发展方向等方面的知识。这里面就牵涉到地球的起源、保护以及很多研究方法。经过这样的转变,后来,大家对"三三制"的接受程度大大提高,没有反对声音了。

黄:所以说,校长对待教学的态度很重要。作为校长,你在教学改革中的角色是什么?

陈:我认为,和高校其他领域的改革有所不同的是,任何一场本科教学改革,一校之长都应该担负起改革的发动者和推进者的多重角色。

教学方法的改革非常关键

黄:可以说,"三三制"的改革是一个总体设想,在实现改革目标的过程中,除了在全校形成共识,你认为还有什么因素是非常重要的?

陈:我们把这场改革分成了几个步骤。首先,针对人才培养模式的改革,我们提出了"三三制";接着,又提出了与之配合的课程体系改革,抓教学和教师队伍的改革;之后,便是教学方法的改革。实际上,批判性思维是属于教学方法这一块的。通过教学方法的改革来培养学生的批判性思维和治学精神,我觉得南大过去在这方面相对比较欠缺。所以,我们认为教学方法的改革其实是非常关键的。因为它牵涉得太多了,这里面包括课堂教学的改革。"课该怎么上"实际上是我们现在面临的一个核心问题。所以,我们已经制定了一个计划,从今年下半年开始,用四年时间重点提高课堂质量。

黄:进到微观了。

陈:你说对了,进到微观了。从现在开始,就要进入到实质性的东西了。

黄:实际上,每个老师都会牵涉到?

陈:都要牵涉到,这个问题就大了,内容也很多。比如我们已经试验了"批判性思维训练课程体系",它涉及三类课:学校已建设了173门新生研讨课,由院士、长江特聘教授、杰青、国家教学名师等高水平教授主持,帮助新生提升学术旨趣,学会质疑,学会发现,学会表达,完成从高中到大学的适应性转换和学术性转换;建设了99门通识教育课,旨在使学生贯通古今、融会中西,兼备国际视野、中国灵魂和现代意识,促进学生独立精神、科学世界观和核心价值观的形成。学校还建设了115门高年级前沿研讨课,引导学生深入接触学术新领域、新发现、新方法,培养自主提出问题、分析问题和解决问题的能力。

但是,专业课还没有来得及改,还是老的教学方法。我们要把批判性思维训练贯穿到整个课程体系之中,不是说仅仅建一批新课程就能培养学生的批判性思维。现在只是在新课程里进行了试验,真正要改造的是大量的专业课程,专业课程也要训练学生的批判性思维,教学方法也要改革,比如鼓励小班化教学,等等。另外,还要提高课堂质量,就是让好老师去上课。现在,我们已经出了文件,规定所有教授一年要有72课时的教学工作量,其中36课时必须是本科课堂教学工作量。

下一步我们还要推广研究性教学,最难的就是改变照本宣科、"满堂灌"的做法。教学不仅仅是老师的单向行为,在我们传统的教育思想中,教师就是传道、授业、解惑,是一个单向的知识传输过程,但按照通识教育的理念,我们真正要做的,应该是教给学生获取知识的方法和能力,要让他主动去学习,这才是最重要的。这就是课堂教学要做到的。

黄:其实,关于通识教育的这些改革,实际上只能算是整体课堂改革的一个先导,是不是这样定位的?

陈:我们的目标是全覆盖,希望专业课程也能按照通识理念去设计。就是说，通识教育不是单由一组通识课构成的，而是贯穿在整个教育过程当中的，全程都要用通识教育理念去启发学生、"唤醒"学生，帮助他成为一个全面发展的人。通过改革实践，我们深切体会到，通识教育模式与专业教育模式的本质区别，并不在于教学内容，而是教师的教学理念和教学方法。但是这场改革没有十年二十年是拿不下来的，不要指望三四年里就能解决问题。为什么呢？

第一，中国传统教育思想就是以教师为中心的，学生就是被动地接受知识，这个传统观念根深蒂固。要把这个观念变成以学生为中心，难度还是很大的。

第二，中国的教育，特别是新中国成立以来的高等教育，走的主要是专业化的人才培养道路，我们自己也是在这种教育指导思想下逐步成长起来的。我们熟悉这套东西，要想转变它是比较困难的。但这条路又是非走不可的，因为现在是一个全球化、信息化的新时代，沿着纯粹的专业化人才培养的思路走下去终将是一条死胡同。以前，学生毕业后找到的第一份工作基本上就是终身职业，现在，学生找到的只是第一份工作，他可能很快就要换第二份工作或换一个行业去发展。如果你还只是狭隘地教给他那一点所谓的"专业知识"，他怎么去应对未来的竞争发展呢？如果他要成为一个领袖，要去领导别人，要指导社会发展，那更不够用了。所以，从这个角度讲，这种专业化人才培养观念必须要转变。

第三，长期以来，我们的高等教育都是在计划经济的指导思想下进行的，现在，虽然我们的社会已经走上了市场经济的发展道路，但是我们的教育，特别是高等教育，基本上还是受计划经济思想的影响。要使这个思想真正发生大转变，变成市场经济的指导思想，还是很有难度的。我们的教师就是在计划经济模式下成长的，现在你要叫他去适应新的东西，难。比方说通识课，我们每个人只有真正理解了通识教育的理念和内涵，才能用这种理念去调整自己的教学行为，而后方能影响我们的学生。也许经过几十年的潜移默化，我们的下一代会有所转变。

第四,我们在改革推进过程中感觉到,要找到可以开设真正高质量的通识课的老师很难,因为很多老师不具备这样的学科视野和知识储备,他所熟悉和了解的仅限于某个专业领域,如果要他站在更高、更开阔的学科视野去分析问题则很有挑战。比如说,让生命科学的老师结合当前社会发展,并联系到数学、物理、化学等学科去阐述生命世界的问题,就很难。我认为,要想上好一门通识课,老师要能够融会贯通,围绕主题,把各种各样的知识杂糅在一起来讲。比如看似以数学为主题的一门通识课,实际上还会牵涉到物理、化学、社会学、地球等很多学科知识和分析视角。学生听这样的课,那收获多大啊!还有,通识课没有统一的模式,一百人可以有一百种上法。所以说,通识课的要求特别高。

黄:而且,把通识课的教育方法慢慢推广到普通专业课里,这个过程更难。所以,你也没有说几年内要完成。

陈:对,这是一个长期的过程,我们正朝着这个方向去努力。

不同的学校应该有不同的人才培养定位

黄:现在教育部有个倡导,叫做"地方高校的转型",实际上,地方高校的转型就是希望培养应用型人才,社会需要什么就培养什么,这太重要了。普通地方高校就应该为地方经济建设的需要输送人才,但是现在许多地方高校不明白,都在跟"985"高校走。你怎么看这个问题?

陈:你分析得太对了。实际上这正是造成我们高等教育"千校一面"的原因之一。

黄:其实大家都不知道在走什么路。

陈:你看美国加州的大学,它分为10所、26所、128所三个层次,分工很清楚。

黄:有些地方高校,今天希望弄个硕士点,明天又去弄博士点。其实这恰恰就应该是大学章程应该规定的东西,你就是一个本科院校,把本科教育办好,为国家培养应用型人才,就是最大的成功,干吗非要去弄硕士点、博士点?

陈:还有更糟糕的,有些地方高校,反正就是武装一个点去争博士点,就到"985"高校把某个人挖过去。挖过去干什么呢?干一些对支持地方建设没有多少实效的事情。

黄:这就是一个定位问题,而大学的定位恰恰应该是政府来做的。高等教育最好由省级统筹,省里要有个布局,规定各个学校的定位,不要大家都奔着建硕士点、博士点去,不然,就是政府失职。比方说在香港,立法会就明确规定:香港科技大学不能办法学院。它给你的定位就是办科技大学,所以香港科大到现在也没有法学院。这就是布局。

陈:像美国加州规定,只有10所大学可以招博士生,26所大学可以招硕士生,其他128所大学不行。这些早就定下来了,大家安心地去干就行了。

黄:我们是所有的学校都在动荡。

陈:结果,大家最后都变成"博士点"了。

黄:人才培养也是一样的,学校的定位很重要。我认为,中国的大部分学校就应该去进行人力资源的开发,直接为社会服务,而另外有一批学校就要多讲点"养成"。真正的分工应该是这样的,像顶尖大学,一开始就要表明,我们的目标是要培养领袖,要推动这个产业的发展,而不是培养只限于为这个产业服务的人。

陈:少数顶尖大学是要引领社会发展的。

黄:这次来南大,就是希望把你的这个理念讲透,怎么一步一步深入开展教学改革。

陈:实际上,我们每年都有一个重点。比方说,2012年的重点就是:要求各院系用一年的时间研究世界一流大学相同或相近本科专业的课程体系、教学计划。我们大概总共调研了80所世界一流大学。我们要求每个学院要研究一两所,最多的可达五六所大学,然后进行对比。年终,我们在全校开总结大会,由各个学院的教学院长来汇报研究成果以及后续如何改进每个专业的人才培养方案和教学计划。从2013级新生起,各个院系都要执行修订的教学计划。接下来,从今年开始,全校要从一个微观的、更加实在的角度出发,把提高课堂质量作为一个重点,这将牵涉到每一位教师。

学生拥有了课程、专业和发展路径的自主选择权后,成为改革的推动力和发动机。由于学生获得了课程选择权,教师面临课程竞争的压力,必须不断改进教学方法。学生拥有专业选择权之后,院系面临生源竞争的压力,更加重视本科教学,推动最好的教师走上讲台。对于管理部门而言,原有的规章制度过于刚性,无法适应学生自主发展需求,也必须主动、积极求变。教改产生的变革反作用于宏观政策,形成良性循环。"三三制"改变了以往改革单纯依赖自上而下行政驱动的推进方式,建立了有效的内生动力机制,使其一旦启动,就能在双向合力的作用下持续推进。

黄:过去教学改革之所以如此艰难往往是因为没有从根本上触动院系层面,因为似乎没有一个学院是真正想主动改革的。每所大学都是校长在着急,在呼吁,实际上还没有触动到根本。我当校长时体会还没有这么深,现在终于体会到了教学改革之难。所以,再次谢谢陈校长。

韩大元：
培养具有国际性和人文情怀的法学人才

(2013年7月6日,中国人民大学)

韩大元,1960年出生,吉林人,法学家。1980—1984年,在吉林大学法学院学习,获法学学士学位。1984—1987年,在中国人民大学法学院研究生学习,获法学硕士学位。1987年起,留校任教。1991—1994年,在中国人民大学法学院攻读博士,获法学博士学位。1991年起,在日本京都大学法学部、美国哈佛大学法学院、法国马赛大学欧亚法研究所等做高级访问学者。2009年4月至今,任中国人民大学法学院院长。2012年5月,担任"卓越法律人才教育培养计划"专家委员会主任委员。

人大法学院是全校唯一一个实行本科生导师制的学院,本科生一入学就有导师了。我们过去只有学年论文导师和毕业论文导师,但是在法学院,所有的老师都要带一个本科生。每个人的导师安排,是由学生抽签决定的。每个老师一个月至少要和本科生有两到三次的交流。一般是一个老师带一个本科生,有些副教授带两名本科生。这就是我们的研讨课和本科生导师制度结合起来的措施。

"国际性"法学人才的培养定位

黄达人：韩院长，你好，昨天在南大访问了陈骏校长，今天就到你这里来了。其实，我很想访问的是正在进行教学改革的传统学院的院长。人大法学院在国内当然是很有地位的，所以，我想听听你怎么说。首先，人大法学院培养人才的定位是什么？与其他学校有什么不同？在课程设计上，你们对应着做了哪些改变？想请你从这里开始。

韩大元：谢谢黄老师。我是1987年开始当老师的，对教学方面的事情有一些自己的思考，特别是在担任院长以后，人大法学院提出要培养"国际性法律人才"。关于"国际性法律人才"，我认为应该包括两个方面：一是提升法学教学的国际性，二是培养国际性的人才。一般我们不会用法学教学的"国际化"这个概念，准确来说是提升法学教学的"国际性"，因为"国际化"容易把这个"化"误解为所有的法学院都要融入国际社会中，实际上这是不太可能的；用"国际性"这个词，则表示与国际接轨是中国法学教育改革的内容之一，有一定的选择性。

我们为什么要提出"国际性"这个命题呢？

首先，经济全球化已经给法学教育产生了深刻的影响。通过WTO（世界贸易组织），国与国之间的贸易关系在增强，如果你不教外国法和国际通用的法律基础知识，那你培养的学生就无法适应未来的市场；不仅是无法适应国际市场，甚至适应国内市场也不可能。比如说，根据WTO的规定，从2014年开始，我国开始分领域开放法律服务市场。律师行业是最大的法律服务市场，到现在为止，我们仍采取保护主义原则：外国律师只能在中国设立办事处，不能办律师事务所。所以，他们不能与中国律师直接进行行业竞争，不能参与诉讼，只能参与一些非诉讼事务。但是2014年以后随着法律服务市场的开放，将会有大批的外国律师事务所涌入国内，和中国的律师事务所竞争。这就要看我们培养的学生是否有很好的国际法律教育背景，比如你是否具有很好的外语能力，是不是有很好的比较法的视野，是否懂得外国法。外国公司找你当律师的前提是，你要懂得国际的法律规则，同时也懂得中国的法律，这样才能有效地维护当事人的利益。如果我们现在培养的学生没有熟练的外语，只懂得中国的法律，那么即使是中国的企业，也不会请你做律师，因为中国企业要想进入国际社会，就必须和外国企业竞争。在这个合作过程中，必然会发生各种法律纠纷，就需要一些国际性的法律人才。

第二，维护中国的国家利益。在这里，我想讲一个法学院老教授的故事。在加入 WTO 之前进行了艰苦的谈判，中国政府派出了一个庞大的商业部和经贸部代表团。跟美国谈判的时候，美国派出的法律顾问是一个 32 岁的哈佛大学的 JD（法学博士）毕业生，而当时，偌大的中国，这么多的专家、毕业生中，却找不到一个熟悉美国法律、熟悉 WTO 规则而且外语好的专家。最后没有办法，只好请我们法学院从事知识产权研究的郭寿康教授，当时他已经是七十多岁高龄的长者，长途跋涉坐飞机去谈判。谈判的时候，大家发现，郭老师精通几门外语，懂得很多国际法律规则，甚至哪个国际法律规则是怎么规定的，具体内涵是什么，如何变迁的，他都知道。但是美国的法律顾问才三十多岁，对一些规则的变迁并不清楚。要让一个七十多岁的老人去面对一个三十多岁的人，这对我们的民族自尊心伤害很大。郭老师回来以后，也在很多场合提到过这个问题。中国有五六百个法学院，每年毕业生有二十多万，为什么就不能培养出同时精通外语、本国法律、国际法律的人才呢？我们整天在说爱国主义，但是爱国不是嘴上说出来的，真正的爱国要有实力，就要代表中国在国际舞台上维护中国的利益，掌握话语权，同时要参与制定公正的规则。

如果不通过国际性人才教育，中国是很难在国际上有什么话语权的。我们专门统计出了一个数字：在联合国及其下属机构的法律部门的正式雇员当中，来自中国法学院的员工比例只有 3%；而日本、韩国，相应的比例都分别占了6%和7%；美国占了23%。而在联合国任职中层（处级）以上的雇员，中国人占的比例连2%都不到，实在是太低了。在决策过程中，没有专家代表中国发出声音；而在谈判过程中，也缺乏像郭老师那样真正的专家。那么，我们就想，联合国在制定一些法律规则的时候，会考虑中国的利益吗？现在，在联合国重要的法律部门当中，比如海洋法院，它的院长原本是一个日本法学院的教授。中国和越南、菲律宾、日本在海洋方面都存在一些纠纷——当然，我们相信在联合国法院里，无论法官来自哪一个国家，都会维护法律的公平、公正——这只是一个理论假设，但如果海洋法院的院长是一个中国人，对于我们来说，他在维护公平、公正方面比来自日本的院长也许更加方便。中国这么大一个国家，真的应该为人类社会的和平发展作出点贡献。但是，这不光要靠理念，我们还必须要储备人才。

总的来说，我们提出的培养"国际性人才"这个概念，第一个含义就是让我们法学院的毕业生在国际社会上履行中国所追求的和平、正义的理念；第二个含义就是即使你不到区域性、国际性机构工作，我们处于一个国际化的时代，也应该有更加开阔的视野。就是说既要有爱国主义情怀，也要有人类情怀，这是我们人大法学院强调的理念。我既是中国社会的一员，也要用我的法律知识去为人类发展服务，为人类的进步而努力。

在此基础上，我们提出，要成为一个受人尊敬的法学院，就是积极履行社会责任，正确引导社会价值观，这比单纯看待某些指标上的排名更加重要。我觉得，目前中国学术过于功利化、指标化、技术化。比如说，我们经常把领导的批示作为很重要的科研评价。在法学院，从来不提倡功利的学术，也不必过分强调领导批示，因为我认为这不是学术的根本功能。我知道黄校长强调大学的根本，我觉得一个纯粹的学术也是大学的根本之一。而现在，我们过分强调理论联系实际，过分强调对策性的研究，过分强调领导人对于一个学术研究的关注或者批示。美国大学的研究报告做出来了以后，是由专业的研究机构来评价的。我认为人大法学院要发展，最核心的就是，这个学术共同体里面的每一个人都要追求学术自由。

体现人文关怀的课程改革

黄：你把人大法学院的定位讲得很清楚。下面一个问题，对于这样的人才培养定位，作为院长，你做了哪些努力？

韩：第一，培养人文情怀。每一个法律工作者都有维护社会正义的责任。我认为，人文情怀、人类爱心的培养是维护法律正义最重要的一个体现，而不仅靠法律条文。按照这样一个思路，人大法学院作出了一些课程体系改革。我们的改革不是狭义上的增加一些外国法、比较法，而是在整个课程体系中增加了一些提高人文素养的课，我们称之为"法律、人文和生命"相关的课。其中，我们专门有一门必修课是叫"法与生命"，讲课的老师除了我们法学院的老师之外，还有一些医生，也有一些其他专业的，比如哲学、宗教等方面的老师等共同来讲。这系列的课程，目的就是要告诉同学们为什么人的生命是最宝贵的，我们如何对待死亡，让同学们对"生与死"有更深刻的理解。因为法学院的学生是未来从事法律职业，维护法律的，手里面掌握的权力可以剥夺一个人的生命，他们未来从事的工作关系到人的生命。怎么保证他执法的时候，不出现冤假错案呢？如何坚守法律正义的底线呢？通过这些课程，我们告诉学生，每个人的生命都是神圣的。

我们和北京肿瘤医院签订了合作交流协议。每个星期，我们的学生会去宁养院两次，陪伴那些即将离开人世的病人及其家属。本科生都必须参加这种活动。两个星期后，我们会请肿瘤医院的医生到法学院来，跟我们的教授一起，来给学生讲解对生命、人、价值的理解。所以，我们就有这样一系列以法律和生命为核心理念的课程。这个课程体系能让学生的灵魂深处感受到，法律跟神学、医学一样，都是为了挽救人的生命。

第二,体现多元文化。我是研究宪法的,从专业知识来说,我们是相对保守的。有了宪法,我们就要维护它的权威。一切事物都在变化,但是宪法不能轻易改变,哪怕宪法里包含了一些不适应社会的规定,只要它没有被修改,我们就要维护它。如果没有这么一个相对保守的知识体系来维护,就很难维护社会稳定。所以,在法律教育方面,我会先看原有的制度是怎样的,然后思考怎么才能让它发挥作用。比如说,怎么样才能让我们的学生既懂得中国法律,又懂得外国法律、比较法律?我们课程体系中的第二个模块就是外国法和比较法。这个模块里面有些课是必修的,有些是选修的。过去,这个领域是我们的教授在讲,例如英国法、美国法、德国法,这种做法有其合理性。但是,我们也发现,法律不只是写在书本上、法条上的,它的背后有深厚的文化背景和习惯。我们的老师即使到国外去留学回来,他毕竟不是本国人,他们在理解特定国家的法律上是有局限性的。如何才能让这些外国法和比较法更加立体、形象呢?现在,我们法学院的做法是邀请外国的老师来讲授他们国家的法律。比如,我们找印度的教授来讲授印度的法律,让美国的教授来讲美国的法律,英国牛津大学的教授主要讲英国法。日本的法律比较复杂,法与文化的相互影响是比较大的,我们就请日本的教授来讲日本法,他是怎么看待法律的。在形式上,我们不是采取一两次讲座的形式,而是聘请他们三年,来比较系统地讲授他们国家的法律,而且要给学生讲授国家法律背后的文化因素。也就是说,不仅仅是讲授法律条文,还有它产生的文化背景。即使这些教授所讲的法律和我们教育的一些理念不同或者比较敏感,我们认为他们在讲本国的法律的时候,无论敏感与否,都不应该限制。我们让他们自由地谈,只要是他们本国的法律,怎么讲都是可以的。这样做了两三年以后,我们发现法学院的学生对外国法的理解比较全面,到国外参加比赛,拿到的名次也是比较好的。因为学生们参加的是国际模拟法庭比赛,学生在专业方面的知识比较完备。法官问的问题,他们能够理解,他们知道为什么案子是这样判的。就是说,他们不仅理解法律条文,还理解条文背后的文化。

此外,我们请外国教授来讲课,就是想要形成一种多元的文化氛围。现在,跟我们有三年合约的国外教授大概有七八位,他们是正式聘任的专职教师。此外,我们也有为期两三个月的短期教授,一般每个学期都有十几位不同国家的教授。我们希望在法学院的共同体里面,不要区分哪个国家的法律发达,而是只要是外国的法制,在文化上都是平等的,可以跟中国的教授和学生相互交流、沟通,形成一个多元的文化。

在人大法学院里,学生可以感受到世界法律的变化和文化的多样性,理解文化的相对性,即每一个国家的文化都有值得骄傲的地方。最近,我们请了一个非洲的教授过来讲非洲的法律,这是专业选修课。过去,我们一直都没有专门讲授非洲法的教授。过去我们出国主要是去美国或者法国、德国居多。其实,现在"国际化"在某种程度上成为了"西化","西化"进而又成为了"美国化",什么事情的变化都要看美国。我个人觉得,在人大法学院里,形成一个文化平等交流的氛围是很重要的。非洲有五十多个国家,在未来和中国的利益关系也是最大的。我们现在怎么样让我们自己的学生也懂得非洲的法律呢?他们以后在从事非洲和中国法律事务时候,也要懂得怎么去建立良好的沟通机制。所以我率团去南非开普敦大学,举行了新中国成立以来的第一次中非院长论坛。尽管国家之间的发展不平衡,但是他们有强烈的文化追求,他们也有自己自豪的法律。我们不能说非洲法律教育落后,没有什么可以借鉴的。如果这样认为的话,也是我们中国自己定位不准确,容易把国际化强调为"西化"和"美国化"。

在我们的高等教育里面,包括文科和理科都有这个问题,就是一方面骂美国,一方面又愿意接受美国的"文化殖民"。在大学里面,怎么维护我们的主体性呢?我们就跟开普敦大学的法学院院长讲,希望你们能派一个教授来我们这里开设一个非洲法概论课。引入非洲法的教学以后,会对我们学生传统的知识体系有很大冲击。因为我们学生现在懂得的外国法只是那几个国家的,而世界那么大,你却不知道非洲是怎么样的。现在,你知道了之后,就可以强化你的责任感,为人类的和平服务。通过多样化来提升我们的国际性,包括相互的文化认同。

黄:你讲得很好。我当校长的时候,和法学院的老师开玩笑说:"我最怕的就是去法学院。我哪里说得过你们啊!你们的职业有一个特点,就是坚信你们永远都是对的。要是没有这个精神,你们做辩护的时候就没有一种胆魄了。"你刚才所讲的对于法学院国际性的认识,我从来没有听到这样的看法。不是说我们的培养要跟美国怎么样,而是说要建立一个多元的文化。还有就是,法学本身的公正与否是跟我们对待生命的尊重有关的。下面,我想问,除了新增课程之外,对于传统课程是怎么样的?

韩:我想说的第三点就是我们现在关注的重点是本科生的课程体系。在这方面,我们参考了哈佛的经验,就是说我们所说的不是传统的素质教育,而是以人文为核心的课程,包括我们刚刚所说的那两个模块,现在有七八门课,每个人都要选。还有一些是新生的研讨课,和其他的研讨课不一样。人大法学院是全校唯一一个实行本科生导师制的学院,本科生一入学就有导师了。我们在和牛津大学合作,它的本科教育做得相当好,我们也借鉴他们的经验。我们过去都是只有学年论文导师和毕业论文导师,但是在法学院,所有的老师都要带一个本科生。每个人的导师安排,是由学生抽签决定的。每个老师一个月至少要和本科生有两到三次的交流。一般是一个老师带一个本科生,有些副教授带两名本科生。我们一共有110多个老师,每年的本科生是150多个,平均下来就是每人带1.5个左右。这就是我们的研讨课和本科生导师制度结合起来的措施。

黄:这个很厉害。

韩:在课程体系里面,我们过去的专业必修课大概有16门,但这是教育部指导委员会统一规定的,我们没有选择权。我们就在50多门课里面选择了16门课,但它是有逻辑的,如果你缺少某一门课的话,你的法律知识就是不完整的,这个门数是没有商量的。但是这16门课的内容怎么讲,就由法学院自己决定了。要想讲好,就要更新知识,要根据科学技术的发展、国际法治的发展和中国市场经济的发展,来不断更新我们的教学内容。

此外,人大法学院是全国率先进行案例教学的法学院,但是我们的案例教学不是简单地复制美国的案例教学,美国主要进行案例教学,因为他们是实行案例法的国家,法院是可以创造法律的。中国的法院不能,这是一个不同;我们是大陆法系的国家,还是讲究概念、原理,然后再配合案例,用案例来说明我们的一些理论。有些法学院全部引进了美国的法学案例教育,这是不符合中国的法律传统和法律发展的,中国的法学院应该认识到我们是一个大陆法、成文法的国家,可以合理借鉴美国的案例教育,但是不能照搬。

我们还设立了助教制度。如果在这门课程的学习过程中有问题,就通过助教的辅导课来完成,教授只负责讲理论和案例。每个班都分为几个学习小组,把课堂里的案例也作为小组的题目。每一次课,我们都会拿出 30 分钟的时间,让每个小组的同学就案例中的一些问题发表自己的看法。学生发表意见占 10 分钟,提问占 10 分钟,然后由老师点评五六分钟。在讲新内容以前,或者老师把案例提供给学生之后,他们能够从现实当中找到法律问题,因为他们掌握的知识还没有形成体系,所以在讨论过程中观点会不一致,就可以带着这些问题来到课堂。上课前,我就先让他们分析一下,发表自己的意见,然后他们就知道有哪些理论是不连贯的,哪些观点是不清楚的,让它们充分暴露出来。之后,我们就针对他们讲的东西,再对原来学习的东西复习一遍,最后再讲新的东西。所以,我们的每一次课都是专业理论、案例、助教辅导与学生的学习小组结合起来,使得内容更加丰富。因此,这 16 门课的内容是有很大的发挥空间的。这是必修课的情况。

最后,我想回到我们的选修课。现在,我们都在说教学改革,我认为关键是课程的个性化。在这方面,我们的选修课体现出来了。

我们大概有 60 多门选修课可供本科生选择。现在,有些课程即使只有两三个学生选,我们也照开不误。过去,是要求选课人数16个以上才开设,那时也有经济上的考虑。现在我说,别的方面可以省钱,但教学上不要省钱,就算是只有五六个学生选课,也要上。法学院的课程是这样的,但是现在学校还没有适应过来。有些课程,感兴趣的只有一两个同学,他们就可以直接到办公室去单独上课,老师的讲课费也是照给的。选修课就是要充分考虑学生的多样性,不要绝对以人数来决定,因为四五十个人的兴趣不可能都是相同的。

我们新增加的选修课主要是考虑科学技术的发展、信息社会的发展给法学带来的新问题,比如说"法律和科技"、"法律和伦理";另外,我们还要开一些体育法的相关课程,现在体育法也很热门。我们还开了一些其他法学院没有的关于人权系列的选修课,大概有五六门。我们和欧洲人权法院合作开设了"欧洲人权法和判例",这里面是有故事的。大概从五年前开始,欧洲人权法院想跟中国的法学院合作,但是中国没有一个法学院敢跟他们合作。因为欧洲人权法院在人权方面发表了一些和中国政府不一致的言论。2009年他们的院长给我写信,问能不能和我们的法学院合作,条件一是给我们学生机会,到欧洲人权法院去实习半年,每年可以去两三个同学;二是在我们法学院免费开设一些课程,来介绍欧洲人权法院的法官是如何判断人权问题的。我当时考虑:在人权问题上,中国有时是被动的,没有走出去,没有把中国人权问题的一些政策、进步告诉大家。国外对于中国的人权状况有一些误会,特别是欧洲人权法院。所以,如果能够改变国际社会对中国人权的一些看法,也有助于世界客观地认识中国的人权状况。很多欧洲人还没有来过中国,他们还是抱着几十年前的观念。于是,我就开始说服各个部门,跟他们说:这时候我们正好要走出去,这是符合国家核心利益,符合人权宣传的;如果有什么政治问题,我来承担。后来有关部门同意由我们法学院和他们签约。这四年来,我们每年派三个同学去实习半年,到那里之后,会作为法官助理参与一般的人权庭前案例收集,然后还会跟其他国家来的优秀的法学院学生一起工作。现在,欧洲人权法院的法官们对中国人权的态度有变化，变得很友好。另一方面，我们也给本科生开设了"欧洲人权法和判例"，那些法官就用英文讲案例，我们的学生受益良多，既能提高外语能力，也能了解欧洲是怎么看待人权问题的。现在，欧洲人权法院和中国政府的关系有所改进，相互的交流上没有什么障碍了。

黄：我们老是怕人家怎么指责我们，却不懂得去影响别人。

韩：所以，人大法学院把学生派出去，对中国的人权外交是有帮助的，特别是在改变欧洲人权法院对中国人权的看法上。

另外，我们也跟哈佛大学建立了一些合作项目。其中，比较成功的一个项目就是"残疾人教育"。哈佛大学法学院世界排名第一，他们最成功的地方就是人文教育、人权教育和对弱势群体权益保护的关注。我们和他们合作的时候，他们也觉得我们人大法学院是一个很有社会责任的学院，具有人文关怀。所以，我们合作了七八年，把"残疾人教育"作为合作的重要内容。其中一项就是我们课程中的"残疾人权益保护法"。关于"残疾人权益保护法"，一般的法学院只在宪法的基本权利中简单谈，不涉及具体内容。但是，我们这门课程是专门讲残疾人权益的，讲人类的哲学与价值。中国有七八千万的残疾人，由于生理方面的缺陷，需要保护平等的劳动权、教育权，等等。我们有时感受不到这将近一个亿的残疾人的不便之处，我们开设这门课程，就是让学生思考：政府应该如何关怀他们，学法律的人应该怎么关怀他们？

我们第一个成功的案例就是把一个坐轮椅的学生录取为人大法学院的本科学生，这是人大法学院历史上的首次。学校那时还没有完备的残疾人设施。她是坐轮椅的，而上课的地方没有电梯。按照当时的规定，她只能去北师大的一个特殊学院，但是她很想学法律。她是有权利接受教育的，她的成绩也很好。学校当时说，你们能不能帮助她在四年里完成学业？我们说，没有问题。然后，我们就在班里组成一个帮扶小组，每个星期由三个同学帮她把轮椅从一层抬到六七层。这个同学两年前已经毕业了，而且那年他们整个班被评为北京市的优秀集体。

这个班的同学是有爱心的,就业也好,入党人数也是最多的,而且班级里面同学之间的人际关系也好。毕业以后,我们也把这个同学推荐到哈佛法学院去了。哈佛大学提供了历史上最高的奖学金给她,因为她的妈妈要去照顾,学校还为她改造了原来的学生公寓,让她能在那里自由地生活。所以,我们的残疾人教育不是在传统课堂上面讲的,而是通过实践来让学生能感受到的。我希望每一个法学院都可以接受一个残疾的孩子,那么全国有600个法学院,就有600个残疾学生可以上法学院。

下一步,我们希望聋哑人也能够到法学院来学习。这也有一个故事。去年,哈佛大学录取了一个残疾程度很严重的学生,既不能听也不能看。她想跟别人说话的时候,只能靠一个专门照顾她生活的人用电脑把她想说的话记录下来,然后传到另外一台电脑上。2013年我就把她请到法学院来交流,分配了两个辅导员照顾她,一个负责生活,一个负责电脑,很复杂的。我也让他们待了五天,找了一家律师事务所赞助了相关费用。她乘坐的飞机也是特殊的,费用特别高。我这样做,是希望让学生知道,世界上即使像残疾这样严重的人也能上哈佛大学,也能进最好的法学院。那么,中国为什么不能做到呢?为什么聋哑人不能到法学院来呢?为什么让他们到特殊学校去呢?在国外,比他们更严重的人都能正常上学啊!在中国,这方面的人文关怀和生命教育太落后了。所以,我们也不要只是批评而没有实际行动,那么就从我们法学院开始。

我们认为,人权的课不要只是一个概念性的,应该有一个实实在在的具体的制度来感受它。所以,这是我们对选修课的一个改变。当然,对于其他的"法律与伦理"、"法律与信息"、"法律与经济"、"法律与体育"等不同领域也都会有。法律和其他领域不一样,它是要解决社会"疾病"的。现在,社会所得的"病"不是像过去那样只是一个"胃病",而是一个综合的"病",所以,"大夫"必须要有综合的知识和综合的医疗水平才能治好社会的"病"。比如腐败,那不是简单的一种现象,它是由多种社会原因造成的。那么,怎么消除腐败呢?学法律的人必须要懂得伦理、经济这样的综合知识，才有可能做到。实际上，我们选修课上的知识不仅教会他们懂得法律，而是面向更广的领域。在全国范围内，这样做是很有典型意义的。

法学教育：职业教育还是素质教育？

黄：我觉得在某种程度上，法学人才的培养是职业教育。我想问，在这类人才的培养上，你有什么感受？你对那些上课的老师有什么要求？他们又有什么体会？业界是不是也会参与到人才培养中来？

韩：黄校长，你提的这个问题，是我们法学教育界一直在争论的问题，就是法学教育到底是职业教育，还是素质教育，还是说将两者结合起来？我个人看法的是，法学教育的确具有很强的职业教育性质，但需要与素质教育结合起来，不能搞纯粹的职业教育。在中国法学教育当中，我们要建立人文教育，把人文关怀、人文情怀结合起来。所以，我们首先强调的是，在整个教育当中要有法律的伦理教育，另一个是法律的人格教育，有了这些，无论你是做法官、律师还是政治家，都有一个基本的道德基础。现在，我作为院长最害怕的就是，也许我的学生职业能力很强，但是没有伦理道德，也许未来职场上会滥用权力。为什么在法学界有一些职业能力很强的人，最后却造成了腐败呢？我们发现，是因为我们的法学教育没有很好地履行伦理教育和人格教育。我认为，职业教育的方针是对的，但是我们不能复制像美国那样的职业教育。美国的职业教育为什么能那么成功呢？因为他们把很多人文和伦理教育都放在了本科阶段。但是，我们的本科阶段完成不了这个任务，我们的小学、初中到高中又是应试教育，使得那个阶段应该接受的伦理教育和健全的爱国主义教育没有了。所以，我们只能在本科、研究生教育阶段补。在职业教育理念中，人文教育讲不起来。当然，我也很赞同在人文教育的基础上，强调职业教育。法学教育很重要的是实习基地。现在我们法学院可能是全国法学院中唯一保留律师事务所的法学院。当时,司法部规定要剥离,我们保留了,因为我们考虑到它是一个很重要的实习基地,中国将来肯定要强化实践教学的,我们很需要它。所以,当时经过沟通,就保留下来了。中国政法大学、北京大学的都剥离了。

黄:其实,把法律事务所从法学院剥离,就跟把建筑设计院与建筑学院剥离一样,是有点问题的。职业教育特征比较鲜明的专业必须要有一个实践基地。所以,我还是很佩服你们。

韩:我们这样做不是为了盈利。虽然我们每年也有一些盈利,但是不像社会上的那样,主要还是为了学生的实习。这是当年我们的曾宪义院长顶着很大的压力留下来的,很了不起。

我们法学院的老师一半以上有律师资格,是可以在我们的律师事务所中做兼职律师的。所以,我们的学生二年级后就会跟着老师去熟悉法律事务。我们希望除了一些基础课的老师之外,其他的老师都应该具备实务经验。为了强化实践教学,我们也聘请当过法官、检察官、律师的专家到人大法学院任教。比如说,我们刑法基地的主任,原来就做过最高检察院的大检察官,是全职的,还有一位教授担任过最高检察院的厅长,现在也在法学院里做普通教授。此外,我们法学院里还有几位原来是在基层做过法官的,后来考博士就过来了。目前,我们法学院的老师,在成为教授之前,有过法官、检察官经历的比例是25%左右。这些老师讲课的时候,有很多鲜活的案例,能够把理论和实际结合起来,从而强化学生的实践能力。

另外一点,在职业教育方面我们也作了有益的探索。三年前,我们在法学院下面成立了律师学院,就是为了在未来的学生教育当中强化职业教育。一部分人已经想好要当律师的,但是去到人家律师事务所实习的时候,人家不是很欢迎,因为它要教你怎么做律师。基于此,我们在本科三年级、硕士二年级以后,在他们确定要当律师,就会用一年的时间,让他们到律师学院去接受律师教育。在律师学院讲课的老师,都是全国最有名的律师,讲的都是一个个案例。我们把他们聘为客座教授,一方面,我们请这些律师讲课;另一方面,一个硕士有两个导师,这不是挂名的,分别是校内导师和校外导师。那么,校外的导师在他还没有毕业之前,就确定我要这个学生了。对于学生来说,就业问题已经提前解决了。律师事务所会给他们设立奖学金。在进律师事务所之前,就带他们实际办案,他们到律师事务所以后,不用培训了。所以,很多律师事务所都愿意来人大法学院招人,就是因为我们能为他们省了一年的培训时间。在其他法学院,学生去当律师的比例不到10%;我们今年这个比例达到了26%,去年是27%,估计明年可以达到35%。就像你说的,律师是法律职业中重要的人才,我们就是要强化职业能力。从事法律职业,光靠理论是不行的。

黄:我觉得,其实法学院可以作为人才培养多样化、个性化的一个典型。实际上,不是所有人大法学院毕业的人都应该去走学术的路,部分人就是应该做律师的。其实,无论是做律师还是学术,都关乎学生的个性化培养问题。

韩:我同意你的看法。所以,人大法学院过去的宣传册子是说"人大法学院是法学家的摇篮",后来,我们加上了一项就是"法律家的摇篮"。因为社会对法学家的需求实际上是有限的,而对法律家的需求是大量的。每年毕业的700多名学生中,真正做学问的还不到15%,大量的同学还是要走上实践的职业,比如法官、检察官、律师或者公务员。所以,如何在保证人文教育的前提下,兼顾这一点呢?对于法学院的学生,能力可以不同,但是品质上不能出现问题。如果你是一名法官,那你是代表着国家行使审判权。所以,我在法学院的很多课程上,都会提出如何去关注人格。我们引入了一个概念叫做"律师教育"。所谓律师教育,就是毕业后无论是否当律师,在法学院必须知道律师价值观。因为我做过一个实证分析,发现一些腐败的检察官、法官是法学院培养的,那么怎么样可以避免它、减少它呢?我分析过,律师行业里腐败的比例比较低;当过律师后再当法官、检察官或者公务员的,腐败的比率也相对比较少;而在国外,很少有律师腐败的案例。

我初步的分析是这样的,首先律师职业是处在社会、国家和政府之间的权力,而不是政府的权力;其次,律师是站在民众的立场上思考问题的,为被告人辩护;那么,在辩护人看来,是没有好人坏人之分的,只要你是犯罪嫌疑人,我就辩护。如果原本是判死刑的,想办法给你判无期徒刑;原本有罪的,我想办法给你变成无罪。这里面没有道德评价标准的,当然前提是不能违背法律标准。这样,他始终能感受到当事人的生活,即使这些人是罪大恶极的,但他们作为一个人,也要保护他的合法权益。所以,他们的职业里就自然融入了一个更强烈的人权意识。他们做了几年律师,变成法官、政治家掌握公权力以后,律师经历也能够在他们的内心世界里面建立一个比较稳固的人权意识。这就是为什么国外很多总统都是律师出身,腐败的比例还是少一点。所以我一直主张,未来选拔法官、检察官时,可以考虑从律师中选拔。

虽然我不是律师,但我对律师这个群体的感情还是很深的。在一个国家,当专门为犯罪嫌疑人辩护的这些人受到尊重,为坏人说话能成为一个职业荣誉的时候,这个国家的法治是健全的。但是在中国,这方面仍有很大的发展空间,我们现在的刑事辩护律师是很少的,刑辩律师仍有顾忌。一个国家的人权保护应该从保护刑辩律师开始。当然,有些律师为了代理费而不接刑事案件,因为刑事案件的代理费较少,而民事案件的较多。

所以我希望实践性的职业教育不要停留在形式上,而是要从内在的品质开始,才能提升我们的职业教育。

黄:你刚才一共说了法学教育的三种观点:一种是职业化,一种是素质化,另外一种就是两者结合起来。我认为,法律专业是一种职业教育特征非常鲜明的专业。我们还是把它说成是大学教育,而没有说成是简单的职业教育。因为比较起来,我们中国的大学跟美国的大学确实不一样。我们其实是把大学的人才培养教育和职业教育结合在一起的,所以不能照搬别人。

法学硕士与法律硕士的培养

黄：接下来的问题就是关于法学硕士和法律硕士的培养。因为它们一个是学术硕士，一个是专业硕士。对于这点，从学生的生源、教学方法，以及毕业后从事的工作，两者有什么不同？

韩：过去，我们主要是培养法学硕士，而不分法学硕士和法律硕士的。1996年以后，由于市场经济的发展，需要一批法律人才，光靠法学院培养学术性人才的方式很难满足市场需求；所以，当时国务院就决定增加一个专业学位，叫做法律硕士。这个政策1995年开始论证，1996年正式实施。为了保证改革的稳妥，先从北大、清华、人大等七个法学院开始实施，现在已经扩大到100多个了。当时的理念就是在传统的法学教育体制下，要有一个培养专业法律人才的学位。我们参考的是美国的法学教育——JD教育。美国的JD教育是针对那些本科是非法律专业的，学期为三年。当时学界也有三种观点：一种就是照搬学习美国经验，本科可以取消掉，只要是法律专业教育就不要招本科，但是我们抵制了，因为中国的法律基础是本科，所以不能取消；第二种是取消法学硕士，只保留法律硕士，我们也没有同意，因为对法学硕士的培养，我们已经有很成熟的经验；第三种观点认为，法学硕士也能培养出很好的法律人才，同时也能满足学术人才的需要，所以我们作出适当平衡，在保留原来制度的基础上，增加了一个新的类型，也就是原来的形式和新的形式并存，二者在实践中互补。

我们当时还作出一个决定，就是本科的人数要减少。以前，我们的本科阶段都是招两三百人，后来就缩减到现在的160人。基本原则就是缩小本科的人数，但是不要取消。从理念上看，这个决策是适应中国市场发展的。现在，总的评价来说，专业学位的设置是中国法律教育适应中国市场经济的一个比较好的选择，效果也是比较好的。法律硕士现在已经运行了十多年，我们通过专业学位也培养出了市场所真正需要的专业性人才,他们本科四年的知识,再加上三年的法律知识后,就成为一个复合型人才,适应中国社会转型的法律人才需求。

原来,如果要报考法律硕士的话,必须本科是非法律专业,也就是"4+3"模式,四年本科加三年硕士的模式,达到了复合型人才的需求,可以解决一些综合性的法律事务。比如说,一个学过会计或者经济的本科毕业生,经过三年的法律学习之后,就能处理经济方面的法律事务;如果是搞理科的,学习了知识产权以后,就能在专利、IT行业里做得比较专业。后来我们发现,信息化条件下,有些法律事务是非常综合的,法律技术的难度大。后来,我们就又增加了一个"4+2"模式。就是本科学习四年法律后,再报考法律硕士,总共六年,称为"法本法硕"。实际上,在法学院的本科毕业生里面,如果想做学术,那么就报考法学硕士;如果要选择法律职业,那么就报考法本法硕。这是针对应届生的,只能在应届的时候报考。所以,我们现在就是把专业学位跟中国的需要和尖端法律人才需要结合起来,在原来"4+3"的基础上,增加了"4+2"。我个人是非常看重这个"4+2"模式的,因为学生在系统地接受了本科四年的法律教育之后,再加上这样一种专业化、职业化的教育,在"4+2"这种模式下,他的硕士学习只有一年时间,剩下的时间基本是在国内或者国外的律师事务所实习。如果培养顺利,有可能成为一个专业性和国际性的人才,能在国际舞台上或者在国内尖端的法律事务上,成为一个专业人才。我对它的期待很高。未来的话,法学硕士基本上就是硕博连读,就是说你选择读法学硕士基本上就是要读博士的。现在,我们每年都在减少法学硕士的人数,因为有学术兴趣的人还是有限的。这样,本科毕业以后,想做学问的,就选择法学硕士;想做职业律师的,就去读法本法硕。非法律专业的同学就通过"4+3"的培养模式来完成。这样,专业型、复合型和学术型的人才培养就分开了。

黄:现在"法本法硕"这个模式的发展如何?

韩:像清华、北大他们不招法本法硕。人大的法本法硕也是少量的,三五十人,不算多。但是,我认为这个模式是有意义的。日本在这几年的法学教育中基本照搬美国的经验,取消了本科,但是还不到五年,日本就宣布它的法学教育改革失败了,因为这个改革不符合日本的情况。学了三年之后,学生只能报考司法考试,通过以后可以当律师。但是,第一,你不能保证所有人都通过考试,每年有那么多人想当律师,但是日本的市场就那么大,所以律师就过剩了。第二,为司法考试而学习三年,是不会考虑人文、伦理等方面的,也不会考虑外国法、比较法等,因为这些都不是考试科目。有些日本学者认为法学教育失败了,他们就很羡慕中国能够坚持下来,能够把美国的体系和中国传统结合起来。现在,韩国也是,他们也是把本科取消掉,只是招收法律硕士,然后进行司法考试,功利色彩太浓了,就是为了通过司法考试当律师。但是,市场有限,所以他们也想回到原来的那种体系中。相对来说,我们的法学教育发展还是比较稳妥的,原有的制度和新的制度共存,而不是因为新制度的引进就废除原来的制度。其实,我们的这个改革就算失败了,也不会给整个法律市场、法律教育带来大的影响和震动,整体来说还是比较平稳的。

全国不同类型法学院的定位

黄:因为全国的法学院有很多,最后想请你谈谈其他法学院的情况。

韩:在全国范围内,法律硕士培养还是有很多问题。第一,现在招收法律硕士的学校有100多家,招收的人数也越来越多。第二,法硕教育跟法学教育确实不一样,但是,我们的培养方案并没有按照职业教育完全建立起来,有些学校争取到法律硕士的名额后,与法学教育放在一起,不伦不类,既不是法学硕士教育也不是法律硕士教育。有些地方因为师资力量的问题,没有办法进行专业教育,培养出来的学生原本应该专业性很强,但是实际上却既不是学术的,也不是专业的,这个现象还是大量存在的。

黄:的确,说到全国的法学教育,不可能所有的大学都能走人大的这条道路。那么,对于这些不同学院怎么培养法学人才,你个人有什么想法吗？就是不同学校的法学院应该有一些怎么样的特色？

韩：我基本的看法是：一个国家的法学教育，首先要有一个国家统一的规格。所以，我们有指导委员会的16门核心课，这个东西不能变，其他的你想怎么讲可以自己发挥。在统一规格的基础上，应该追求多样化的发展，这是未来中国法学教育发展中要坚持的原则。因为每个学校的传统是不一样的，每个大学的定位不同，功能也不一样。我大体上把中国的法学院分成这样几个类型：

第一种是北京、清华、人大这样综合性大学的法学院，中国目前大概有400多所综合性大学，特别是国家"985"、"211"这些高校，包括中山大学在内，它们的功能是既要培养国内的法律人才，也要承担培养国际性法律人才的任务。

在综合性大学的法学院里面，还可以再分成两种类型的：地方院校和教育部所属的。同样是教育部所属的，同样都是在北京的，清华、北大、人大培养的，和北京师范大学、外国语大学培养的，也不一样。真正承担国际性法律人才培养的院校，在中国也就只有30多所。就是说它们有能力来培养，不能说每个学校都朝着国际化的目标。能够培养出一批合格的从事国内法治的人，也是很大的贡献。当然，有些地方院校除了考虑为国家培养人才之外，也会考虑到地方社会的发展培养地方性的法律人才。

第二种是政法院校，像中国政法大学、西南政法大学等，中国大概有60多所。北大、清华、人大法学院，一年只招150个本科生，政法院校每年招收两三千名本科生，生源就不一样了。所以，培养国际化的人才方面应该提倡多样化途径，不应该都是国际性人才的培养。所以，国际化不一定适合政法类的院校。

第三种类型就是财经类、师范类、理工类、农业类大学办的法学院，这个就算是一种特色化发展。比如化工类的法学院就是培养怎么处理化工方面法律事务的，财经类的法学院就是培养怎么处理财政、经济、金融方面的人才。所以，理工类的法学院不一定培养什么国际性的法律人才了,培养本行业里面的人才就够了。

黄:那么,这种不同的定位是关于学校培养人才的类型和城市的定位。在你看来,那16门课程是不能变吗?对于所有的法律教育的院校,都是这样的?

韩:这个也是七八年以前,教育部法学教育指导委员会统一定的。但是,这个规定也面临着一些挑战:一个是核心课是不是概括了中国法学院学生必须掌握的法学知识体系?第二个是现在随着科技和社会的发展,出现了很多交叉学科、新知识,必修课的内容是不是要增加?增加的同时,那些核心课里面不再适合时代发展的内容,是否要调整?还有一个是大学自治的问题,我办法学院,为什么一定要按照指导委员会的思路来?比如我们是个财经类的法学院,这16门课中,只讲关于财经的法律,行不行?因为我们的学生主要是从事财经相关的工作,那些法制史、思想史等,为什么还要上呢?特别是这些理工类、财经类的学校,他们经常提到这个问题,他们说我们和北大、清华的法学院不一样,能不能减少这个课程。指导委员会到底有什么功能呢?我想,随着高教法的修改,大学自治程度的提高,指导委员会的功能也会调整,只能提供一些指导性的意见。但就目前的法学教育来说,这种规范还是需要的。因为目前的状况有点乱,什么学校都可以办法学,法学教育的质量不容乐观,缺乏规范,如果指导委员会再放开,那么我们就连基本的规范都保证不了。所以,我还是坚持,指导委员会的16门核心课是法学教育的基本要求,需要保持一定的规格。再过五年、十年,各个大学能够自律了,法学教育市场成熟了,可以适当地调整,并可以根据学校的情况,给大学更多的选择权。指导委员会只会对教学质量进行评估,不会对课程数量作出具体限制。

陈国强：
老师要成为学生的榜样

（2013年7月26日，上海交通大学）

陈国强，1963年生，湖南攸县人，基础医学教授。1980—1985年，在湖南衡阳医学院医学系学习。1985—1993年，任湖南衡阳医学院病理生理学教研室教师。1993—1996年，在上海第二医科大学攻读内科血液学专业博士研究生。1996—2002年，任上海第二医科大学附属瑞金医院上海血液学研究所副研究员、研究员，1997年获得国家杰出青年科学基金，1997年和1999—2001年在法国巴黎Saint-Louis医院和美国Mount-Saint医学中心从事访问学者研究工作。2002—2009年，历任上海第二医科大学（上海交通大学医学院）病理生理学教研室主任、医学院副院长。2010年至今，任上海交通大学副校长、医学院院长。

医学生从踏进校门的第一天，就必须对他进行人文素质教育。一个医生如果人文素养不好，就不可能成为好医生。但是，如果让文史哲专业的老师去讲人文，学生也是没多大感觉的，因为他没有做过医生，甚至没有当过病人。我们的人文教育必须是结合了医学和伦理的人文教育。现在医患关系比较紧张，其实有时候医生多讲两句安慰的话，病人就非常理解医生；但也可能就因为少了这两句话，就出了医疗纠纷。这就是我们加强人文素质教育的主要原因。

教育不能急功近利

黄达人：陈老师,你好,来以前做过功课,全部阅读了你的博客,特别佩服你敢于面对学生并鼓励学生要有信念的态度。我认为,这本身就是一个优秀的院长在做的事情。今天来,主要是想请你以医学院院长的身份,将自己在教学改革中的所言、所感、所为梳理出来。

陈国强：黄校长,非常谢谢你的邀请,更谢谢你百忙之中去看我的博客,尽管现在不太写了。晚生乐意向你学习,并敞开心扉,坦诚与你交流。作为一个湖南人,我几乎完全秉承了"心直口快"的遗传基因,从来不保留自己的观点。当然,我也不认为我的观点就是对的。有争论,才有进步嘛。所以,我们今天的谈话,你认为合适的就收到文稿中。你是长辈,把握能力比我强得多,尽管我也不断学习和感悟在经历中成长,在成长中成熟。

黄校长可能知道,原上海第二医科大学是1952年由圣约翰大学医学院、震旦大学医学院和同德医学院合并来的,2005年与上海交大强强合并,组建了由教育部、上海市政府重点共建的上海交通大学医学院。在充分发挥"部(教育部)市(上海市)共建"、"部(教育部)部(卫生部)共建"的体制优势,多方支持、共促发展的办学格局下,交通大学与医学院始终紧紧咬住两个"一流",即一流大学和一流医学院的奋斗目标不放松,始终坚持"两个遵循",即遵循医学学科的特殊规律、遵循综合性大学的发展规律的指导方针,保持医学学科的体系完整性和办学自主权,保持医、教、研、管的相对完整性。应该说,在这种办学模式下,这几年我们医学院在各方面都得到了快速发展。譬如,我们的生源质量得到了快速提升,招生录取分数线实现了很大的跨越,我们承担国家科研项目的能力得到显著提升。医学院每年承担国家自然科学基金项目数从合并前的2005年的104项增加到2013年的487项。SCI论文数也从2005年的300多篇增加到2013年的2300余篇。我们医疗服务的能力也得到加强,国家重点临床专科达到 74 个,占上海市全部重点专科的 54%。

但是,从内心深处,我并不感到那么振奋,因为我对所谓的"绩效"有不同的看法。两年前,上海市开展地方高校内涵建设工程建设,为医学院的办学提供了很大的推力和建设经费。通过这些经费,我们的确在学校内涵建设方面进行了许多改革,取得了不少成效。但是,当谈到考核绩效时,我曾经并不讳言地讲了一句话:"政府给我们钱,让我们办教育。可是,教育不是说你今天给 1000 万,明天就给你效益。教育的本源是培养人才,是为了培养十年甚至二十年以后的人才。"现在都说是在培养人才,而实际上,钱多数都用到了添置大型仪器设备和科研上,学生得到的益处难以直接体现,老师的自身利益也难以得到切实保障。我认为,政府给钱办教育,目的是培养学生,不可能立刻出成果,尽管科技成果和优良的医疗实践是培养人才所必需的。如果你今天要评判我的成绩,我只能给你一些量化的数字:有多少 SCI 论文,拿到多少国家自然科学基金。但没有办法评判医学院到底培养了多少人才,因为人才没有一个统一的标准。难道说学校招进来多少,毕业多少,就业率高,就意味着培养了多少人才吗?可能并不是这回事。是不是人才,也许在毕业若干年后才能得到显现。

我们始终强调,我们招进的医学生不一定要求是高考成绩最好的,这个"胚子"不一定要有很高的天赋,但一定是要对医学感兴趣的,充满对生命的热爱,具有合理的从医动机。如果是因为"赚钱"来学医,他多半会坚持不了,因为哪个职业都可能赚钱。实际上,大多数职业比医生赚钱多。

我刚才说,我们的生源质量得到了快速提升,我们的生源是优秀的,那是从高考成绩的角度。当然,现在也只能从高考成绩来判断生源的质量,尽管有人会质疑是否高分低能,但我始终相信,就总体而言,高考成绩相差 10 分还是有差异的。开会时,我经常会讲一句老师们可能不太愿意听的话:"这么优秀的学生,考到我们医学院来,我们的教学、师资水平对得起他们吗？如果对不起这么优秀的学生，我们又何必把分数线拉高这么多？我们不能误人子弟呀。"当然，这是我的忧虑，并不是我们不重视人才培养。关键的问题是我们应该适应时代，用心培养人才。经过几年的思考，我凝练出医学院的办学理念："将一批今天优秀、极具创新潜质的学生能够和不断超越自己、极具创新思维的优秀老师在一起相互激励，共同超越，使我们的学生更加优秀，使我们的老师更加卓越，从而创造出使学生和老师都终身受益的创新能力和智慧。"

教学改革：医学就是职业教育

黄：你看，很快就进入状态了。在医学院这一块，你有哪些思考？

陈：医学专业的鲜明特点是不言而喻的，因为医学面对的、医学的一切活动的最终目的是人，是生物的人、社会的人，有明显个性特征、不同心理活动和认识水平的人。这就决定了医学实践必须顾及人的生物属性、社会属性和个性特征，也就决定了医学学科的特殊性和医学教育的特殊规律，即她是自然科学、社会科学和人文学科的统一体。所以说，我们必须遵循医学学科的特殊规律。在这个前提下，毫无疑问，教育教学是医学院的基本功能，也是培养人才的基本路径，但是这存在谁来教和如何教等问题。科学研究是培养人才的重要途径，但是我们要审视人才培养与科学研究的关系，确立以人才培养为基点进行科学研究的发展思路，不能为了研究而研究。医疗服务同样是医学人才培养的重要路径。因此，医学院离不开附属医院，附属医院也离不开医学院。但是，医学院不同于社会，也不等同于医院。我们服务社会的方式是间接的，即通过人才培养和科学研究来实现，而不是直接的。服务社会不等于一味满足社会需求，我们的附属医院也不一定要一味地满足医疗需求，更应更好地发挥服务社会、引领社会的功能。其中，医学的文化传承尤其重要。道德是文化传承的基础，更是教育的生命，也是医学的使命。没有道德的教育是一种罪恶,没有道德的医学同样是一种罪恶。"大学之道,在明明德,在亲民,在止于至善。"大学和医学之所以受人尊重,是因为有大德、有大道、有大爱、有大师、有大医、有大精神,使大学成为道德的高地,具有民族和社会良心堡垒的崇高地位。因此,文化传承的基础是师生构成道德共同体,既教育学生如何消除价值冲突,如何选择主流价值,也要为社会塑造新价值。现在,狭隘或片面的医疗、教学和科研观深入人心。我们似乎习以为常地将科研、医疗和教学被看作隔离的、孤立的、互不联系的几种活动,并以此为基础建立医疗、科研和教学工作的管理及运行机制。其实,我们今天的许多问题就是由此造成的。

我们试图改变这样一种格局,尽管很难。我提出要实现"教学、科研、医疗的包容式协同发展"。先讲教学工作。举例来说。2013年开始,我们评判主任医师、副主任医师能否担任教授、副教授,就不仅仅是评价他的医疗水平,还包括教学水平和人才培养的态度与能力。现在网络很发达,学生接受知识的能力很强。我之前讲过一句话:"如果一个老师讲课是从第一个字读到最后一个字的话,那我在我们的天桥上面抓一个识字的民工也许可以做大学老师了。"这话虽然有点调侃,但的确反映我对大学依然是"灌输式"教学的忧虑。为了提高教学水平,我们推出了很多举措。

第一,理论课课时被减掉了30%。从上午8点钟上课上到下午5点钟,学生负担太重,实际效果也可想而知。为什么要这样做呢?其实许多内容完全可以让学生主动学习的,而无需强行灌输。原来理论课都是大班上课,学生想听就听,不想听就玩手机去了。

第二,在减少理论课的同时,我们实行小班授课,主要分为两种:一个是 PBL(Problem-Based Learning,简称 PBL,也称作问题式学习,最早起源于20世纪50年代的医学教育),以问题为导向,老师提前两个礼拜针对性地提出一些问题,然后学生自己去找文献。比如说,这个班有20个人,分成5个组,每组4人。学生先查阅文献和参考书籍,做好读书笔记,然后,分组讨论。上课时选派一名代表陈述,组内其他同学作补充。这样就可以帮助学生提高提出问题和解决问题的能力。当然,学生说得不一定全对。最后,老师可能会归纳知识点。有时,学生提出的问题和讨论的内容,老师也不一定全懂,但只要学生感兴趣,老师会在网络上查询最新的进展,这就给了老师一定的学习压力,也促使他们要更新知识,实现教学相长。

另一种小班叫做 CBL(Case-Based Learning)——以案例为基础的教学。在前期学一些基础课的基础上,也要把一些临床案例发给学生去讨论。学生可能会思考、讨论这个人为什么有这个症状,什么原因引起的,如何诊断与鉴别诊断,理论上应该怎么去治疗,等等。这些实践,也在一定程度上,早期激发学生对医学真谛的热爱。

第三,给学生做研究打基础,提前接触临床。现在,我们把科学家的实验室开放给学生。如果一个学生有意申请探索性实验课题,医学院就给他 2 万元科研经费。这 2 万块钱用作什么呢?不能让这些学生增加老师科研经费的负担,这 2 万块钱就可以让学生来做实验。我强调,给学生 2 万块钱科研经费不是要他发论文,而是让他了解科研思维,享受科研乐趣,这对他未来做临床研究是非常有帮助的。医学院学生处、教务处给我反馈说,我们本科生今年发了多少论文。但是,我不要这个数字,我不希望我们的本科生做实验是为了发论文,这个导向是错的,容易使他变成一个功利主义者。

我对他们说,你不要告诉我学生发了多少论文,我也不会把这个论文数量当成你这个部门取得的成绩。本科生参与科研的目的在于激发他们创新的兴趣和提高科学思维的能力。我希望在医学院内倡导并推动这个理念。我们有一个优势,就是我刚才说的,尊重医学学科的特殊规律,享有办学自主权。

黄:在别的大学里,院长可能没有这个号召力。大学考核的那些指标,你也只能跟着走。

陈:号召力并不来自权力。实话说,我从来不将自己看做是一个

"官"。其实，2006年，市里领导来考察我担任医学院副院长时，我表态坚决不做，因为我喜欢我的科学事业，同时也不认为自己的性格适合做现代社会的行政领导。但是，坚持一个月后，我还是接受了这种挑战。原因，你懂的。既然接受了挑战，我不能浪费自己的时间。所以，我坚持尽力而为，底线是对得起自己的良心。当然，在现在的导向下，我也必须跟着大学考核的那些指标走。这本来并没有错，核心是如何实现这些指标，是走内涵之路，还是走其他路，效果肯定不一样。我们医学院一年有2000多篇SCI论文，所以并不在乎本科学生发了多少论文，它对学校的科研成绩是可以忽略不计的。但是，激发学生的科研兴趣和提升创新能力，对于人才培养是极其有意义的。

黄：而且，你认为让学生发论文不是这个探索性实验的目的。

陈：对。目的是通过它让学生提出一些问题，这些问题可大可小，当然，学生也不可能提出像科学家那样高水准的问题。但是，即使提出的是简单问题，哪怕他不能解决，也至少可以去思考；在思考的过程中，也许他不能做实验去证实，但他能够把实验的原理和方法讲出来，迫使他去思考，而不仅仅是看书。

我觉得本科生做医学实验的目的，除了要培养科学思维以外，更重要的是要培养一种精神、一种习惯；当他遇到一个问题的时候，要善于动脑设计和动手实验，然后，力争解决问题。我们就在教学里推出了这样的举措。但推出了以后，老师的负担更重了，因为要真正认真去备课。如果你不懂这个PBL、RBL（Research-Based Learning），不知道学生提什么问题，也就解决不了学生的困惑。

黄：我认为，这是一个蛮新颖的提法，很有道理，而且跟一般的说法不一样。

陈：当然，效果有待于实践去检验，也在很大程度上取决于学生学习的主动性和学习态度。

第四个措施是，学生踏进校门的第一天，就必须对他进行人文素质教育。一个医生如果人文素养不好，就不可能成为好医生。但是，如果让文史哲专业的老师去讲人文,学生也是没有多大感觉的。因为他没有做过医生,也没有接触过病人,甚至自己没有当过病人。我们的人文教育必须是结合了医学和伦理的人文教育。比如说人与人之间的关怀,现在很多医患关系紧张,不是说医生不负责,而是他的确没有这个时间去关怀病人。有时候医生多讲两句安慰的话,病人就非常理解医生;但也可能就因为少了这两句话,就出了医疗纠纷。做手术都必须让病人本人或者家属签字,这个签字的过程看上去很简单,但是有些医生却会让病人非常恼火,甚至发生不愉快。所以,作为医生,怎么去处理人与人之间的关系,怎么从病人的角度思考问题,如何与病人和病人家属沟通,等等,理应成为通识课的重要内容。

黄:我觉得通识教育这块讲得特别有意思。这就说明关于通识教育,不同学科的需求实际上是不同的,尤其对医学生,或者说,职业学院需要的通识课、人文课,其实跟别人不一样。今天在吃饭的时候,我们谈到医生被打这件事情。其实,很多不是技术问题,跟医生的人文素养还是有一定关系的。我这里有一个例子,我们学校孙逸仙纪念医院妇产科有一位医生,医术很好,但是中国人在生小孩之前,都喜欢给做手术的医生送给红包,倒不是说医生去索要,这是中国人的一种心态,求心理上的一种安全感。这位医生呢,不是立刻把红包退回去,而是等做完手术以后,再把红包退回去,这样一来,既避免了手术前的不愉快,事后退回红包也容易让产妇和家属接受。我认为,这就是一种情商高的体现。

陈:这里面有一定的关系,我们曾经有过一次调研,发现医患关系较紧张的医生总是集中在那几个情商比较欠缺的医生身上。当然,也不一定有直接关系。比如,有些病人,可能在入院之前已经住了四五天甚至更长时间的宾馆,在看门诊之前已经排了两个小时队,跑到你这儿看病,结果开两服药、三分钟就被打发了。回去后,病好了,就算了;万一回去出问题了,这个气他不撒在你头上,还撒在谁头上?但一个医生一天要看几十个病人,能给的也只有几分钟时间。医生即使想有人文关怀,他也没有这个时间。我们的医院几乎时刻处于"战时状态"。我们强调医院也要非常重视护理人员,目前护士的待遇还是偏低。如果能提高护士的待遇,吸引更多的人从事护理工作,让护理人员有更多的时间与病人在一起,医患关系可能会变得更加融洽。医疗更多的不是制约,而是一种关怀。既然医生没有这个时间,可以让护士去负责关怀,也可能会减少很多医患关系的紧张矛盾。

就我们现在的医学教育体制来说,五年制学生只有最后一年是在医院实习。之前的四年学习中,我们医学院里也固定了几门素质教育课程。据我所知,各个医学院校也是大同小异,几乎都固定了几门所谓的医学素质教育。但是,现在,在我们医学教育里面,也有点陷入某些困境,就是一说素质教育,就是让专门搞素质教育的那些老师来做。他们往往为了强调素质教育怎么重要而拼命加课时数。其实,通过课堂教育来提高素质教育,作用是很有限的。素质的培养是靠潜移默化的,更多的是社会和家庭的教育。我一直想写篇文章,谈谈"重拾家教"的问题。我认为,不要一谈到教育,就说教育改革,有时把我们初中那时的东西"捡回来",把中国传统教育中的那些优秀成分"捡回来",回归教育本身,也许教育就可以搞得更好了。古人云:"养不教,父之过。"我觉得,把素质教育变成考试是最容易毁掉一代人的做法,那也就不是素质教育了。

上面这些举措,不一定都可以改变所有学生的心理,但如果每个举措能够改变大概10%到20%的人的心理,大概就成功了。医学院跟其他学院不一样,医学就是职业教育,有学术、有创新、有人文精神的职业教育。

黄:我得到一个强有力的支持者。我在外面讲职业教育的时候,就说过像医学教育,我不敢说它就是职业教育,但至少可以说它是职业教育特色非常鲜明的专业教育,它的本质就是职业教育。

陈:医学教育的本质就是职业教育,但这个职业除了要有技术,有理论做基础,还必须有人文关怀。所以,在多数西方国家,医学生并不直接来源于高中生,而是从本科毕业生中招录,所以,在英语里面,医生(doctor)就是博士(doctor)。

课程改革:以问题为导向,重新组织内容

黄:在课程设置上,具体是怎么做的?

陈:过去,上课的时间是按学科来的,比如生理学、生物化学、细胞生物学、病理学,内、外、妇、儿科学等分类;现在,我们就按人体的系统来分。比如讲心脏,就从心脏解剖讲起,讲完心脏解剖讲心脏生理,讲完生理讲心脏的代谢,再讲心脏的病理、病理生理,之后讲心脏疾病,包括与心脏相关的内科、外科疾病,这个病应该怎么诊断。按照这样一条线,把医学教育课程进行整合。我们称为"系统整合式教学改革"。

黄:关于这个事情,我们国内做到这个程度的多不多?或者说,据你所知有哪些?

陈:据我所知,现在都在进行医学教育改革,都处于探索之中。我的观点是既要适合现在的学生,也要适合现代医学规律。我们进行多年的医学课程改革后,有出版社来找我们,想把我们的教材变成通用教材,我不太同意这样的做法。我甚至倡导无纸化教学。每个大学办学都应该有自己的特色,包括实验课,我们基础医学有好多实验。过去的实验是按学科来分的,现在我们把基础医学实验看作一个整体,也是让学生提出一个课题,然后用各方面知识去解决它。打个简单的比方,为了证明抽烟对人体有危害,过去就是把小鼠关进玻璃缸里面,放入点燃的烟,加点水;它肯定会死,但它是因为窒息而死,并不是吸烟引起的。这样就会误导学生,小鼠吸烟会死。现在不一样了,为了证明吸烟有害,还是用这个玻璃缸做实验,但至少给它留点透气的地方,然后去测小鼠的心率、脑电图有什么改变。老师只要设计实验范围,学生想到问题的都可以去做实验,做完后写一个实验报告,这说明他是动了脑子的。如果老师提前就说了这个事情应该怎么做,先把小鼠抓牢,再把它

放到有水的玻璃缸里,吸一点烟进去,看小鼠怎么死,这样学生就不一定会动脑子了。

培养学生创新性思维:教学生读文献,和学生聊科研

黄:在培养学生创新性思维这方面,你有哪些做法?

陈:有时候,我要求老师跟学生讲读文献,我也身体力行。现在的本科生英文很厉害,但实际上除了知道里面的知识,他并没有看懂这篇文章的内涵。我说,如果你们只是想了解这个知识,是不需要从头读到尾的,只要看看题目、摘要,就知道这篇文章讲什么;你们更应该关注的是:他为什么提出这个科学问题,而我为什么就提不出来? 提出这个问题后,他是怎么去解决的? 如果你也面临同样的问题,你将如何解决? 得到的结果是怎么去分析的? 如果你拿到这个结果,你会怎么去分析? 这样更多的是对他科学研究思维过程的培养,而不是对结果的培养。

黄:这是教学生如何看论文。

陈:这几年,我们医学院给研究生开了三门课。其中一门叫"科学家读文献",就是让一个优秀科学家在课堂上公开去解读,并说明这个问题为什么这么写,他是怎么提出这个问题的,最重要的结论是什么,怎么通过这个结论来解决问题。很多情况下,我们的学生自以为读懂了,实际上根本不懂它的内涵是什么,只知道结果。他得到了这个知识,但却不知道这个知识是怎么来的,文章说什么他就认为是什么,不会去分析,更没有批判思维的精神。所以,我们就推出了"科学家读文献"这样门课程。

黄:这个是针对研究生开的课?

陈:是,本科生有兴趣也可以去听,但多半听不懂,因为他没有这种知识背景。我们讲的都是 *Nature*、*Science*、*Cell* 杂志上发表的论文。

第二个课程是"科学家聊科研"。这个就不是讲学术了,而是讲科学家如何一步一步进入科学这个行当的,遇到困难怎么解决,主要是聊

科研感悟。不管主讲者是谁,这门课都不是谈知识,而更多的是讲他怎么走上科学和医学这条路。

师资队伍建设:青年教师必须要有国外工作一年的经历

黄:接下来,想请你谈谈如何建立师资队伍。

陈:师资队伍建设是个永恒的主题。建设一流大学的前提无疑是一流的师资队伍建设。现在,我们倡导引育并重,打造一支高层次的优秀师资队伍,尤其是青年教师队伍。青年教师队伍决定着我们的未来。跟我们这一辈年轻的时候相比,他们现在面临的竞争压力要大得多。一个是生存压力,现在医学博士毕业了,在上海这个地方,一个月的收入大概4000块钱左右,初级医生连上手术台的机会都没有。但是,未来医学还是要靠这批人。

现在,也许各个行业都比较功利、浮躁。医生也不可能独善其身,所以,我们把希望寄托在青年身上。但是,他们的经济压力比较大,待遇又不高,一个月拿4000块钱,能够找到老婆就不容易啦;如果两口子都是4000块钱一个月的,又要租房子,在医学院附近,没有2500是租不到住房的,将心比心,我们换位思考一下,你说他能不考虑去追求一定的利益吗?有些人甚至去拿回扣、红包。如果这种氛围不及时遏制,时间长了,后果非常严重。我有一个学生给我发了封Email,讲得很真诚,他说:"我有一次看到病人给老师送红包,他都不要;但有一次,又看到有人送一个很厚的红包,他要了。"就是说,这个老师可能不要2000块钱的红包,但5000块的可能就会要了。他问我:"陈院长,如果别人给我个1000块钱的红包,我能不能拿?"他的意思是,老师拿大红包,他拿小红包。其实,老师的行为,潜移默化中影响着学生。

另外一个就是这些医生的国际视野。前年,我们医学院推出一个政策,1976年1月1日以后出生的必须有国外工作一年的经历。当时,"教授会"几乎一致同意该项新政。但有不同考虑,有些认为要有论文发表,有些认为应该有目标要求,但是多数认为不要问他出去一年干什么,给他3万美元,哪怕在一个海外国家"玩"一年,只要他能够在那坚持365天,并且不感到寂寞。这个过程当中,一定会遭受一些挫折、打击,出去的目的是锻炼他的意志力,提高他的情商,让他感觉到这一年的来之不易。而且,如果他能找到合适的岗位,出国做一年医生也可以;出国一年做研究,即使没有成果,也没有关系。总之,不要去追究他一年在哪里到底干什么,但是即使这样,大家还是不愿意出国培训学习。为什么呢?第一,出去后的收入明显减少;第二,他出国后的一年中会失去很多病人。病人可能是靠一个一个圈子互相介绍的,病人少了,收入就少了。

黄:这段话蛮有个性的,有个性的话才可读。

陈:这样一来,骂娘的骂娘,吐槽的吐槽。我们有个老干部支部,要找我谈话。他们中有些同志批评这种政策不合理。我对他们说:"你们都是经历过'文革'、上山下乡的人,现在去做个调研,有几个人不说最大的收益是当年上山下乡?不能说上山下乡一定会成为人才,这有个几率的问题,但成为人才的人是不是大多数有经历过上山下乡?"

少数反驳我:"你的意思是出国是上山下乡?"我说:"我没有这个意思。上山下乡也是一种接受情商、意志力、毅力考验的过程。我有时主张,本科毕业就不要直接考研究生,必须到社会基层锻炼两年,之后觉得还想发展的人,可以回来考研。我们的资源实在有限,没必须浪费在不想发展的人身上。这两年的锻炼对一辈子的成长可能比发篇论文要好。"又有人问:"你意思就是说,不出去就不能培养人才?我们中国人比较笨,不能培养人才?"我说:"不是。在我心目中,人才是相对的,有相对性的一面,也有社会性的一面。什么是相对性呢?古人说:山中无老虎,猴子称霸王。如果山里面没有老虎,猴子就觉得自己是个人才。怎么判断人才?不是说我们不能培养人才,如果我们仅仅是以能不能发 SCI 论文,能不能拿自然基金来判断人才的话,当然也可以。但是,人才的成长是要有阅历的,必须有一个过程。在当今世界,具有国际视野是应该拥有的阅历。我们不求这一年出去的百分之百成功,学校一年送出100个,只要有10个人通过这一年的锻炼,他的世界观、人生观能够改变,国际视野能够得到拓展,意志力、毅力能够得到提升就够了。"经过讨论,绝大多数老领导觉得这个政策有道理,要坚持。实际上,现在我们的青年医师都是从学校出来的,几乎没有社会阅历。不懂社会,如何成为好医生、好老师呢?

这个政策制定两年之后,每年有200多名医生报名想出国,以致医学院没有经济能力支付这笔经费了。我们就开始择优支持了。过去,医生出国往往是一两个月,很难接受锻炼。但现在即使是给你旅游12个月,再好玩也没有能够玩12个月不寂寞的,如果真能这样,也算本事,也是个人才。

我们把青年老师推出去以后,现在也平稳了,下面也不骂娘了。他到了一定时候,会自动出去。然后,我们这些主任又跟我诉病说:"定了这么个政策,年轻医生和老师都要出去,我们看病、上课、做研究都没有人手。"我说:"这恰恰暴露了我们的问题:高年资医师不看病,教授不愿意授课,做了导师就不做实验研究,只让年轻人努力,又不愿意好好培养他们,岂不让他自生自灭?教学水平、医疗水平和科研如何提高?所以问题恰恰出在自己身上,而不是年轻人身上。"

引进人才与本土人才的衡量:校外评审

黄:关于引进人才跟本土人才的关系,能不能具体讲一讲?

陈:引进人才很难。MBA 有个理论叫"十个鸡蛋放到十个篮子里",这十个鸡蛋夭折几个,也可能会成功孵化几个新的小鸡。过去我们把资源放在一个人身上,现在放在十个人身上。这几年,交大医学院引进了100多位不同层次的优秀人才。

黄:具体做法是怎样呢?

陈:他先发简历到医学院或我本人求职,学院人事处组织专家看他的简历和推荐信,评判他有没有可能做一个独立的 PI(Principal Investigator，研究组组长），如果觉得有可能的话，就把他请过来面试。先安排他给学生做一次学术报告。我们这里的学生提问题很踊跃，什么稀奇古怪的问题都会提出来。回答问题的过程就是考验他真才实学的时候，不要拿别人做的工作来忽悠。然后，我们要看他做报告以及回答问题的逻辑性怎么样，从中也大概能反映出他以后有没有独立从事科研和教学的能力，能不能把这个工作做好。至于他到底发不发 SCI 论文，我们不是非常关注。我们更为关注的是你真正有没有这个能力。做一个小时报告后，我们会请相关的 PI 一起吃个便餐。餐后，再请相关的校外专家给他进行评估。

在评估会上，他重点谈如果来医学院，将开展什么研究，如何组织这些研究，他的目标和愿景是什么，等等。我力推请有责任感的校外专家，因为很难说校内专家没有排外心态，担心引进的人才比自己强，这种现象或多或少还是存在的。所以，我们人事处就请校外专家来评估，看他是否有能力做这个 PI，然后人事处再决定要还是不要。如果决定要，人事处提出引进条件。实际上，我这儿的启动费待遇是不高的，分 A、B、C 三个等级。A 是 20 万，B 是 25 万，C 是 30 万，所以要引进人才很难。实际上，我们靠学校的魅力去引进，而不是靠待遇来吸引人才。我们会跟他们讲得很清楚：毕竟现在就面试一次，你的好坏谁都不知道；三年以后，我们要组织外部专家给你进行一次评估。这次评估，原则上我们不看重你发了多少 SCI 论文，看重的是你的队伍组织好了没，课题拿了没，课题组运转如何，是否能够讲出一两个新的故事，包括解决问题的过程。如果专家评估你是优秀的，医学院给你提升待遇。也就是说，前三年不用你搞教学，就把自己的科研基础打好；等第六年的时候，我们再逐渐评估你的研究水平、教学水平。当然，他们自己给自己的压力不小，也希望三年内有一些显示度的事情。

黄：那么，六年以后，薪酬是仍按前面三年的，还是第二个三年的？

陈：第二个三年的。第二个三年的时候，如果评估你不行的，人事处就把你的工资降到普通教授的水平，大概从 30 万降到 20 万。我们的本意上是让你走的,但太直接的话也难为情,所以就把你的工资降下来。

现在办事情,平衡很难,满意更难。关于本土师资这块,大家也诟病说:"引进的人,不知给了多少资源!"其实,说出来本土师资都不相信,怎么会这么低。本土的教师还会说:"我们过去也是出过国的,凭什么他们待遇就比我们好?"这样说有道理吗?也有道理。

我们又做了个事情,从本土的教授中来遴选,也是公开、透明,请外面的专家在答辩后当场投票。入选者,给他一个月增加 5000 元的个人收入,一年就是 6 万。这种教授本来也可以拿到十五六万,加上六万就二十万出头了,两者就差不多了。这个也是三年一评估。

黄:就是国内的师资,也给他个机会。

陈:于是,青年老师又不开心了,"我们教授的待遇都几十万。"因为收入不能公开,国人习惯"夸大"。所以,医学院又出台了一个政策,称之为"co-PI"计划,即"青年教师能力提升计划"。青年老师都可以去报名,评完了以后,入选者必须盯住一个科学家,到他的队伍中去。医学院给你 25 万的科研经费,然后每月给你个人 3000 元的津贴。

评委也是请外面的专家。打个比方说,我下面有个青年老师评上去了,他是院校长的学生,哪怕的确做得好,哪怕良心上是公平的,没有沾我丝毫的光,但是别人不这么看。我现在就跟我的学生说:"你们现在做我的学生不容易,方方面面出的任何错都是我的错,不是你们的错。"所以,只能是请外面的专家来评。

总之,我期待有一天,医学院能够针对引进和本土师资中优秀者都能够推出协议年薪制,让想做事也能够做成事情的人得到一定的待遇,至少能够不因为"五斗米"而退却。

技术员队伍建设要靠政策、靠激励

黄:对于医学院而言,师资队伍中还有很重要的一块就是实验室人员队伍,这部分你是怎么做的?

陈：现在，进入医学院做技术员的，不少是博士毕业。当然，医学院也制定了一些激励机制。因为实际上做研究很缺技术队伍，研究生做完就走了，自己做实验的导师已经不多，结果一些技术很难传承下去。所以，必须有一支稳定的技术员队伍。而且，这支队伍必须让他不会感觉到低人一等。靠什么？要靠待遇，靠政策。技术员做得好的，待遇应该不比相应的教师职称的差。这个措施我们推了一年，难以推动。因为拿不出一套标准来衡量哪个好，哪个不好。科研可以拿SCI论文、自然基金来衡量，但一个技术员，如果你强调这些，那他就不是技术员了。

黄：是不是让科研人去评价实验人员？

陈：这个评价当然好，导师很难克服"人情"规则。打比方说，一个技术员跟着我，即使他最不好，通常我也不敢在公开场合评的时候说他不好；不然还没说完，短信就可能发给这个技术员了，不就把人际关系搞坏了吗？如果靠这个评，你可能永远评不出满意的东西来的。这毕竟不是发一张奖状那么简单。

黄：而且，这还不能让外校的来评。

陈：所以，就一直拿不出一套标准来。最近，我从外面获得来一笔资助，每年80万。我就打算利用这笔钱，从35岁以下的人中评选出20个人，其中十个每人拿5万，另外十个每人拿2.5万。现在正在评。我就强调，这20个人中必须有几个技术人员。

黄：行政人员有没有？

陈：没有。总结过去的经验，我就发现：行政人员一掺和，一线的老师就容易吃亏了，甚至行政人员也不满意了。我宁愿再拉点钱，单独给行政管理人员设个奖。

黄：就是说行政人员和教师不要混在一起评价。

临床医生为什么要去做研究？

黄：下面请你谈谈医学院科研的情况。

陈：培养卓越的创新医学人才，是我们医学院的追求。卓越从哪里来？从临床实践和科研实践中来。想要培养出卓越的创新医学人才，老师首先必须有创新能力；老师要想有创新能力，就必须做研究。其实，医学本身就是研究。医生看病，不研究，怎么行呀？但是，我们有时候，将研究异化了。我们现在为什么做研究？因为评职称，做博导，要拿自然基金、发 SCI 论文；是有目的的，功利性的，有点本末倒置。平心而论，不做这些会怎么样？一辈子就做副教授又怎么样？我只要能够帮人把病看好，比什么都强。但中国人都讲究面子。在美国，哪个医生会说主任医师、副主任医师？好像没有这个说法。

逻辑本来应该是这样的：对这个基础或临床科学问题感兴趣，所以要去做研究，但是没钱，才去申请经费支持这个研究。应该让我们的同行都知道，做了一些研究，取得一些成果后，国家为了鼓励，才给颁发一个国家科技奖，而不是为了得奖、SCI 论文去做研究。现在的情况是倒过来了，让人颇感无奈。比如提教授、博导，今年必须要影响因子 15 分的论文才有资格申报，去年 10 分就可以了。我心里清楚，其实是我们这些人无聊，因为博士生少了，导师多了，要求也水涨船高，为了所谓的"公平"，我们的标准只能参考影响因子了。

有人说："我们怎么也赶不上这个标准，我刚够着，它又往上跳了。"其实，这并不是对科学有兴趣。不管这篇文章影响因子多少，不管有没有用，但至少对学术上是有贡献的，哪怕你不是发 *Nature*、*Science*，别人能在这个基础上去发篇 *Nature*、*Science*，也是个贡献。现在不是这样的，这种行为容易导致学术腐败。我一直强调，医生应该去做临床研究。实际上，我们医生的临床研究能力有待大力提升。我们现在的诊断标准、治疗标准中，有多少属于自己的？原因就在于我们没有真正的临床研究。打个简单的比方，如果病人得了胃癌，他也不知道看什么科，就挂号到消化内科，消化内科可能进行化疗；如果他看的是普通外科，一做核磁共振，诊断没有转移，就先手术切除；甚至如果他看放疗科，那就说不定给你照放射线。这个病人到底是应该先手术后化疗，还是先化疗再手术？这就需要去做一系列前瞻性研究。去年一年下来，我们医学院附属医院的门诊病人有2600多万人，手术病人26万人，住院病人57万人。这是多大的临床资源，但是我们很少利用这个临床资源去推动临床医学的进步。我开玩笑说："你们不做临床研究，而是在细胞上做基础研究，这是跟我抢饭碗。我做基础医学的人，只能拿小鼠、细胞去做做实验；做临床医学的人，应该在我们论文的基础上，去解决临床问题。例如，利用一些临床资源做一些前瞻性的设计，看这种病症是该先化疗还是先手术；五年以后，总结一下到底哪一种生存率高；哪怕提高几个百分点，在一百个人当中就多拯救了几个人的命！这个贡献是多么伟大呀。我们靠什么评判你的水平高低，应该靠这个。"

譬如，几年前我们开始无奈地搞什么二级、三级、四级教授评审。前年，附属医院有个外科大夫，手术做得非常好，但没评上二级教授，他们院长给我打电话发牢骚。第二天晚上，我自费请这个老师吃饭。他说："院长，我都不能做二级教授？外科水平还有谁比我高？"我说："你叫我怎么跟你讲好呢？因为我当时也不是评委，我也是被评的。"他说："学校请的专家，懂临床医学的不多。"我说："这也许是学校的错，但也许是你的错。"他说："为什么是我的错？"我说："如果你只告诉专家你一年做了1000例手术，这没有问题；但如果你告诉专家，你一年做了1000例手术，其中多少例是胃癌根治术，多少例是胃溃疡、胃穿孔，多少例是阑尾炎，等等。如果是做了1000例是阑尾炎手术，也给二级教授，不可能吧？县医院一年也可能做1000例阑尾炎呢！所以，不能只按照数量。应该把一年多少例是胃癌根治术、肝移植，去告诉这些专家，告诉他们在这两年、五年切掉的500多个胃癌病人中，成活率是多少，这样就体现出你的水平了。你就应该把这十年二十年的手术经验写成论文，讲这个路径怎么切，最后五年生存率是多少，几年复发率、转移率是多少。要得到承认，你必须规范，然后总结，发表论文。大家会觉得这个老师很厉害。"他觉得我讲得蛮有道理。

黄：而且，他也可以把这些经验教别人。

陈：对。这样就可以评上二级教授了。他说："小陈啊，五年前没人跟我说要去做论文。"我说："不是五年前，而是五十年前。过去大家都知道怎么去做研究，只不过是发中文论文，不发 SCI。那个年代，我们的临床经验都是靠总结的。"他说："小陈，你讲得蛮有道理的，我明年再申报。"我说："你明年再报，还会有同样的问题。不是学校功利，非要强调 SCI 论文，但现在如果没有这个标准，那么怎么评呢？怎么反映水平高低？有人告诉我，如果换一种方式，不用论文，是否可以让手术室的护士来评价外科专家。也许手术室的护士最知道哪个医生手麻利，手术的时候出血少、粘连少，她只是不说而已。我们可以解放思想，让手术室护士来给你们评二级教授，你干不干？如果我这么做的话，你们一定又会抱怨，说拿护士来评教授，就觉得降低了大家的身份。其实，真正能够评出你们手术好坏的，也许就是手术室的护士，天天跟着你们这些医生动刀子，她们最清楚，只是她们不敢有这个资格。中国人讲面子，就像拿一个民工来评判我的水平高低，你们会感觉难以理解。"这么一说，他倒想明白了为什么要做研究。他从来没拿过自然基金，也没有发过论文，但是手术的确做得好。我说："你手术做得好，只是一个好医生，并不能说你是一个好教授。好教授除了做手术，还要培养出好的医生出来，造就一批好的临床成果来，惠及其他医生和病人。"他不吭声。

当然，我并不针对这位老师，只是与老师一起探讨问题而已。我也就是这种性格，说话对事不对人。应该说，他心服口服。其实，我们国家很多事，不评的话，什么事都没有，教授就是教授，还搞二级、三级，把很多时间花在无效劳动里面。像这种老教授，他们能够把牢骚发出来，我还能请他吃饭、做工作。我实事求是地告诉他，我们考虑问题的角度不同：他的考虑只是"我手术做得好，又是科主任"，我们的角度是不仅要做得好，还要培养出人才，要把做得好的成果推广给别人，这个过程需要得到公认和推广就得发表论文，因为教授有这个义务。

大学附属医院与社会医院的职能应该是不同的

黄：下面一个问题，你对大学附属医院的定位是如何思考的？

陈：现在，媒体也在说：医生就是医生，干吗用SCI论文压着他？政府领导也会和医生吃个饭、看看病，医生也会跟他们抱怨说："你看，他们现在搞得我们又要写SCI论文，又要看病，哪有时间？"领导也就信他们了。其实，真正不是我们在搞教育，而是社会舆论在左右着我们，把我们压在中间。我的理念是：附属医院是高层次医学人才的培养基地和理论创新地，是高水平医疗技术的发源地或辐射源，是名医和大师的会聚地。什么是名医？病人不看不死心、同行不问不放心的就是名医。在今天这个时代，没有临床研究是很难成为名医的。我在设想，我们的附属医院不设门诊和急诊室，门诊、急诊都放在区医院、地段医院去看，那些基层医院不能诊断和治疗的病人，再到我们的附属医院来。要解放我们附属医院的医生，将他们的精力主要放在解决疑难杂症上，通过对这些疑难杂症的研究，来提升医疗水平。各个科主任都跑上去讲，说医院床位不够。但是，你要那么多床位干什么？想赚钱？附属医院更多的是接收对学术有意义的疑难杂症，对吧？其他的病人多得是医生可以看。

黄：我们可以公开地说一说。大学的附属医院是不同于社会医院的。我们要有学术含量，所以不要去追求门诊、急诊量大。

陈：大学的附属医院应该是为创造成果、培养人才而设立的。我们的任务是怎么提升医疗水平，然后把这个成果推到普通医院去。普通医院的医生来我们这里进修，提高他的水平，这才是解决"看病难，看病贵"的方式。

我觉得，我们的首要责任是推动医学进步，它创造的效益是所有人都看得上病，而不能把精力全部都砸到解决"看病难，看病贵"的问题上。病床加了再加，你附属医院的病床已经2000多张了，等这个建好就3000多张了,即便翻三倍,看病难的问题仍然无法很好地解决。如果要计算我们那里的病人流量,根本不是有多少病床和多大面积的问题,而是看我们的医疗体系、病人分流体系有没有做好;如果病人分流体系做好了,就根本不存在流量问题,对不对?

黄:关于附属医院的定位,我觉得这一段讲得特别好。师资要进行科学研究,这是附属医院跟其他医院的不同。

陈:否则为什么叫"附属"医院。

班导师制:做学生人生的导师

黄:我还有几个特别的问题。你的博客上有提到,一个研究生专门给你写信,里面讲了一条:"我们到了交大以后,感到很失望,男大学生就是玩游戏,虚度时光;女孩子就是聊买化妆品、找对象的事情。"如果这种现象是存在的,我想问:你作为院长,怎么努力去解决这个问题?

陈:我当时给这个学生回了封信:"我觉得路都是自己走的,你能给我写这封信,说明你还是有是非观的,知道什么是对的,什么是错的。"

讲得更远一点,就把辅导员这支队伍的问题提出来了。我们医学院的辅导员多数不是学医的,而是文科专业毕业的。他自己心里就很不满,国家把辅导员搞得既可以评副教授、二级教授,又可以评科级、处级干部,使这支队伍既不像行政队伍,又不像业务队伍。按道理说,辅导员应该担当一个甘于奉献、甘于牺牲的角色,致力于把学生的人生观、世界观、价值观引导好。因此,对辅导员这支队伍的要求就应该比老师队伍还要严,但想要做到这点很难。

我感觉我们现在的辅导员是力求稳定,别出事,也没有办法真正深入人心地去做思想政治工作。因此,我们推出了"班导师制"。当时,"班导师制"的理念不是带学生去做研究、做实验,而是用"班导师"的情怀去给学生解惑。我觉得,老师除了授业外,还应该解惑、传道。现在经常是老师都讲完两学期的课了,学生不认识老师,老师也不认识学生。单靠辅导员,能够把学生的素质提高吗?很难。所以,老师应该把这个责任承担起来。

我就倡议教授都去带一个班,一个班30人,不强调时间,可以每个月或每个礼拜给学生开班会。如果你是领导的话,别人会说你"打官腔",但你是老师,学生可以跟你畅所欲言。你可以跟他们分享你的人生观、世界观和价值观,只要你认为是正面的都可以。至少,不要给学生负能量。

开始的时候,教师层次是比较高的,都是"长江学者"或"杰青"。他们在学生心目当中比较有地位。如果没有地位,讲的话也没有用。这个东西推出来后,大家都说蛮有效果。然后,我又拨给他们一些钱,比如一个班给2万块钱活动费。我说,这2万块钱不是鼓动学生去吃吃喝喝,而是给导师一些象征性的补助,毕竟有所付出;另外是搞一些人文方面的活动,比如说一起到公园,在轻松的氛围中聊聊天,不一定是整个班,有时可能只有三四个人有空,也可以。

有段时间,这个"班导师制"被解读成"科研导师"了,让学生跟着导师去做研究。我听到以后,把它矫正过来了。我反复强调,"班导师"虽然本身是科学家,但在这些学生前面,他只单纯是一个人生导师。我希望这个过程是双赢的。导师可以借此提高与年轻人相处的能力,同时也可以从中发现优秀的学生,作为他研究生的备选名单。如果这样做对导师一点好处都没有,他早就没动力了。

第二年班导师就多了,一些临床医生对这个蛮有兴趣的。我们十分强调全程观念,就是从你入学到离开医院走向社会这个过程。现在,每个班都有"班导师"。这个已经坚持四年了。

黄:"班导师制",实际上是做学生人生的导师。

关于培养学生的信念

黄:我看了你那么多博客,印象非常深的一点是,你在跟学生直接交流的过程中,反复强调要给学生信念。我觉得,可以叫你信念院长。那么,你作为一个院长,是怎么思考这个问题的?我认为,这是一个很好的做法。我很希望其他院长也可以在跟学生交流的过程中,培养学生的信念。

陈:现在,我们都在讲"中国梦",但是我觉得学生真正欠缺的是信念。大家都是从应试教育中走出来的,不知道自己这辈子要干什么。当然,我倒也不认为人生是可以规划的。只能说,每一步都要作出正确的选择。但是,作出正确选择的前提是信念,你觉得这个事一定能做好,并且会尽最大的努力。如果做好了,回过头去思考自己的过去的时候,会发现在人生道路上留了一些让自己自豪的痕迹。不要去在乎别人怎么看。在这个社会,让别人肯定是很难的。如果连这点基本信念都没有,那就只能随大流了。

每次研究生入学时,我都要给他们做两个半小时的报告,拿我个人的经历跟他们谈。首先,我会先分析他们的动机。我说:"你们中间真正为了科学来读书的,有几个?我不敢说没有,但比例不会很高。那你们的动机是什么呢?第一个,是找不到工作,逃避就业的;第二个,是本科医学院一般,为了'脱帽',考到交大医学院来的;第三个,看到大家都在考研究生,我也去考下,一不小心考上了;第四个,爸爸妈妈说现在学医不读研究生不行了,就来读了。"所以说,不少读研究生的动机都是不太正确的。一读,就很难作出正确的选择;而没有这个正确的选择,没有这个信念的话,就很难真正通过研究生阶段来提升自己科研工作的能力。

我曾经说过:"如果你认为你是金子,总是会发亮的;如果你认为你是银子,总是会闪光的。"这本身也是一种信念的体现。如果你自己都没有自信,永远也不会发光。

我认为,我们国家现在出现的很多矛盾,都是不自信的表现。比如害怕上访,有什么好怕的?到美国白宫上访的多了,也无所谓嘛!政府应该自信点,要上访就让他上访好了。现在,好多人也没有自信。其实每个人都有天赋,但是大部分人缺乏发现天赋的眼睛。而且,我们这个教育制度，包括家庭教育，很难让人自我意识到自己的天赋是什么。一旦意识到了，有这样一种信念，就会沿着天赋寻找自己真正感兴趣的东西。我曾公开地对本科生讲："你们现在刚刚入学，不要告诉我你知道自己对什么感兴趣。因为我不相信中国的中学教育能够教出你对什么感兴趣。如果有，那你唯一感兴趣的就是交大是名牌大学。我们小时候，老师说'干一行，爱一行'。现在我还认为这句话是对的。既然进入了医学院，要从事医学这一行，就要努力去发现自己的天赋，去 enjoy 这个专业。若干年以后，就会真正有兴趣了。"

原来是强调"干一行，爱一行"，现在倒过来了，提倡"爱一行，干一行"。但我认为，现在这样过分强调自我了，是对人生不负责任的一种说法。

黄：这个我倒蛮欣赏的。我相信信念的力量。这个信念体现在哪里呢？一个是国家要有信念；第二，其实我们个人也需要信念。眼前的事情要做好，机会来的时候，绝对要抓住。而不是说，还没想好下一步就想跳槽。那我是不赞同的。

陈：我们现在选导师是双向的，研究生进来第一年不定导师，到了第二年的时候再选。多数学生会先问导师："我是不是做了，明年就可以发论文了？"如果答是，他就来了；如果是一个新的老师，就是打死他，他也不来；如果有八卦说这个老师对学生很严，他就不去了；如果说对学生蛮好的，不做就不做，反正可以毕业，他就去了。这样子搞得小孩子哪还有什么信念呢？这个时候，一个人不可能改变一切，只能从制度上着手：第一，要轮转；第二，一个导师只能招一个研究生。我们现在能够做这个事情，因为我们的学生数量比导师少。

还有10%的导师招不到研究生。如果今年一年招不到，还情有可原；如果连续两三年都招不到，说明你当导师是有问题的，那么你就自动被淘汰了。如果你应聘上海交通大学医学院博导没有问题，应聘院长也没有问题，甚至去应聘交大校长都没问题，但是没有学生选择你，你就不能招生。这是一种情况，就可以淘汰一批人。而且，这种导师多半是不负责任的,或者不指导学生,或者没有课题。还有一种情况是:这个老师的确很好,有两个学生非去他那里不可;我们就会分析下这个导师,如果他的确不错,又会认真负责地指导学生,就可以招两个。

这样做试点之后,又出现了新的问题:老师们不满地说:"现在学生是爷了,我们老师是孙子了。为什么是学生选老师,而不是让专家来评判呢?"我说:"有时候,做孙子还是比做爷好。做孙子可以反省下,为什么没学生选我?是不是我的学术水平有问题?或者是我的学术水平可以,但对学生的人文关怀没有到位?如果对学生的关怀不到位,相信这个人对自己的小孩也不会关怀到哪里去。其实,带学生的过程也是推进教育下一代的过程。这些制度使自己又脱一层皮,又接受很多考验。"所以,当时,我在博客里写过一句话:"历史证明,改革者必须作出牺牲。我不下地狱,谁下地狱?要改革,必须准备作出牺牲。"

我一直坚持一个信念:作为院长,要做好这个工作,做好自己,不贪不占。别人都是招一个学生,我不会因为我是院长就招两个。我申报课题都是自己写,自己做PPT,然后去答辩。学生先自己提出解决问题的方案,跟我讨论后,去做些实验。最后的论文都是我将学生叫在我旁边,以修改标记的格式修改十几甚至几十遍。实际上,最后都是我写出来的。想学习的学生,可能回去会反复琢磨我的修改,从中提高自己。学生也会到外面去传,说:"陈老师的确不容易,又做院长,又要带我们这些学生,还如此兢兢业业。"可是,现在又有多少学生,能够理解学校的一切都是为了他们呢?在今年的毕业典礼上,我说:未来的人生路上,希望大家守得住志向,平凡不平庸,耐得住寂寞和艰辛,经得住诱惑和挫折,扛得住压力和痛苦,把握得住小节和大局,认准目标,不畏浮云,保持"独立之人格,自由之精神",不要怨天尤人、自甘堕落,因为如此随遇而退,注定会日子越过越潦倒。不要安于现状、得过且过,因为随遇而安者必然越过越无为。不管在哪里都要扎根奋发,有所为,有所不为,做一个内心宁静而强大的人,在追求梦想的过程中享受沿途的风景,感受生命的厚重。只有这样随遇而进,才会赢得出彩人生。

黄：其实，导师起的作用比上什么课都重要。刚才你们讲到医生对医学生的影响，其实老师也是一样的。前段时间，我去深圳开一个职业教育的会，接待我的那个人是内地一所知名高校本科毕业，后来到香港教育学院读了教育学硕士。我们都知道，香港教育学院不算特别出名的学校。她第一次交作业上去。返回来后，整个变成了红笔写的，就是老师重新给她写了一遍。她就切身体会到，再也不能像以前那样读书了，必须改变学习态度。

我在浙大做副校长的时候，主管教学。我们有些作业，老师是不批复的，上面写个"阅"就完了。有个笑话是：数学作业交上去，物理老师写个"阅"就给发回来了。实际上，你以什么态度对待学生，学生就以什么态度对待学习。

李志义：
教学改革要有顶层设计

（2013年7月28日，大连理工大学）

李志义，1959年生，甘肃天水人，化工机械教授，高等教育管理专家。1982年，毕业于大连理工大学化工机械专业。1984年，获大连理工大学化工机械专业硕士学位，毕业后留校任教。1991—1995年，公派德国留学，获博士学位。1984年起，历任大连理工大学化工机械系副主任、主任、化工学院副院长、教务处处长。2006年起，任大连理工大学副校长（分管教学工作）。曾荣获国家教学成果一等奖和第四届国家级教学名师奖。

我们不是在提倡研究型教学，让本科生得到创新创业训练经历吗？为此，我们实行了"四个一"制度，就是每一位教授、副教授或者具有博士学位的讲师，每一年都必须准备一个适合本科生进行创新创业训练的项目，至少要指导一个或一组学生进行创新创业训练。当然，这是双向的，学生也可以自己提出项目。这就让搞科研的教师把他的资源贡献出来给学生，我们这"四个一"制度坚持得非常好。

黄达人：李校长，今年我第三次来到大连理工大学，前两次过来跟你交流以后，我认为有必要专程再来一次，专门了解大工教学改革的事情。在我来以前，你们给我发了很多关于大工教学改革的材料，我全都看了，内容很丰富，也成体系。你们做的很多事情给我留下了非常深刻的印象。比如说，在你们提供的《化工流体力学》课程改革材料中，有些研讨题目给我留下了深刻的印象，学生们所做的内容非常深入，提交的 PPT 交流作品非常精彩。例如，学生们三五个人一组进行团队合作研究，就"高尔夫球表面为何不是光滑的"这一研讨题，列出了数学模型和方程，考察的不仅是流体力学的知识点，而是研究怎么去应用它，能一下子把学生的兴趣给调动起来。还有你们《工程制图》推行的 PBL 教学等都给我留下了深刻的印象。所以，我说，大工能把教学改革推进到课程层面，这非常不容易。我访谈过很多学校，教育教学改革大都推行到院系层面，真正能够在课程和教师层面作出深入改革并取得实效的，就我看到的，还不多。所以，这样的学校一定是值得第三次来的。李校长，通过我这段开场白，你就知道我对大工的期待了。

李志义：非常欢迎黄校长今年第三次来到大工，谢谢你对大工教育教学改革的高度认可。其实，我们一直在做分内的事情。总体来说，我们学校的教学改革分为宏观、中观和微观三个层面，实际上也是原来国家教育体制改革的一个项目。

打破教育教学壁垒，德育更要教授来做

黄：因为你对教学工作有很多的思考，我想是不是先请你对全国高校人才培养的情况，有个综述性的说法？

李：说到人才培养，其实有两个基本问题：一个是培养什么样的人，另一个是怎样培养人。对高校来说，我们有一段时间似乎有点淡忘了大学乃至整个教育的根本。教育的本质应该是什么？应该是人才培养，人才培养始终是高校的根本任务。但是，我国高校曾一度强调教

学、科研"两个中心"。实际上这是个伪命题,中心怎么可能有两个呢?事实上,这"两个中心",其中一个是"几何中心",另一个是"质量中心"。教学是"几何中心",位子摆在了中心;科研是"质量中心",成了真正的重心。有人形象地说,教学是"皇后",科研是"妃子",教学空有地位但不受宠。当然,重视科研,是高校主动适应我国经济社会发展需要的结果。由于整个国家的创新体系尚不完善,企业的创新能力偏弱,高校不得不扮演技术创新主体的角色。然而,这个角色的责任太大,压力太大,高校只能将这个责任与压力压给教师。说句实话,大学教师内心是喜欢教学的,否则他就不会选择这个职业。但是,大学教师在科研压力的驱使下,与自己的基本职责却渐行渐远。

纵观整个大学发展的历史,大学成为社会的"轴心机构"是历史的必然。大学鼻祖——博洛尼亚大学,就是很纯粹的象牙塔,当时的大学就是为了培养"绅士",这就是所谓的"博洛尼亚传说";后来柏林大学引入了科学研究,其实,当初洪堡并不主张做实用性的科研,而是由科学而达至修养,认为科学研究是培养人的手段,不通过科学研究,大学就培养不出"完人",这就是所谓的"洪堡理念";再到后来所谓的"威斯康星思想",把大学推向为社会服务的前沿。从美国《莫雷尔法案》提出"赠地大学"开始,大学就从人才培养和科学研究,走向了为社会服务。我们国家现在处于经济快速发展的时期,科技创新是加速经济发展的强大动力,政府把人才培养、科学研究和社会服务的期望全都寄托给大学,大学必须要承担这些社会责任。我认为,这也不能简单地说应不应该、孰是孰非的问题,而是一个必然结果。如果整个国家的经济发展到一定程度,且社会、企业逐渐成为创新主体的话,大学就不会有过重的负担,它就能回归培养人才,做自己真正应该做的事。一个大学要发展科学技术,那只是为了今天;但是,大学培养人才,是为了国家的明天和后天。但是,现在我们可能还在做眼前的事情,也应该把眼前的事做好。所以,我认为这不是简单的对错问题。但即便是立足当下,也必须着眼未来,我们还是要呼吁,大学要尽快回归到本质上来。我觉得,我们国家目前的教育主要存在两个突出问题：

一个是功利化，这不仅仅是大学的问题，而是整个教育都严重功利化。人人想让自己的小孩上个好幼儿园，上好幼儿园是为了上个好小学，上个好小学是为了上个好中学，上个好中学是为了上个好大学，上个好大学是为了找个好工作。就这样，整个社会教育体系都功利化了。

另一个问题是教育目标空泛化，我曾经在一篇文章中说过，我们没有一个完整的教育目标体系，只是按照党的教育方针，指示出了一个教育目的，这是一个终极目标，但是没有把它细化到各级各类的教育中去；都说要培养社会主义的建设者和接班人，但是到底每个层面应该怎么做，没有搞清楚。你看，我们现在提出"中国梦"，连小学生都在讨论"中国梦"，那"中国梦"在小学教育里体现什么？如何体现？怎样实现？我们把德育的目标定格在爱党、爱国、爱社会主义，但是，小学生和幼儿园的小朋友能弄懂党派、国家和主义吗？我认为，小朋友首先应该爱父母，爱其他小朋友，爱身边的人和物，但是，我们缺乏这样的目标体系。我们的小学生到底达到什么程度才能成为将来的社会主义建设者和接班人呢？我们的中学、大学以及其他高等教育层次，应该达到什么样的教育目标呢？这些都没有一个明确的说法。我们需要按照党的教育方针指引，将总目标进行分解，形成一个教育目标体系。否则，就会出现悖论：我们的教育都要成为社会主义事业的建设者和接班人，如果中学就可以达到社会主义事业的建设者和接班人的目标，那为什么还需要后面的教育呢？我们的终极目标当然是党和国家的教育方针，但是我们应该根据总目标，把它阶段化，就是明确每个教育阶段应该达到什么目标。比如高等教育，不同层次和形式的高等教育都应该有明确的教育目标，比如说大学，每一个大学都应该有一个明确的培养目标；对一个具体的教育机构，也应该有一个培养目标。但现在的实际情况是，大家都懵懵懂懂的，不分阶段、不分层次、不分类型，大家都是一样的目标，教育的目的性很不具体。

教育目标谈完了，下面说一说目标实现的问题。教育目标的实现首先要"立德树人"。总的来说,我们当下的德育教育有"三化"倾向——简单化、知识化、孤立化。其实,我们的各级各类教育都非常想把德育搞好,但这需要一个过程。打个比方,如果你吃到第八个馒头就饱了的话,我们的德育教育好像只想吃第八个馒头。

我认为,德育教育是一个积累的过程,但我们现在却把它简单化了,德育教育被简单化为思想品德教育,思想品德教育被简单化为"两课"教育。就像我刚才说的,如果我们的小孩,从小不教他爱父母、爱小朋友这些身边的"小爱",到大学的时候,一下让他有爱党、爱国这样的"大爱",这可能会很难。如果前七个馒头都没有吃,只吃第八个馒头,怎么可能吃饱呢?看着国外小孩的教育,如果你去拜访一个家庭,你如果不尊重小孩的洋娃娃,那小孩会跟你急的;而我们的小孩在生气时,经常拿着自己的洋娃娃往地上摔,这体现出在"爱生命"教育上的差别。尤其是现在的很多孩子都是独生子女,只知道被别人爱,不知道去爱别人、爱生命。在这样的培养环境下,让他去爱党、爱国,就显得有些空泛了。没有爱的基础,爱党、爱国就只能是一种口号。因此,必须一步一步地来,德育教育目标也要细化到每一个阶段。

我感受最深的一次是在美国,那个被我们认为是自由的、张扬个性的社会。我们那次访问的时候,正好赶上姚明在那儿打主场,他们就邀请我们去看。刚开始的时候,场内人声鼎沸、秩序很乱,但当美国国歌一奏响,全场顿时鸦雀无声,每个人都肃立着。看看他们的爱国主义教育,真值得我们反思,其实没有怎么大张旗鼓,而是真正的润物细无声,让你一点一点地思考,让你骨子里就有这种意识。但是我们却没有,我们只想吃第八个馒头。空洞的"口号式"德育教育是无济于事的。

其实,德育是一个品行问题,它首先是"行",不是"说"。每个人都可以说得很好,但做得好是另一回事,对不对?

黄:德育教育如果变成说教,变成知识了,效果就不会很好,德育靠养成。

李:你说得很对,品德靠养成。我们现在搞德育教育,还真得向我国古代的孟母好好学习一番——"昔孟母,择邻处",连一个古代的家庭妇女都知道环境对一个孩子成长的渗透和熏陶;但我们现在却忽视了,我们只知道"知识化",组织很多专家在编写统一教材、统一教案、统一大纲,但我觉得,非常遗憾的是,这似乎并没有抓住德育教育的真谛。

教育不是灌输知识,而是培养人,首先是德育,这是最关键的,人才培养以德为先。有人说:如果我们科技不强,一打就倒;但如果一个民族没有气节,不打自倒。民族的前途,最重要的是这种气质和文化,而我们恰恰忽略了这些东西,整个教育都变得功利化了。严格来说,我们现在的教育,重点不在培养人,而在培养人力,这一点很令人痛惜。德育教育似乎也被简单化成了思想品德教育。中央高度重视大学生的德育工作,但是,用目前这种理念与方式来贯彻和落实中央的决策,效果堪忧。

黄:我们再把这个问题往下深入一点。因为我们在一个学校里,最多改变一下校内的状况,没办法去改变大的环境,只能呼吁。但是,在目前这个大环境下,我们大学对德育教育可以做出哪些努力和改变?或者说,我们做了什么尝试?

李:正如你所言,我们很难改变什么,但作为培养人才的大学,我们要呼吁。我们在学校的小环境里能做什么呢?首先要打破教育教学的壁垒。在很多高校,都存在着教书、育人两张皮和教育、教学两条线。为什么会这样呢?实际上,从教育部开始,教育系统有思政司,对应着大学的学生处;教学系统有高教司,对应着大学有教务处。教育和教学实际上就分成了两条线,这是很令人担忧的。因为教育本身,包括人才培养,都是一体化的。现在,我们一提到学生教育,都把它归到学生处;而谈到教学,那只教课就行了,在学校的内部职能上就把两者给分开了。在教师层面,教学和教育就成了两张皮,从事教学的就是教师,从事教育的是辅导员。这怎么能行啊!尽管现在国家政策给辅导员的地位很高,也属于教师系列,可以晋升教授,但是,单靠辅导员就能搞好德育吗?辅导员才有多少?两百个学生才配一个辅导员。再者,现在的辅导员大都是毕业生留校的，他本身的素养还有很大的提升空间啊！我们有大量的教师、教授，这些人在干什么？在教书，但不育人。因为这些教师有理由认为，学校有专职的辅导员队伍，教育是辅导员的责任，我教好我的书就行了。

黄：我记得你在一篇文章上说过：越是强调专职，实际上越孤立化了，结果是弱化。

李：绝对是弱化。育人是教师的天职，教书的目的也是育人。如果不育人，就不是一个称职的教师。所以，我们现在强调：教师的课堂，不仅仅是知识的课堂，更是育人的课堂，教师要教书育人。

黄：就是增加教师对德育工作的关注。听说你们要实行"导师制"，在哪几个学院有试点？

李：物理与光电工程学院、电子信息与电气工程学部等都在实施，我们也正准备在全校推开。最初是在物理与光电信息工程学院，教授、副教授一个人负责几个学生，尤其是那些后进的、学习成绩不太好的学生，他们就持续跟踪，效果非常好，我们就着手推广了。所以，让教授来做思想工作更有效。我们回顾一下西南联大和以前的那些大学，师生之间的关系和现在真不一样。过去就是那种师生传授的教学模式，那才是真正的人才培养。而现在，老师讲完课就离开，这种"车厢化"的教育疏远了老师与学生之间的感情。

黄：但这是大众化教育必然会产生的结果。

李：所以，我们现在要回归育人本位，思考怎么样能让老师跟学生多在一起。如果没有这种思想的交流和碰撞，怎么育人？老师在黑板上给你讲讲道理，这能有多大作用？还得需要老师的言传身教，这才是真正的潜移默化，但我们很难做到。现在陪着学生的就几个辅导员，更何况也没有那么多辅导员。即便这样，辅导员大部分精力都在帮助学生解决些生活问题，再就是搞各种各样的活动。我经常说，搞这些活动的目的是什么？需要搞清楚，活动的目的、内容、载体都要紧紧围绕着育人。目前，很多高校的学生系统过分强调学生管理，我认为这是定位错误,不应是"管理",而应该是教育,是培养人。学生教育应该有目标、有内容、有载体、有评价。各种活动可以认为是载体,但教育内容是什么?通过这些活动,想让学生干什么?想达到什么目标?能不能达到这样的目标?这些必须明确。如果我们没有搞清楚,只是一心想着搞各种活动,虽然看起来热热闹闹,甚至也可用"校园文化"加以粉饰,但我认为,这是没有多大意义的。

现在,想要增强德育教育的效果,我认为在高校内也还是有些办法的。首先就是一定要把教育、教学这两条线融为一体,教书、育人这两张"皮"无缝贴合。具体的做法可以有很多,比如说成立"本科生院";设立"导师制";在课堂教学中,教师不仅要传授知识,更要传授思想。

黄:如果能够在学生的德育教育方面有所改变,有所提升,我认为就是了不起的成就了。按我的想法,第一,希望辅导员专职队伍的人数能够减少,兼职队伍能够扩大;第二,希望我们"两课"的师资队伍结构能够有所改变,比方说,让哲学、历史学的老师去讲"两课",可能效果能更好,"两课"教师不一定非得是专职教师。在现在这个体制下,所能做的改变并没有多少,但是大家还是努力在做,比如说导师制、书院制、本科生院。

宏观层面:学校人才培养的"三十六条"和"四个一"

黄:回到大工的情况,我看到你们在人才培养方面做了一些实实在在的事情。能不能把你们现在的人才培养理念和措施,分别讲一下?你们怎么定位的?做得怎么样?我们暂时撇开课程,先从学校宏观的指导思想上入手,一会儿再谈微观上的课程改革。

李:其实,科研都是硬指标、硬任务,看得见,摸得着,而人才培养却没有什么硬性的指标,都被软化了。比如说,今天这堂课,拖到明天上也一样。但是,你那些项目,今天不去争取,第二天就完了。所以,在人才培养与科学研究发生矛盾的时候,往往是人才培养要让路。没办法,这是大学的问题。

为什么会走到今天这个地步？就像你刚才说的，从国家和社会层面来看，这与学校目前承担的角色有关。试想想看，如果把人才培养和科学研究一样重视，或把它放在大学的根本任务上，人才培养也可以有硬指标，比如，我们也可以像评估重点学科那样评估重点专业。

黄：要评估重点专业，如果没有指标体系恐怕也难评。

李：就像你说的，由于人才培养没有硬指标、硬任务，所以最后被软化，成为一个良心活了。

黄：关于本科教育或者人才培养，你们实实在在地做了哪些？

李：首先还是要解决理念的问题。你也知道，统一认识不是一件容易的事。首先，得从认识层面切入。在 2008 年的时候，我们召开了第 14 次本科教育教学研讨会，专门解决认识层面上的问题，就是讨论怎么样让大学认识到人才培养才是它的根本任务，怎么样让大学老师认识到教书育人才是他的基本职责。最后，我们出台了加强本科教学的"三十六条"意见。其中有一条，60 岁以下的在职教授、副教授必须承担、主持一门本科课程。我们当时的规定是 32 学时。教授、副教授职称评聘和岗位考核的时候，如果达不到学校规定的要求，不能参评，也就是教学考核"一票否决"制度。

黄：我们学校有一个措施就是，在评职称的时候，投票前，由教务处处长最后发言，必须对候选人的教学情况进行介绍。

李：这样就对了。我们让教授讲课，当时的阻力非常大。有些"大牌"教授站出来说："我没课讲，讲师提副教授要讲课，副教授提教授要讲课。如果我们都讲课了，他们讲什么？"

我们采用了"大课拆小课、大班拆小班"的办法。看一看国外的课程，专业课学时达到 60 学时甚至 80 多学时的课程几乎没有，一定是短学时，少学时。一个课堂二三百人，怎么可能因材施教？所以，我们把一课拆成两课；原来一个老师给 200 多学生开课，我们拆开让两三个老师上。我们实行了荣誉主讲和荣誉课程制度，由团队授课，荣誉主讲人必须是教授,被聘为荣誉主讲的教授,基本上算是本学科最优秀的教授,而且岗位津贴提升一级,一聘三年。其实,这些举措都是为了推动"大牌"教授给低年级的本科生上课。

黄:这里就有"三十六条"中的两条了。

李:还有"四个一"制度,这是我们比较典型的措施。我们不是在提倡研究型教学,让本科生得到创新创业训练经历吗?所谓"四个一"制度,就是每一位教授、副教授或者具有博士学位的讲师,每一年都必须准备一个适合于本科生进行创新创业训练的项目,至少要指导一个或一组学生进行创新创业训练。当然,这是双向的,学生也可以自己提出项目。这就让搞科研的教师把他的资源贡献出来给学生,我们这个"四个一"制度坚持得非常好。

我们还有一个很有效的措施,就是讲师晋升副教授的时候,必须参与一个教学改革或建设项目;副教授晋升教授的时候,必须主持过一项教学改革项目。为什么要鼓励大家这样做呢?就是希望老师在教学过程中要深入学习,深入思考,锐意改革,勇于实践。

黄:这个措施也很好,就是让教师都参与教学改革。

李:这些年来,我们每年的教学改革都很有效果。学校还成立了几个教学机构,其中一个就是教师教学发展中心,这是提高教师教学能力的一项举措。

在理念转变中,最根本问题就是当初那种大众化教育盛行的阶段,人们不敢再提精英人才的培养了。我们提出的"精英教育"强调的是要充分利用学校所有的优质学科、科研和教育教学资源,"985"高校一定要肩负起精英人才培养的历史重任。

黄:所以,大连理工大学的人才培养有一个明确的定位,就是"实施精英教育、培养精英人才"。

李:在当时,这个提法在社会上也引起过争议,包括有些领导来学校考察时说:"你们怎么还提精英教育呢?"

黄:现在,很多人都把中国高等教育整体从精英教育到大众教育这件事情与每个大学自身的定位混为一谈,其实这是整体和个体的关系。你们首先强调学校的定位,然后,出台政策,成立机构。

李:总的来说,我们现在有几个措施同步进行:我们的科研资源——包括国家的、部委的、省市的和学校的重点实验室,按学校规定,面向本科生全部开放。比如在夏季短学期期间,我们所有的实验室全部向本科生开放。还有一个是刚才说过的教学质量考评制度,排名后5%的教师要取消主讲教师资格;还有就是刚才谈过的教师职称晋升和年度考核教学一票否决制度,等等。

中观层面:课程体系的构建要形成课程矩阵

黄:下面我们谈谈关于课程体系的调整,这个很重要。我记得,你在提供的材料里提到,对每个专业的教学计划都进行了修订。首先,我想问,修订教学计划的指导思想是什么?比方说,通识课是怎么设置的?有没有新生教育、新生研讨课?大类的基础课有几门?专业核心课程有几门?然后是专业方向,大概是怎么构成的?与以前的教学计划相比,有什么本质的不同?实际上,我个人的理解是,把专业核心课程的数量减下来,选修课数量增加,最后的目的还是要把核心课程讲好、讲深、讲精。我访谈过几位从海外回来的人,他们认为,我们的教学计划有很大问题:一是核心课太多,二是核心课讲不深。

李:关键是课程配置不成体系。

黄:这就造成一个错觉,好像多就是重视,多就是好,但往往适得其反,设置了过多的专业核心课程,但都讲不深、讲不好。不知道你们是怎么做的?

李:人才培养方案是专业的核心,涉及课程体系构建问题。实际上,培养方案是人才培养的总设计。专业人才培养的依据就是培养方案。关于培养方案的制定,我们的做法其实是往两头延伸:一个是往上延伸,一个是往下延伸。人才培养方案的上位是什么?就是人才培养模式,它决定了是什么样的人才培养方案,解决了人才培养目标、模式和标准的问题,也就是培养什么样的人,如何培养人,培养得怎么样的问题。人才培养方案的下位是教学模式,也就是怎么落实培养方案的问题。我们明确提出人才培养模式改革的目标是"实施精英教育、培养精英人才"。那么,用什么样的模式才能达到培养精英人才的目标呢?就是要制定一个标准。最后,我们把这些内容固化在了教学计划中。现在,我们的培养方案出来了,也就是把上位的理念和认识上的东西固化成具体的东西,下一步就是怎么把培养方案这个纸上的东西落实到课程和课堂中,这就是你说的微观层面上的事情了。

其实,我们就是要体现精英教育的培养定位,并达到精英人才的培养目标。从理念上来说,我们整个培养方案的制定过程就是目标导向,也就是"成果导向的教育——Outcome-based Education"。国外的教育倡导这种教育理念。所谓的"Outcome"就是说预期成果、培养目标。所以,我们整个培养方案的制定,就必须先确立整个的目标导向。首先,确定实行精英教育、培养精英人才的大目标,然后,要达到这样目标的话,按照我们的说法,或者国际通行的说法,就是学生将来毕业五年后的职业发展目标。

黄:这应该是有普遍意义的人才培养定位。大学的人才培养定位不应该仅仅关注学生毕业时的状况,而应该着眼于学生人生的发展。

李:对。要看毕业五年以后,学生的职业能发展到什么程度,这就是我们的培养目标。现在,培养方案中有毕业要求,就是说完成这些课程体系的学习以后,到毕业时要达到的水准。每个学院、每个专业都要非常具体地分析和论证,学生在我们这里学习四年,毕业的时候必须具备哪些能力。这与我们传统的培养方案完全不一样,是目标导向的,毕业要求要具体化、可测量、可实现,且要求非常具体。

其他有的学校在制定教学计划时,没有这个过程,他们倒过来做,我一会儿再说他们是怎么做的。现在,我们的培养目标、毕业要求都出来了,支撑这些目标和要求的课程体系自然也就出来了。

黄：目标是精英教育，要求是具体能力，需要明确在这个行业职业发展的预期，再据此看看学生毕业时该具备什么样的能力，才能达到这个预期，从而考虑需要设置什么课程。

李：是的。我们在做培养方案的时候，要求各专业一定要做个课程矩阵，就是针对能力一、能力二，设置什么课程，对学生达到毕业要求的贡献在什么地方，如何贡献。我们在审核各专业人才培养方案的时候，是非常严肃的。专业负责人需要讲清楚三个关系：第一，毕业要求跟培养目标是什么关系？毕业要求中涉及的能力指标，是否能支撑达到你的培养目标？第二，设置的课程体系跟毕业要求是什么关系？第三，规定课程的教学要求与教学内容跟毕业要求是什么关系？只有先讲清这三组关系，才能通过。课程体系与毕业要求的支撑关系就是课程矩阵，这是培养方案的核心。

我曾经在学校的会上毫不留情地说，即使是知名教授也可能教不明白，学生也学不明白。我不是说课程的知识点，我相信教授讲授知识点，学生学习知识点，都会非常明白，但就知识结构而言，难免犯糊涂。教的人不告诉学生，或者自己都不清楚这门课程到底对学生的知识结构起了什么作用，到底想让学生达成什么能力，更不用说这门课的每一章、每一节，甚至每一堂课了。学生学完一门课后，也不知道有什么用。总之，就是教的糊涂，学的也糊涂。

黄：我非常认同这个说法，先要知道目标是什么，想要提高学生的什么能力，而不是只停留在讲授完整的知识。

李：过去，我们的培养方案追求学科知识的完整性和系统性。但是，如果只注重这一点，任课教师就只关注自己所授课程的基本知识是不是足够系统和完善，他不知道这门课到底要培养学生的什么能力，到底要达到什么目标。

黄：这段话很重要。

李：也就是说，原来设置课程体系的时候，往往侧重课程本身的系统性和完整性，而不考虑学生将来发展的需要和能力培养的需求。这样导致的结果就是,教师教不清楚,学生学不明白。学生到毕业的时候也不知道学习这些课程对将来到底有什么用。

黄:你们确定课程体系,具体是如何操作的?

李:不要完全按照学科体系来配置课程,也不必考虑知识的完整性和系统性,只讲每门课的知识点对学生能力的贡献有多大,这样整个课程矩阵就出来了。2011—2012年制定培养方案的时候,全校上下讨论得非常成功。有这样的研讨基础,每位教师在讲课的时候,就有了很强的目的性。我曾经跟他们讲,大学实际上是专业教育,将来的目标是要从事某种职业的。基础教育可以讲知识,但大学一定要有一个知识结构。这个知识结构是什么?就是毕业生应该具备的能力,我们称它为毕业要求。所谓知识结构,就是知识与知识之间的联系。也就是说,我们不仅要讲授知识,还要讲知识之间的联系,这样才能形成一个知识结构。这个结构是学生将来从事某种职业所必需的,也可以说是能力结构。但是,现在很多大学的培养方案不考虑知识之间的联系,只关心是不是缺少知识点。基础教育的各门功课,如数学、物理、化学分别学好就可以了,但大学教育不能这样,一定要形成一个完整的知识结构,而不是学科的知识点。

各专业需要构建什么样的知识结构,就建立什么样的课程体系。培养目标决定毕业要求,毕业要求决定课程体系。我认为,专业的课程体系就是一个完整的知识结构,或者说是能力结构。这样下来,每位老师都知道所教的课程要给学生哪些能力,这些能力在专业知识结构中的地位和作用。老师的教学有目标,学生的学习也有目标,教和学就会有主动性。不像我们原来的学生,所学的东西与他的能力结构和职业要求联系不起来。学生只知道所学课程考60分就能及格,及格了就能拿到毕业证,这样连学习动力都没了,引不起他的学习兴趣。不是说我们的学生不喜欢学习,就拿学生考托福来说,考完托福就能申请出国,学生宁肯花钱都愿意去学,因为他的目标很清晰。但如果课程没有目标,学生只是为了达到60分,这就太糟糕了!所以,我们做培养方案的时候,一定要以目标为导向,说到底就是为了解决一个问题:让老师清楚他教的到底是什么,让学生清楚他学的到底是什么。

黄:如果只是按照教材里面的知识点来授课,这不是高等教育的做法。

李:是的。如果这样去教大学生,那我们的大学教育跟基础教育有什么区别呢?只教知识,不讲结构,这在基础教育可能行得通,但如果我们大学还那么讲,就是"只见树木,不见森林"了。学生看到的只是一个个知识点,但不知道每个知识点到底干什么用。也就是说,知识点之间的联系没有建立起来。

黄:在这样的培养方案下,现在你们的课程体系与以前相比,有什么明显的差别?能不能用一两个例子来说一说?

李:例如,就像你看到的那样,我们机械专业的核心课程就是少而精的。还有就是我所在的过程装备与控制工程专业,我们花了很大的工夫,把整个知识结构梳理成三条线:一条是机械基础线,一条是化工基础线,一条是控制基础线。围绕这些,我们设定了四门理论基础核心课,加上三门专业基础核心课,再加两门专业课,也就是八九门核心课,这就是知识结构的核心。

机械基础和化工基础这两条主线中,我们重点考虑材料力学、化工原理两门理论基础和专业基础核心课程。实际上,就像黄校长说的,我们需要理出核心课程,就这么简单。我们专业为什么敢理出这两门课程呢?因为我们对大量校友进行了调查,发现在他们的职业发展中,最重要的专业基础课就是化工原理和材料力学。所以,我们的知识结构绝对不是追求学科的系统性和完整性,而是基于目标导向和能力发展。

黄:这是非常可贵的东西。能不能说一下整个过程?这些工作多长时间才能完成?怎么让老师积极参与,从而认同这个培养方案?其实阻力还是很大的。

李:你说得很对。包括前几天我们教师教学发展中心举办的国际教学发展研讨会,请国外的教授来做报告,就讲他的课程和教学是如何设计的。这样的话，可以给我们老师提供一些借鉴。这样的课程体系，架子虽然搭起来了，但是真正到实质性阶段，还需要很长的工夫，不可能一蹴而就。

黄：你们制定这个方案，花了多长时间？

李：2011年酝酿了差不多一年，2012年花了半年多的时间。到现在，我也只能说，我们老师的观念有所转变。但是，真正落实到具体课程教学的实施，还得有一段艰难的路要走。

微观层面：关注每一门课如何上

黄：这又是下一个层次了。就是具体到每一门课程，我们如何改变才能使课程起到能力培养的作用？其实，你们给了我几个例子，比如有些课实行研究型、讨论型教学。但怎么能够推动所有的课程建立起课程矩阵并发挥应有的能力培养作用呢？而且，我个人认为，想让每一个老师去改革传统教学，太难了！

李：你讲的全是关键要素。从宏观、中观的角度来看尽管难，还是可以通过学校的行政行为来强行推进，但在微观层面，怎样上好每堂课，这真是教学改革最难的一环。这也是教学改革中最顽固的堡垒，甚至是久攻难下。

有人说，教学改革就是这样，模式改革、体制机制改革都轰轰烈烈，但课程改革却冷冷清清。为什么？因为课程改革要伤筋动骨，要触及灵魂。可以说，现在的教学改革就是"教的不改，改的不教"。真正站在讲台上的教师还没有进行根本性的改革，全都是学校的教学管理者在改模式、改机制。这种改法，不仅收效不大，而且还可能越改越差。试想想看，如果为了给学生更多的自主学习空间，教学管理者将一门课程从原来的64学时减少到48学时，主讲教师为图省事，应对的措施可能就是少讲几章，这样的改革会有好效果吗？课堂教学改革怎么改？我认为，一定要推进研究型教学模式，设计一系列的教学目标；一定要打破那种常规的灌输型教学模式,让学生在讨论、研究、启发的环境中学习,而不是老师的单向灌输。

老师一定要跟学生互动,要设计一系列的教学体验,不能一到上课,就是老师、黑板、PPT,学生带个耳朵就行了。老师要让学生的手和脑都动起来,要设计一系列专题性、讨论性的内容让学生主动参与。我们现在已经改了的课程有300多门,分别从不同角度打破了传统的课堂灌输式教学模式,有的是大班授课、小班研讨;有的是推行自主学习模式,比如我们的部分英语课教学;还有案例式教学;等等。

黄:就是说,其实没有统一规定的模式,每门课可能都不一样,只要是达到这种教育目的就行了。

李:是的。这300多门课,也就占我们所开课程资源的10%—15%的比例。我们当初还是有策略的,先改革"两课"教学,再改革大学英语教学。

黄:对"两课"进行改革,本身也是对德育教育改革的一种努力。

李:是的。"两课"增加了小班讨论环节、增加了实践学时。例如,夏天的时候,学生可以聚在草坪上,老师带领他们,就某一个"两课"的专题进行讨论。

黄:"两课"的授课形式变了?

李:是的。我们提出了三个结合:课内与课外相结合,讲授与研讨相结合,理论与实践相结合。

黄:会不会有人把它看成是减了"两课"的学时?

李:有减有增。减了课内、减了讲授、减了理论,增了课外、增了研讨、增了实践。一句话说到底,就是减了老师的灌输、增了学生的感悟。

黄:这样的改革会更好,而且是研讨和启发式的,能站得住脚。

李:我们会围绕着一个热点问题讨论,大家都很有积极性。在讨论过程中,教师会把他的思想渗透进去,对学生进行引导。这比老师照本宣科地讲有效多了,学生也不容易有抵触情绪。

黄:除了"两课"、外语,还有哪些课?

李：在数学专业，教授可以多头进行主讲，副教授和讲师组织小班讨论。

黄：就是大班授课、小班辅导或讨论吧。像数学、物理这样的公共基础课，采用这种方式授课，是比较好的方式。外语更适合自主学习模式。

李：谈到"自主学习模式"，我们有一个英语老师很有一套，我还在校园网上给他们进行了点评。自主学习对于提高学习效率和语言的应用能力，很有成效。

还有像机械制图课程，他们实行项目驱动式教学，也就是PBL。管理学院的案例式教学也搞得很好，他们自建了一个案例库，还获得了国家教学成果二等奖。

黄：这些课占核心课的比例有多少？

李：这些改革在专业核心课中所占的比例还不是很高。

黄：南京大学陈骏校长也说，其实他们也只是动了通识课。一定要让大家看到，教学改革是艰难的，不要以为培养方案改了，培养模式改了，一切就都完成了。

李：最难的还在后面。所谓教育改革的"深水区"，深在哪？就在这儿。

黄：关于通识课和专业课的关系，你能不能谈一谈？

李：如何看待通识教育与专业教育的关系，我们也的确动了一番脑筋。为此，我们还专门成立了一个正处级单位——通识与基础教育中心，专门来研究、规划、建设通识课和基础课。关于通识课，我们规划了几条主线，把它分为五类，每一类有一个主题，每类规定一至两门核心课程，其余的就是通识教育的扩展课程。

通识核心课程是必修的，通识扩展课程是选修的。就整个通识教育体系而言，一定要抓几门核心课程。现在，我们已经建设了7门核心课程，20门扩展课程，分为人类文明、社会发展、科技进步、心智启迪和人文经典五类。

黄：与通识扩展课相比，通识核心课程的上课方式有什么特别的地方？或者说它为什么是核心课程？

李：当初，在制定培养方案的时候，有人把通识教育和原来的素质教育搞混了。所以，我们这次强调的通识教育，主要是突出学生的"全人教育"，特别是给学生提供一个了解人性、人类、人文、自然和社会的平台。

黄：通识核心课怎么开设？有没有特别的地方？

李：举一个例子，比如说有关人类文明的课程，我们的核心课是《人类文明史》，扩展课程有《中国思想史》《中国传统文化》《西方哲学史》《西方文化概论》和《中西文化关系史》。哲学、文学专业的学生，就不要选这类课程，但是理工科的学生要选。除了核心课程外，如果你想进一步了解中国思想文化，可以去选扩展课程。从去年开始，这27门课程建设都已启动，并且已经开始上课了。教材正在编写之中，还没那么完整，因为我们学校的文科基础还不是很强。实事求是地讲，通识核心课程的建设还正在进行中。我们的课程规划与国外核心课程体系是比较相似的，与复旦大学的通识课程体系也很相似。前些日子，我到南京大学评估，也了解到他们的"三三制"改革，他们对通识课程非常重视，但是从理念设计和建设层面上，还有很多工作要做。

黄：你们学校还有一门学科前沿体验课，是针对谁的？

李：针对一年级新生，相当于新生研讨课的另一种形式。我们的新生研讨课是"大牌"教授亲身与学生交流。然后，这些"大牌"教授把学生带到科研实验室里，以他们的学科前沿项目作为载体进行讲授，一边讲，一边让学生体验。比如，我们的土木水利学院的九名"大牌"教授，包括院士、长江学者、杰出青年基金获得者，都会从不同的侧面让学生体验他们的相关学科前沿和未来专业的发展。

这种课更强调与实践组合，因为基本上都是在教授实验室的实验装置前授课，学生就有机会动起来。当然，还有教授讲的部分，但就在装置前讲。所以，效果非常好。

大学一年级新生，从高中来到大学以后，还没有改掉高中的学习习惯。所以，我们就设计了这个体系，提出了两类课：第一类是让工科的学生一入大学就知道工程是什么、做什么、怎么做，所以，我们各个专业都开设了专业导论课，让学生一入大学就感受到大学教学和高中不一样；第二类是学科体验课，让学生一入大学就知道学科是什么、干什么、怎么干，这便有了学科前沿体验课。

黄：最后一个问题，这些教学改革措施在学校引起了什么变化？初步取得了哪些成效？

李：我们所推行的教学改革，最早是从2006年人文学科开始，到2007年逐步地推进，再到2008年学校召开第14次本科教育教学研讨会，一直到现在。如果说有初步建设成效的话，我认为，第一，我们整个在教育教学改革方面所取得的成果，不仅仅局限在教学管理方面，而是全体教师真的动了起来。去年年底，辽宁省搞了本科教学成果奖评审，其中的教学管理改革成果很少，我们学校限报30项，最终经过省外专家匿名评审，我们这30项成果全部获奖，大都是我们一线老师的课堂教学改革成果。

黄：能够广泛地发动全校教师，投入到教育教学改革中，这是一个了不得的成果。

李：是的。我接着说。第二，刚才说到教授上课的事儿，因为学校教学改革政策的出台，有两个教授因为上课的问题还吵起来了，为什么啊？原来因为这课是48学时，由他们两人上，每人24学时。但新的"三十六条"出台后，一位教授觉得上课学时不满足要求，就要自己单独上，不想让另一位教授上，为此，还吵到分管教学的副院长那里了。这说明我们的改革举措在校内引起了一定的变化。我们采取教授、副教授、讲师梯次排课，教授优先上课的改革举措。改革前，一些教授对本科生课程是能推就推，但现在"大牌"教授都抢着给本科生上课。

第三，教师参与教学改革的积极性大为提高。每年我们的校级立项数量都在大幅度增加。学校每年申报教改立项大约有500多项，约30%左右能够获批。也就是说，尽管获批比例偏低，但教师申报教学改革和教学建设项目的积极性空前高涨。几年前,有那么三五个院系对教学不感兴趣,啥都不报,教学成果、教改立项、教学奖励全都没有。但现在这样的"三无"院系已经没了,这是一个很大的改变。

黄:学生有没有什么反映?

李:我们拿出来几个院系在做 PBL 教学,其他的还是传统教学模式,进行对比。同一门课,有的老师在用 PBL 教学,其他的老师在进行传统教学。我们课后进行了问卷调查,调查学生的感受和学习满意度,结果还是很明显的。因为有了对比,学生的满意度其实也是可测的。

黄:李校长,其实今天你说得很谦虚,真正改革的课程只有 10%—15%。但是我认为,大工最可贵的地方是有了一整套教学改革方案,从学校层面,到学院层面,再推进到课程层面和课堂教学。我们都知道,教学改革很难,但是你们真的去做了,也确实取得了明显成效,且不论做到什么程度,这本身就给其他学校树立了榜样,也给了我本人很大的信心。谢谢!

陈春声：
人文学科的"有用性"

（2013年7月31日，中山大学）

陈春声，1959年8月生，广东揭西人，历史学家。1982年，毕业于中山大学历史系。1989年，获厦门大学历史学博士学位。毕业后，进入中山大学历史系任教，历任历史系副主任、人文科学学院副院长、人文科学学院院长，兼任教育部历史学科教学指导委员会副主任委员。2008年3月，任中山大学副校长。2012年3月起，任中山大学常务副书记、副校长。

我们面向本科生的实践教学是将同学们带出校园，努力回到"历史现场"，现在已经制度化，纳入到课程体系里面去了。每年夏季短学期，学生在老师的带领下，进入野外实践教学基地和田野考察点开展实践教学，阅读老师编写的文献读本，寻找各种官方及民间文献，开展口述历史访谈，并将其置于具体的历史场景中去解读、辨识，进而发现问题，展开讨论，从而获得比在校园里读书更丰富、更贴近历史实际的独特体验。

人文学科源于人性的需求

黄达人：陈大师，我还是喜欢这样称呼你。今天访问你，是想请你谈一谈，在培养人才方面，历史学这个学科究竟对一个人的成长起到什么作用？我们可以先从"985"高校人文学科的定位开始讲。

陈春声：你问的其实是我们这些年来一直在想的问题。对于人文学科的"有用性"，我想打一个比方：家里最有用地方的是厕所，其次是厨房。家里最没用的东西，数来数去可以说是墙上挂着的那幅齐白石画的虾。但是家里有客人来了，你会带他去参观厨房和厕所吗？我想，大家坐在客厅评头论足讨论得最起劲的，恐怕还是齐白石画的虾。这就是人文学科。

人文学科跟社会科学、自然科学最不一样的地方在于，人类还没有进入文明时期的时候，文史哲这些学科的萌芽就差不多存在了。我们的祖先在没有文字的时候，已经开始懂得跟女孩子说一些逻辑不连贯但是真情实感的话，这样的表达形式后来被称为"诗歌"，那就是文学的起点；一个亲密的人去世了，大家觉得很舍不得，一定会举行适当的仪式。根据考古发掘，在很早期的墓葬中，一个家庭男女老幼会葬在一起，他们的头颅边上会摆放一些彩色的石子。这些表明，我们远古的祖先已经在考虑灵魂的问题，考虑人类从哪里来、死后又去哪里，这是哲学的起点；又比如，人们记性有限，时常忘记，所以，我们的祖先会"刻木记事"和"结绳记事"，这是史学的起点。这些都说明了人文学科的存在是因为人性的需求，它跟物理、化学、政治学、经济学这些学科不同。这些学科是在文艺复兴之后逐渐分立出来的，它们能带来一些实际的、非常具体的好处。比如，物理学可以给我们带来各种新的动力来源，经济学可以告诉我们怎么用最少的投入获得最多的回报，甚至政治学、军事学都有这一类功能。但是，文史哲，包括宗教、艺术，就是源自人性，在人还没有很理性地知道要干什么的时候，他就有这种发自内心的本能需求。所以，人文学科是与人的本能联系在一起的。它的思维方式，包括人才培养的方式，其实是与有着很强理性目的的社会科学和自然科学不同的。

现在，我们终于逐渐地明白这一道理了。二三十年前，我刚出道的时候，大家都在讲历史学有危机，人文学科有危机。大家都说历史学没有用，但是它真的没有用吗？历史学、文学还有哲学都是一样的，千百年来，它存在的理由恰恰是因为它没有任何必须存在的理性道理，只是因为人类发自本性需要它，这是发自内心的。这些学科的存在不是源于社会进步、经济扩展、政治争斗等功利性的需要，不是因为这些现实生活中赤裸裸的理由。所以每一代都会有人自然而然地从事人文研究，也自然会有一部分很好的学生跟着做下来。这是人文学科得以存在的缘由，也是我们保持学科自信的基本理由。

人文学科根源于人的本性，这是它的第一个特点。

第二个特点，对于人文学者来说，思想的发明要比知识的创造重要得多。思想的发明是人文学科的根本追求。人文学科不会给你很多实用性的知识，但是它提出的思想可能会改变人们对世界的看法。因为人们对世界的看法不同，他们面对和改造世界的方法也就有所不同，结果，世界也随之改变了。

由此带来人文学科的第三个特点，也是你一直在关注的：人文学科中，重要的思想的发明其实都是孤独的思考者独立思考的结果。到现在为止，人文学科还没有发展出以大团队做大规模研究的成功模式。纵观20世纪的历史，真正改变了人类思想方式的思想家不会超过20个，其实他们都是天才。

第四个重要的特点是，人文学科的思想之所以被社会或同行接受，依靠的是思想的批判，而不是实践或逻辑的检验。它靠的是共鸣，而不是理性的说服。大思想家就是那些能说出别人心里想说却说不出的话的人。因为思想批判的需要，人文学科要求让很多思想共存，提供很多选择，然后在学术的论辩中，学术从业者和普通民众自觉不自觉地与某一种思想产生共鸣,接受这种思想,这种思想就传布了开来。

由此又带出第五个重要的区别,就是人文学科的进步与艺术家的创造一样,是一种艺术史意义上的超越,而不是在逻辑或实证意义上被取代。举个例子,不会有谁说因为徐悲鸿的马画得很好,所以齐白石的虾就不行。这就是艺术。艺术是树立一个又一个的高峰,有某种很有意义的超越,这个超越是说,下一代人再也不会完全像上一代人那样画画、唱曲、跳舞、演电影,但反而证明上一代人的艺术成就值得珍惜。所以,从事人文研究的杰出学者可能越老越吃香,他的思想可能已经过时,下一辈学子也不会跟着他的模式做,但是他的贡献依然弥足珍贵。

人文学科第六个重要的特点,就是"越是民族的,才越是世界的"这句话,实际上只对人文学科才适用。在人文学科里面,所有世界性的伟大发明都是有很强民族性的。这一点只适用于人文学科,法学不行,经济学更不行,只有在人文学科才会有明显的体现。这就是我在大学里做人文教育的思考。

黄:这是一段非常精彩的论述。

文史哲影响着大学的品位、风格和文化

黄:那我们大学里面设有中文系、历史系、哲学系,这些人文学科培养的本科生和研究生,跟其他专业相比,有没有什么不同?

陈:其实,我在很多场合也讲过两件事:一个大学有没有一流的文史哲,本身不是在表现这些学科的上下高低,而完全是在表现一个大学的上下高低。就是说,一所好的大学基本上还是应该有一流的文史哲。它影响学校的品位、风格和文化,也在学校的整个环境里熏陶学生的气质。有一流文史哲的大学,和其它大学相比,她培养出来的学生的气质,是会有点不一样的。这是我要强调的第一点。

黄:不光是文史哲的学生,而是对于全校的学生来说,气质都不一样。

陈：当然，一个学校有没有一流的理、化、生，也是不一样的。有没有一流的某个基础学科，都会影响到整个大学的学生面貌。

我还想讲的一点是，现在我们办文史哲的学校太多了，大家都号称在发展"人文学科"。我以为，只有在最好的大学，人文学科才能达到我刚才说的那一类标准或具备那一类特点。很多一般本科学校，其实没有达到这样的境界。

文史哲还有一个很特别的地方，就是判断某一研究的学术价值的标准，基本上是以一些伟大的、卓越的人文学者活生生的生活、学术经历来作为准绳的。这些学者许多已经过世了，如中山大学会讲陈寅恪，但我们所讲的陈寅恪，其实是在后辈学者心目中被重构过的陈寅恪，不完全是他本人。我问过许多跟随一流人文学者学习、生活过的人，他们常常有这样的感觉："老先生在世的时候，好像也没有感觉到他有这么神圣呀。"但是，好的大学都会有这一类与卓越人文学者相关的故事流传着。一流的文史哲之所以能够维持下去，很大程度上靠的是学校的氛围、品位和传统。

我们自以为是最好的大学，所以我们要对整个国家的文化传承、国家的明天和后天承担起责任。我们称学生为祖国的"劳动者与接班人"，那对关系祖国明天和后天命运的年轻人的文化教育，就是我们这类大学的责任。我们培养的学生，毕业后要适应社会上的工作，也可以厚积而薄发，有很厚的人文功底和很好的文化素养，将来从事专业的工作。这些都很重要。但是，这还不够，我们还希望在很少的一部分学生里培养出"文化托命"的感觉。这是陈寅恪讲过的，有文化托命感的学者，会相信这个国家的某些文化命脉就系于自己身上。其实，所谓"文化命脉"不是一种实体，不可捉摸，也难以用客观的标准去衡量，但如果有一批人具备这种感觉，就会影响国家的文化面貌。我们跟一般大学的不同之一，就是我们可能会培养出少数这样的人。

黄：文史哲培养出的大部分人，并不是一定要去从事与文史哲直接相关的工作，但希望孕育出这样的人。

陈：对，要孕育出一些有某种文化托命感的人。如果没有这样的人才，你的文史哲专业就没有真正办好，只是培养了一些实用型人才。我们大多数的文史哲专业都在做这种事。

黄：历史系的学生毕业以后，绝大部分的就业方向不是从事跟历史相关的工作？

陈：中大历史系的学生本科毕业后，读研究生的大概能占到一半左右；就业的则各个行业都有，有做公务员的，有到文化机构的，也有做教师的，也有到企业的。实际上，最终大部分人都不继续做与历史学相关的工作。最后真正从事与历史学直接相关工作的差不多八分之一。

黄：哲学、文学是一样的？

陈：中文系培养从事本专业的人的比例会更低一点，因为招生的数目大。中文系没有基本上培养出一个搞创作的那类文学家，这个专业更多的是培养"文学批评家"。文学专业里面，与历史学比较接近，被认为比较有学问的，就是古典文学了，所谓"文史不分家"常常指的是这个方向。

其实哲学也有同样的情况，除了那些非常伟大的思想家，其他许多研究哲学的有成就的学者，大都是研究哲学史的。

当然，也有很多不是学历史、哲学、文学的其它专业的同学，对文史哲非常有兴趣，对人文学科也了解得不错。

黄：社会上有很多人不是历史专业出来的，却对历史很精通。

陈：因为人文学科跟人性相通，所以很多人随着阅历的增加，越接近生命的终点，对文史哲也越有兴趣。这是个很普遍但有点奇特的现象。很多人到晚年的时候，既有社会地位，也有经济地位，常常会回过头来反思人生的经历，从历史上的人与事寻找借鉴，容易回到人的本性上去。也因为这样，这些阅历丰富的长者，对历史有时会有超越一般常识的真知灼见。

黄：也有很多人在文史哲上很有修养，但是他不是学文史哲出身的。

陈：大家对文史哲的专业性其实有误读的成分。很多人自认为他懂文史哲，但其实没有真正弄懂。我们还是要承认非常重要的一点，即在现有的学术制度下，文史哲是一个需要严格学术训练的专业性学科。社会上很多人认为文史哲是一些对人生非常有启示的、非常有作用的课程，这并没有错，但是他如果假定文史哲是风花雪月，是好玩的，读文学史就是读《三国演义》和《聊斋志异》，读历史就好像听"百家讲坛"一样，这就错了。历史专业训练要问的是，你会不会古文标点、会不会训诂、懂不懂目录、懂不懂制度史、职官制度和年代学？这些都是很枯燥的。在目前的大学历史学的课程体系之下，学历史并不轻松。

历史学在大学里面之所以存在，本质上是因为它是一个有很深学术渊源的严肃的专业。除了好玩的"百家讲坛"、"戏说清史"那一类的东西，历史学还有很痛苦的、很不好玩的严格学术训练，这是一般公众没注意到的，而这部分是这些学科的好老师或者是好的学术领导人看得最谨慎的部分。事实上，文史哲的同行评价一个人，只要你没有受过那个专业训练，就被叫做"野狐禅"，就是"学无所本"，讲几句话就会露馅。这样的人是写不出严谨学术论文的。所以，在当代学术条件下，一流的历史学家基本上是在好大学里面训练出来的。

以实践教学为中心的本科教学体系改革

黄：下面一个问题，对于历史学本科生的培养，你们有哪些举措，做了哪些改变，为什么要做这些改变？

陈：目前中国大学的文史哲，比起欧美大学的文史哲，最弱的地方就是专业基本功的训练。过去我们看不太出来，现在问题已经比较凸显了。因为我还是在国外教过一点书，有比较的视野。我觉得，我们的文史哲训练比国外要差。

第一个差别表现在学术性阅读上。我们大学文史哲专业现在学分很多，一个孩子一学期能拿二三十个学分。而在欧美的学校，基本上是一个学期修16—20个学分就是极限了，就是四门课。为什么我们的学分那么好修？因为读书没有含金量，缺乏学术性阅读的训练。其实，学术性阅读没有那么复杂，就是每门课一个星期读一本专业书，写一篇读书报告。但如果一个星期上四门专业课，读四本书，交四篇读书报告。一门课却最多4个学分，四门课12—16个学分，再加上英语等公共课，为了完成学分就要把人累得半死。但是，我们的大学课堂教学的要求太低了，学分太容易拿。

黄：这一点很重要，我也一直呼吁，要给大学生增负。

陈：有很长一段时间，在我们整个大学的人文训练里面，学术性阅读差不多是荡然无存。现在在历史系的教学改革里，这一点做得比较好，每门专业基础课专门配一门文献课。这是第一个差别。

第二个差别就是"小班上课"与"小班讨论"。说到学术性阅读，其实阅读的背后更重要的是讨论与交流。老师要看你的阅读报告，还要在课堂上讨论。而你在课堂讨论中的表现，是要记到平时成绩里面的；如果平时不认真，那个学分差不多是拿不到的。每个读书报告老师或助教都要看过、改过，还要在课堂上跟你讨论。这个在大班教学是做不到的。现在，我们最大的问题就是老师布置的作业没人去看、去改，很多学生的所谓读书报告是直接在网上下载回来的，也都没人去查。参加某著名大学本科教学评估的时候，我曾检索过一门通识课里得最高分的10篇作业，结果有8篇是大段大段从网上下载的，你说有多严重？老师应该用心。在目前的生师比之下，可行的方法也许是大班上课配合小班讨论。现在，我们正努力在某一些课程里面推动这个模式，包括让大量的博士生去做助教。但是，我们有许多老师还不懂得怎样利用助教提高课堂教学质量，教授还是上完课就走。其实配助教的目的之一，就是帮忙改读书报告。前提是助教必须自己读过这些书，不然也没法改。

第三个差别是实践教学。不只读书，实践教学也要做好，我们有一位在欧洲受学术训练的教授，学的是考古学，从本科到博士，每年暑假、寒假，就跟着考古队去考古工地，据她说干的活主要是洗陶片，洗了十多个假期的陶片。平常她还在博物馆当临时工。就是在这种环境里面慢慢熏陶,现在成为一位非常有成就和学术影响的学者。这就是实践教学的功用所在。实践教学不仅仅是再去读书本上的知识,而是要亲自动手。我们国家还没有建立起这样的制度,没有经常性教学经费的保证,也没有带强制性的要求或安排。

黄:在这三个方面,具体的做法有哪些?

陈:关于学术性阅读,中大历史系每一门重要的基础课、主干课,都会配一门"文献研读"课程。上世界史课程,配的就是外文的文献研读,上中国史课程,当然配的是中国的古典文献。比如说上从先秦到唐朝的中国古代史课程,同时老师还要上一门先秦到唐朝的文献课,都是必修课。把原来的一门通史课,分成讲一般历史脉络的和研读文献的两门课。这个改革差不多已经十年了,现在已很成熟,当然我们还要不断地改进。因为没有先例,也没有现成的教材,所有的都要自己想办法。

我们的老师有一个基本的讲稿,但布置给学生做标点、校勘、释义的文献与在课堂上讲的文献是不一样的,布置给学生做作业的量比较大,但课堂上是精讲。老师要想办法让学生进行学术性阅读,训练学生能够接受这种学习方式。现在的大学生常常认为到大学学文科是很舒服的,没想到大学念书比中学还苦。

与欧美的大学教育制度比较,美国大学念一个学分要1000—1500美元,一门3学分的课程就是3000—4500美元,学分是很值钱的,老师不用心好好教,对学生要求不严格,学生会有意见。学生考试挂科了,就得重修,还要交那么多钱,能不好好学吗?以目前中山大学的学费折算,我们一个学分才值130多元人民币,学分含金量少,课堂教学质量的"含金量"也随着变少,学生对老师的认真态度期望值不高,老师对学生的要求也是得过且过。例如,如果学生平时作业没有做完,在欧美这门课可能就不及格了,但我们很少有老师能下决心让学生不及格的。我觉得,想要迈过这一道关,老师是最重要的因素。现在越来越明白教师发展中心很重要,因为老师一定有一个提高的过程。

黄：我们有学者专门做了一次关于学生学习程度的调研，收集到六千多份有效问卷。其中，认真读书的或者现在很努力的，大概占三分之一；中间部分占 50%；然后，剩余 20% 的人各种指标几乎全是负分。

陈：我认为差不多就是这个比例。就文科来说，这是大学的教学制度导致的，孩子们自己没有学习动力。

黄：有什么办法让学生忙起来？我想，历史系给了我回答，就是通过学术性阅读，而且主要的课程都配有文献阅读。我们希望学生能够自觉地用功，但现在学生大概是不会自觉的，所以老师必须要有办法。你作为一个大学里管教学的副校长，这么多年，对这方面有什么体会？

陈：读书本身是苦的，不能是风花雪月的，所以一定要靠一个教学制度让学生忙起来，有紧迫感，觉得自己要去读书。将来，他也许能够享受读书的成果，但这是他读完书之后的事。

黄：好的，能不能再说说小班教学？

陈：小班教学在历史系非常受欢迎，很多课都是这样。因为历史专业的老师相对比较多，而学生的学分是有限的，在这种情况下，如果都是大班的话，会有很多老师不能开专业课。更重要的是，我们的老师很习惯上小班，而且学生也很紧张：这课我考不过怎么办？

另外，在中山大学有质量的通识课中，历史系的老师占了非常大的比重，而且都很受欢迎。尽管是辅修课，但是老师的要求更严。历史系认真地推动让博士生做助教的安排，且优先分配给通识课和珠海校区的课程，这也是因为珠海校区的学生接触老师的机会比较少。

黄：第三个是实践教学，历史系的实践教学是怎么开的？

陈：历史系面向本科生的实践教学是从学校推行"三学期制"时就开始的，利用夏季学期将同学们带出校园，努力回到"历史现场"，现在已经制度化，纳入到课程体系里面去了。我觉得有一点要注意，就是刚开始这样做的时候，先找那些对学术有追求、平时就愿意为学生和教学做奉献的好老师。因为在许多人的概念里面，觉得夏季学期这个时间还应该是假期，出去搞实践教学等于做义工。一开始历史系找了两拨人，一拨搞历史人类学，一拨搞近现代史，成效都非常好；现在发展到有四支团队，基本上大家都很乐意这样去做。应该说，在实践教学这一块，历史系老师的参与度非常高。

每年六七月份，我们就利用夏季短学期开展实践教学活动，学生在老师的带领下"兵分数路"，进入野外实践教学基地和田野考察点开展实践教学，阅读老师编写的文献读本，寻找各种官方及民间文献，开展口述史访谈，并将其置于具体历史场景中解读、辨识，进而发现问题，展开讨论。

黄：事先我也看到了有关材料，你能不能具体介绍一下这四支团队？

陈：第一支是口述史实践团队。多年来分别前往珠海平沙、湖南汝城、桂东、宜章等地。这样的口述史实践，主要是通过找到访谈对象，收集受访者讲述的那些个人故事或生活经历，作为素材，捕捉到重要的历史信息，把每个人的"个案"放在历史的场景中去，重建出一个个"故事"，加深对一些宏观历史的理解。在此基础上，再安排一天专门到当地档案馆查阅资料，很多同学都是第一次接触历史档案，觉得资料里的故事跟自己采访的有很多相似，历史场景就会慢慢清晰化。

第二支就是我参与的历史人类学实践教学。这也是植根于历史系的学术传统。从20世纪80年代初以来，我们几个人沿着梁方仲教授开创的中国社会经济史传统，通过与海内外一批历史学者、人类学者的积极交流，形成了一个在国内外均具有较大影响的被称为"华南研究"（海外学者也有称为"华南学派"的）的学术共同体。"华南研究"方法论的核心是"在田野解读文献"，并以坚持了多年的"田野工作坊"的研究形式而闻名。例如，我们分别在湖南省宜章县和广东省乐昌县建立了本科教学实践基地和研究工作站，两地地处楚粤孔道，历史文化资源丰富，文物古迹颇丰，均是抗战时期中大的临时办学地，与我们中山大学有着极深的渊源关系。我们的老师就把学生带到这些乡村去，把乡村里的族谱、碑刻、契约等搜集起来并与正史、方志等传统文献对照，在此基础上指导学生将不同种类的文献与各种仪式、口碑资料、建筑布局、自然环境等整合起来,整理出一个"立体的多层次的历史"。这些实践活动培养了学生在乡间民间搜集资料和解读资料的能力。

与前两支队伍不同,第三支队伍的研究对象是华侨,更强调动态的、跨国的联系。这批华侨,当年从中国移民到越南,后来遇到当地"排华"风潮,又回到中国来。回到国内之后又有相当大的部分移民到别的国家去,处于不断的迁徙当中,属于跨国移民;也有的在回国之后在国内迁居。他们对当地社会生活的适应,包括对当地社会的国家认同、地域认同、族群认同、语言认同,等等,都是值得研究的问题。这支队伍重视口述史的运用,因为这些侨民很少有碑刻、族谱这些东西留存下来,因此更偏向口述其经历。老师、学生基本都是入户,或直接随机找到人进行采访,更多地了解一些底层的人群。

我们现在正在计划组织第四支队伍,希望通过实地教学,发现乡村历史档案和遗迹,开展乡土考古学,设计乡土史陈列和布展,建设社区博物馆,甄别关键讲述人,采取协作的方式帮助住民写村庄史等,引导学生接触和发现乡土中国,鼓励他们采取和住民合作的方式,帮助他们表达自身的乡土认知。

在实践教学中,我们特别强调历史现场感,最直观的表现就是对历史场景的复原、对空间特征的认知,在于对场景中各种关系人的心态、立场、情感的把握和分析,以达到"了解之同情"的史学境界。

黄:跟以前相比,我们学生的变化是什么?

陈:我认为,对学生锻炼最大的,就是学习如何与陌生人打交道,这也是最难的。现在的情况跟过去不一样,同学们都是高中一毕业就进入大学念书,接触社会较少。所以我们的学生需要机会去学习,怎么去接洽,怎么跟人家打交道,怎么去表达自己。

黄:一方面是让他了解最基层的生活,然后是培养他面向社会的能力。

陈:学生也非常认同这种做法。我们没一个学生把在烈日炎炎之下下乡做田野调查看成一个负担,而是视为一个非常期待的事情。其实,有老师私底下跟我说,现在历史系的学生待遇已经好很多了。我们给学生找的是有空调的招待所,人家人类学系的学生就是几个人一起直接住到老百姓家里去了,都是自己烧水、做饭,在条件很差的乡村厕所里洗澡。

最后,我们把学术性阅读和实践性教学结合在了一起。我们相关的实践性教学是带学生走出去,走到社会上,做一些我们在课堂和教室黑板中不会接触到的事情。同时,我们强调在"在田野中阅读文献",通过实践教学,同学们也感觉到,在历史现场读书,常常可以获得比在图书馆、课室和校园里读书更丰富、更贴近历史实际的独特体验。

不同大学人文学科有着不同的定位

黄:很多学校都设了文史哲专业,对于不同大学的人文学科,你怎么看?

陈:文史哲专业对这个社会之所以重要,可能还有两方面的原因。首先,在制度性的基础教育里面,文史哲教育是一个人的人格成长和社会化过程里,必须接受的最基本的训练。我们需要大量的具备良好的文史哲素养的中小学老师,所以,培养一流的或者是优秀的中小学老师是大学文史哲专业的重要功能。其次,一个社会里面,其实还有很大一部分职位并不要求从业者严格地具备非常专业的职业技能,而是更看重从业者全面发展的素质和平衡感。文史哲培养的就是这一类人,而且这是文史哲特有的功能。当然,所有的人都应该有良好的综合素质,这是一个常态发展的社会所需要的。

黄:这是文史哲的定位,但是,对于不同的学校,是不是定位有所不同?

陈:我的硕士导师汤明檖教授是岭南大学经济系毕业的,但他在自传中写道,他读中学时最喜欢的是历史。之前之所以学经济而没有选择历史,是因为他知道学经济只要有一般的资质就可以了,而要学好历史必须有更高的天赋,所以他还是选择去学经济。我想说的是,各个大学的文史哲专业,能招到天赋很高学生的,要有一个定位;招不到这样学生的,也应该有一个定位。

黄:按照这个说法,历史系真正要从事历史研究的人都也该有较高的天赋。但是,每个学校要找准自己的定位。招不到这样学生的,也是要走大路的,做法是不一样的。

本科教学评估的意义

黄:还有一个问题,我们都知道,保障教学质量很重要的一点是质量评估体系。因为你是教育部本科教学评估的专家,所以想听听你在这方面的体会。

陈:我刚刚去过南京大学,参加了新一轮的审核评估。新一轮的审核评估,跟原来还是有一些不一样的。最大的不同有两个:一是以被评估学校自己设定的目标来检验这个学校;二是把以高级报表为基础的很客观的数据作为支撑材料,不是让学校自己填一堆材料交上来,而是我们带着数据下去核对。正是因为这两点不同,我们到各个院系做调研,重点是核实学校的整个办学理念是不是深入人心,在具体教学操作环节里是不是落到实处,特别是学生是不是理解并实实在在地得到好处。应该讲,根据后来核实的结果,不同学院的情况是参差不齐的。

我想说的是,现在这样的比较符合高等教育规律的评估,其实是在前一轮评估的基础上达成的。没有前一轮评估,目前的审核评估要达到现在这样的程度是不容易的。

我认为,前一轮评估是教育行政主管部门、教育部领导顶着社会的不理解,顶着高校老师的对抗情绪的巨大压力,本着对整个国家高等教育质量高度负责的态度下去完成的。这样做是充满着勇气的,而且效果是好的。那一次评估将来在中国高等教育史上,是值得被后人提起的。

我这样说,原因有三:一是中国的大学不论是追溯到近五十年,还是近一百年,从来没有能够这样在开放的环境下,用几年的时间集中学校领导和教师的精力与智慧,去关注本科教育,用现代教育的理念,从人才培养的角度全面、系统地审视学校的发展思路、定位、办学举措。这是大学办学和人才培养难得的"顶层设计",也取得了让大学回归"人才培养本位"的重大成效。二是本科教学评估推进学校第一次如此认真、深刻地思考学校的办学特色和办学传统,挖掘学校的个性特征。即便是历史不长的新建院校也在认真地思考应当办出什么样的特色,培植什么样的教学传统。这对推动中国大学多样化、个性化是有积极意义的。三是本科教学评估也促使中国高校第一次如此全面、认真地按照评估指标体系的要求,构建起教育教学质量保障和监控体系,包括建立较为完善的教学管理制度体系。

就当时处于转型过程中的中国高等教育来说,这样的评估对保证整个本科教育的质量、改变大学内部的资源分配、改变大学领导者对本科教学的观念和规范基本的教学程序,起了里程碑式的作用。

黄:这是非常高的评价。我始终认为,对教学改革的事情,应该长远去看。你的这些评价,能否阐述一下?

陈:第一,回过头去看,现在我们中国,即使是比较边缘、比较差的高等学校,基本上教育的硬件都不比欧美国家的大学差,特别是与网络、数字化、信息化有关的硬件,还有包括课室、图书馆等基本设备。这些都是在上一轮本科教学评估里改变的。对于许多地方院校而言,那次评估无疑是获取资源的一个很重要的契机。无论如何,在中国整个高等教育短短几年经历了跨越式发展,从精英教育到大众化教育、大学生大量增加的特殊情况下,我们居然能够保证基本的教学条件不但没有滑坡,反而还有跨越式的提升。这肯定得益于教育部抓了本科教学评估。

第二,在宏观层面上,改进了大学领导班子对本科教学的基本理念,不但引起普遍的重视,而且真正做到心中有数。这在过去是没有的。过去大家都觉得本科教学就是按课程表去上课就行了,现在整个班子都重视本科教学了,而且正在从一般化的粗放型管理转变到比较精致的数字型管理。

黄：我的想法是，本科教学评估确实是每过几年必须再来一次。因为其实很多校领导不是教务处长出身，所以，对教学的基本状况，新上任的干部也没有一个整体的认识。从这个角度讲，过几年再来评估一次真的是有必要的，因为要不断地强化。

陈：其实把本科教学评估理解成一个培训过程也可以。除了让各位校领导关心教学外，真的是要让大家明白怎样关心、重视才是有效的。要在学校的办学思想上，真正明确了本科教学的中心地位。

第三，在具体的教学环节里针对的是老师。我们要查试卷、论文、教学大纲、教学进度表。我们大多数课都有教学大纲，但是没有进度表，即便有，进度表跟实际进度相距十分远。结果，容易导致老师大规模地弄虚作假。其实到每一个学院去查的时候，最激起老师反感，因为他过去没做教学进度表，各个教学环节也都有漏洞，而评估一来，学校就逼着他要去补齐，结果就一边骂娘，一边弄虚作假。

真正抓到教学环节，也是有故事的。我曾经意外地加了某个地方大学文学院的 QQ 群，看到评估第一天，学院领导一边发牢骚，一边连夜召集老师改正第二天我要抽看的试卷和论文。其实起码应该有教学档案的积累和教学过程日常的规范化管理。但原来是没做，所以很痛苦地去补材料，全是弄虚作假。我反而看到这个备受各界诟病的过程中正面的因素，很奇怪的，经历了这个过程，规矩也就建立起来了。现在我们去审核评估的时候，随便要什么材料，都有了。

黄：我觉得你说的这个角度特别好。你看到作假的过程其实也就是建立规范的过程。

陈：的确是这样。举个例子，目前台湾社会正在转型，他们常常用的一个词，叫"历史共业"，"业"是一个佛教词语，从梵文翻译过来的，就是前世因缘的关系。"历史共业"就是说大家一起做一件事情，可能都做错了，但在很长的历史时间里，这是制度性的原因导致的，而不是因为一些人的品德特别坏或者有意要怎样。在历史转型期，一定会出现这类所谓"历史共业"的东西,这是没办法的。读历史的人应该很清楚,评估的作假就是一种"历史共业"。

第四,本科教学评估比较清晰地理清了学校与学生的关系。通过这个评估,大家对在新的市场经济情况下,学校与学生相互之间的责任比较明确了。这也是很重要的,是下一步深化本科教育改革很核心的一点。当大学与学生的关系,从原来比较传统的像一个家族性的组织,或者一种温情脉脉的组织关系,慢慢地变成一个现代关系,学校开始去处理学生的申诉、仲裁,保护学生的利益,等等。通过这次评估,这一类的观念逐渐建立起来了。因为很多评估时重视的与数字有关的东西,其实背后都是在维护学生的利益。学生也知道整个评估的基本目的,是保证他们的利益,让他们享受到跟他们所交的学费相匹配的教育资源和教育质量。所以,据我了解,同学们对评估是很少有批评意见的。

其实,差不多没有大学校长是真正反对评估的,学生出来反对评估的,更加没有。可以很明显地看出有两种人在批评:一种是一些慵懒的老师,另一种是社会上自以为读过大学就懂得高教的人。整个高等教育机制的运作,目的之一是要保护在大学中处于弱势地位的学生群体的利益。本科教学评估过程背后,是一个分清利益关系的过程,其实是想让老师要有更多的付出,就是在高等教育市场化这个过程里,真正把这两个群体的利益分开来。过去,我们说起师生关系,总是弄得温情脉脉,好像一个家庭一样。这次评估活动,我们把这个关系划分得比较清楚。现在,大家都比较明白了,学生也懂得维权,懂得保护自己的利益了。所以,我认为本科教学评估很有价值,在很长一段时期内是不能放松的。

对于中国高等教育质量的认识

黄:那你怎么看最近这几十年中国高等院校的整体教育质量?

陈:历史真的是充满了辩证法。一方面,我觉得我们的课堂教学与海外的许多大学相比，还是有诸多改进空间；但另一方面，我还是认为我们国家高等教育的发展，不管是人才培养规模还是教育质量，基本上适应了国家和经济社会发展的需要，也基本上适应了广大人民群众对高等教育的期望。一个明显的例证是，改革开放30多年来，中国经济、社会、文化所发生的变化在人类历史上是空前的，可以说是奇迹，我是学历史的，敢说这句话。而事情是人做出来的，这样伟大的奇迹，在某种意义上，就是新中国60多年来中国的大学培养的毕业生创造出来的。从这个角度讲，中国的高等教育是取得伟大成就的，我们不要妄自菲薄。做历史的人，要懂得换个角度、以更长的时间尺度去评价某种社会制度的实际运作及其成效。

社会上有很多人自以为读过大学就懂得高等教育，其实，教育是一个很容易遭到批评、永远没有办法让所有人满意的领域，这是一个普遍的现象，世界各国都是一样的。许多人喜欢引用美国的例子来批评我们自己的大学，但仔细看一下，美国人对自己国家的高等教育，也是从来就没有满意过，他们也一直在搞教改，不断有批评教育制度的研究报告发表，而且都影响很大。可以说，对教育的不满是一个正常社会的"常态"，教育是为社会进步、为人类的明天培养人才的，一定要有前瞻性，对教育的不满可视为社会充满进步动力的标志。

也正因为这样，在大学里做行政的人、教育行政主管部门要有一定的"定力"，不要一听到批评就心虚，就急于作立竿见影的所谓改革。我曾经对来调研的上级有关部门建议，在适当的时候，向社会公开承诺，高考制度经过这一轮改革之后，将保持十年不变，让公众和中学的师生安下心来。就高考这件事来说，一定要看透一点，只要高考制度存在，应试教育就不可避免，号称改革的"补丁"（如自主招生、保送生、特长生）打得越多，漏洞就越多，社会也越不满，而从大学的角度看，每年录取的考生的整体质量不见得有什么不同。我个人以为，很长一个时期内，高考制度不应该取消，而且变化越少越好，花样越少越好。

常常有一种不好的倾向，就是以小概率事件作为整体制度改革立论的依据。媒体常常提到所谓"钱学森之问",即为什么近几十年中国的大学培养不出诺贝尔奖得主,问这个问题当然有他的道理,但若是以这样的问题作为改变整体的教育制度的出发点,那就大错特错了。说实在的,获诺贝尔奖是极小概率的事件,获奖者实际上不是大学可以有意识去培养的,而大学的教育教学制度一定要面向每一个学生,公平地让每一个学生获益。在这个基础上,若能在无意之间产生几个得诺奖的校友,最好是将其视为上帝送给学校的礼物,而不要傻到去总结所谓的"培养经验"。或许不用很久,中国大学的毕业生中就会有人得诺奖,但这种事可能属于没有的时候觉得是件大事,有了就觉得什么也不是的那一类。对于大学来说,更重要的是为国家和社会培养更多更好的优秀人才,不能傻到以培养某一奖项的得主作为总体制度改革的目的。

黄:讲得非常好!中国的大学为社会培养了大量栋梁,不能凭借有没有培养出诺奖获得者就对中国的高等教育进行片面的否定,大学应该为培养所有人服务。

林建华：
大学人才培养职能的回归

(2013年9月25日,浙江大学)

林建华,1955年生,山东高密人,化学教授。1978—1986年,北京大学化学系学习,先后获得理学学士、硕士和博士学位。毕业后,留校任教。1988—1993年,先后在德国斯图加特马克斯·普朗克固体研究所、美国艾奥瓦州立大学化学系和 Ames 国家实验室从事无机固体化学和无机材料化学博士后研究。1993年起,历任北京大学化学与分子工程学院副院长、院长、校长助理、副校长、常务副校长兼教务长。2010—2013年,任重庆大学校长。2013年6月,调任浙江大学校长。

很多大学之所以著名,我们之所以能记住这些学校,是因为它们培养出来的人。大学培养出来的人在国家发展当中所作的贡献,是大学最直接也是最重要的声誉。北大、清华、浙大都是这样,正是培养的人对国家、社会所作的巨大贡献成就了这些学校。相反,如果我们现在没有把人培养好,几十年后人们就会指责我们。现在一些部门热衷于用教师的文章和奖励来评价学校,说成是绩效评价,这只会越搞越糟。

教育改革是一项长期艰苦的工作

黄达人：林校长，今天来拜访，是想听听你对大学教育改革尤其是本科教学改革方面的高见。我们知道，你有在北大、重大、浙大的经历，所以，今天聊的范围并不局限于浙大。

林建华：谢谢黄校长。大学要清醒地认识到，人才培养是大学的核心使命。因此，为学生提供最好的教育应当是大学应尽的责任，也是大学存在的根本理由。目前，我们的教育改革确实面临一些困难，主要是两个层面的问题。其一，大学是否真正重视教育。就是说，学校的政策、构架是不是真正以教育、以人才培养为使命来设计的，否则，再好的教学计划都没用。其二，大学的培养方案、教学计划是否能够驾驭未来，培养的人是否能够适合国家的需求和未来的挑战。一个学校要想真正搞好教育，必须改变它的整个构架。也就是说，要做一个整套的战略，而且，这个战略要以人才培养作为线索和切入点，而不是现在流行的指标这一类的东西。为什么教育改革这么困难，我觉得现在的社会氛围和导向存在问题。

教育改革困难的另外一个原因在于学校内部。教育教学改革是涉及面最广也是最复杂的工作。教师习惯用过去自己受教育的方式来教育现在的学生。当然，这使很多好的传统传承下来，但也使教学内容陈旧，教育方式死板沉闷。在教育观念上，我们不是把学生看作受教育的人，而是看作被动接受知识的机器，课堂教学犹如知识的输入和存储。教师和学校很在意传授的专业知识是否完整，却很少关心学生的能力是否提高，素质是否更好。在当前急功近利的氛围中，教学与科研的平衡已经被破坏，真正关注学生和热心教学的教师越来越少。一位大学管理者的话很有意思：在目前的评价体系下，真正让人惊奇的不是教师不热心教学，而是竟然还有一些教师热心教学。

现在大家都看到了教育的问题，也在积极推进教育改革，但我们习惯于把教改当作一个个分立项目，而不是完整体系，教育行政部门的教改立项热情更加重了这种倾向，结果是总结交流时头头是道，丰富多彩，理念花样翻新，但学生培养的效果就让人难得要领了。我们需要全面审视和梳理学校的人才培养，厘清人才培养定位、目标和特色，根据具体情况，全面修订人才培养方案和实施方案。实际上，不同学院，学生培养的情况差别很大，基础比较好的学院应重点加强学生的能力和素质培养，基础较差的学院则应当关注课程体系建设。教育体系建设是一个复杂的系统工程，是一项长期艰苦的工作，需要动员全校之力，整体规划，稳步实施。

重拾丢掉的教育传统

黄：关于大学为什么要重视教学这个问题，想请你再进一步阐述。

林：回顾历史，在改革开放前，按现在的标准看，大多数学校都是教学型的学校。我们当时有一批高素质的好老师，他们花了很多工夫来培养学生，当时的中国大学培养出了很多优秀的人才，教育是非常有成效的。例如，大家可能很难记起当时的西南联大、浙大等取得了什么科研成果，但一定还会记得他们培养出了杨振宁、李政道、邓稼先等优秀的人才。改革开放以后，特别是90年代以后，中国的高等教育发生了很大变化，开始向研究型大学转型，大学的发展和进步都很快，有这样几个阶段。首先是教育产业化，由于国家投入较少，要学校想办法，这阶段各种各样的公司应运而生，但做得好的不多，对学校的文化和氛围的伤害却不小。本世纪初开始了大学合并和创建世界一流大学，应当说这是大学发展最快的一个时期，但人们过度追逐各种各样的科研评估、指标和大学排名，大学的风气比较浮躁，原来很多好的教学传统、教学文化都丢了，忘记了培养人是大学的根本使命。要记住，我们和国外大学有一点很不同，在国外好的大学中，学生的学习体验和教育声誉是大学生存的基础，发展比较均衡全面，因此，尽管大学排名仅强调某些侧面,总体的结果是比较合理的。中国的学校发展还不均衡,强调科研比较多一些,因此,在不同排名的变化幅度也比较大。

在我们上学的时候,大学教育传统保持得比较好,教师都把能够上课作为荣誉。我们的量子化学是徐光宪先生教,有机化学是张滂先生教,大家都很认真,很用心。北大化学系的张青莲院士是我国同位素化学的鼻祖,他90多岁的时候,我去拜访,他给我讲了一个故事:60年代的时候,他在上普通化学,傅鹰先生调到北大后,也要求上教普通化学,因傅鹰的资格比他老,系里让他把课让给傅鹰,直到90多岁,他还对这件事耿耿于怀。从这里就可以看出老先生对教学的重视和关注,他们都认为教学是一种很高的荣誉。

黄:而且,他要上的是普通化学。

林:所以,当时这种教育传统是非常强的,给学生讲课,老师是非常有荣誉感的。我们上学那时候,一般新来的老师是不能直接上课的,都得经过很好的老师给他们做辅导之后才行。这种传统丢失了,现在大家觉得教学是一个负担了,好像是一件与个人发展没有什么关系的附属工作一样。

黄:你认为把教学当作负担是大学里一个普遍存在的问题?

林:应该是一个比较严重的问题,特别是大学中过分强调论文数量这种评价导向,非常严重。当然,还有另外的原因,比如过去大学承担的科研任务比较少,现在的科研活动要多得多,老师确实比较辛苦。但是无论如何,教育人是大学最重要的职责,也是国家最希望大学做的事情,大学应当使教学和科研保持平衡,这就要从建立良好的教学文化、教学传统来着手,而这是一个很大的问题。

黄:你是觉得这个问题跟我们教育主管部门的评估和指标体系等有关?

林:当然有关。不仅是与教育主管部门的评价有关,与整个社会的导向都有关系,为了尽快提升学校的影响力,学校内部都对科研有很重的奖励,这与对教学的重视程度完全不能同日而语。这些因素都使得大家觉得教学不重要了。现在恐怕很难有校长敢拍胸脯说,他是真正把培养人才放在了第一位。但是,实际上如果我们不能把人才培养放在第一位,是很难成为世界一流大学的。

黄:有人就认为,科研实力是话语权,一边讲人才培养如何重要,一边又认为科研实力是敲门砖,很矛盾。

林:其实,这就涉及"大学的回归"这个问题了。

黄:丢掉的东西要捡回来。

林:对,但这个回归挺艰难的。从大的方面说,大学是需要守正创新的。我们现在提创新比较多,管理体制创新、培养机制创新等,面对未来的挑战,大学必须要创新。但大学更要守正,要坚守大学的核心使命,坚守大学的核心价值。人们经常会犯的一个错误是"走得太远,忘记了为什么出发",大学需要经常反思自己存在的真正意义。学校要真正把培养人作为自己的核心使命,学校的综合改革方案要以人才培养为切入点,系统梳理影响提高培养质量的各种因素,形成一个战略地图。

我们现在常说,大学有四项功能。其实,大学最早的功能只有培养人,随着社会发展和要求,增加了科学研究、服务社会、文化传承等,但人才培养始终是大学最核心的功能,国家最需要大学提供的就是人才。社会服务当然很重要,我们要为地方服务,要为国家经济转型作贡献,这些都很重要。但是,比较一下就清楚了,学校做的研究对地方、国家经济上的直接贡献,与其培养出来的大批学生相比(如果这批学生你用心培养了),哪个更大?显然,大批的学生对社会的贡献,会成百上千倍地放大。人们常说硅谷是靠斯坦福大学产生的,但在我看来,硅谷实际上是斯坦福大学的毕业生创造出来的,它依托了斯坦福,但更多的是斯坦福培养出来的人才造就了硅谷。

黄:论对社会、对经济的直接贡献,教授贡献再大,抵不上他的学生的整体贡献。

林:对,肯定是这样的。只有我们真正用心把学生培养好了,创新国家等这些目标才能实现。大学的最重要目标是培养学生,发文章这个贡献相比培养学生来说，是比较小的。这是从国家的角度来考虑人才培养的重要性。从学校本身声誉的角度考虑，人才培养也是最重要的。我在好几个场合都讲过，很多大学之所以著名，我们之所以能记住这些学校，因为是它们培养出来的人。大学培养出来的人在国家发展当中所作的贡献，是大学最直接、也是最重要的声誉。北大、清华、浙大都是这样，正是培养的人对国家社会所作的巨大贡献成就了这些学校。相反，如果我们现在没有把人培养好，几十年后人们就会指责我们。现在一些部门热衷于用教师的文章和奖励来评价学校，说成是绩效评价，这只会越搞越糟。

黄：这种评价方式对学校本身是一个误导，大家只会注重教师做了什么，而很少会去关注我们的学生在做什么。

林：我喜欢那些真正对教育感兴趣、能够把精力放在教学上的教授。现在有很多好教授，国家各种人才引进计划也吸引了不少优秀学者，但我们在引进人才时，特别是"千人计划"引进人才时，更多的是关注对研究或学科的贡献，很少看他们对教育、对学生的兴趣，我觉得如果引导这些人真正去关注学生，关注教育，对中国的贡献就会更大。在北大工作时，曾经有几位千人计划学者，如数学的鄂维南、工程的卢志扬等，就明确希望为国内人才培养做更多的事情。这都是很好的现象，我们的导向和视野不要太狭隘，不能只看眼前，要看得更远一些。

黄：其实，我做校长的时候包括现在，对"千人计划"都没有想得像你这么深。关注的是把一个学科弄上去，然后要发 *Science*、*Nature*。你讲的是一个很重要的事情，就是说引进高端人才，不要把重心偏移了。这些高端人才如果把更多的精力放在培养人才上，对国家的贡献会更大。其实，我们不是要看教学改革做了什么措施，而是要看有多少教师参与了，有多少学生参与了，这样的教育改革才是有意义的。

林：现在，很多学校特别是"985"院校，都在考虑缩减本科的规模，原因之一是生师比数据不好看。当时重庆大学也在讨论这个问题，但我觉得这不是问题的关键，即使把本科生规模缩小了，我们的教育水准还是不及人家,没有什么意义。相反,如果好一些的学校都减小本科规模,这些学生只能去更差的学校,这对国家整体人才培养质量是不利的,这是中国国情。所以,好一些的学校还是要保持一定的规模,但要设法提高培养质量。如果我们能使一个规模比较大的学校,保持比较好的教育水平,对国家的贡献会更大。我们面临的问题,是如何在比较大的规模条件下,提供好的教育,一些像北大、清华这样的学校,可以重点考虑精英教育,规模不大,但教育要很精。这样,学校的特色和差异就出来了。

黄:顶尖学者回来后要把重心放在人才培养上,我对你的这观点非常欣赏,这些人应该把榜样树起来。

林:有些顶级的学者,如果从学术研究的角度,最有创造性的时期可能已经过去了。所以,从中国大学发展看,他们的任务,第一是带好年轻人队伍,把一个领域或一个学科带起来;第二就是把教育做好,真正为国家的未来培养一批人。他们自己再能够取得更好的学术成就和成果,当然很好。我们花那么大代价把这批人请回来,如果他们能把年轻人带动起来,能把我们的氛围搞好,把学生培养好,贡献就更大了。

专业教育和通识教育相结合

黄:接下来,关于如何进行人才培养的问题,你有哪些思考?

林:前面谈到大学要回归对教育的重视,后面说的是培养方案。我走了很多的学校,在北大的时间最长,从2001年开始就负责学校的学术事务。北大的教育改革思路有一个逐步变化的过程,开始的主要想法就是学习哈佛,推进通识教育。对于通识教育,当时争论还是比较大的。当时学校最大的担心,一是我们没有教师懂得怎么去做通识教育,二是对如何处理好通识教育与专业教育的关系,心里还没有底。于是,当时就成立了一个实验班,就是元培班,先在小范围内进行通识教育的尝试。

黄:元培班的设立,实际上是想走通识教育这条路而做的尝试。所以，按照当时的设计，元培班并不是一个优秀学生组成的精英班。它其实是一个通识教育的实验班。你对于拔尖人才培养有什么看法？

林：教育部实施了拔尖学生培养的改革试点。但我以为要注意两方面问题。首先，不要以为少数拔尖创新人才就可以提升国家创新能力，国家创新能力的提升依赖于整个民族的教育水平，依赖于整个教育体系，我们的教育要使人们的好奇心和创造力得以释放和发挥。比如说，我们应当鼓励孩子们的想象力，而不是给他们唯一的答案；我们应当鼓励大学生独立思考，用自己的理性思考对事务作出判断，而不是让他们被动地接受我们的观点。培养能够适应和驾驭未来的人就是要使学生具备独立思考的能力，使他们成长为创新人才。其次，应用领域人才与基础学科的人才不同，不仅需要宽广的知识基础，还要具备较强的实践能力和团队合作精神，情商变得非常重要了。因此，重庆大学办学理念中提出要"造就人才"，而不是讲"培养人才"，是有一定道理的。应用型人才需要经过实践和社会的磨练才能"造就"出来。在知识经济和国际化快速发展的今天，大学应当承担起培养学生的企业家精神的责任，吃苦精神、牺牲精神、忘我精神、求实精神、学习能力、开拓能力、责任感、敢于冒险，等等，这些精神并非企业家或创业者独有，任何具备这些能力和素质的人就能更好地胜任工作。我们准备把培养企业家精神和创新创业作为浙江大学教育的特色和重点。总之，在我们的教育体系建设中，一定要使学生在学习、实践和生活中，增长才干，增强能力，健康成长。

黄：对此，你们是怎么做的？

林：当时北大就提出了要建设一个教育体系的概念。我的一个想法就是，北大的教育，即使对元培学院来说，也不应该是一种完全的通识，而是一种专业和通识教育结合的模式。

关于北大的教育体系，我当时提出了两个特点：一个是多样化，一个是全方位。所谓全方位，指的就是对人的教育，不是以专业为本，而是以人为本，把人作为一个整体。我举一个例子。当时，生命学院有一个教授,用英文开设生物化学课大概有七八年了。开研讨会的时候,他说:"现在学生对用英文讲授专业课有意见,感觉难度太大。"我当时问了他一个问题:你讲课的目的是什么?如果你这节课对学生是有挑战的,需要花更多的时间去阅读、准备,我觉得这个"难"是个好事情;如果我们把学生当作一个人来培养,你会觉得"难"是值得的;如果仅仅是以专业为本,以知识为本,目的是灌输给学生知识的完整性,当然中文讲授更容易。我在化学学院做院长的时候,也有一个例子。当时,要压缩课程,一个老师就说:"如果这些知识点不教给学生,他怎么能算是化学系毕业的学生呢?"

黄:这考虑的就是学科的完整性。

林:对。实际上,教师更应该考虑学生将来的发展,要为他设计,或者让他自己设计更适合的道路。当然,以学生为本,还有关于他的思想素质等全方位的考量。

另一个是多样化。这涉及学校层面的考量,也就是说怎样使学生在社会上更好地发展。现在大学基本是专业教育模式,比如说化学专业,可以有一两百学生,你的培养目标是化学家?还是化学基础比较好、整体素质比较高的人?明确人才培养的目标是教育的基础。浙江大学也面临同样的问题,一些院系的人才培养目标并不清晰,我们即将开展一次全校范围的教育教学大讨论,目的就是要讨论清楚各学科专业要培养什么样的人才,进而构建有特色的人才培养体系。要明确人才培养目标,你就必须考虑学生的兴趣,考虑学生特质的多样性。

黄:也就是培养目标的多样性。

林:对。大学的培养方案和教学计划也应当是多样化的。怎么多样?现在我们主要还是从专业的角度考虑,就是要给学生提供更多的选择。南大实行的是"三三制",一年级实行通识教育,然后选择专业,最后一年可以选择专业培养,也可以选择跨学科或应用型培养。我觉得像北大、浙大这样的学校,学科比较齐全,课程种类也比较多,只要把现有的课程组合起来,就可以产生出复合型专业,也可以为学生提供更多的主修和辅修专业。例如,北大用这种方式设立了古生物、政治—哲学—经济等专业。这样会使培养的人更加多样化,而不是同类竞争,对国家对个人都有好处。

另外,我觉得大学教育很重要一点,就是营造氛围。吕叔湘先生曾经说过,教育的性质类似于农业,而不像工业。工业是按设计要求,按标准程序,把原料加工成产品;农业则要选好种子,把它种到地里,设法给予好的条件,水、阳光、空气和肥料,让它们自己发芽生长,自己开花结果,满足人们的需要。所以,大学的教育其实是要选好种子,然后要提供好的条件、环境、课程等,形成以学生为本、激励教育教学的制度和文化。

黄:这样的人才在多个领域都可以脱颖而出,成为领袖人物。

林:这是北大教育体系建设的一个基本思路。后来,教育部开始了"拔尖学生培养计划",其实这只是这种多样化教育体系中的专业教育部分。

黄:你认为,像北大这样水平的学校的"拔尖学生培养计划",其实针对的应该是该专业里致力于做科研的人。

林:是的,这是当时的基本思路。到重庆大学后,我根据学校情况,提出要回归大学的教育本位。我们提出学校要用五年时间,打好基础,确定了四项任务:第一是学科构架的调整,第二是队伍建设,第三是教育体系建设,第四是体制机制和制度建设。当时做的第一件事情是建立学部。起初,有很多不同意见,为此,我们还写了一篇答记者问,系统地阐述学部的作用和意义。重大的学部对后来学校很多战略性事务发挥了很大作用。学部建立起来之后,学校层面的工作有了抓手,可以更多地考虑战略性的问题。

黄:学部差不多相当于国外的学院,是吧?

林:差不多。我们当时想成立四个学部,即文理学部、建筑学部、信息学部和工学部。一开始有些争议,后来就决定先尝试设立文理学部,由于效果不错,半年后,其他学部也都建立起来了。

学部的设立，不是收权，而是放权

黄：对于这个问题，我很感兴趣，有没有说把学校的什么权力放到学部里呢？

林：这里涉及一个概念，就是学部权力的来源。学部的设立，不是从学院收权，而是从学校放权。

黄：这是很重要的一句话。

林：学部相当于学校的一个派出机构。学部刚成立时，出现了一些问题，职能部门把很多琐碎的日常工作，比如评奖等，本来应当由学院负责的工作，都交给了学部，学部不堪重负，大家的意见也比较大。当时，经过讨论，我们把学校的工作分成两类：一类是发展性的事务，包括队伍建设、学科调整、规划、教育改革等，这些由学部来管；而日常的事务，则由职能部门直接到学院。这样就把学部和学院的责任、任务分清了，大大减轻了学部的压力。此外，学部的院长们经常在一起开会，讨论学科的发展，教学改革和学院的建设等，真正把大家凝聚起来。

黄：发展的事情放在学部，就是说实际上学校不会全面去考虑，而是分给学部去考虑。而且，学部也不能多，多了要出乱子的，所以你先尝试建立了四个学部。

林：实际上，在研讨和考虑学部发展的时候，学校的资源也就分下去了，资源使用的重点也更加清楚了，我觉得大家还是挺高兴的。

黄：资源配置到学部。

林：比如说，引进人才的资源和权力都给了学部。学部再配置给学院，当时有"百人计划"和一般教师两种不同的引进渠道，"百人计划"是按预聘制，提供比较好的启动，学院都有相应的指标和任务。

黄：学校有没有设立一个人才引进领导小组，就是说进来的人要审核一遍？

林：学校有一个学科建设领导小组，负责最后把关。实际上，把引进人才的权力下放，还涉及一些人事制度上的改变。我认为，这对学校人才竞争力很重要，要有清晰的发展路径和预期。我们当时对百人计划人才提出了非常明确要求，也制定了清晰的发展路径和提供的条件。学部主任和院长知道引进人的工资待遇、启动经费，而且，这些人的晋升是要与世界同行比较，没有名额限制。

黄：也可以直接谈？

林：都可以谈了。如果学院同意某个人作为"百人计划"引进，就要到学部人力资源委员会讨论；最后到学校层面，我们只是监督一下，看看学部的学术标准把握得是不是妥当。当然，个别也会被否定。

黄：否定权还是掌握在校长的手上。

林：如果他们的要求太低了，我们会提醒要把握标准，学校要在学部之间把握好质量和均衡。

黄：也就是说，你这是校、部两级管理，重心放在学部。

林：可以这样讲，但学部不是实体，实际的实体还是校、院两级，学部可以看作是代表学校的一个派出和监管机构。例如，教师晋升的条件是由学部讨论和决定的，只有这样才能充分兼顾不同学科的特点。学校只是控制教师晋升的总量，名额分配到学部，学院提出候选人，学部的学术委员会作最终决定。重大过去的做法是学院提出候选人，学校学术委员会讨论决定，由于学校的学科跨度比较大，把握上容易出问题，操作起来也很麻烦。

黄：现在，是你们统筹，还是他们统筹？

林：他们统筹。学校只是帮助做人事方面的辅助工作，帮助了解情况，给学部的名额完全由学部自己分配。学校的学术委员会就审查学部制定的标准是否合理。这样使责任更加明确，操作也就变得很简单了。

黄：这样学部的作用就真正发挥了，同时，教学的工作还是在学院。

林：对。浙江大学的学部制开展得更早一些，最初是希望建立较实的学部，这很类似于国外大学的学院。实施了一段时间，发现很多问题。最近学校对学部制度进行了修订，学部不再是管理实体，主要负责学术事务,责任和权利更多地直接下到院系,包括学术评价、职称评审、引人用人、教育教学,等等,当然配套资源也相应下放到院系。学部则更多地在跨学科协调、跨学科平台建设等方面发挥作用。中国大学的情况不同,我们是先有学院,再建学部,开始时学部虚一些有好处,可以根据发展情况,逐步增加学部的统筹功能,这样大家更容易接受一些。

开门办教育

黄:下一个问题,你在教学上还做过哪些改革?

林:以重庆大学为例。首先,是对大学的教育进行定位,就是要培养什么样的人。当时,我们提出了一个比较具有一般性的定位——培养能够适应和驾驭未来的人。这是作为学校人才培养的一个理念,或者说一个目标。这里面有几个要点:一个是适应未来,不能仅仅考虑现在,我们还希望一部分人能够引领未来;第二个要点是,我们培养的是"人",并没有讲"人才"。当时讨论得还是比较激烈的,焦点是用"高素质人才",还是用"人",后来,大家觉得"人"更能体现我们教育的整体性和全面性,能够更好地体现对素质方面的整体要求。关于"驾驭"这个词,当时也琢磨了很长时间。到底是用"驾驭"呢,还是"引领"呢?也做了一番思考。

其次,如何培养人是最重要的。重大的文科和理科相对比较弱,培养研究型人才没有很大优势,因此,重大应把理科教育作为基础性教育,然后进入专业学位研究生的培养,换句话讲,要把专业学位研究生教育放到战略地位。工程方面让教务处做了很多讨论。后来做了几个尝试,我觉得还是蛮有意义的。

对于本科教育改革,我们当时做了这样的思考:学生现在最缺乏的是什么?是价值观。总体来讲,我们对学生的知识传授做得还可以,但学生的实践能力、价值判断、创新意识等的差距比较大。所以,当时就提了几个概念。第一个是重大人才培养要以创新创业为特征,实际上,无论从事什么工作,都需要有创新创业的精神和能力。第二个是"开门办教育",当时提出要打开国门、校门、教室门,更多地了解社会需求变化,更多地参与社会实践。这方面也做了一些具体事儿。例如,与美国辛辛那提大学合作开展 coop 教育模式,"coop"就是 co-operation,这是在美国很受欢迎的一种教育模式,有 100 多所学校都采用这种模式来培养应用人才。美国一般的本科是四年,coop 是五年。第一年在学校学习,接下来的三年,有一半时间要到企业里去工作。所以第二年学校就要给学生找工作。他们实行的是三学期制,学生分两部分,在学校和企业轮换,最后一年是在学校里毕业。

黄:中间三年分为九个时段。

林:是的。管理的工作量是非常大的,管理成本也很高。学校要专门设立一个大概几十人的 coop office,负责联系企业和用人单位。重大这学期已经开始与辛辛那提大学合作,他们的 coop office 派了三个人过来,帮助重大建立与企业的联系,合作在中国大学推进 coop 模式,辛辛那提大学还会派一些老师来上课。我认为,这种模式一方面可以解决现教育与实际脱节问题,同时,经过不同行业的实际工作,我还希望学生更好地认识自己,在价值观、人生观方面能够有更多提升。我们现在的教育有很多问题,很多优秀企业和机构需要人,但又找不到符合要求的人选。我希望,coop 教育模式能够在这方面做些尝试,这也是很有特色的。

还有一件很重要的事情,就是对专业学位研究生的培养。我们提出了一个重要的观点,就是要把专业学位研究生的培养放在重庆大学的战略地位。这个判断是怎么得出来的呢?我觉得,学术型研究生的培养有两个方面很重要,一是高度依赖于队伍状况,队伍建好了,学术型人才的培养就有了保障;二是学术型人才培养是个体行为,导师起主导作用,学校也管不了很多,只要把工作条件、质量监管做好就行了。专业学位研究生的培养则不同,学校要做的事情很多。我们过去(现在也是一样,很多学校都是)只是把学术型研究生的培养方案用于专业学位研究生教育,像是翻版或者附庸。学术型研究生名额不够,就用专业学位研究生做研究。这显然是不对的。专业学位人才培养应当面向真行业和应用领域。

举一个例子,重大的机械、材料、电气等工科专业都很不错,我们准备在工科领域建立 2011 协同创新计划,因为重庆市的汽车行业发展得很好,自主品牌的长安汽车很强,我们就选择了汽车领域。由于重大自己的汽车学科并不强,如何才能真正让企业受益?是人才!我们成立了一个汽车研究中心,要从汽车专业学位研究生培养入手,联合长安、福特、中国汽车研究院等机构开展研究生的合作培养。这个项目从三年级中招收免试推荐学生,长安和福特都非常兴奋,我们共同制定培养方案,福特每年从美国总部派十几个专家,给学生讲课和指导学生,学生最后一年在企业工作实习。我觉得,这才是真正的专业学位研究生培养。当时还提议,由建筑学部主持一个钢结构研究生培养项目。钢结构也是跨学科的重要方向,与工学部的机械、材料、力学,以及建筑学部的土木工程等专业都有关系。这样我们可以针对钢结构这个行业,与企业合作培养专业人才。

另外,我也认为,大学的学科结构应该是网络状的。也就是说,像机械、材料、电气等传统的学科可以看成纵向的基础,我们可以针对重大应用和前沿领域,通过跨学科方式建立一些研究中心,把这些学科结合在一起,这无论对跨学科学术研究,或是专业学位人才培养,都是非常重要的。

黄:应用型人才培养应该以行业、产业需求为主导,以社会需求为主导,而不是以学科为主导。

林:是的,我们的应用型人才培养,不应当以学科为主导。实际上,除了上面讲的汽车和钢结构,我们也通过国际合作,开展了物流方面的人才培养。这都是希望在跨学科方向上,开展人才培养的尝试。

黄:这是专业学位的培养,我觉得也是人才培养中很重要的一个方面。

林：还有一个问题，就是大学怎么和社会联系？怎么能够让我们的大学更适应社会？我们当时除了做这些，还有一个概念就是要"请进来"，更多地了解社会经济发展对高等教育的要求，让社会人士参与到大学教育的改革讨论当中。

黄：你对于"985"大学服务地方有哪些看法？

林：区域是大学最直接的客户，我们理所当然要提供服务。例如，浙江大学的任务应当是什么？我觉得应当是两个方面：一个是要创建世界一流大学，另一个则是要为浙江的社会经济发展提供人才和学术支撑。浙江大学在服务地方方面是有传统的，很早就提出了学术要"顶天立地"的理念。例如，针对浙江优质教育资源比较缺乏的状况，我们正在设法提升城市学院和宁波理工学院的教育质量。学校正在海宁建设国际校区，将与几所国外大学建立联合学院，我们在舟山群岛建设海洋学院。这些不仅为地方发展提供人力资源，也将提升浙大的整体实力。

大学还应当根据国家和地方发展，做好学科的前瞻性布局。最近，我们在机器人、大数据、网络安全、生物制药等领域，以及一些重要的基础学科领域，进行了深入的研讨，并开始前期立项，我们希望这些项目能够为未来的国家和区域社会经济发展作出贡献。

柯 杨：
"光杆司令"推动不了教学改革

(2013年9月27日，北京大学)

柯杨，生于天津，基础医学教授，美国医学科学院外籍院士。1980—1982年，在北京医科大学肿瘤防治研究所学习，获硕士学位，毕业后留所工作。1985—1988年，在美国国立卫生院（NIH）国家癌症研究所（NCI）做访问学者。1998年起，历任肿瘤防治研究所副所长、北京大学医学部副主任、常务副主任、北京大学副教务长、北京大学副校长、医学部常务副主任。2004年12月至今，任北京大学常务副校长、医学部常务副主任。2012年起，兼任国务院学位委员会委员、中华医学会副会长、国务院医改专家咨询委员会委员、教育部全国督学等。

我们把最核心的医学知识，以问题的方式、实践病例的方式呈现出来。我们有一个非常经典的病例库，让学生参与进来，给每个小班一个病例，12个学生从基础知识诊断、鉴别诊断、治疗方法、告知病人、医学伦理、医学法律、预防和最新进展等几个方面分工；然后，大家在会上跟别人共享自己的认识，互相讨论；每个人都必须保证，你负责的知识点，必须让所在的小班最后全都懂。通过这些分工、合作、组织，在潜移默化中让学生主动交流与合作。

在校园里，最没有人关心的居然是学生

黄达人：柯校长，你好，先说明来意。我最近在做的一件事是访问全国最好的大学的一批学院的院长，目的是通过大家的声音来呼吁对于人才培养工作的重视。一方面，学校要承担起这个责任来；另一方面，学院的院长要推动教学改革。因此，今天来，就是想听听你对于医学教育改革的思考。当然，我认为，做教学改革真的很难，就我走下来的情况来看，真正做到整个课程体系改革的，大概还很少。

柯杨：原来，我还以为只有我们医学特别落后呢，实际上是整体都落后。首先，我特别同意你的观点。我2001年就到医学部来工作了，当时是管科研——确实，我也管不了别的，对教育也不了解。因为我从医学院毕业不久，就出国了；回来以后，就在肿瘤医院做科研，虽然做过副院长，管了四年科研，因为是兼职，所以那时候基本上就是无为而治，顺其自然。

后来，我到医学部来了，也是管科研。当时，我提的条件是不放弃研究，所以韩启德校长在校园里帮我开辟了一个实验室。然后，我就很认真地在做科研管理，也没有想过要管教学。所以，当韩校长让我全面接管医学部工作的时候，我就"如临大敌"了。但是，我的确首先有一个发现，就是在各个学校，最没有人关心的居然是学生。在我们国家高等教育大发展、科技大发展的阶段，"研究型"大学的定义、各种评估体系的导向虽然促进了科技进步，却使不少教育者忽略了教育的根本。

我后来慢慢体会到，现在的学生跟我们那个年代的学生不一样。大人们总会说，他们现在比我们那时候条件好多了，为什么不能好好学习呢？后来，我慢慢地花了很多工夫去理解他们。其实，我觉得现在的学生比我们难很多。我们当时虽然物质条件很差，但是我们没有其他选择，因此也就没有选择的痛苦。我们不需要去考虑什么事儿，包括大的方向，都是国家给你指定、分配的。无论是去农村，还是去城市，没

有人会觉得有什么了不得；机会平等，包括工资，不同职业也几乎是一样的，你也看不到什么不公平。真正能冒头出来的人，也都是从基层岗位里产生的。

黄：这段讲得特别好，我们应该多理解学生。

柯：他们生长在一个信息爆炸的环境，他们的脑子被大量信息占据、困扰、刺激着，没有时间去消化和思考。同时，他们眼睛里看到的现实，除了进步发展，除了热闹非凡，还有不公平，还有很多误导和诱惑，他们不知道自己应该往哪个方向走。过去，学医的人都是心无旁骛，认真学习，明明确确地追求想要的东西。我原来选择学医，是很骄傲的，将来我当大夫，你得病我来给你治。现在的医学生，尽管比其他专业的学生可能具备更多更强的优秀素质，但仍然受到大环境的影响。所以，我慢慢就体会到了这些学生的焦虑。为什么呢？在更多元的职业选择面前，职业收入差别拉大的现状，使得学生的焦虑在于，选择学医就要比别人念的时间长，书也读得比别人多，考核准入非常严格；而且毕业后要长时间边干边学，到完全独立行医要比其他大多数职业时间长很多。用四年学经济学的学生，到银行工作，如果有能力又肯努力，养家糊口就并不难。我们的学生要上八年的话，毕了业，还要经过严格的临床培训，做个专科医生，至少六年才能相对独立，而且这六年基本事业单位的收入和他们的付出并不匹配。再加上社会的影响，人和人之间的不信任，他们的潜意识里就会对他成功的保障产生怀疑、焦虑，再加上很多同学都是独生子女，他们需要更多关注。

对于医学生的学医信心问题，我们医学部的老师们作了很多努力，对我来说，我会站在学生的角度，告诉他选择了医学就相当于选择了什么，对他个人价值的实现有什么作用。比如说，我们可以告诉他，如果你想要吃青春饭，是不能学医的；如果你想要挣大钱，也不要学医；如果你不能通过帮助别人获得乐趣，也不要学医。现在就有人在网上说不要学医，学医的活儿不是人干的；有人甚至说非要学医的话，就去学兽医，因为这个社会不能给人希望。但是，我认为这种声音实际上没有表达出学医的人的初衷。

通过学医掌握了本领以后,可以救治那么多病人,并从中获得快乐,这是第一个考虑。第二个,我相信学医的人在作出这个选择的时候,实际上是在追求一种特别具有独立精神的职业。我就是点明他们,我们医生行医这么多年,医治了那么多病人,实现了自己的个人价值,获得了满足感,学医也会使自己成为一个更加独立、自由的人……只能这样不断地鼓励他们。

黄:实际上,这些东西是需要经常对学生讲的。

柯:没错。因为我们努力在各种场合不说那些套话,所以学生容易听进去,包括开学典礼、奖学金大会、教师节大会,也是如此。我们都根据学生的特点和可能的困惑,去倾听学生的声音,去提出让大家思考的话题。

更重要的是,我们进行了教学内容和方法的改革,医学院的教学传统是严谨,很多东西你都不能破,但现在有些东西并不都是合理的。传统的惯性让老师们觉得,我们打好基础很重要,一定要把它灌输下去,这个东西是不能改的。但是,现在的学生跟过去不一样,高考前的应试教育让他们对背书既有一套办法应付,又极端厌倦,不要说创新性,连主动性都没有的。另外,因为有网络的存在,信息化程度很高,他们晚上睡觉很少,上课的时候基本就趴着睡觉,然后老师划重点的时候,才睁开眼看。我去听过几次课,我们有的老师还特别得意地认为,现在上课用的都是多媒体。其实,他就是把书上的东西做成PPT,弄得花里胡哨的,虽然有点趣味性,但脱离实践、脱离问题,并不能提起同学们的兴趣。所以我们的教改就是在"学生为本"的思想指导下,为学生而改。

更加关注临床医生培养的实践环节

黄:这就涉及教学改革的问题,你是怎么做的?可以先说说自己在这方面的思考,然后再说举措。

柯:在2008年正式启动教改之前,我们也曾多次讨论过学制问题。

我发现,我们学校的学制也是乱七八糟的,同样是培养临床医生,有五年制,有七年制,也有八年制的。它需要的时间规律是明摆着的,都是一个学校出来的临床医生,你非要弄不同的教材,非要把学生分成三六九等;最后,五年制的学生会非常自卑,其实他们也不比别人差,也照样可以成为很好的医生。所以,我觉得一个学校里出现这么多学制是不合理的。关于学制问题,我都成"祥林嫂"了。最后,经过反复争论,我们决定统一为八年制,尽管我们并不认为八年制就是最好的,但我们只能尽量利用八年制的优点,并至少在自己的学校里统一起来。

黄:在一个学校里面搞多种学制是不利的。

柯:如果说你培养的人才档次不一样,功能定位不一样,可以用不同的学制,但是我们培养的都是同样级别的医生。这个学制是怎么回事呢?培养一个临床医生,最根本的规律就是:先用几年时间让他进入医学领域,对医学的基础知识和操作技能有一个起码的认识,稍微有点动手能力;那么,他毕业以后,全世界无论去哪儿,都只是一个"准医生";然后,就开始进入分阶段的规范化培训,这个时期每个医生从始至终都带着双重身份,既是学徒,又是工作人员;直到变成成熟的医生,才能彻底独立。那么,在这个过程当中,实际上是由老师带着他,从简单到复杂,从"小独立"到"大独立",逐渐做起来的。

所以,这个过程跟一般的继续教育是不一样的,它是强制性的、规范的,含有几个阶段性的准入口。那么,各个国家都要遵守这样一个最基本的规律,所不同的,一是在校医学基础教育划分成两大形式:本科起点(欧)和研究生起点(美);二是在医学继续教育(规范化培训)方面也有两种划分:计入或不计入学历学位。中国就是本科起点进行医学基础教育,毕业后培训规范进行并可以因此获得专业学位。这是中国走出的一条医生规范培训的很好的路,因为它解决了医学生高学历高学位问题。

但是,在这过程当中,由于我们对美国那个"4+4"学制的理解不够透,就盲目地扩建了中国的八年制。实际上,医学是一个实践性的科学,它其实并不适合在学校里占太长时间学书本知识。美国那个"八年制"为什么行得通呢？因为他们国家的经济水平、个人的家庭条件允许,选择学医的会是一些更成熟的人。那么,先用四年完成各种通识教育。特别需要强调的是,美国后四年的医学教育,从一开始就是接触临床的实践性教育,完成后授予相当于研究生教育的专业博士学位。我们原来用的实际上是苏联也就是欧洲模式,不是中国独创的,其实也很成功。我们本科就开始进行医学教育,然后五年以后开始临床培训;后来又将临床培训发展成专业学位研究生教育。因此,我们就比美国那个培养模式下的医生年轻一点。其实,这个所谓的"年轻",和其他职业相比,已经算是年龄大的了。医生成熟、成长的时间特别长。在咱们中国的国家经济、家庭经济的背景下,尤其我们的高中生被传授知识量也明显高于美国,实际上,这个道路应该很好地去发扬。

这里还有一个问题,美国当时做"4+4"模式,是因为他们认为孩子应该有更充分的独立性和自由选择,他们觉得你那么年轻,现在没想好的话,就先学通识,以后再作决定。在咱们中国,这么多年来,要不是因为现在的外在环境,我们很少看到学医的学生变心的。这就说明,这些学生在职业追求上是早熟的。只是,我们唯一的缺陷,就是可能有些晚熟的人,忽然觉得想要学医了,却进不来。这个是可以改革的,但并不是说我们就要把早就能作出选择的人也都退回到等待状态。美国的"4+4"模式,优点在于培养的医生更成熟,缺点在于培养时间太长。最关键的是,在一个国家里,如果你拿到博士学位至少要五到六年,而且按照医学的要求来说,你已经可以独立了;咱们却弄一个八年一贯制,教育部说你们自由探索,没人告诉你应该怎么样去做。就是说,原来是五年在大学上医学本科,多出来的时间各学校自行安排。美国的医学教育本身也只有四年,还是强调实践。咱们让医学生在校五年时间已经够长了,你要是真想把他变成好医生,就应该让他更多地去实践。

我们分析了以后,北医将我们的八年制就做成"5+3"模式了,相当于过去的本科加上三年的第一阶段 GME(规范化培训)。还有一点,对于临床医生来说,即使你就是要做科研,也是先有临床实践,再做科研,这是规律。而且,要做科研的话,不应该给人家 MD 学位,而应该给 PhD。所以,很多学校就是说,我也没让他做科研,反正就是在学校里多选课多学基础知识,最后把这八年用掉,戴一个大帽子出去;结果,临床实践不行,科研也不行。而且,他的八年临床医学专业,毕业时要和人家本科五年的人一起起步进行规范化培训。你虽然占了一个"便宜",早早地戴了一个博士帽,但是,所有的培训都要重新开始,时间上一点也不能少,自己也没有信心了。

我们把它做成了"5+3"以后,毕业时他至少和原来的临床硕士一样水平;首先,在我们体系内不会出现问题;然后,在别的体系内,先得得到人家的承认,还要考当地行业的 GME;考完以后,你得告诉别人,我还得继续学;如果人家不信任你,可能让你从头学;如果人家信任你,可能就让你从不会的那点开始学。

我不反对科研,也不反对在通识教育里面投入更多的时间;但是,我们主要考虑的是全局,如果让这些孩子多学点通识的东西,我也不反对。如果在他们经历了漫长的应试教育后,好奇心和激情早已磨灭,靠延长学制继续让他学更多基础知识、书本知识,如没有深刻的教改,并不能达到培养"更有潜力的创新人才"的目标。如果说它最后影响这些学医的人实现自己当医生的目标,那就不合适了。

医学生特点:职业导向明确

黄:刚才讲了学制的问题,在你看来,还有哪些问题没有引起足够的关注?

柯:很重要的一个问题就是整个校园里不重视学生。我见学生的时候,都特别不好意思,感觉愧疚,但学生对老师非常尊敬。

黄:真的是不好意思见学生。

柯:因为我觉得没为学生做事情,对不起学生。关于学制问题等,我知道他们难受，他们困惑，他们有时候一提出意见来，八年制学生自己也不领情。他们觉得，这是在拿我们做实验，我八年毕业之后到底怎么样，没有一个人讲得清楚，因为世界上以前都没有这么一个体制。然后，他一旦触到北医以外的体系以后，人家根本不承认你培训过的这些东西。所以，他们损失的还是时间。我觉得，不是说我们不希望给他更多的其他知识，而是在我们中国现在这种情况下，在医学整个的人才需求下，并不需要很多人继续待在学校里学很多知识和技能；这么聪明的学生，尤其应该早点到实践当中去。你告诉他一个目标，不用教他，他自己也会学。我们有过这样的实验，最后考试的时候，分数也不会低。其实，他们的自学能力都很强，很聪明，而且自控能力也特别强。

我也分析过，考医的人和人文学科、社会科学的学生非常不一样。这个区别还不是因为我们教育的作用，而是教育筛选的作用，把这类人引进来了。为什么呢？第一，因为他是来学医救人的，很多人都是家里曾有过病人；第二，他愿意帮助别人，感觉非常好；第三，他自己希望或者父母曾经告诉他们，将来找一个万事不求人的职业，找一个年纪越老越有价值的职业。所以，他等于就不受制于人了。当然，他还必须得特别坐得住，因为医学的很多内容都是要背的。那么高智商的孩子，来了这儿以后，得背，得花很多时间去学那些要塞进去的知识。这对他们来说，其实是一种很大的压力。但从另一个方面来说，我们学医的学生会比那些学文科的学生乖很多，因为他非常明确地知道，我来了就是要当医生的。

黄：就是要实现自己的追求。

柯：医学就是职业教育，我们的人一代一代就是这样。

黄：柯校长在这里给我们讲了一个我们原来没有太去关注的问题。我觉得讲得很好。虽然学生没有强调我是在北医被熏陶的，但是我们八年制的学生跟五年制的相比，一看还是有差别的。而且，我觉得这个差别是从入学前就带进来，因为八年制的学生比别人高了100分，虽然分数不是一切，但是这群人的脑子还是聪明的。

柯：这是绝对的。同样的校园，我们得因材施教，你得知道你的学生是什么样的。从另一个方面来说,我们的医学生自信心差,为什么呢?因为他一定要找一个稳固的职业,将来一定不会求人、受人治,而是人家求我。其实,这内里隐含的就是自信心差。还有就是我们医学生比较内向。比如说,我们和校本部学生有一个集体活动,谁说了一句什么出奇的话,校本部的学生可能就会欢呼尖叫,我们的学生听到后都没声音,长期都是这样的。另外,医学生的交流能力实际上比较差,这是做医生的大忌。所以,我们因材施教,应该关注这些方面。

再有,医学生可能没有太强的团队意识,因为医生主要是靠个人能力的,他就特别愿意自己学,都特别乖,或说习惯于个人奋斗。所以,我们的医学生纪律特别好,特别听话。例如,我们和校本部的学生一块儿做奥运志愿者,规定要在某个地方集合,先来的肯定都是我们医学部的;然后,其他人到齐以后,老师布置任务问大家有没有问题,我们医学部的人从来都没有问题,有疑问的往往是别的专业的学生。但是,其他学生的特点就是比较自信,他能够接受自己上了大学以后将来职业的不确定性,我们的学生受不了这个。所以,学生当初一旦选择学医,他就要求能够知道我将来要干什么。例如,我们公共卫生学院的学生,大多不是第一志愿的。进了公卫不知今后具体干什么工作就很着急。公共卫生学院的问题在于,它已经和过去人才培养的性质不同了,不是之前那种"苏联模式"了,不是单纯培养预防医生了,而是分化了很多,可以满足跟健康相关的很多需求。学生到了公共卫生学院以后,就急着问老师,老师就会告诉他这个专业特别好,就业道路可宽了,将来什么都能干。这是我们医学生最不爱听的话了。所以,我们公共卫生学院前几年因为情绪不稳定,学生出问题的较多,我觉得也和医学生很在乎职业的确定性有关。

黄:医学生将来当医生就行了。

柯:他说,我是想知道将来具体干什么的,现在你告诉我什么都能干,那完了。

黄:这个是专业特点决定的。人们一般会觉得,说什么都能干的专业,其实是什么都不能干。

柯:所以,这就是我们医学生学医要避讳的东西。后来,我就跟我们公共卫生学院的老师说:"你真不能这么说。你应该好好告诉他每一个职业、每一个学科分支的价值。其实,公共卫生是很重要的,现在的社会需求比过去大了很多。"经过多年努力,我们公共卫生学院的老师发挥了很好的学科作用,学生们也越来越有信心了。

医学飞速发展,唯有教学模式没改变

黄:下面一个问题,怎么会想到医学教学改革的?

柯:当我们改革到一半的时候,还会被人问:"你们过去培养的学生质量都那么好,到临床行医也好得很,到底为什么要改革?"后来,我才认识到解释这个事儿很重要。为什么要改革呢?我们自己认为重要,但并没好好讲清楚。

第一,现在的医学飞速发展,教学手段和信息传播方式也已经飞速发展了,医疗体制、患者都跟过去不一样了,包括学生也跟过去不一样了,唯独没改的,就是咱们的教学模式。在过去的一百年间,医学加速度发展。在医学的基础研究上面,体现的是学科界限模糊,天下大同;理科的技术、思想方法占据了医学的主流。每一个教研室做的都是同样类型的研究,对问题的认识还抱着陈旧的态度。

黄:就是死守着自己的战壕,绝对不允许你来碰我。

柯:比如说生化和细胞生物学,讲的根本都是一样的事,所有的老师重复去讲。

改革的第二个原因就是现在的教学脱离实际。因为基础医学是发展得最快的,并成了医学的主流,但是,它只是认识生命的奥秘,实际解决的医学临床问题并不多;那么,基础医学的知识爆炸性地增长,如果让学生学,他一辈子都学不完。这个领域日新月异,每天都有那么多论文发表。所以,每个老师都特别愿意给人讲自己领域最前沿的东西,而不是系统的知识，缺乏宏观的框架。所以，在这种知识海洋里，学生就是溺感强、效果差，大量地背这些固定的东西；而且，因为知识的膨胀，更加造成了和临床的脱节；老师就盯着今天又有新的教科书，我要给学生讲这个，就有很多重复。因为基础医学和临床，从工作、从结构上是不联系的，我只要把我的基础研究做好，把我的课教好就行了。临床医生那么忙，没有时间跟基础医学的老师交流，所以这种脱离就越来越严重，知识越来越庞杂，越来越交叉重叠。实际上，学生那么聪明，获取知识的能力那么强，你只要给他讲一个总论就行了，比如这知识是怎么来的，用了什么思想方法和技术手段，大概有哪些内容。我特别能体会学生对知识的敬畏和渴望，最后却往往被我们高层的老师带到一个非常神秘的地步，学生在知识的海洋里找不到北了，效果很差。我们就有八年制的学生，非常聪明，已经到了临床了，他说我要去学些基础，结果考细胞生物学考了 20 分。我说："这么简单的题目，你怎么只考了 20 分？"他说："我没时间准备。早都忘光了，当时都不知道怎么学的。"就是说，老师滔滔不绝地讲了很多脱离实际的东西，又没有点出最主要的内容，占用了学生很多时间。

黄：你说的这个东西是有普遍意义的。每个专业在做课程体系改革的时候，面临的阻力都是一样的。

柯：现在科技手段已经很发达了，学生要自学是很容易的。还有一个始终没有解决的问题，就是学生们不爱问问题。这是因为在应试教育体制下，一直没人给他机会，他也用不着自己去思考和消化。这种方式，如果到这一步再不改，它就真的固化了。人以后一辈子都要学习，在这时候挖掘这种潜能还是有可能的。所以，我们要带着问题学。一个是缩减讲基础研究的时间，过去用两年半展开讲，现在只用一年讲总论、来源、概貌，然后，再用一年时间直接分析病例，12 人一小班。这个小班的改革动作特别大，简直是按军队管理操作的。改革好了以后，学生特别高兴。刚开始的时候，学生也会骂，说自己没有自信，因为他永远都是被告知知识，"你突然决定'不教了'，那考试怎么考？我将来当不好医生怎么办?"他们问的这些问题,我们全部都回答了,包括分管的各级领导,都给他们答疑,并不断地追踪改革效果和改革考核制度。我们基础学院的老师,在过去这三四年间,几乎没放过假,学校也花了成本送他们出去,再将教育专家请进来,大家一起讨论。

课程改革:改革基础课,进行全人教育

黄:说到课堂,其实是教学改革中最核心的部分,你们是怎么做的?

柯:课程体系改革是我们整个改革很重要的一部分。那么,关于课程体系改革,我们看到的第一个问题就是基础这一块。刚才我们说的知识爆炸、融合,这个如果不下功夫重新备课,还按照课本知识灌输的话,肯定是不行的。

首先,在进入临床之前,把基础知识缩减。基本的观点就是把知识梳理以后,要以总论的形式宏观呈现,让学生知道知识来源其实跟他的思想方法是有关系的。第二,减少那些不带问题的实验课。过去,所谓的各种实验,就是比如让你看个细胞培养,学生都不知道这个细胞培养具体解决什么科学问题,就花了很多时间,所以我们就减少了。第三,把最核心的医学知识,以问题的方式、实践病例的方式呈现出来。我们有一个非常经典的病例库,让学生参与进来,给每个小班一个病例,这12个人从基础知识诊断、鉴别诊断、治疗方法、告知病人、医学伦理、医学法律、预防和最新进展等几个方面分工;然后,大家在会上跟别人共享自己的认识,互相讨论;每个人必须保证,你负责的知识点,必须让所在小班最后全都懂;通过这些分工、合作、组织,在潜移默化中让学生主动交流、合作。

黄:这个是从几年级开始做的?

柯:三年级。我们现在已经感觉到,经过教改的学生,到临床以后会提问题了。

我们几家附属临床医院各有各的高招。我们只是把教改的大原则

告诉他们,然后让他们自己去探索,最后再总结,这样是最好的。因为临床有了实践以后,他不会照本宣科,就有机会带着问题去学、去问。因为这五年当中,主要是以听课和见习为主,而不是操作。所以,临床的见习就容易得多,他本身就带着问题。只不过,教学方法是以告知为主呢,还是以举例为主呢?这是我们三家医院的不同。

而且,关于 PBL,不是嘴上说的让学生自己讨论就行了,里面还有很多细节,需要教师在背后支持,从而实现学生能力的增长。这些东西我们都做了,老师得保证他自己不参与,不能滔滔不绝地讲,一定要让学生自己说,最后由老师来总结。我们的教改做到这个程度以后,学生也不翘课了,也觉得有意思了。

每一个学生都要参加十个病例,备课也请临床医生参与;而且这十个病例一定要是各个器官系统中非常典型的,这样就把很多知识也融合了。过去,我们靠公卫学院讲预防知识的时候,照本宣科,现在也融到病例分析中,这是我们最核心的一个改革。

第二块,我们做了很多系统的配套改革,就是把医学这样一个职业教育,扩展为全人教育。过去,我们关注的只是医学知识和技能的培养。尽管大家谁都不愿意说自己是职业教育,可实际上你就是高等职业教育。为什么呢?因为学生来的时候,他的职业指向是明确的,你教的内容和他的职业行为是直接相关的;而不是像学哲学的,将来都不知道自己要干什么。只是即便是职业教育,也不应该放弃对学生全面素质的培养。

黄:我觉得,医学教育,尤其是临床医生的培养,是一种非常典型的职业教育。

柯:过去,我们自己都没觉得,后来合校以后才体会到这一点。我们合校以前也叫"university",是因为我们不光培养医生,还培养各类相关的医学人才,它本身的学科综合性已经达到了"university"的标准了。但是,医生是它培养的主流。

为什么在咱们中国要做"全人教育"这件事呢?

第一,我们传授的医学知识是人体的解剖和功能,只是从结构和功能上知道"人"了,而不是真正懂得"人"了。而你对于"人"的理解,对社会的理解,才是你价值观成熟的一个标志。可是,医学教育里面并不包含这个,所以我觉得,在我们中国这样一个环境里面,应该更加全面关注"人"。

第二,我们的孩子在应试教育的环境中长大,到18岁的时候,心智远未成熟,还不能算是真正的成年人。他们对社会的理解、对人的理解,都还比较幼稚,只有一脑子知识,越高分的孩子越明显。

第三,医生本身的职业精神是需要在医学教育里培养的,比如说伦理、医学心理和交流。这三点医学知识里面都没有,所以你也得专门教,而价值观的培养,不是说教,不能单纯灌输书本知识。

黄:医学生毕业后面对的多半是健康出了状况的人,是需要你去帮助的人,所以全人教育尤其是伦理和心理方面在医学院显得格外重要。

柯:是的。关于这方面的教育,我们有自己的想法。首先,得进行分析,有些课程是必须讲的,比如说伦理。我们是最早设置伦理课的,就是怎么保护告知权、隐私权、人权。然后是交流学。交流是有技术、有技巧的,但光有技巧如果你不诚心就做不好。另外,像医学心理学、医学史、医学法学,都要教。这些都是不可取代的,我们都是作为课程的。这是第一块。当然,我觉得,在北大和北医,有些人文课教育是隐性的。因为这个东西不光是书本知识,很难量化。但是,这里面还是有规律的。你只要按照规律,做正确的事,不计成本,然后长期去观察。

第二块,就是各种各样的"第二课堂"。例如,我们有一个"爱责任成长"主题,经常从世界范围内邀请各种各样的人来演讲。原来,是倾向于请业界名流,后来就倾向于请北医毕业的基层校友。总之就是各个层次都有,讲得特别好,跟学生互动很成功。

第三块,为了让学生更加成熟,我们专门增加了基层医疗实践。我们的医学实践教育本身就是个让学生成熟的过程。你跟病患接触,慢慢就会成熟,就会理解别人,也就学会了交流。所以,我们就早一点让他们进行实践,在实践中成长;一定要让他们知道基层医疗的情况,了解底层的医患关系,了解民生。

另外,对于教师教育,就是强调医德、医风和师德、师风,他自然会转化成学德学风,因为榜样的力量是无穷的。我们把它分成了两块。一块就是学生工作,学生工作者老觉得自己身份不一样,但是,我们让他们参与教改,让他们明白以后要帮着学生做各种事情,而不只是管吃喝拉撒。另外一块就是这些真正传授知识的职业教师,他们对学生的影响其实是最大的。学生特别希望听到职业榜样的各种指点。所以,我们就不断地鼓励职业教师,除了教知识,还可以和学生分享人生经历,经验也好,教训也罢,作为一个过来人,你对学生的指点都是特别有效的。过去,老师讲完课就回家了,现在跟学生的交流更多了。

改革教学评估体系

黄:在评价教学改革的效果方面,你有什么措施?

柯:我们的措施主要是奖励、鼓励。另外,我们每年都有各种各样的学生评选,学生说出你的事迹,例如研究生院的"良师益友"评选、表彰,最后还会出书。结果我们发现,学生不是表扬老师教了我什么,而是说你怎么关心我了,因为学生有这个需求。我还总结出了一个最常用的词儿,就是学生说老师"平易近人"。本来就应该的事,可老师只要和学生有个平等的态度,学生都很领情。

黄:这个影响比上多少课都有用。所以我说,如果老师在课堂上用平等的语气来讲课,这件事情对学生将来医德的影响,比上100堂课还管用。

柯:对。另外,对于那些既不教书,又不是辅导员的——在机关、后勤工作的老师,我们宣传一个理念:在这个校园里,不管是谁,学生都管你叫"老师",你都会对他产生影响;你今天怎么样对待他,他将来到社会上就怎么样对待别人。我们态度最差的部门就是给学生开成绩单的地方,非把你弄哭了才把你轰走。

黄:等你找他看病的时候,就知道自己种了个什么果。

柯:是的,教育本身传达出来的爱,对学生都是潜移默化、润物无声的。现在,这种情况好多了。比如让学生在门口等的时间长,可以在门口搁一排椅子。学生对食堂、住宿提出意见后,这几年都非常重视,并快速改进。而且,我们也直接地不断地参与,直接跟学生小范围、大范围地接触。以前,我特别不敢面对学生,我觉得他们提出的问题,我好多都解决不了;现在,基本上可以对话了,学生对我们也了解得更多了。

黄:如果我们大学的管理者都知道这种感觉就好了。如果他跑到学生中间,觉得我对不起他们,就一定会有措施出来。

柯:我在毕业典礼的时候,既祝福他们,也感谢他们,感谢他们对我们在办学过程中做得不周到的地方的包容。我得让学生们知道这点。所以,我在校园里见到学生,好多都是笑着跟老师打招呼的。我已经干了11年了,原来科研管理那块儿是我最熟悉的,后来交给一个更合适的老师了。而且,我觉得科研那块没什么太大问题,大家都已经非常非常主动了,不能再往上加码了,就得好好地注重教学。

接下来,我们顶着极大的压力,把职称评估体系作了一些修改,找到了一些突破口。因为如果你只是强调教学的话,很多人就会攒学时。我们不应该鼓励这种情况。他想在学校里待下去,就得抢着给学生讲课。在很多人达到硬指标的情况下,肯定要选教得最好的。如果你教学做得好,而且积极地参加教改,我们还会额外给指标。

学生评估是可以有抓手的。我们每年都有评奖学金。原来,肯定是以学习好为第一位,第二位是是否担任班干部。现在,我们把它们的权重都降低了一点。

黄:不是看你担任了什么职位,而是你做了什么。

柯:原来,我们权重的第三位就是鼓励大家参与课外活动,比如你得了什么奖;但是,不可能所有人都得奖,我们的目的是鼓励参与,而不是为了得那个奖,所以就把这个权重也降下来了。与此同时,我们把学生做志愿者的权重增加了,把学生在临床上对病人的表现也加进去了。

所有这些都是指挥棒,就是告诉学生哪些东西会受激励,他就会朝着那方面努力,就知道应该干些什么了。后来,我们对这套评奖体系进行了调查,因为得进行量化,不然没法打分。我们就在学生中做了一个民意调查和打分。虽然说对人的评价其实特难量化,但其实每人心里都有一杆秤。因为是学生自己参与的,最后,调查结果和我们这套东西基本吻合。所以,最后我们就使用了新的评价体系。

黄:现在做出的评价体系,跟学生心目当中想象的差不多?

柯:对,比较符合。

对于公卫、护理等学科的改革

黄:除了前面讲的改革措施之外,还有哪些值得说的改革措施?

柯:我们在教改中还有一些措施,就是根据国家的需求,建立、调整了一些新的学科。比如说公共卫生学院,其实是医学里的一个重镇。它原来是从苏联的卫生系派生出来的,就是派生出一个和环境、预防、社区相关的专业。按苏联的标准,这个专业就是培养预防医生,培养的方式和其他医生基本上是一样的。因为前五年基本上都是准医生,没有分化。在改革开放以前,这些学生毕业以后大多都是在基层,包括我母亲那一代人。她就是公共学院毕业的。

黄:我们家很多亲戚都是从医的,所以我对学医的很有感情。

柯:在改革开放前,预防医学培养出来的基本上都是医生,大量的人去了基层的防预站,有的成了防预医生,有的成了全科医生,也有相当一部分人被分在三级医院,最后发展成为专科医生了。改革开放以后,医疗教育体制改革,医生就是由医学院培养,公共卫生学院不再培养医生。

黄:他们学的东西也不一样。

柯:学的东西也变了,但是没改革,这就是公共卫生学院存在的一个很大的问题。公共卫生学院没有改革整个培养体系,但是它自己根据需求派生出了新的专业,比如医院管理、卫生经济学等。它原来的专业里,有预防医学,这是培养医生的,还有职业病、妇儿健康、营养学、毒理学。这些年我们建立了全球卫生、MPH等新专业。

黄:它还有一个问题,就是为了生源能够好一点儿,就一直坚持学足够的临床知识;它始终抱有一种虚幻的期待,说没准将来你还能去考个医生牌。所以,它总是要在课程体系里面加足够的料进来,还搞了很多临床实习。

柯:但是,学生最恨的就是这个临床。在临床资源不够的情况下,往往是把公共卫生学院的学生送到差一些的医院,去到那里之后效果不好。然后有人告诉他们:"你除了医生不能当,什么都能当,就在这里好好实习吧。"学生不恨死了才怪!我觉得你们可以懂临床,但是要先把自己的专业学完,然后可以少量地学点临床。现在的学生主要去向是各级政府的疾控中心(CDC)。有一位CDC的负责人就告诉我,你们公卫那么优秀的学生,毕业后两三年内面对突发事件、面对群体疾病,一点社会组织能力也没有。

黄:他有的反而是临床知识。

柯:他有点临床基础,分子生物学也懂一点,但是有什么用啊?于是我们启动了改革。我们公共学院的老师也在说:"合校以后,很多大学的校长都不知道公共卫生学院是干什么的,没人管我们。我们想怎么发展就怎么发展。"所以,我们公卫的改革动作也是很大的。我们公共卫生学院的老师比较满意,他们说:"从来没有见过哪个学校像我们那么重视公共卫生学院。"

其实,我觉得,医学教育的综合性,最少也应该有医疗、护理和公卫,至少有这三样的医学才是一个完整的大医学。这是整个医学发展趋势,国外很多学校都想实现这种综合性改革。这三样在医学中是最核心的。公卫的改革比临床医学遇到的麻烦还大,因为它整个培养人才的要求和目标都发生了很大改变;而且,如果它继续按照原来那种模式的话，实现不了不说，即使现在想改，也没有现成的东西。临床医学全是些规律性的东西，在改革中可以学国外。而公卫的改革完全要结合国情，结合不同的岗位需求进行改革，我们公卫学院也正是在这样探索。还有就是医学里的护理学。其实，护理学在国外发展得特别好，我们想跟都没法跟。为什么呢？因为在中国，护理的职业地位上不来。你看在中国那么长时间，护理学都是开给大专的。过去，在计划经济阶段，护理工作几乎不收费。改革以后护理劳动仍然收费极其低廉，完全不能体现工作价值。

黄：现在是以合同制为主。

柯：打一个针还是五毛钱，现在护士的工作强度可比过去大多了。我们的教育又一厢情愿地提高学历、学位，如果说这个护理还停留在洗脚、剪指甲的阶段，你凭什么让人家本科生甚至研究生去做啊？护理分化出了很多不同档次需求，在中国都没法实施，因为我们不收费，所以护士岗位就招不来人。现在，我们应该尽量让护理的档次拉上来。那么，我们的方法就是，在全国各地招，并且把学制缩短一点，因为他不需要学那么多。原来，护理也跟着学五年，这是在浪费学生的时间，所以，我们把它变成了四年。

黄：我们的护理专业是全校调剂生最多的，几乎都是调剂过来的。

柯：所以，他们毕业以后都想去考研究生，根本不去做护理。当然，护理还有一个很大的问题，也是它和临床的区别所在，就是我们临床医学的师资队伍都在医院，而护理的高学历的师资队伍在学校。我们各个学校都是这样的，有很多老师可能水平挺高，但是他脱离实际。学院里面的师资都是高学历、高学位，有些甚至是从国外引回来的，但是他脱离临床；而临床实践的那些老师，教学能力却不行，这两边互不通气。所以，怎么融合是我们改革的一内容。

另外，护理的学制不能持续那么长时间，应该降低一点门槛，降低一点时间成本，吸引那种真正有志学习护理的孩子，让他们受益。其实，现在对男护士的需求也增多了，很多仪器的使用都是需要一定水平的。在国外,做护理的收入较高,而且根据不同年资和专业分层。还有,随着现在医疗模式的改变,护士可以开门诊一般的药,还可以帮医生做后续解释工作,帮助医生解决各种问题。

黄:充当中间层的作用。

柯:可是在咱们的临床体制里,中间层没有收费制度,发展不起来,生存面临着问题。

黄:在美国,规模比较大的医学中心里,还有大批的研究护士,就是在做临床研究的时候,每个项目必须有一个有素质的护士。那么,如果按美国那种研究状况的话,我觉得像我们这种学校的护理学院培养的学生,已经可以有去路了。

柯:其实这里面问题挺多的,最主要的是临床没办法雇用他,因为要占医院紧缺的编制。所以说,最关键的是要从医疗体制上进行改革,否则在提高护理队伍人才质量方面的努力就是徒劳。

院长亲自抓教学,用团队来实现教学改革

黄:说到这里,我想跟你讨论一下,为什么很多地方的课程体系改革都很难推动?你以前管科研,现在做常务副校长,可以直接抓教学。我们现在往往是把教学工作给一个新上来的人去做,院长中真正关注教学的很少。我希望你能够讲讲,你现在为什么能够做起来?你认为,院长在这里面起到的作用是什么?

柯:我觉得,这个其实跟每个人的理念甚至价值追求有关系。一方面,你是不是热爱教育本身;另一方面,我觉得这件事能做成,是靠各种各样的综合因素,缺一不可。我在医学部提出教改之前,韩校长也一直在关注,但是他没顾得上。很多老师也很努力,但都是很小范围,分散着作些改革探索。当时,我们的学制太乱了,所以我们就从改学制做起,讨论了很多次。最后,大家意见基本统一了,就确定了这个改革方式,后来再提出改教学内容及方式。这个难度较大,曾经多次征求过老

师们的意见，大家都非常同意改革，但怎么改没有统一意见。我觉得，在这个过程中，自己的决心还是很大的。但这远远不够，关键是我们是一个有共识的团队，光杆司令是不可能做成这个事的。

我如果不积极的话，这件事的确很难推动，但没团队一切都是白搭。我们医学部层面的团队，从副主任到处级干部，还有就是基础学院的很多热爱教育、热爱学生的老师，都十分有干劲。当时，我们就选择了一个特别能干、特别认真、学术也很棒的老师，让他担任基础学院的副院长，并请他分管教学，开始教改。他当选的时候，老百姓的呼声挺高的，那时候，谁都不知道他要做教改。他上来以后，特别投入，而且在整个改革过程中我们医学部教育处的干部发挥了很好的指导、协调、促进作用。我们的老师里有很多热爱教学的，他们用了将近一年时间，走出去请进来反复探讨商议，把所有的课都翻了个儿，从四百多门课程中整理出了核心课程。并建立了案例库，设计了"北医新途径"教改方案，并且开展了大量教师培训，成就了今天的改革。

黄：就是说，教学改革很重要的一点是要有执行力很强的团队。

柯：所以，我觉得如果没有基础学院的这支团队，真的很难进行。后来，我们这个团队里大概有三个人因此破格评到正高职称了，这是一种激励。

还有一个因素，就是大量的学生辅导员要跟着做，要向学生做解释工作。我们的学生会自发给下届的师弟、师妹写指南。

黄：这是全院总动员。

柯：每一层的人都特别努力。现在，经常有人来参观、学习我们的基础实验，他们就更有干劲了。国内认可，国外也认可，请他们去讲了很多次，不断总结。总之，这件事是我们合力做成的。

后来学生们出了一些集子，写自己的感受和体会。学生自己写的东西，我们会给他们写序，特意在里面讲，这个专业是怎么回事，为什么要这样改，作为学生你需要知道什么。不断地与学生平等互动，让他们理解，激励他们更加主动地参与进来。

黄：改革本身就是一个系统，要想把四百多门课程翻过来，单靠教学副院长一个人是推不动的，大家必须有共识，然后由院长出面，这个很重要。

柯：为了新课程体系，很多领导岗上的老师都给学生开讲座，讲教育，讲改革的背景和原因，讲方式等。我还给第一批参加新课程体系的学生讲过一次课，分析为什么要这样，后续还是不断地在讲。后来，这些学生就自信了很多，更加善于表达了，敢于在临床上提问了。他感受到你在实质问题上关心他的成长，在乎他。不像那几年，我看到有些学生离开学校的时候，咬牙切齿地说："我住在那个破宿舍，谁来管过？我想开一个学位证明，还要被骂得狗血喷头。"很多都是含着眼泪走的。现在我们的办学条件好了，但我想方方面面"在乎"学生这件事很重要。

我觉得，这些其实都是细节问题，但恰恰是这些细节代表了我们现在的教育理念。怎么才能培养出好人呢？现在，很多人都是稍微有点支配权，就要在人格上显示出不平等。我也看到，很多年轻人一边对领导很尊重，转个身，他自己也是领导了，对下属就特别凶。这种现象太严重了。

黄：我在外面做讲座的时候也说，其实大学的行政文化决定了大学的文化。你不要怪那个老师怎么样，不要怪学生怎么样，首先应该看看校长、书记是怎么做的，我们中层干部是怎么做的。

柯：对。如果你按照政府官员的方式对待师生，那才是行政化。这个如果不改，改别的也没用。

我们的教改之所以能成功，还有一个隐性的因素，其实很多学校没有注意到，就是有我们这样一个责权利明确又非常关注医学教育的管理层。有些学校特想做这样的事情，但是合校以后，没有医学部这样一层机构，就做不了。

黄：北大医学部是相对独立的。

柯：相对独立。我在大学任常务副校长，但主要就考虑医学教育的事。其实,医学教育挺复杂的,评估体系跟别人不一样,学生特点也跟别人不一样,遇到的挑战也比别人多。合校以后,比如说临床这块如果不合拍了,你的医学教育就完蛋了。可是,很多学校合校以后,把临床直接附属给综合大学,而不是附属到医学院,医学院就叫不动号了,更谈不上改革。

我们的学生和其他任何专业的学生都不一样,他进来以后,有个学生流动:先进北大,然后进入基础学院,再分到各个医院。要保证这个流动的有序性,是要靠一个机构在协调的,尤其是在改革的时候。但是,医院对医学教育这一块儿,是最容易滑坡的。它负担本来就重,唯独教学这块不值钱,缺乏激励机制;而这一块儿对学生的成长恰恰又是最关键的。如果医学部没有实权,靠关系可以做,就是随机的,不确定,也没有保证。所以,这中间还是得有一个高一级的管理层级。医院和基础医学应该是一个平级的,医院在教育上是下游,但又最重要。所以必须得有这样一个协调机构。而在合校以前,附属医院的体制已经是独立法人了,它的生存方式和压力使它的关注点不一样了。其实,我们的级别都没法跟它比。它的级别比学校还高,它想听你的就听,不想听你也拿它没办法。从教育的角度来说,合校以前,它已经有离心力了。因为它的体制和你不一样,生存压力也好,权利也好,都跟你不一样,人家可以做,也可以不做。我们的附属医院有好的传统,他们肯定好好做,但单靠传统和惯性是远远不够的,尤其是要面对改革。如果它附属到医学教育上面,就好得多,至少是正常状态。所以,北医这几年的发展,其实跟这个有关系。

黄:其实,我觉得我们每个学科或者学院,如果想认认真真地做一番大事情,都得给它全面的资源支配权。其实,这个讲透了,就是校院两级管理,现在都是学校在调配资源,所以院长没有权,而你们起到了独立的作用。

柯:对。医学的特点就在于它不是一个院系,底下又分出了一些平级的分支。

黄：它相当于一个学部。所以，如果医学没有实权，什么改革都是虚的。我们现在都在讲大学制度，其实，不应该过多地关注党委领导下的校长负责制，而是应该更多地关注校院两级管理，要把学院的地位抬起来，推动学院的工作。医学部有权，就能做。

柯：对，我们的基础医学不能叫"医学院"，因为它没有临床。

黄：我们学校的医科，医教处、医科处、医管处都留着。

柯：好多学校都没有了。基础医学院的人说想重新回归医学部。如果没有临床，算什么医学院？可是人家临床才不买你的账呢！所以，他们现在想回归都非常难。而且，一回归，一套五脏俱全的系统都要配备，大家都没有这种思想准备。

黄：哪个附属医院的院长愿意无端再给自己找个领导？

医学是一个综合的大学科

黄：柯校长，不知不觉，我们已经谈了两个小时了，你的语速很快，所以我估计篇幅会比其他受访者要长一些。谈的内容很丰富，但感觉意犹未尽。

柯：黄校长，我最后再补充一个观点。现在我们收的医学生是理科生，给大家的导向就是医学是理科，但实际上，医学是一个综合领域，有不同的学科。对于一个医生来说，他的知识结构其实是集成的。我把他的知识结构分成了四块。第一块是人体的解剖和功能，和生命科学相关的基本知识，属于理科。第二块是临床，发现问题，解决问题，这有点像工科。第三块是非常重要但没有很好地被强调的，就是医生应该掌握科学的思想方法，比如流行病学思想方法和统计思想方法、社会科学思想方法。为什么呢？因为面对复杂的问题，我们有两个途径，一个就是无限细分、简单化，就是理科的还原方法。但是在临床上，80%的疾病的发生都不是单因单果的，这也是为什么在临床上几乎没有一种方法是没有副作用的一样。因为个体差异太大，人的复杂性和疾病的复杂性造成了多因单果。对复杂问题的解决，应该采用的是社会科学的因果观。这么多年来，在医学院校，流行病学的思想方法是被边缘化的；主流都是去克隆基因，去分析功能、体外观察、割裂还原，却回不到整体。这就是为什么那么多爆炸性的知识发展，真的产生于临床、应用于临床的却特别少。而我们中国有那么多的临床资源，关于医生总结治疗效果、产生标准指南的研究，却太少了。因为我是做研究的，所以我在北医做过一个所有执业医生的全样本抽样问卷。我组织各方力量，让各个医学院科研处的人都来，让公共卫生学院的人帮我们设计问卷。然后，我们就发现，从理念上、时间上、培训上、教育上、经费来源上，都很差。最后，我们给了一些关于临床应变的最基本的问题，只有 0.1% 的人全部答对，绝大多数人都回答不了。这当然不能都怪他们。原来，在我们中国，好像只有自然科学才是科学，社会科学都不受重视。现在，国家也开始对社会科学重视了。

黄：社会科学是科学，但"人文"就不能叫科学了。

柯：其实，我觉得是应该受到重视的。所以，在医学院里，对于临床医生，就得给他们权力，让他们做自己的研究。我们这次教改，在研究生层面和本科生层面，就是把公共卫生学院的人加进来了。所以，关于流行病学和统计学的课程改革，我们在全校不同层次进行了培训，有了很大的进步。我觉得，这在医学院里是被忽略的。而且，生命科学家取代不了医生应该做的事。举个例子，SARS 期间，全世界最大的病例群是在咱们中国，我们的临床却总结不出规律，好文章就是出了病毒测试，我们一天到晚拿着机器去测的本事是极大的。但是，对于临床的规律性总结十分欠缺，香港只有几十例病患，就发了 Science、Nature；禽流感也是如此，马上能出个病毒测序。

我们在北医鼓吹，公共卫生思想方法对所有医学人员的渗透教育特别重要。因为理科的东西都不需要强调,大家自觉地觉得那个东西就是主流。

当然,第四块的知识就是人文类的,包括交流技巧、医学史、伦理,还有心理医学。所以,如果我们在对临床医生的教改里面,把这四大块都融进去的话,改革将会很有成效。

南志标：
教学工作是院长的第一工作

(2013年10月8日,兰州大学)

南志标,1951年生,河北曲阳人,草业科学教授,中国工程院院士。1969年,由北京到甘肃山丹军马场下乡,任拖拉机手。1974年,从甘肃农业大学草原系毕业后回山丹军马场,任草原技术员。1981年,甘肃农大草原系研究生毕业后分配至甘肃草原生态研究所,从事草业科学研究。1986—1989年,赴新西兰梅西大学和国家草地农业研究所深造,获博士学位。1990年初,回到甘肃草原生态研究所工作。2002年,随甘肃草原生态研究所整体调入兰州大学,成立草地农业科技学院。2002—2012年,担任兰州大学草地农业科技学院院长。

对于本科生,关键是培养他们分析问题、处理问题、结合实际的能力。他知道的多了,看到的多了,将来自然就会有比较好的适应能力,比较有弹性。但是,对于博士研究生培养来说,我们确实是希望他能够有比较高的研究水平,能够冲击国际前沿,达到国际水平。

教学改革的前提是人才培养定位

黄达人：南老师，你好，先说明一下来意。最近这半年多时间，我在访问中国最好一批大学的学院院长，请他们谈谈对于教学的看法。这次为什么选择你这里呢？我认为，不同学科的人才培养方式是不一样的，所以，想找到不同学科的代表来讲讲各自学科人才培养的特点。前面的访谈基本上涵盖了经济学、法学、文学、历史学、理学、工学、医学、管理学等八个学科门类，我想在农学里面再找到一位代表。此前，也征求过国内几所农业院校学校领导的意见，他们认为找到一位既有教育理念又在进行教学改革的院长比较困难。2009年，你们学院"草业科学学科设计与人才培养体系建设"项目获第六届高等教育国家级教学成果特等奖。这个奖项四年评一次，特等奖基本上只有一个，所以想请你谈谈，你们得奖的优势在哪里？

南志标：谢谢黄校长。那个特等奖的第一获得者是任继周先生。我觉得，最关键的是，我们在课程体系上有一个明确的思路。从大框架上来说，就是任继周先生提出的"四个生产层"；从具体上来说，就是我们更加突出系统和整体。这是一个很明确的指导思想，也是我们和其他院校不太一样的地方。课程体系改革，大家都可以尝试、探讨；我们是基于科研和社会需求，以"四个生产层"的理论作为战略框架，从而突出系统，把草业科学方方面面的内容连接起来，使学生有一个整体的概念。因为很多课程，学生学完之后，串不起来，形不成一个整体的认识，不知道草原、牧区、农区到底是怎么回事。我们就是想给学生一个完整的画面，我觉得这是我们最大的特点。

黄：其实你们在进行教学改革之前，对学生的培养就有一个定位。

南：对于本科生这一层次来说，实际上主要是突出他的综合能力和实践能力。因为我始终感觉，对于本科生培养来说，学哪个专业并不太重要，关键的是综合素质、处理问题的能力要比较强。知识越少的人，越看重他所学的那点东西。你刚上本科,就说我是学草业经济的或者学草业科学的;其实,从长远来看,那点东西并不是太重要。

黄:刚才这句话很经典。知识越少的人,越看重他学的那点东西。

南:你要让他们接触实际,否则他对生产实际一无所知。对于本科生,关键是培养他们分析问题、处理问题、结合实际的能力。他知道的多了,看到的多了,将来自然就会有比较好的适应能力,比较有弹性。但是,对于博士研究生培养来说,我们确实是希望他能够有比较高的研究水平,能够冲击国际前沿,达到国际水平。

黄:你们的确是一个典型,首先有一个人才培养的总体设计。能不能讲一讲,当时是怎么考虑这件事的?

南:2002年,甘肃省草原生态研究所合并到兰州大学,成立了草地农业科技学院。以前我们这一学术集体的成员都没做过本科教学,都有一点战战兢兢,学院上下对本科教学都很重视,希望能真正为学生培养作出一些努力。要对这些学生负责,就应该以对待自己孩子的态度来对待他们。

因为草业科学属于农学类,我们经过一段时间的调研,找到了农学学生在人才培养环节上需要加强的方面。第一,学生要有解决实际问题的能力,不能只看书、写文章。学生要了解生产实际,要与产业结合起来。因此,我们把培养学生实践能力作为教学改革很重要的一点。第二,由于兰州大学地处内地,学生更加需要具备开放性和国际交流能力,要有较强应用英语的能力。第三,学生知识面要宽,不能仅仅懂得专业的知识,在具体的农业研究和推广工作中,需要有与人交流的能力,情商要高。

基于大体上的这些考虑,我们提出了一个"以专业知识为主体,以人文社科知识和英语为两翼"的本科生培养模式。

院长在推动教学改革中的作用

黄:在定这个方案的时候,是谁在起主导作用?在学院里,一般是教学副院长来推动这件事情。

南：我认为，教学工作本身是院长的第一工作。实事求是地讲，这件事主要是我和傅华老师带领班子在推动。傅华老师以前是我们的常务副院长。我们这个团队比较有趣，最主要的核心人物是任继周先生，他今年已经89岁了，我们那个特等奖的框架和思路都是他提的。用一个比喻来说，任继周先生是一个战略思想家，我和我们班子的主要骨干成员就是战役和战斗的策划、设计和指挥者，把他的思想体现出来、落实在教学上。

黄：你是如何看待院长这个角色的？

南：我觉得院长是个很难干的差事。普遍来说，中国的大学给院长这一级的自主权不是很大，重视程度也不是很够。院长既没有用人的权力，也没有管钱的权力，所以想要办事，得一趟一趟往学校的有关部门跑。学院是基层，学校机关对基层的服务意识有时不是很强。

黄：你讲的这些，对我来说是一个强化。我也在反思，我当校长的时候，也是权力全部集中在学校。

南：从自身来讲，我干了十年院长，大家都很团结。我觉得，其中一个原因就是我自己不是那么自私，不是什么事都只为我自己和我的团队考虑，而是为大家着想，为学术集体的发展着想。另外，你既要有服务意识，又要有学术上的见识，知道怎么发展。所以，当一个好院长挺不容易的。

黄：第一，要有服务意识；第二，要知道学科如何发展。

南：这两点很重要，缺一不可。有的人是非常好的学者，可是胸怀不够宽广，缺少组织协调能力；有的人服务意识很强，愿意为大家办事，可是缺少学术发展的远见，所以这样的人领导的学院也就难以做大做强。我们学术集体从任继周先生开始，一直有这么一个传统。

黄：我认为，在人才培养方面的改革，学校的动力不如院长的作用大。尽管学校可以创造条件，但是如果院长不动，谁也动不了。不知道你同不同意这个观点？

南：我同意，院长的作用很关键。有一次，我和我们学校外事处处长聊天。我就和他说:"实际上,学校的国际合作做得好不好,主要看学院。如果学院有积极性,学校只要支持、配合,就能做好;如果学院没有积极性,你外事处长联系的境外单位再多,请的人再有影响,也没办法推下去。"所以,对于贯彻学校的意图和发展策略,学院这一级确实很重要。

黄:在《大学的治理》这本书里,我谈过一个观点,就是关于现代大学制度,大家都是讲大学章程、党委领导下的校长负责制,等等。我认为,这些都很重要,但不是最重要的。最重要的是校院两级管理,就是学校和学院如何分权,把管理重心下放到学院去。这是像兰大、中大这些学校下一步快速发展的一个动力。

南:我认为,学校要营造一种氛围,出台一系列政策,来激发各个学院的动力为学校发展做事情。周绪红校长最大的贡献是把大家的积极性激活了,而且各个学院都感到学校是支持自己这个学科的,这样,院里的积极性就会发挥出来。一个好校长要把大家的积极性激活起来,要创造一种氛围,让学院感到自己不是孤军作战,学校各行政部门都愿意支持你。我觉得这很重要。

课程改革:加大实验课的比重

黄:下面,我想听听你在教学改革方面的具体做法。前面提到,对于实践环节的重视,能不能从这里开始说?

南:我是北京知青,下乡到山丹军马场,对实际情况了解比较多。后来,我又到新西兰梅西大学去读博士,在这期间,我的兴趣也比较广泛,比较全面了解了这个国家的教学、科研,体验生活。有一件事给我感触很深,我们草地农业科技学院在制定教学计划时,任课教师往往争学时,担心学时不够,讲不清楚,这在我国高校中可能是一个普遍现象。可是,我去旁听新西兰梅西大学本科生的草地农学课,发现这门课程只有十几个学时,老师把最主要、最核心的东西讲一讲,每次课堂讲授后,都给学生列二三十部相关参考书目和文章,要求学生仔细阅读。读完后,要在课堂进行小组讨论,大家分享体会,这提高了学生的综合与自学能力,这是一方面。另一方面,老师把学生分成几个小组,每组四个人,分一块草地和几只绵羊。每个组要根据他们掌握的知识,合作制定一个从年初到年底的草地和绵羊的生产管理计划。当然,有专门的工人按照学生们制定的方案去管理。我就跟老师讲:"那个羊是活的,万一学生把它喂死了或者喂瘦了,草地退化了,怎么办?"老师说:"我们老师是干什么的?就是指导学生的。"这件事给我的印象很深。我就想,如果真到了草原上,给牧户制定一个方案,有几个老师能保证牧户按照我制定的方案做,草地就不退化,羊就能增重,就能赚钱?我问我自己能做到吗?不一定,当时对自己的能力也不那么自信。

现在,我们来教学生。特别是像兰州大学这样的重点学校,学生好不容易考进来。而且,其中多数学生都是来自城镇,对草原、农村不熟悉。怎么来增加他们的实践能力呢?以我们的条件,不可能给每个学生分一块草地,分几只羊,让他们去实习;可是,我们可以加大实验课和生产实习课的比重,至少让学生们了解农村,了解农民,了解草原。

基于这样的思想,我们就商量加大实验课的比重。首先是加强校内实验,既然很多课都没必要讲那么多,干脆就少讲一点,切实把实验课的比重加大。比如,我上大学时,有一门主干课叫牧草栽培学,实际上就是一个农业技术,实践性很强,课程分为总论和各论两大部分。总论讲如何创造适宜的环境使牧草能够很好地生长,比如土壤、环境和适宜的品种;各论就是分门别类地讲授各种牧草比如苜蓿、黑麦草怎么种植和管理。实际上,种草的时候有很多共性的东西,比如紫花苜蓿、三叶草、沙打旺等豆科牧草的种子都比较小,有很多共性。老师在课堂上讲授苜蓿栽培时,就讲种子比较小,土地要平整,不要播得很深;讲三叶草或沙打旺的栽培时,又会强调平整土地和播种深度的重要性。这样的讲授,学生们就不太愿意听。所以,我们就提议,把这些内容相似的合并成一次讲。紫花苜蓿种得最多,就选它作为代表作物来讲,不仅避免学生觉得乏味，也节省了一些课时，可用来增加实践。我们在榆中校区有一个实验基地，课堂教学的同时给学生分些地，开展田间试验。几个人一组，分几平方米，自己去种植，去管理、观察、记录。这样教学效果比较好，学生可以接触实际，获得实践经验，而且也可以增加学生的兴趣。

另外，咱们国家农业科学研究过分注重分子生物技术，我有点担忧。当然，分子生物技术是一种有力的工具和手段，有时候必须用分子生物技术帮助我们深入说明问题和理解问题，但是田间试验也不可偏废。我们现在做草类植物育种，已有几个从事分子生物技术研究的人员。还需要一位从事田间选育、育种的人员。可是，到现在都招不到。田间育种这项工作，需要经验和时间，种到地里后，需要仔细观察它有无变异；从中选出表现优异的，再进一步地反复选择和繁育。科研实践当中，需要分子生物技术与田间常规育种相结合。田间工作，发挥着更重要的和基础性的作用。因此也就更需要在教学中加强实践。

我们的本科生在大学三年级暑假的时候，都要到试验站实习。我们把几门课绑在一块，做综合大实习。比如植物分类、草地调查等，它们都是相互关联的。你要做草地调查，就得知道地上长的是什么植物，就得用植物分类的知识。又比如，在做栽培、育种，还有草地保护、病害防治等的时候，必须到田间去，结合起来做。学生还要写实习报告。这样，至少可以让学生了解一点实际。

我们合并到兰大后，我定了一个原则：凡是兰大其他院已开设的课，我们都不开，这样才能充分发挥和利用综合大学基础学科强的优势，促进草业科学的发展。我们教与植物学相关的课程，肯定不如生科院，因为他们有专业的科研队伍和实验室。后来，我们也开了植物生理学课，因为如果我的教师不给本科生上课，考核就会不合格。但实验课仍由生科院的老师来上，就是依托其他院的综合优势，提高我们的水平。我们对依托生科院的优势加强我们学生的植物分类学知识与技能也抱有很大希望。植物分类学是我们学院的一个弱项，而兰大生科院以前在植物分类学方面有较强的优势，他们有两位老先生，一位是张鹏云,一位是彭泽祥,在植物分类学领域很有造诣。《中国植物志·柽柳科》主要就是张鹏云先生负责编纂的。现在,张先生已经作古,彭先生也年过九十,退休多年。我们院的植物分类学课程,最初是由生科院的孙继周老师上。他教了一辈子植物分类学课程,但到退休时还是副教授,因为从事传统植物分类研究,难以拿到科研经费,也不易发表高水平研究论文,这样也就难以提升职称。国家对从事这类基础研究的人员应该给予特别的关注。

所幸,我们院里有位年轻老师对植物分类学感兴趣,也有基础,孙老师带了他两年,为我们培养了年轻人。植物分类对我们草业科学来说,十分重要,是草业科学专业学生的基本功之一,如果不认识草原上的植物,其他工作也难以开展。以后我们需要继续加强这个方向。

我们现在的课程调整,一就是突出共性的东西,减少重复;二是加强实验课、实习课。很多课程中,实验课至少占 30%,有些课程达到 60%。

整合课程　缩减课时

黄:你刚才提到一个很重要的做法,就是通过课程的整合来减学时,具体是怎么做的?

南:这是一个很重要的问题。傅华老师主讲草原生态化学这门课程。这是一门比较新的课,通俗地说,就是讲草原生态系统,从太阳能到植物、家畜这个生态圈里,元素是怎么流动、转化的。可是,在以前,涉及这个内容的课程还有两门:一门是动物营养学,另一门是土壤学,他们都有各自的实验课。作为改革,草原生态化学实验课把土—草—畜系统中相关内容整合在一起,更加系统,又避免重复。比如讲氮,土壤里是对植物的供氮能力,对植物是氮素营养,对动物是蛋白质生产,其实,本质都是氮,他们的测定方法都差不多,关键让学生了解他们在系统的转化过程。

黄：这是一个很好的例子。关于课程整合，你们有没有一个总体设计？

南：草原生态化学这门课是任继周先生创建的。在一次全国草业科学教学改革研讨会，大家都觉得合并这三门实验课是非常好的。但是，他们也有疑问，觉得你们可以给学生开出来吗？我说我们能开出来。因为我们合到兰大之后，学校给我们本科实验室建设投入了很大经费。我们就按照三门课整合的思路，建立了草原生态化学实验室。

其实，我们有一个整体的思路，就是要增强学生的动手能力，加强英语能力，而且基础要宽一些。对这三门课的整合，实际上是迈出了第一步。我曾经也和傅华老师说过，要开一个大实验，并把它作为一门课程。傅华老师原来是学化学的，我们又引进了一个从美国回来的化学专业的博士后，把化学和草业科学结合起来。这样就把任先生设计的课程框架做实了。我们将来的发展，就是把草原生态化学发展成一门很有特色的课程。

再举个例子，草地保护学也是我参与比较多的一门课程，主要是讲草地的有害生物防治，包括草地上的鼠害、虫害、牧草病害、毒害杂草等。这门课整合之前，原来是四门课，草地鼠害防治属于动物学，草地虫害属于昆虫学，草地病害属于植物病理学，草地杂草又属于杂草学。其实，这四门课有很多共性的内容。比如说，任何防治都包括化学防治，就是用除草剂、杀菌剂、杀虫剂、杀鼠剂都有一个共同的作用。如果分四门课讲，学生很难形成一个系统的概念。实际上，鼠害、虫害、病害和杂草都是相互联系的。如果草地退化了，杂草就比较多，虫害、鼠害也可能随之而来。现在，我们把这些内容全部整合到了一门课，而且要突出这些有害生物在草地生态系统中的作用。因为它们不是孤立的，而是和整个周围环境、和其他生物都有联系。整合之初，由两位老师讲，90个学时；从去年开始，改为由一位老师讲，总学时没减，可实验课的比重加大了。以前的情况是：讲鼠的不管虫，讲虫的不管病。现在，我们使它融为一体，学生就会有一个系统的观点。这对学生分析问题、解决问题是很重要的。

黄：这样对学生而言，知识更加系统了。学生的理解力得到了增强，系统性也得到了培养。

南：这正是我们考虑的。还有一个高新技术的例子。在草业行业，高新技术主要是指分子生物技术和信息技术。我们学院在信息技术的研发与利用方面实力较强，很早以前，就开展过应用遥感技术监测草地。现在，我们提出以科研成果为基础，科研带动教学，将信息技术、草地资源学、草地类型学有机地整合到一起，结合草地的特点，发展成为一门草业信息学。我们所说的这些实践，都是建立在科研的基础上的，而不是纸上谈兵。

最后，还有一个仍在努力的例子。我们学院有两个本科专业，一个是草业科学，一个是农业经济管理（草业经济方向）。实际上，它的顶层设计最早是根据任继周先生提出的草地农业系统四个生产层来设立的。而且，在实践当中，我们也发现很多草业企业都是家族式的产业，很难做大，或者做着做着就破产了。后来，我就和兰大经管院的院长高新才教授商量，说能不能咱们两个院合作开一个草业经济管理专业，我们共同确定一些核心课程，共同出老师，共同努力。我们的老师懂草业生产，你们的老师懂经济管理。当时我们还做了一个调查，全国有56所大学设农业经济管理专业，包括中国人民大学。可这些院校的农业经济管理队伍主要都是在做国际的、国家的、区域的发展，他们主要做大范围的理论研究。我们不想成为第57个办这个专业的学校，而是希望立足于农户、牧场，回到最初的我给你一块地，你来经营。我希望我们这个专业能够落到实处，就是说利用经济学的原理来管理农户、牧场，提高效益，增加生产，提高可持续性。实际上，做起来很困难，不是很理想，我们一直在努力。这期间，教务处曾提出，你们这个专业是否停止招生。我说，不能停，停了就更不行了。我们就一直咬着牙往前走。最近两年，草业经济管理的学生就业挺好的。学生既可以做公务员，又可以到企业或者其他地方工作。

黄：那么，你们跟那 56 所学校的农业经济管理学有什么不同？它们面向的是什么？

南：他们主要是在大尺度地从事理论研究，已有比较成熟的科研和教学体系。我们这个路才刚刚开始走，面向也比较宽。我一直想开一个小型研讨会，把国内像中国农大、南京农大、中国农科院、中国社科院的专家请来，共同研讨，一直没顾上做。

我们的整体思想就是"突出实际，结合需要，发挥特色"。以前，我当院长的时候就经常想，在具有草业科学团队的院校中，中国农大有什么特色，内蒙古农大、南京农大又有什么特色。我想我们应该搞出特色。一个是生产中有这个需求，另一个是我们应该有自己的特色。现在我们的队伍规模还比较小，只有四五个老师，在努力扩大教师队伍规模的同时，也积极注重提高教师的质量与水平，选送老师到国外去学习、合作研究。有所为，有所不为。我们不是每一个方向都有，而是逐渐突出特色。

大学老师首先是一个科学家，必须多实践、广读书

黄：我对这个话题蛮有兴趣的。另外，关于科学研究和教学的关系，你说得也是比较明白，能不能再强化一下？因为很多人都认为教学和科研是对立的，但你们认为不是。

南：关于教学，我们是新兵，即便是在草业科学这个圈里，我们也比较低调。但是，我们现在也体会到，大学老师首先是一个科学家，必须多实践、广读书。这样，你掌握了动态、前沿，又深入实际，就随时会有很多新颖、生动的内容补充给学生。像刚才说到的草原生态化学、草地保护学，都是基于科研成果而发展的。

而且，我们发现，学生也爱听那些有实践经验的老师上课。比如，我们有一门草坪学的课程，讲课的老师在一个规模比较大的高尔夫球场兼职。人们说，高尔夫球场第一大的是老总，第二大的是场地部经

理。我们这个老师就兼任着西安一个高尔夫球场场地部经理。这个老师口才不太好,我原来很担心他上课的效果。后来,我去学生、老师中间调查,大家都说他讲课挺受欢迎,因为他有实践经验。现在,在综合大学这种氛围,我不能指望他发 SCI 论文,只要他能把课教好,提高学生对专业的兴趣就够了。他利用自己场地部经理的职位之便,组织学生去现场实习,带几个硕士研究生去实干,对提高学生的动手能力和将来的就业竞争力也很有好处。我们发现,凡是在科研上做得比较多,或者说实践经验比较丰富的人,讲课就比较生动,学生也喜欢听。

1995 年我应聘到联合国设在非洲的国际家畜研究所的牧草基因库工作了一年。当时,有一件事给我印象很深。这个研究所做的工作和我们甘肃草原生态研究所差不多,就是研究农业系统,怎么把牧草引进去,怎么养牛,怎么种豆科牧草、肥田,从而提高粮食产量,解决饥饿问题。有人说,国际家畜研究所的所长一年之中有半年的时间是在飞机上和旅馆里度过的,在全世界的范围内寻找经费,资金来源比较困难。可是,联合国设在菲律宾的国际水稻研究所获得经费则容易得多,因为他们能比较自豪地说,全世界种植的水稻,有一半是我们育成的品种,你看我对世界粮食产量的贡献多大。

这件事对我启发很大。我就想,我们这个研究所成立将近 20 年了,也应该搞育种。于是,1997 年的时候,我们从设在叙利亚的国际干旱农业研究中心引进了一些草的品种,开始筛选、评价。而且,之前我们也有一些老师在做这个工作,我们成功培育出了几个品种。比如,搞草坪的老师培育出了兰引三号结缕草,现在在南方高尔夫球场建设中是当家品种之一。那年我去成都的一个高尔夫球场参观,它的老总也是学草业科学的。他说,我们培育出的兰引三号结缕草非常好,而且他们场地也是我们研究所帮着建的。这件事给我启发也很大。因为你培育出一个品种来,好就是好,不好就是不好,实践最公道。在和农民接触的时候,农民最认两个东西,一个是新品种,一个是新机器。如果他觉得你的新品种好,无论多贵都会买。所以,当时我们就在想,育种应该从现在就开始做。于是,我们从1997年开始,惨淡经营到现在。

目前,我们已经注册了一个国家审定的品种,还有两个品种正在进行;今年,我们申请批准一个"973"项目,也是以新品种选育技术为基础。研究团队也在逐渐形成,在今年牧草育种专业委员会的学术会议上,我们有一位老师当选为副理事长,还有几位老师当选了常务理事。中国草学会是一级学会,草学会承认我们的育种,我很高兴。这就是从科研开始,将来教学的时候,也可将科研成果融合进去,有东西讲给学生。

每隔两年,全国牧草育种专业委员会都开一次学术研讨会。有时他们请我去讲,我也愿意去讲。一个是向他们汇报我的工作,请他们指正;另外,我也从宏观上讲一讲研究的动态,他们也挺感兴趣。这就是通过自己的科研,得到别人的认可。

黄:你说课教得好的老师有两种:一种是有实践经验的,还有一种是科研做得特别好的。有实践经验的,除了刚才那个例子,还有没有其他的?另外,科研做得好、课又讲得好的老师,能不能举一个例子?我觉得凡是应用学科都有一个规律:科研本身也是一种实践。

南:正如黄校长所说,科研本身也是一种实践。我们的几位老师,是试验站站长,科研做得很好,教学也非常出色。

黄:试验站站长其实两种身份都有了,科研做得好,实践水平又高。其实,我始终认为,应用学科的教师课要上得好,一定是既有书本知识,又有实践知识。对于老师来说,实践知识就是科学研究。比如像农业站站长、高尔夫球球场的那个经理,其实都是属于这一类的。南老师,你认为呢?

南:对。我觉得农业大学还比较好做,在农业系统里推广、实践,比较容易被行内的人认可。但是,综合性大学现在有一个问题,就是如果太侧重应用,晋升职称就很困难。比如我们试验站有一个常驻站的老师,是畜牧师,已经该评高级畜牧师了。可是,学校没有农艺、畜牧这个职称序列,只能改成实验师,这样才可以往上评。但是如果你要评实验师,就要按照学校高级实验师的标准,得管理几十万的大型仪器设备,出版实验教材、发表相关文章等;你说你研发和推广了多少农业先进技术,多少亩地,培训了多少农民,上不了台面啊!所以,我们试验站的老师都难以晋升高级职称。现在也没有更好的办法。当然,把农学专业办到综合大学还是有很多好处的,可以提高层次。比如综合大学开的课程,我们就不开了。

黄:这个想法其实很好。既然合并了,你有的课程,我就不开了,我只开更专业的课程。

通过学科带头人推动课程体系的改革

黄:为了推动学院的老师进行课程体系改革,你作为院长是怎么做的?

南:我们院很早以前就是 PI 制(Principal Investigation),每一个分支学科有一个带头人,他们底下有若干教授、副教授、刚毕业的博士等,形成一个梯队。PI 实际就是课题组长。我们保持了原来研究所的格局,这样做有一个好处,因为我们以前是研究所,所以大家比较容易凝聚到一个方向上。实际上,院长要推动工作的话,推的就是 PI,就是做 PI 的工作。一般我们都是先征求 PI 的同意,即使从院里抽一个人出来干什么事,都得跟 PI 说一下。我认定草业信息学是一个特色,是要发展的,就和他们的 PI 商量。我们的 PI 是在实践当中逐步形成的。比如说,傅华老师那个团队,大家都以她为头。因为傅华老师学问好,人也好,大家都愿意跟着她做。我和傅华老师合作得也很好,我有什么想法,她都知道,然后就共同来做这个事。行政上,可以把你提成院长、副校长;可是,学问得靠你自己做,学术声誉得靠自己积累。大家都比较重视这一块。我们的很多 PI,能够把握方向,关心别人,为大家的发展创造条件,这样大家就服你。能够形成这种氛围,也挺不容易。

黄:所以说,PI 是在实践中自然形成的,没有头衔,也不一定就是教研室主任、研究部主任。

南：实际上，他就是一个分支学科的负责人、带头人，只是没有行政上的头衔。

黄：那么，你的课程体系改革是通过学科带头人在做？

南：对。如果那个学科带头人不做，你也没办法。比如说草原生态化学，我根本不懂，如果傅华老师不做，我也没办法下手。所以，你得取得学科带头人的支持，这样才能继续往前走。

院长亲自做学生的思想工作

黄：下面一个问题是，我们都知道，农学在人才培养方面有特殊性，就是学生不太愿意读。怎么样能够让农学学生的思想稳定下来？你们做了什么？院长起什么作用？

南：刚才讲到了综合大学的优势，其实，在我们合并后，挑战也很大，主要是学生不安心专业。

建院之初，李发伸校长给予我们很多帮助和指导，他很支持我们的意见，还帮我们提了一个"2+2"模式。我们是2002年合进来的，他说："你可以动员其他理科专业二三年级的学生，让他们转过来，两年后就有自己的毕业生。"我们就出了通知，给学生做报告，讲草业科学是什么，发展前景怎么样。当时，我们主要就是突出它是一个有很深基础理论、有很好实践性、应用性的学科。第一年，我们招了14个学生，包括从化学、物理、地质转过来的。这样，我们很早就有毕业生了。

和任继周先相比，我们有很多不足。可是，既然我们做了老师，就要像任先生那样去影响学生，感化学生，让他们知道草业科学实际上属于农业，并不就是农民；你可以用你的理论、知识去发展农业，帮助农民。所以，我每年都去给学生讲讲，实际上对学生的思想也有好处。

我们也对外界做科普，比如去年中国科协的夏令营有一个甘肃分营，在兰大办，让我去讲。我准备了好几天，给他们讲了走进草原、草原上的生物多样性等。讲完之后，好几个高中生就说他们要学草业科学，我觉得挺好的。

黄：你当院长的时候，是一把手给学生做宣传。那么，你是面向中学生讲，还是给兰州大学的学生讲？

南：主要是给我们兰州大学的新生讲。因为新生入学以后，在一两个月之内，可以去考数理化基地班或者文科基地班，而且所有人都可以转专业。我们也有草业基地班。有一次，管学生工作的副书记很紧张地跟我说："南老师，今天有十几个学生要转专业。"我问转完之后还剩多少学生，他说还剩不到20个。我说："让他们转呗！剩余的这20个，就把他们当研究生培养，把他们教好。"

我们也跟草业科学的新生讲："到毕业的时候，我们鼓励你们考中国科学院、中国农科院、中国农大等其他重点院校的研究生，希望你们考到全国各地。不会卡着不让你们考。你们能考上，是我们的光荣。"我觉得对学生的政策应该主要是疏导和引导，而不是卡和压。这样可以稳定学生的专业思想。

黄：我老是在说，为什么我们的德育教育存在问题，就是因为讲的人自己可能都不自信，怎么能感染学生？你们草业科学去讲的那个人，不是一般的辅导员，而是做得最好的人去讲，本身对这门科学充满了热爱的人去讲，才能讲出那个味道来。

南：我觉得这一点挺重要的。其实，我曾经和傅华老师商量过，将来考虑开一门面向全校的科普课，普及草业科学知识。现在比以前好多了，没有说新生一进来就转得只剩一二十个学生。我们草业科学分为两个班，一个基地班，一个普通班，每个班招30人；加上农业经济管理，每级有80多个学生，每年流失也就四五个。我觉得还是可以的，不太担心学生流失，有也只是个别现象。

黄：那不错了，流失率不高。这类学科，尤其是综合大学里的农科，普遍有这个流失问题。我们要做一些正面的事情，这是我们能起的作用。

国际合作：人才会走，也会回来

黄：最后一个，你前面提到了国际合作的问题。请问，在这方面，你有哪些思考和举措？

南：我们这个研究所1981年才成立，是个年轻的单位。建所之初我们得到了一个澳大利亚的援助项目，通过那个项目培养了一些人，但这些人后来走了几个。我觉得，即使有的人走了也应该培养，因为总有人会回来。所以，我们就提出利用国际合作来培养人才。

中山大学在广州，可能对人才短缺的体会不是很深。我们以前特别苦恼于人才问题。十几年前，兰大选留教师只要博士，我们研究所只能选硕士，博士根本就不会来。选了硕士以后，我们利用国际合作的优势来培养人。我是在新西兰读的博士，这对我业务的提高、眼界的开阔起了很大作用。我是改革开放的受益者。现在，我当了院长，包括以前当副所长的时候，我都努力给年轻人创造条件。以前，我们经费不是很宽裕，为了使有限的经费发挥更大的作用，都是看好了相关领域有国际影响的专家，然后请他来，我们负担他的国际旅费和在国内的费用。来了以后，我们也希望他能接收我们的人去学习。通过这种合作，包括利用国家的项目，我们的老师出去学习，哪怕学习三个月或者半年，他回来以后，就有了竞争力。在甘肃草原生态研究所的时候，我们团队英语就比较强。有时候，甘肃省的一些外事活动找不到翻译，就求助于我们研究所，请我们派人去帮忙。

派人出去学习还有一个好处就是避免学术上的近亲繁殖。比如说，我的课题组有好几个都是我的学生。以前，兰大没有这个规矩，都是我们自己定的：凡是在国内取得博士学位的老师，都要出去学习一年。现在，我培养的几个博士有的到美国，有的到澳大利亚或者其他国家去学习。学完回来后，整个思路自然不一样了。我们利用国际合作培养人才。这样做的另一个好处，毕业后工作上几年，30岁左右，比较稳定了,知道自己需要什么。你把他送出去的时候,他就会很珍惜这个机会,努力学习。

在研究所时,有个老师工作很好,想出国深造,到处联系,让我推荐,结果没联系成。我说:"你还不如好好工作,将来有机会我再推荐你。"他说那行。后来,我们正好请了美国得州理工大学的一位教授,我就向他推荐这位年轻人出去深造,他说可以。我安排这个年轻人陪他考察,表现得挺好。那个美国教授也觉得这个青年人挺不错。最后,对方出一部分经费资助他出国学习,他在美国科研之余,自修了很多课程。几年后,在那里有了固定的职位,需要我们出证明,支持他太太和女儿出去,我们表示理解,给予了他需要的帮助,他很感激。

前年,他利用回国探亲之际,专门来看望我。根据他的专长,我们讨论了在地理信息系统方面开展科研合作的可能性,他提出发展手机版的专家系统,服务农民、牧民。我觉得可行,他和我们草业信息学团队联合申报了项目。通过这个事儿,我们体会到,人与人之间需要相互理解,需要相互的帮助,只要你帮助他,他有机会总是会回报你,人与人之间毕竟是有感情。

还有一个是我读研究生期间的同学,后来留在美国没有回来,现在退休了。中间,我们请他回来参加我们的项目,他也很愿意。现在,他和傅华老师还有合作。我们尽量去理解他们,给他们创造条件,以后也可以多一些机会。

近几年,澳大利亚援助项目对我们很有帮助。澳大利亚专家定期来工作,我们的青年人跟着学,共同做项目。但最近,澳大利亚国会议员认为,中国已经比较发达了,不应该列在受援助之列了。实际上,这是对中国全面情况不够了解,中国农村还很穷,跟日本等其他国家相比差远了。

后来,我跟澳大利亚国际农业研究中心的主任讨论此事。我说,实事求是地讲,全世界对农业科研经费的投入,包括牧草、草业的研究经费都在下降,而我们中国最近十年对农业科研教育的投资在增加。实际上,我现在不太在意你给不给我们经费了,可是我很在意这个项目,在意这个平台。你可以派澳大利亚专家到我国来工作,在华费用我可以负担。我们也负担我们自己人员的科研费用。我们很珍惜中澳合作的平台,因为我的研究人员可以和你们一起工作,在实践当中,了解你们的思维、学习你们的方法,从而提高我们的能力。他们很同意我的这个意见。

当然,最近两年,兰大的政策也比较好。学校规定,1972年1月1日以后出生的青年老师都应该有一年或以上国外学习的经历,这也是一个促进。这样做也有一个弊端,就是如果这些老师的事业心不是很强,就不会有效利用这段时间去提高自己,而只是到处转一转,看一看。我们院派出去的有几个人,没有发文章,也没有出成果。我和他们说:"派你出去,一个是提高自己的理论和技能;一个是开阔眼界,拓展你的知识面;还有一个就是要建立联系,将来可以通过你开展合作。"前一阵,我们有两个青年老师请来了他在国外进修学校的几个外宾。以前只有我和其他一两个老师在请,现在大家都在请,形成了一种千军万马搞合作的形势。这样,国际合作工作就后继有人,不断发展。

最近,我去澳大利亚、新西兰开会,很有收获。一个和我们开展合作研究的澳大利亚科学家主动提出,我的一位研究生做得比较好,他愿意资助这位学生到他那里开展为期半年的数据分析、整理工作,问我是否可负担这位学生的国际旅费,我全力支持。还有,我们访问了一个分子育种的研究中心,提出希望我们的人去他那里,用他的设备研究我们的材料,我们出国际旅费。每年去两次,每次去三个月,也谈成了。

我去新西兰的时候,跟他们谈想送位人员来学禾草内生真菌实验技术。因为我们现在用的一些实验技术,还是我80年代末在这里学的,现在需要更新了。刚好我们有个实验员是博士毕业,送她去学习三个月,我们出国际旅费,那边的生活和科研费用都由他们负担,他们也同意了。我觉得这次出访很有收获。培养的人,有了这几个月的出国经历,就更有竞争力了。现在,还有"西部计划"。今年,我在网上看到,甘肃省一共批了11个,其中有10个都是兰大的;兰大中有5个是我们学院的。

20世纪80年代,我们试验站刚成立的时候,澳大利亚专家也在站里开展合作。当时,任继周先生对那位试验站站长说,一定要把澳大利亚专家照顾好,因为他们到这里不容易。那时候,甘肃农村很落后,群众生活水平也不高。过了一两个月之后,我们又去了解澳大利亚专家,他们还是说生活不好,不太习惯。我们就问那个站长,他说:"条件挺好的啊！天天稀饭、馒头供应。"他很不理解。后来,我们把他送到澳大利亚考察了两个月。回来后,他说,他们的生活跟我们相比,确实是"一个天上,一个地下"。他就比较理解了,对澳大利亚专家的工作和生活照顾得较好了,大家关系也融洽了。我们现在培养了这么一批人,既了解国外,也了解中国,跟国际友人有共同的语言,更容易合作,对我们未来发展有很大帮助。

很多事情只套用外国的也不行,比如澳大利亚开发了一款软件,确实非常好,可是它针对的是澳大利亚的气候、羊和草,不适合我们中国的气候、草。所以,国际技术只有和中国的情况相结合,将国外的经验和做法本土化,才能在我国的实际中发挥作用。比如说,我们和澳大利亚在黄土高原合作种苜蓿。它是一种很重要的牧草,比较抗旱,根扎得很深。研究表明,种了苜蓿几年后,翻耕,再种其他作物,往往生长不好。从理论上来说,种豆科牧草可以固氮,增加土壤肥力,利于后作。可是,苜蓿水分消耗得很多,种得久了,土壤水分状况很差,不利于植物生长。澳大利亚研发了个模型,可以预测这种情况。可是,它是针对澳大利亚的环境设计的。澳大利亚很多地方都种苜蓿,但有的地方是水太多,希望靠种苜蓿把土壤的水分减少,之后就能种别的作物。跟我们情况正好相反,因为我们这里缺水。后来,我们根据测定多年的数据,把这个模型本土化了。测试结果显示,在我们中国西北,苜蓿种完四年后,最好耕翻,利用7—9月这三个月的降雨再蓄水。这样,土壤水分就可以恢复到原来含水量的70%。这个时候再种冬小麦,就没问题。这个例子就说明,我们不能机械地照搬国外的东西,还要结合中国的实际。

我有信心,十年以后,我们肯定会做得很有特色。因为我们有这么一批人,而且从国外回来的人慢慢也多了。有从美国学化学回来的博士后,还有从日本回来的博士后、从韩国回来的博士,当然也有清华、中国农科院的博士后。青年人在北京买房、就业的压力太大了,他来西部看一看,这里也不是没有办法生存,就留下来了。我们对人才队伍的建设和发展很有信心。

在2012年的院长交接会上,我说:我们学院成立到现在已经30年了:10年创业,10年基础,10年积累。接下来新的10年,应该是攀登和出成果的时候了。回想这个学术集体的发展,开展国际合作,借助发达国家的力量,确实对我们有非常大的帮助。而且,有了这样一批人才,他们接受了外国很多新的思想、理念,又结合了我们的实际,才取得了今天的成功。

"雄关漫道真如铁,而今迈步从头越。"我们将再接再厉,为草业科学发展作出新贡献。

王守仁：
英语教育的工具性与人文性

(2023年10月24日，南京大学)

王守仁，1955年生，江苏苏州人，英语语言文学教授。本科毕业于南京大学，后赴英国留学，获伦敦大学英国文学硕士和博士学位。回国后，在南京大学任教，曾任南京大学外国语学院院长（1998—2009），现为南京大学教师教学发展中心主任，兼任教育部高等学校大学外语教学指导委员会主任委员。

现在都说要弘扬中国文化。那么，中国文化怎么才能走出去，并且让国际接受呢？一个特别重要的途径就是要通过外语传播。所以，在教育培养的过程中，让学生对中西文化有一个对比就很重要了。因此，在大三大四的时候，我们就让学生学习西方的柏拉图、亚里士多德等经典。这是他们应有的素质，学生的知识结构也会因此而比较平衡。

我认为应该走多元化、个性化的路，满足学生多元发展的需求。我们总说，办人民满意的教育。谁是"人民"？就是学生嘛！学生的需求是多种多样的，这就需要我们针对各个院系、各个专业去调查、去研究。

黄达人：王老师，你好，先将来意说明一下。我最近一直在关注大学的教学和人才培养问题，而且我认为这是大学的根本问题。前面访问了贵校陈骏校长，他对于教学工作有很多思考，南大也一直在进行教学改革。这是学校层面，我特别感兴趣的是学院是怎么做的？作为院长，如何去推动教学改革？因为你在英语教学方面的身份，既是外国语学院的院长，也是高校大学外语教指委的主任委员，所以想请你谈一谈对于外语人才培养的一些思考和举措。

王守仁：谢谢黄校长，那我就从外语专业的定位开始讲起。

外语专业人才培养的定位：专业知识、技能和素质

王：首先，外语专业跟其他专业不一样的地方，在于它属于文科，是一个文科性质突出的专业，同时，外语专业又不单是理论知识的掌握，还涉及外语技能的训练。国家机关来招人的时候，非常注重学生是否具备过硬的语言能力。因此，语言能力是外语教育非常重要的一个特点。另外，还要对中外文化有比较好的掌握。就拿翻译来说，鲁迅说过，翻译是双向的，像自来水管子一样，要两头通。这就决定了我们中国高校办英语专业，跟美国哈佛大学、英国牛津大学的英语专业不一样。

现在的学生外语学得好，各方面能力都比较强，但是毕业后并不一定能找到跟外语相关的工作，这与高等教育进入大众化时代有关，目前这个趋势越来越严重。我们学校学生的就业率之所以这么高，主要是因为实行了"三三制"：三分之一的人可能继续读本专业，三分之一的可能跨专业、跨学科，还有三分之一的人自主创业。

黄：这是南大作为全校教学改革的目标提出来的，作为学院的院长，你是赞同学校的这个方向的？

王：是的。这样一来，就给我们的人才培养提出了一个新要求：我们的学生，到底需要教给他们什么？是扎实的语言功底，还是对中外文

化的融会贯通？我认为，这里面综合素质更重要。现代社会强调竞争力，我们的学生，除了专业能力要好，在能力方面如工作能力、沟通能力、协调能力也得好。所以，我们提出要培养专业知识、技能和素质三者都好的人才。各个院系对学生的要求可能不一样，但我们外国语学院的核心就是要培养有核心竞争力的人才。人家单位不会因为你是南大的学生，就立马要你。我们学校的"三三制"就给学生的全面发展提供了一个非常好的机会。南京大学各个院系的课堂全部对外开放。有的学生外语学得比较好，又对经济、政治或理科感兴趣，就可以去听。这样到了一定时间就会发生质变。像我去年指导本科论文的学生，后来被保送到北外国际政治系。今年也有一个学生，被保送到北大读法律。这些学生的素质很好，不仅可以读英语，还可以去读国际政治或者法律。这些都是符合我们"三三制"的目标。你可以跨学科，不一定非要读外语。当然，我们也有学生去英语应用比较多的单位，比如外交部。

英语教育应实现工具性与人文性的统一

黄：你说了外语专业人才培养的定位，围绕这个定位，你采取了哪些举措？

王：讲到举措，首先还得先说理念。一般来说，我们会强调基础性，比如基本技能、基本知识、基本理论。在外语专业教学中，人们通常把基本技能缩小到语言技能。我认为，在南大这种研究型大学里，光有语言技能是不够的。我们的学生还要具备研究能力，研究能力不一定专指学术研究能力，还包括问题意识、研究方法的选择，等等。

拿英语教育来说，其实，我们对英语教育的认识是随着时间不断改变的。20世纪50年代，高考是不考英语的。到了60年代，俄语不行了，又开始学英语。但好景不长，"文化大革命"开始了，那个时候的思想就是"不学ABC，照样干革命"，学外语就是崇洋媚外，里通外国，是不能碰的。直到1971年,中美关系解冻,英语才又慢慢有人学。"文革"结束后,邓小平复出的第一件工作就是抓教育界的拨乱反正,首先就是恢复高考,英语学习也在逐步地恢复。因为那时候,整个中学阶段的英语教育都瘫痪了,所以要逐步恢复。从1979年开始,英语是30%计入高考,逐步升为50%、70%,直到1983年,100%计入高考。三十年以后,现在有人提出英语要退出高考,我认为,这实际上是一种历史的倒退。

那个时候,英语之所以重要,一个原因就是要学习国外先进的科技和知识,掌握世界科技的前沿。但是,关于科技,中国人一直有一个很大的问题,就是只注重工具性。我们中国有很多产品都做得很好,但外国人就是不买,市场遇到许多壁垒。为什么呢?因为人家对我们有偏见,对我们的文化不了解,不接受,我们国家的软实力不强。遗憾的是,改革开放这三十年来,我们走的还是学习科技、知识的道路,甚少涉及文化层面。

我认为,不能把语言仅仅看作是一个工具,还应该有人文方面的作用。现在,我们在全世界范围内推广汉语,我们之所以办孔子学院,并不单单把汉语作为工具,真正的目的是宣扬中国文化,而非只是让外国人学汉语。但是,我们现在却只把英语当作一个工具是有失偏颇的。

当然,不是说学习英语就一定要接受外国文化。过去,我们批判英语,说它是西方文化侵略的手段。我觉得现在不应该再这么看了,我们更应该看到语言的人文性。像欧盟,以文件的形式出台一个语言政策,大家互相学习外语,从而增进本国人对他国人民生活方式、思维习惯、历史传统的了解。所以,不论是学英语也好,学德语、日语也好,肯定要了解那个国家的文化,才能把它学得更好。

两国之间,如果要做真正有效的交流,就一定要对彼此的文化有所了解。如果只是掌握一种语言,只把语言看作一个工具而不了解他们的文化思维、文化传统,是难以进行交流的。中国要走向世界,跟世界建立更密切的关系,就一定要注意增进国际理解,中国应该有这种文化上的自觉。

因此,英语教学还是要讲究人文性。我不赞成大学英语完全就只学"学术英语"。所谓"学术英语",就是理科生怎么来写 paper。我觉得,学生英语肯定要学这些,但并不仅仅是这些,更应该有一些人文方面的东西。

黄:哪怕理科类的学生也一样。

王:对。什么是人文性?我认为人文性就是对人的价值的肯定,也就是我们现在讲的正能量、真善美,而不单单是开一门英美文学课等。人文性表现在各行各业,比如学医的,就是要有一颗仁心;学工程的,就要有社会责任心。在哈佛大学的通识教育里,有若干个 topics,其中有一个是"the United States in the World"(美国在全世界的地位)。这种课程培养学生一种全球意识。从大学教育的体制来看,开设一些通识教育课,是为了教给学生一些观念。另外,教学方法也很重要,在影响着学生教育,能够让某一种观念深入人心。其实,美国没有多少专门宣传爱国主义教育的课程,都融合在许多课程中了,学生都很爱他们的国家,这里有值得我们借鉴的地方。

黄:这是最高境界,就是我们不需要单独去开什么课,而是自然而然的。同样,我认为素质教育也不是说专门开一门课讲素质的。

王:对于英语,我们为什么强调它的人文性呢?因为英语既是一个文化的载体,同时本身又有一个系统的技能性。别的我们不说,通过这样一种思维方式的训练、转换,对自己本身来说就是一种提高;再加上把英语文化跟自己的文化进行对比,这又是一种进步;再高的一种境界,就是用他们的文化思维来观察我们的文化,从而实现两种文化的交流和交融,因为交流必须有内容。

对于很多学校,英语课程要完成三个目标:第一个目标是打好基础,第二个目标是学习方法,第三个目标是跨文化意识。学习方法,就是说大学生之所以学英语,不是说因为将来的职业需要才去学,而是我教给你一个基础、方法,你到了岗位根据具体需要,自己再去学。因为大学不可能把学生今后三五十年需要的东西都教给你,只能是把方法教给你。第三个目标是跨文化意识。实际上,它跟人文性也是相关的。这里面有一个非常直接的效果,就是当你学会了一种新的语言,就会发现可以去欣赏、接受不同的价值观念,可以从不同的角度去分析同样一件事情,发现不一样的内容。具有这种跨文化意识之后,在以后的交流中,语言上可能还是有问题,但至少你见到一种新现象以后,不会马上排斥,马上否认,而是会去思考、观察一下,看看当地人是怎么看待这个事情的。

黄:这就是我们常说的"同情心"。

王:我觉得,这种意识远远高于那种所谓的工具性。比如中国人跟外国人一起吃饭的时候,当你看到他拿筷子吃饭,在心里面建立这样一个印象:"哎,他也用筷子吃饭。"立即拉近了距离,就像到了法国,当你讲完第一句话法语以后,说只会这一句,其他的东西不会讲了,他也可以接受你。所以,从这种很低层次交流的就可以知道,它不只是一种纯粹的工具;进入一个大的交流领域后,更是如此。

不可否认,英语的工具性确实很明显。但是,过于强调工具性有什么问题呢?我觉得它更多看到的是学生的学习结果,而这个结果会导致一个困境,就是无论是中学,还是大学,我们都没办法找到一个满足所有在校生的判断标准,去判断他四年以后会用英语去做什么,因此我没有办法去满足英语工具性的要求。如果他去旅游,我要教他日常用语;如果他去经商,我要教他商务英语。但是,他可能以后不是去旅游、经商,那我怎么教?这是一个难题。我们不能单纯看目的,而且这个目的不能够指导我们的教学。

黄:这就是定向培养的问题。学生如果只学这几句话,是没有办法掌握这种语言的。

王:就像你教出租车司机说那跟客人交流的二十句话一样。这个东西是低层次的,只是满足具体职业、具体时间的需求,但是大学教育涉及人的培养、人的全面发展,不能等同于培训班。所以,如果我们想把英语教育恢复到语言本源的话,一定要把它放在一个大的体系中,至少要淡化目前这种过度追求工具性的意识。

教学改革:课程建设

黄:通过这些理念,作为院长,你有哪些具体的举措?

王:我觉得课程建设还是比较重要的,做得好可以提高教育质量。比如说,我们的英语写作课,中国老师不愿意上。因为这个写作课,作业批改起来不是那么有把握。但是,请外国老师来上这门课,效果也未必好,因为他对中国学生不了解。比如说他把美国大学一年级上的内容,拿来教我们一年级的学生,学生们都听不懂。另一个极端,就是他以为我们学生的水平非常低,就把美国中学课本的东西拿来教我们三年级的学生。

后来,我们就成立了一个课程小组,负责制定一个大概的教学大纲,指明各个年级分别教什么内容,比较规范。关于教什么,老师有她自己的选择,但是我们为了宏观控制,要制定一个大致的标准。一年级应该教什么,二年级应该教什么,我们都会编教材。过去,我们推荐他要用某本教材,一些老外认为这是中国人编的,不愿意用。于是我就把我们的老师和外教集合起来,一起编了一套教材。这样,那些外教就不那么抵触了。我要求外教上写作课时使用这套教材,他们也没有理由拒绝,因为这个教材是中外老师根据自己的经验,根据中国的实际情况编写的。

黄:老外教这个课,也是用你们编的教材?

王:对。但是,我们这套教材是中外合编的。这样做是一种课程建设,利于保证教学质量。

另外一个,关于中国文化的课程。一般学校都会给大三大四学生开一门所谓的精读课,多是为学习语言而开。我们把它替换成了两门课:一门是西方思想经典,主要是读西方思想史上柏拉图以来的经典著作;还有一门是读中国的思想经典,比如道家、法家、儒家的经典著作。这也属于课程建设的一个内容。这个改革增加了中国思想经典的内容。

黄:读的是中文版,还是英文版?

王:中英文都读。像《论语》《道德经》这些经典著作,都有英文译本。但是,光看英文不行。因为很多中国经典难以翻成英文。所以我们要求学生读中文著作。上课的时候,我们把学生分成小组,比如儒家组、法家组、墨家组等,大家站在各自学派的立场上,针对同一个问题发表意见,一起来讨论。我们讨论都是用英文。这样,教学内容也发生了变化。

现在都说要弘扬中国文化。那么,中国文化怎么才能走出去,并且让国际接受呢?一个特别重要的途径就是要通过外语传播。所以,在教育培养的过程中,让学生对中西文化有一个对比就很重要了。因此,在大三大四的时候,我们就让学生学习西方的柏拉图、亚里士多德等经典。这是他们应有的素质,学生的知识结构也会因此而比较平衡。

高等教育规模扩大之后,博士硕士招的数量都多了,本科只是一个打基础的阶段,学生将来的去向也很多元化。实际上,这个基础性是什么呢?我觉得就是优良的素质和知识的多元性。本科阶段的教育尤其是人文方面,我们还是应该多向美国学习,他们的文理学院(Liberal Arts College)以本科教育为主,办得非常好。

现在,我们自己也定下了这个任务,不管外面形势和就业怎么变,我都要在我的小天地里,把我的学生的人文素养提上去。

黄:刚开始时讲到的问题意识,一个是课程改革,另一个是学生站在各自的立场上用外语来表达。就是说,中国文化不应该仅仅是用中文来表达,而且还要会用英文来表达。

王:用外文来表达是一个新的视角。这就涉及中国的东西推广到外面后,人家接受不接受的问题。在全球化背景下,我们要了解这种西方的逻辑线性思维方式,从而实现中国文化价值观与西方文化的对话。昨天,我还跟一个西方人聊天,我发现他一定要把一个话题谈透了才行,否则不会换话题。还有一点,就是他不会被你的思路牵着走。归根结底,这样的情况就是中西方思维方式的差异。

外语专业的学科建设:注重本体研究

黄:对于外语专业的学科建设,你有哪些思考?

王:南大是一所研究型大学,对科研方面的要求比较高,并且文史哲传统学科非常强。在南大这种研究型大学里,如果只是教学、教书,是没有出路的。南大外国语言文学这个学科的竞争力还不错,评估排全国第二。

黄:所以,你们的外语有没有跟其他学科不一样的地方?

王:有不一样的地方。我开始当院长的时候,我们外国语学院的老师都说外语特殊,要求学校照顾,对此我的感觉不太好。我跟我们老师讲:"我不希望你们在学院里讲这个学科有多特殊。在校长面前,我可能会说照顾一下外语学科。但是在学院里,你们都不要讲特殊。外语就是文科,文科老师怎么做,我们也怎么做。"我们并不是没有能力,所以并不需要别人处处照顾。学校视我们为文科,它是这个政策,没有给你什么优待。过去,我们外语专业是比较边缘的,我们跟外国语大学不一样,他们的外语是主流学科,而在综合性大学里我们处在边缘。那么想要生存和发展,就肯定要遵守学校的游戏规则,否则的话,这个学科就没有地位。但是外语也是有特殊性的,从研究对象来说,研究的是外国的语言。比如说学俄语,学生就要从零开始,要花时间去学字母、词汇、语法,然后读大量的语篇,慢慢掌握这个语言。而中文系、历史系、政治系的学生,已经对本学科有一个基本的了解了。我们跟人家不同,而且要真正掌握这个语言真的不是那么容易的。要想真正把它弄懂,并做出一些创造性的研究,对我们来讲,是有双重要求的,中文、英文能力都要好才行。

黄:外语学科做的研究,是单单研究外国的语言,还是跟某一些学科交叉着去做？

王：从学科的内在要求来看，一个学科要真正站住脚，得到外界的认可，就必须在这个学科的主流研究中取得成绩。比如，90年代，出现了经商风、出国风，人心不稳，好多学校都去搞经贸英语等，而我们南大没有。因为我本人是在英国读博士的，所以观念想法上比较传统。我认为作为一个学科，还是要坐语言、文学、文化、翻译这个"冷板凳"。而实际上，这是一个很大的领域。我还是认为要在本学科的主流中作出一些贡献，否则，跨学科也好，综合也好，都不是本来的身份。我们还是要把语言文化本体的研究做好，要不然就难以称其为英语系、法语系、德语系，即便跨学科做研究也不一定能取得好效果。

黄：在学科培养里，非常注重本体的研究；在学院内部，不要提特殊性；在学校里，可以讲外语教育的特殊性。这些讲得都很好。

大学英语教学未能体现高等教育特点

黄：刚才提到对于英语专业教学的一些认识，因为你还是全国高校外语教指委的主任委员，对于大学英语或公共英语教学，你有哪些看法？

王：中国有一个规模庞大的英语学习群体，包括大学公共英语的，以及中小学的。但是，大学英语的效果并不是很好。问题到底出在什么地方？

我认为大学英语教学存在的一个问题是未能充分体现高等教育的特点，大学课堂教的与高中时学的区别不大，内容有重复。有一个现象，就是为了模糊的未来在学习，总是没完没了的，从中学开始，到本科、硕士、博士，一次次地打基础。打基础是为了什么？学生都不知道。学生、老师看不到未来的目标。如果单纯为了考试的话，老师也不好教，会无所适从。但是，我们不妨把对未来的期待转向现在，做好当下，再一步步地走向未来。从一开始，我就告诉你，一年级要学什么，从二年级开始要上这个专业课,三年级要去实习、交换。如果你过不了英语这关,就很难往下走。现在学的所有东西都是为下学期准备的。把这个长期目标转变成短期目的,这样更明确。

另外,英语教学实际上也是一门学问,也是应用语言学非常重要的一个部分。但是,全世界那么多刊物,有多少中国的声音?比如SSCI刊物,很少有我们老师的文章。因为我们的老师都没研究。实际上,我们有很多课题可以去研究。最简单的,比如小学要不要开英语课?什么时候开英语课合适?这个不是拍脑袋就能决策的。你有什么依据吗?真正做过研究吗?这往往要跟踪调查十几二十年,才能有结论的。

黄:这些其实是教学研究?

王:对。单单是教学研究,讲得不好听点,就是没有去做研究。如果你真正做研究了,有什么不可能?如果你在SSCI发文章,学校的奖励高得很。现在,我们大学外语部里就有四五个老师在SSCI发过教学研究的文章,因为我们要顺应国际化的趋势。

黄:也就是,这么多老师,其实真正在做研究的很少,而不是没地方发表他的文章。

王:不是没地方发表。实际上,你要真正去开展研究的话,有很多机会。刚才讲到老师发不出文章,为什么?因为他没有掌握那个方法。所以,对于大学英语来说,教师学历提升计划非常重要。

黄:实际上,学历提升计划对能力提高也很有帮助。我们学校每年都有两三个人去国际排名前200的大学访学一年,跟对方导师合作搞研究。

王:他一出去,视野马上就开阔了。所以,要研究教学,但是,现在的问题是,对于这部分工作还要有比较好的评价制度,这样才能鼓励老师投入到教学研究队伍中。

黄:对。如果老师花了大量时间批改作业,又没有任何激励措施,也会缺乏热情的。

大学英语教学需要差异化、个性化

黄:对于下一步的大学英语教学,你有什么建议?

王:我觉得,大学英语的教学可能还是要差异化、个性化,因为学生的需求是不一样的,我们学校在这方面还拿过一个国家级的教学成果奖。现在,教育部在实施卓越人才培养计划,如卓越工程师、卓越医生、卓越法律人才、卓越农林人才的计划。说到卓越的话,你外语不行,何以谈卓越?

黄:就是说,在卓越人才计划里面,应该同时包含对外语水平的要求。

王:我觉得,在现在这个社会,如果外语不好,以后怎么发展?怎么去阅读专业文献?否则,就是自欺欺人、自娱自乐。这是不行的,一定要有较强的外语能力。外语教学要针对不同学生的不同需求。比如,有些学生是准备考研的,就比较注重英语的基础性,需要有比较扎实的基础;有的学生是以后要从事对外相关的工作,对语言交际方面可能有比较高的要求;有的学生可能觉得,相对来说英语对我以后的关系不太大,就可以放低要求。需求还是要分层次的,哪怕是在"985"大学,也一样。不同学科的学生有不同的需求,要看他具体的专业。对英语专业的学生的要求,跟对法学院、计算机系、商学院的学生是不一样的。比如说,海外学院的对外汉语教学,就是用英文去教外国人汉语。因此,这些人的英语水平和汉语水平都要很强,这些人从本科进来的时候,就要按照英语专业去读。所以,我认为应该走多元化、个性化的路,满足学生多元发展的需求。我们总说,办人民满意的教育。谁是"人民"?就是学生嘛!学生的需求是多种多样的,这就需要我们针对各个院系、各个专业去调查、去研究。我不知道我们的老师会花多少时间去研究自己的学生。在很多会议上,我都会讲,要善于把问题转换成课题。但是,我们老师这方面的意识也不是太强。

你可能也知道,台湾中正大学的做法其实就很多样化,以就业为导向,他是大一和大四上英语课。我们也应该鼓励,各个学校要根据自己的校情,根据学生的需求,来设定大学英语的教学大纲。

我们往这方面走了好几年了,我们是一校多纲,按照院系的需求去定制菜单,实现差异化、个性化教学,有比较强的针对性。

黄:这个还蛮有意思的。其实,在大学英语教学中,个性化教育应该成为方向。

大学英语教师的困境和出路

黄:王老师,你在一篇文章里专门讲到现在大学英语教师发展的瓶颈是老师的研究能力。能不能谈一谈?因为学科建设里面也肯定要有科学研究。

王:我现在提倡的是,大学老师要研究教学。这是第一点。第二,他研究教学,不一定要按照现有的学科评价体系去进行评价。现在在申请项目时,他就会问你的教学研究成果是什么,科学研究成果是什么。这里隐含的意思是教学研究不属于科学研究,对不对?我发的关于教学研究的文章,不能够填在科学研究那里。我觉得这是我们大学英语教师没办法发展的一个很重要的原因。如果按照现在的评价标准去评价大学英语老师教学研究的话,他不是在做科研。其实,知识方面无所谓,学生到哪儿都能学得到,但是,语言教学在很大程度上是技能培养加上素质培养,是需要教师引导的;教师需要对整个课程体系进行内容和方法的选择。这种选择、设计是需要投入的,投入之后,产出的是什么呢?首先是学生的能力。第二个产出可能是教改项目,可能会有相关教材和教学改革的文章。但是,在我们目前的学科评价体系中,这些是体现不出来的。

黄:这些东西没有作为研究成果来评价。

王:对。比如,我们说要提高学生的英语写作水平。然后,我要去组织内容,要去设计写作教学。但是,这里有一个最基本的东西,前面你也说了,学生写的作文你改不改?改作文花费的时间,算上课时间,还是算教学成果?都不算。对于大学老师来说,从课程设计、内容选择、方法选择到进课堂对学生进行教学,到批改作业,这一切在目前的教师评估中都没有体现。所以,我说这是大学英语教师发展的一个瓶颈。如果我们能把教学研究纳入到教师评估体系里面来,我觉得是可以的。

当然,这里面还有其他一些问题,比如说我们大学英语教学有两个先天不足:第一是学生的学习动力不足、目的不明确,第二是大学英语教师的学历层不够。我觉得要针对这两个先天不足找到改进的途径。

正如之前所说,强调人文性有个好处,就是把学生学习的目的从将来挪到现在。比如说,我每一周给你设定一个任务或者主题,你要围绕这个主题去做。这样,学生就会暂时忘了功利性。这是第一个。

第二,我们有一个现实的问题,就是要把人文性拓宽一些。什么是人文性?就是人性问题。尤其是像这些高水平的学生,就让他结合自己的专业,面向一个具体的现实问题,来开展自己的研究、设计。作为一个学生,他关心的可能是背景知识,但是如果我们能把这种纯粹工具性的学习,引导到一个学科、一个社会的问题高度,这就是一种人文性的培养。我觉得如果不研究学生,是拿不出好的方案来的。

黄:我对这个问题是这么看的,现在不光是英语教学,实际上任何教学活动的教学成果,在现有的教学评价体系里都是没有体现的。其实,这个是真正需要花力气改善的。

王:对,我也认同你的说法。比如说中国古典文学,我可以专门研究先秦的,其他东西不涉及,他研究的是先秦,教的就是先秦。但大学英语不一样,就像教高等数学的,不可能只管线性代数,而是全部都要教的。与公共基础课程老师不同,从事专业课程教学的老师对于某一个领域、某一个专业的研究,就可以推动他的教学。

黄：今年1月，我的导师过世了。我对他的印象太深了。在他的追思会上，我就说，与其说他是个数学家，我更愿意说他是个教育家。有一位土木系的学生，高等数学念得特别好。我的老师当时担任数学系的系主任，就把他调到数学系来，一门课一门课给他补，现在他在香港科技大学任教，已经是数学领域的中科院院士了。所以说，按照现在的评价指标体系是培养不出教育家的。因为所有教育家应该具备的素质，在我们的评估体系里都是没有的，这就是我们教育最可悲的地方。

王：关于这个问题，在《教育部关于全面提高高等教育质量的若干意见》("高教30条")里提到的，实际上是教师分类管理的问题。大学英语属于基础课、公共课的范畴。按照这个文件里来讲的话，对公共课老师的考核跟一般的学术研究可能有所区别，它看重的是教学方面的表现、成就。这一块往往是一般学校里做得不太够的。这也是跟现在整个体系相关联的，没有把它区分开来。

黄：我们中大前几年开始评"高级讲师"，尤其是公共英语教师。关于英语专业，你讲得可能是对的，要按一般的文科来解释，来教学。但公共英语可能不太一样。

王：包括大学语文，也一样要分类管理、分类评价。教育部这方面的文件可能已经下了，但是下面的没那么动起来。

但是，对教师本身来说，大学英语实际上还是有历史遗留问题的。这个历史遗留问题就是学历问题。大学英语的老师学历普遍偏低，大多都是硕士，科研能力稍弱；而像一般搞科研的老师都是博士、博士后，起点不一样。对于年轻教师来讲，可能比较重要的还是提高学历层次。现在，年轻教师肯定要读博士，要有自己的专业。有些人觉得，教书和做科研是对立的。我书教得好，哪有那么多时间搞科研？其实不是这样的。一个好老师，就应该是教学好，科研也好，各方面都好。

关于教师发展专业化，以前大学英语教师出国或者填表的时候，专业方向填的是"大英"、"英语教学",好听一点的是"英语教育"。但他英语教育到底研究什么,我不知道。以后,我们就可以填文学、语言学,也可以是跨文化研究。

黄:也就是说,英语老师的身份应该填到他专业上去。

王:对。大学英语教师的发展要专业化,一定要有一个方向,然后有一批成果,那你在这方面就成了专家。

黄:我们学校外国语学院的黄国文教授,专门学语言学。

王:他是中国功能语言学研究会的会长,在国外发表了一些文章。我们就应该多一些这样的老师,完全是可以做得很好。当然,教师专业发展是做不到一步到位的,这个发展途径是有阶段性的。

大学英语评估体系:四六级是取消还是保留?

黄:最后一个问题,现在对取消四六级考试有比较大的呼声,你怎么看?

王:这个问题教育部也没有给出明确答案。因为,第一,这个问题一定要慎重;第二,就是相对来说,这个考试已经开发得比较成熟了,不管怎么说,它还是比较公平的,还是能够比较客观地测量学生真实的英语能力的,是有一定社会认可度的。如果把四六级取消了,对学生的影响是很大的。因为学生已经觉得现在这个社会是一个"拼爹"的社会,有太多腐败、不公平,在网上也有很多抱怨和批评。

现在,我们提出来建立一个综合评估体系,就是说学习不仅是为了通过考试。学校的教学不是为了四六级考试,不是搞应试教育,不是把学生弄来一天到晚做试题。所以,为了测量学生的英语水平,我们会提供这样一个水平考试,学生可以基于个人发展需要,自己去考;但是学校不会硬性规定,不跟学位挂钩,只是作为一个参考依据。或者学校自己组织考试,像复旦大学的英语水平考试,作为校级考试,校方可能会设定一定的通过比例。还有,我们老师会对学生平时上课的作业、表现进行考核，形成一个综合的评估。所以，我们现在的定位就是综合性评估，降低四六级作为唯一考试标准的这个导向，把它作为综合评估当中的一环。

黄：英语综合评估，就是不要把四六级看成唯一标准。

王：对。还有一个问题，就是如何看待四六级考试。刚才实际上也提到了，现在有些人批评四六级，客观地讲，实际上问题并没有那么严重。像中大、南大这些学生，通过四六级根本不是问题；对于一般学校的学生，稍微努力一下，也是可以通过的。我们现在处于高等教育大众化的阶段，学生都在上学。不像我们那个时候，都很珍惜学习的机会，现在，很多学生在学校都不读书。对这种不读书的学生，学校用什么来促进呢？就是用考试。然后，学生也形成一种惰性，你考我就学，你不考我就不学。从这个角度来说，考试还是能起到一定督促作用的。我们要发挥它的正面引导作用。事实上，讲得不好听点，考试是我们老祖宗发明的，也是我们对世界文明作的贡献。中国人就是善于考试，所以我觉得要给它一个位置。

黄：关于高考，大家也说了一大堆，有诸多批评；但是，相对来说，它还是比较公平的，在没有更好的方法以前，留着也无可厚非。四六级考试也是如此。它的社会认可度比较高，到外面一说你英语水平怎么样，就是四六级考多少分。所以，我们目前能做的就是改进它，而不是直接否定。其实到最后，只看成绩单的话，是区分不开的；但是，你一开口，就能够区分开了。用人单位要还是不要你，立马见分晓。

王：对。我们应该改进大学英语四六级考试，而不是废除它。考试的内容和形式可以改变。四六级考试因为规模这么大，社会上有很多舆论，考试作弊也是个很大的问题，出现规模化、集团化、科技化的趋势。一到考试的时候，各级领导就很紧张，怕泄题。到底要怎么改革呢？我有一些自己的意见。

首先，要建立一个比较好的综合评估体系，不要把四六级搞得那么突出。可以适当缩小考试规模，让那些真正跟英语专业相关的、喜欢英语的学生来考,大概相当于保留现在考六级的群体。规模下来了,风险就小了。

第二,学生还是有这个需求的,对不对?用什么东西来替代?其中有一个就是国外的英语水平考试,比如托福、雅思。大家考托福、雅思,完全是为了出国留学,目的非常明确,就是考察准备到国外大学学习的学生,能不能听懂老师讲的课,能不能完成作业。如果现在要用托福、雅思考试来替代四六级,我就反对。为什么呢?大部分学生学习英语就是为了跑到海外去吗?不是的。有百分之八九十的学生都将留在国内,建设我们的国家。当然,我们不是说出去不好,出去也完全可以。我们说中国语言教育有自己的体系,这个体系不能让人家来主导。但是,最大的问题是大学英语四六级考试已经不是一个学校内部的行为,而是成为一个比较固定的标准了。当你把这个标准拿走了以后,不适应的是社会,感到失落的是学生。

我觉得,我们的中小学教育和大学教育,很大程度上还是应试教育。如果我们完全照搬把国外的标准,他们考什么,我们就教什么,这个问题就大了。所以,我觉得四六级考试确实还是能够当作一个参考依据的。实际上,如果用英语进行交际的话,面向的对象主要是英美人士。对于"985"院校的学生,国际化程度可能会高一点,国际交流机会较多一些。但是,对于大部分院校的普通学生来说,这样的需求并不大,如果你强迫他们去考托福、雅思,实际上是加重他们的负担。因为那个考核标准主要是针对进入国外大学的标准。

黄:我觉得你刚刚说到的那句话蛮真实的,其实我们英语考的是什么,就代表要教什么,从价值取向上来说,用国外的考试来代替,确实不合适。

王:这里面还存在一个潜在的社会问题。托福是要上机考的,雅思除了上机之外,还有一个必考的口语考试。这就存在一个什么问题呢?我们中国不可能存在那么多机位,那么多考官。可能就会出现大家每天夜里十二点钟,就开始刷机位了。现在,已经有部分人在刷机位了,比如托福考试,他刷不了南京的机位,就可能跑到广州去刷。如果大面积进行这种考试的话,这是一个很大的社会问题。所以,四六级考试还是比较符合这个阶段的高等教育,符合中国国情的。

陈道蓄：
把能力培养对应到每个教学环节

(2013 年 10 月 25 日，南京新纪元大酒店)

陈道蓄，1947 年生，计算机科学与技术教授。1982 年毕业于南京大学。1985—1986 年和 1995—1996 年先后在美国普渡大学和香港城市大学作访问学者。先后任南京大学计算机系主任和南京大学软件学院院长、国家计算机工程教育认证专家，兼任中国工程教育认证协会认证结论审议委员会副主任委员。

当你有兴趣之后，不管这个兴趣是好是坏，你都不会觉得累。我们作为教育工作者，有一个很重要的责任，就是培养学生的兴趣，而且这个兴趣最好是跟社会需求一致。我觉得现在的问题就是，如果我们的老师既不能让学生感觉所学的东西有用，又不能让学生觉得有趣，那你凭什么要求学生好好学习呢？

黄达人：陈老师，你好，来意我们之前已经沟通过了，也发了访谈提纲给你，等下谈的时候，可以不必局限于访谈提纲。为什么找到你呢？一方面，这本访谈录的受访者不是我们自己拍脑袋想出来的，而是在不断的访问过程中，通过其他人的推荐，像滚雪球一样，逐渐确定的。前面，我已经访问了十几位"985"大学的受访者，要么是校长，要么是学院的院长。前段时间，我去开本科教学评估的会，南大一位副校长就向我推荐了你。你有一个特殊性，就是虽然你也做过学院的院长，但目前主要是以普通教师身份接受访问，这在受访者中是不多见的，但是我们知道你对教学工作有很多的思考。来以前，在网上都看过你的观点。所以，我想你今天谈的内容，可能与其他人不太一样，这也是我们特别期待的。

陈道蓄：其实，我没有做过分管教学的行政工作。一开始的时候，我是计算机系的主任。我们学校比较特别的，就是计算机叫"系"，而不是"学院"。南大都很少有几个叫"系"的，全国也非常少。当时，我觉得单独把一个"系"改成"学院"，不一定有这个必要。后来正好教育部要推行软件教育改革计划，学校就委派我去组建软件学院。所以，我一直都不是直接管教学。

当时，计算机比较热，我相信中大也是一样，所以我们的学生很多，教师人数很紧张，确实顾不过来。后来，我到年龄不再担任行政职务以后，还是觉得不管今天我做科研也罢，做行政也罢，本质上说还是教师，毕竟专业的研究人员跟专业的行政人员是不一样的。其实，我一直在关注教育。但是，当时觉得推动教改不太容易。后来，不担任行政职务以后，我反而可以直接做课程上的改革，主要有两门课，一门叫计算思维导论，另一门叫计算机问题求解，可以说是我自己一手炮制出来的。虽然说有青年教师参加，但实际上不是学院行为。当然，最终也纳入到了学院的框架下。

给学生上课：要么有用，要么有趣

黄：好的，我们就从这两门课的改革谈起。

陈：这两门课的背景不一样。因为计算机问题求解这门课是基础课，当时我就希望拿它来做改革。动因有很多，其中一个就是当时我在做行政领导。大家一到教学讨论会就发牢骚，提出了很多问题，比如说学生不好学等。后来，我就开玩笑地说："以后开会，你们再讨论这个，我就不来了！"如果南大的学生都不够好，那中国还有希望吗？对不对？扩招后，"985"学校招的好学生不会比以前少，依然是招了全国最好的学生。特别是南大在江苏的招生，都是前三千名以内。说实话，学生有变化是肯定的，但是如果你说他变坏了，我肯定是不认同的。

黄：你的这个观点很重要。请你谈一谈对现在学生的认识？

陈：现在的学生多是独生子女，家长普遍都比较重视。但是，不管怎么样，他从小接受的事物和信息都很多，学习能力绝对不比以前那些学生差。老师经常具体讲一个问题，学生会问学这个东西有什么用。比如我们数学系有一个教授，他可能刚刚跟学生谈完话，很为恼火，刚好碰到我，就跟我说："那些学生太不像话了，说学东西有什么用？"言下之意好像是，没有用就不学了；有用的话，以后拿它赚钱。"我当时就跟他开玩笑说："绝大多数人做事情都是有一个动因的。就像学校教书如果写论文与考核、提职都没有关系，恐怕就不是所有人都这么积极了。现在你跟学生说，做事不能有动因，我说重要你就得学，这是不可能的。"

那么，现在学生的动因是什么呢？我也考虑过这个问题。我觉得，在初等课程里面，比如说基础课，如果说这个东西将来有什么用，这是不可能说明白的问题。比如微积分，你能跟他说清楚这个东西将来有什么用吗？不可能说得清楚了。但是，我们还要注意"两条腿"，一条腿是让他们觉得这个东西有用，另一条腿是让他们觉得这个东西有趣。

黄：一个是有用，一个是有趣，这也很重要。

陈：有一个教师晚上工作到一两点钟，第二天上课碰到我，就跟我说："昨天晚上替你干活干到两点。"我说："我不是老板，你不是替我干活的。那个谁打了一夜麻将都不累，他就不会说是为谁打了一夜麻将。"当然，这是开玩笑的。但是，我想说明的就是，当你有兴趣之后，不管这个兴趣是好是坏，你都不会觉得累。我觉得我们作为教育工作者，有一个很重要的责任，就是培养学生的兴趣，而且这个兴趣最好是跟社会需求一致。就我个人来说，如果我做的事情既能糊口吃饭，又是我感兴趣的，那真是太幸福了。但是，现在如果我对自己的工作没有兴趣，只是为了完成指标，那肯定是我不乐意的。所以，我觉得现在的问题就是，如果我们的老师既不能让学生感觉所学的东西有用，又不能让学生觉得有趣，那你凭什么要求学生好好学习呢？

另外，因为参与工程教育认证的原因，很多关于教学的思考来自这里。我们现在的教育有一个问题，对于工科甚至包括一部分理科，上课讲的东西太多，做得太少，考得太容易。

黄：讲得多、做得少、考得容易，你认为这是一个普遍的情况？

陈：对。我举个简单的例子，像计算机的算法、数学以及工科的很多课，说起来都是要培养学生的能力。但你去看看考卷，80%都是概念题，比如选择题、填空题、简答题。所有这些题，其实就是只要你把那些概念背出来，就能做出来。对大学生来说，这种题是不应该出现在这种以能力培养为目标的课上。

前些时候，我们抓到一个学生考试作弊。作弊肯定是不对的。他是怎么作弊的呢？他拿了一个手机，上面有跟考试相关的内容，被监考老师发现了。这个学生是应该受处分的。但是，反过来问这个出题的老师，现在是网络时代，你出的考试题目，学生用手机上网一秒钟就能查到答案，这样的题目还值得考吗？我们培养的学生，出去以后不是靠背东西，而是要靠能力。有的老师可能会说："哎呀，你看我出这么容易的题目，学生都答不出来；要是我出得再难一点，学生就更答不出来了。"其实，我们对学生的能力要有一个基本的估计。就像南大的学生，题目容易了，他反而觉得没意思。我们也有这个经验，比如说你现在让我解一个一元二次方程，套个公式，我肯定没兴趣做了，做了也没意义。但是，如果你出一个一眼看不出答案的题目，说不定我还愿意花点时间去想想。然后,同学之间也有比较,你做不出来,我做出来了。学生学这个东西,哪怕跟以后拿多少钱没关系,至少可以跟同学炫耀一下吧,这也是一个用处。

所以,第一,我们现在要想办法让学生明白这个东西的重要性,但是,你也别指望他全懂,这是不可能的。第二,你要想方设法让他觉得有趣。我看过可以说是20世纪最伟大的两位教师的话,觉得很有意思。一段是数学家乔治·波利亚在一本书的前言里说的,大概意思是:在课堂里面,我们学会憎恨我们所学的东西;若干年后,我们回到学校当老师,又继续教学生憎恨他们所学的东西。还有一个就是费曼,教物理的,非常伟大,他也说过一句话,大概意思是:物理学有两个支柱,一个是严密的计算,一个是直觉,创新意识都来源于直觉。这两者在教学里缺一不可。所以,我认为,你要让学生在学习里面有直觉感,就要抛开公式,不能离了公式就不明白了。不能只有学,没有兴趣。

黄:我觉得你讲得特别有趣。

陈:当时,我还在负责系里的工作的时候,针对数学课和计算机课内容不太衔接的问题,就想把数学和计算机的核心内容糅合在一起。但是,就是推不动。其实,也不叫推不动,应该说是效果差。为什么呢?第一,课程的边界过于强化;第二,不同的老师,即使组成一个课程群,他们也很难真正有机地融合在一起。可能偶尔会碰到几个老师融合得比较好,但总体上不乐观。

后来,我不做行政工作以后,就自告奋勇说,我来干这个革命,索性把自己的课全部打乱,然后融合在一起。改革的关键不是课程内容(当然,内容也很重要),而是连教学方法一起改。我就找到了我们系里现在管教学的副主任。他很热心,也觉得这个事情很好,尽管一开始会阻力重重。我跟他说:"你放心,这个事情我有底线。就是效果再差,也不会搞得比现在更差。"后来,他本人再加上几个年轻教师,也参与了这个事情。

通过这个课,我自己总结出来了十六个字的理念,叫做"自我探索,深度引导,理论严密,训练充分"。针对原来存在的问题,比如学生做得少、考试太容易,我们就提议把整个上课方式都改变一下。

第一,老师少讲点。不是推卸责任,而是留给学生更多的时间。现在,我这门课覆盖了原来的五门课,但是它的总课时量是原来五门课加起来的一半。而且,明确一个概念,不是说叫学生预习,而是让他们自学,就是我指定材料,你自己去看。其实,讲明了,我觉得你看了就应该懂了的东西,我上课就没必要再反复说,上课应该引导学生挖掘比纸面上更深入的问题。但上课不讲跟考不考没关系。因为有学生老问:"你不讲了,那还考不考?"我就跟他说:"这个我不讲,但是你应该要掌握的。"那我上课讲什么呢?我觉得,现在的学生学东西有一个问题,就是"只见树木,不见森林"。你把问题凝聚到很小一点,他就知道怎么弄;但是,你给他一个场景,他就不知道了。学生到用人单位后,解决问题的能力也普遍不行。所以,我觉得作为教师,我们的首要责任就是去引导他,让他看见"森林",也就是把所有的内容组成一个体系,让他理解他们相互之间的关联。

第二,要从少数点上去挖掘一些有一定深度的问题,就是让你觉得所有的问题其实是可以深究的。对老师来说,叫深度引导;对学生来说,叫自我探索。别人觉得很难理解,其实很简单。上程序设计课的老师总是喜欢说我们程序设计课不是讲语言的,而是讲思想的,但程序设计课总得用编程语言,我就问他们如果我们要"教思想",不用编程语言能不能传递思想呢?他们说:"不行。没有语言我们怎么讲?"我说:"如果离了语言就不能讲了,那就不是思想了。因为思想不依赖于载体。它可以用不同的载体,才称之为思想。反过来讲,它也可以应用于不同的场景,对不对?如果只能用在一个场景的话,它就是技术,甚至是工艺了。"

黄:你讲得真的很深刻。

陈:我们计算机问题求解课,从头到尾就是讲思想,所以说"思想"没问题。然后,程序设计都要有技能,但技能不是听出来的,而是自己练出来的。以前,没有上过计算机课的人,因为工作需要,会自己捣鼓编程序。所以,对技能那一块,我上课不讲,就是出题。一个礼拜给你出一点所谓的任务,你按要求把所有该做的事情做完就行了,我保证你达到那个水准。当然,我们会有老师跟踪辅导,不是说完全不管你。

目前,我们这门课还没有教材,因为我觉得写教材的时机还没成熟。但是,我找了八本不同的关于数学、计算机方面的教材,全是英文的。因为我们这个课现在分布在四个学期,从一年级的第一学期到二年级的第四学期,共五门课。你一进校,我就把这两年的进度表发给你。这个进度表的形式,就像周历一样。按照每个学期18周的基准,$18×4$,总共72个单元。每个单元,我都会在进度表中标明标题、主要内容、学习目标、阅读材料、引导重点以及编程作业,一次性发给你。

黄:就像我们以前在国外做的那种,一开始就把习题给勾好。

陈:我们是严格按照这个进度表来,每个礼拜的星期一上一次课。做任何事情都有个假设。在上课之前,我就会跟学生讲明:"我现在就假设这个内容你们都研究过了。要是听不懂,别怪我。"这个改革从2010年开始,到现在已经三年多了。

黄:现在有两届学生?

陈:对,现在是第二届学生。刚开始的时候,学生会觉得不适应,因为他在中学受的是应试教育。但是,我相信这些学生的基本素质和能力都是没有问题的,所以大家很快都适应了,而且他们很感兴趣。甚至,我还碰到了我教书几十年没碰到过的事情,就是一个学生考完试后,跟我说这个课他能不能再上一次。我说:"为什么?"他说:"当年刚进校的第一学期,好像没反应过来,感觉那个时候学得不是太好,现在想再来一遍。"我说:"你都大学毕业了,以后自己看书,要是碰到问题,来找我没问题;但是,再上一次就没有必要了。"还有个学生考完试以后,拿着个问题来问我说:"虽然这个东西考试没有考到,但是我们还是想把它搞清楚。"现在这种情况一般很少了。

所以,我现在觉得激发学生的兴趣,并不是说我上课要讲笑话,而是你的内容要有挑战性。有挑战性以后,真正有水平的学生就开始觉得有点兴趣了。而且,我觉得现在"985"学校招进来的学生都是有水平的。关于高考合理与否,我觉得基本上可以这么说,考进来的人不一定都能成为我们希望的人才,但是差的人现在通过这个渠道也考不进来。所以,只能说现在的高考制度消耗了一部分,而不是说选出来的都很差。这批人的素质仍然是很好的,关键是你怎么去挖掘。

黄:就是说他们是能够接受挑战性的教育的。

陈:对,关键是你敢不敢去挑战。我们管教学的副主任老问我一句话:"你老指望学生自学,他如果不自学怎么办?"我说,这个事情就像那个争论世界上是先有鸡还是先有蛋的问题一样。其实,就是教师和学生互相观望,我指望你先自学,然后我就按自学的要求来上课,大不了就冒一个风险;假设你坚决不自学,最后我就下不了台。对不对?然后,学生就会看老师是不是当真的,"我就说我不会,你讲不讲?"学生要担的风险就是,大不了最后考试不及格。那么,现在总得有一个人主动走第一步,否则的话,没法进行。在现实当中,往往是教师先让步。

当然,教师会说:"哎呀,到时这些人都不及格,我不好弄。"如果你让步了,学生就会觉得你不会不讲的,他就不自学了。现在的学生之所以不看教科书,是因为学生看看你的 PPT 就足以把考试应付过去了,还何必要教科书呢,对不对?人都是这样的,没有压力,他就不会去做,要做那也是极少数。就像我们也是一样,在没有任何压力的时候,你说你绝对可以做到什么程度,我觉得这是不能当真的。尤其在制定政策的时候,不能指望所有人都是这样子。就像有些老师现在动不动就跟学生说:"我告诉你,这个东西很重要。到时你就知道了,现在就只管好好学。"其实,你根本没有跟他讲明白,他的动力也就不足。等到真正有用的时候,他已经忘了。

我会问学生:"你们现在考研究生的时候,考高等数学还要用多少时间复习?"按照我的理解,要原来学的时候的三分之一的时间应该是很多的了。他说至少同样的时间,那我说:"这样的话,你一年级干脆去玩算了。"这就意味着,当时你指望他学的东西,他其实没有掌握。因为他既无兴趣,又无动力,所以应付完考试就忘了。

我到一个学校去,看到它的课表,线性代数这门课,一个星期上 6 节课,8 个星期上完。一个星期有五个工作日,所以六节课就意味着两次上课的时间间隔至多就一天。每次上完课总得有作业,所以,学生就是今天上完课,明天做作业,然后又上课,这样循环。我说:"这是数学课,你总得给学生一个吸收、消化的时间。"他说:"这样上,学生很欢迎。"我问为什么。他说:"学生也希望快点上完,快点考试,免得又忘记了。"我说:"那你上这个课,是为了他将来有用,还是为了考试?"

学生有这个想法,我不奇怪。但是,专业里面,你去呼应他的想法,这就完全有问题了。我们是教育工作者,他们是被教育者。学生产生这个不对的想法不奇怪,但是,你作为教育工作者,去迎合他这个不正确的想法,就绝对是你的不对了。我不相信这个数学老师不知道,每天连着上数学课,学生其实是吸收不了的。你过个两天,再问学生这个线性代数的问题,他忘得连个影子都没有了。我们教育的目的当然是希望所学的知识对他将来有用,同时在现在的社会条件下,也兼顾应试。所以,我们现在设置这个课程的目的,就是希望它有一定的挑战性,然后激发学生的兴趣,使学生愿意在上面花工夫。花了工夫以后,有些细节可能会忘记,但是基本的东西总是在的;然后,你就可以沿着这条路自己往下走。

此外,相对来说,我们现在的考试也比较难。但是,考虑到公平,因为这个班是强化班,大部分同学都高于平均水平,所以我们现在采用的是:我设定一个考试的内容,然后以全班考得最好的人的分数为基准,按照比例往下块状分布。这样,学生就不会觉得我费了半天劲,成绩还不如别的班的人。

黄:这点也考虑到,很周到。

陈：对。学生的这个顾虑也被打消了，就更愿意去做一些比较难的题。所以，我建立计算机问题求解课这门课的最主要、最根本的目的，就是怎么把这个能力培养体现在技术课里。

把能力培养对应到每个教学环节上

黄：刚才你提到关于提高学生能力的问题，其实大家都在做。你们采取了什么措施没？

陈：这个问题，我想从工程教育的国际认证讲起。今年，我们加入了《华盛顿协议》。它就是要求能力，没有别的东西。我们现在一般说三个词：知识、素质、能力。他们不提知识、素质，只提能力。我能理解它为什么这么要求。因为"知识"本身没有意义，比如你说我知道基本的数学、物理知识，但它看重的是你能将物理、数学的基本原理用于工程设计或其他实践中。外语也是一样，它看重的不是你学会了一门外语，而是看你是否能通过运用第二种语言实现国际沟通。所以，它看重的不是你学会了什么，而是你能不能把学到的东西应用于实践。

它为什么没有提素质呢？我的理解就是，素质不可判定、不可衡量。外国人有一条规矩，就是你做的任何事情，最后都要进行自我评价。比如你要培养这个学生的某种能力，首先要写清楚，这个课不光教语言，还要教思想；然后，这个"思想"是什么，是用来解决什么问题的。这些都要写清楚。最后，怎么检查他有没有达到这个要求呢？可以通过考试。但是，你这个考试要包含上面那些内容，它们的前后完全是对应起来的。

黄：你觉得这个做法很好？

陈：我觉得很好。我们这个东西现在没有对应。比如说，现在老师想要培养学生的能力，就得把能力培养对应到每个教学环节上。所以，专业认证要求专业在自评报告中提供材料，说明培养学生的某个能力对应的教学环节是什么。开始时大多数专业写的都是毕业论文、课程设计,甚至还有课外活动。我当时就跟学校说,学生在学校期间,大部分时间都在上课,如果课程都不承担这些责任,那课不等于白上吗?

所以,我上这个课就得明确我有什么样的责任。比如说,现在工科的要求很多都是非技术能力,比如团队能力、终身学习能力、国际视野等。那我们讲的就是自学能力,谁负责培养呢?现在好像都没有了,因为学生自然就会了。然后,他就会在评估里写我的学生具有了这种能力,甚至写我的学生学习能力强。你怎么知道他的学习能力强?又是通过什么办法来做的?

又比如,我们现在的培养目标里写明:现代学生要具有使用现代技术手段获取信息的能力,也就是利用互联网去获取信息的能力。按照外国人的做法,既然你有这个目标,那就必须说明教学活动里的哪一点是对应着这件事的,负责人又是谁,给学生打的分包含不包含对这件事的判断。

我们在一个学校认证的时候,学校说它有一个信息检索课。于是,我们就去看。结果,这一届的学生里头,只有8个人选了这门课,其他的人都没选。这肯定不行。按照认证的要求,所有的学生都必须通过某个环节得到这个能力的培养和考核。结果,那个专业的负责人回了我一句话:"这年头谁还不会上网?"我就说:"你是不是觉得只要会上网,就有这个能力了呢?如果你是这样认为的,我会觉得你这个标准不符。反过来讲,现在学生是不是都会上网,你也没有考察过。既然没有考察过,那你凭什么这样说?我们现在的学生上网很可能是玩QQ、发邮件,关于怎么去找专业资料,他可能恰恰不知道。这个责任总得落实到一个人,你们现在没有。而且,学生在校四年,只有活动加上毕业论文这一年说要培养他的能力;其他三年上课的时候,谁都不管他的能力。那你这个学生怎么可能有能力呢?"

中国学生是动手能力差还是动脑能力差？

黄：我认为，工程教育认证的思想应该在本科教学评估里面得到体现。

陈：我做过很多次认证评估了。现在，从教育部到普通民众，都认为我们学生的能力不行。我觉得大家有点误解了。为什么？首先，大家一直在说：中国学生考试还是可以的，但能力不行，所以就大力推动各个学校去加强实践环节。我个人觉得这种说法是值得商榷的。举个例子，我到一个学校去认证，其中有一门非常技术化的课程，叫嵌入式系统，通俗地说就是在手机、洗衣机、电饭煲等各种装置里设置一个"微电脑"。结果，我看了它的书面考试成绩，有65%的人不及格。然后，课程设计的成绩是100%达到良以上；其中，70%是优，30%是良。然后，我就跟那个任课教师开玩笑说："就凭这个成绩，学过简单逻辑的人应该都可以推导出来，应该是动手能力很好，书面理论知识很差。"

那为什么现在大家都说我们学生的动手能力差呢？这是一个悖论。其实，我是开玩笑的。因为我了解了一下，那个老师的技术能力、动手能力都很强，经常会设计一些小东西，也经常带学生参加比赛，还得过不少奖。所以，他不愿意在考卷上去考概念题。总的来说，我觉得他的考卷还是比较合理的，其中大部分是设计题，也不复杂，比如说用一个单片设置一个路灯控制器，把线路图画出来，表明思路。结果，全班没有一个学生做出来。

后来，我就说："我们现在的学生究竟是动手能力差，还是动脑能力差？我们的工科是为了培养工程师的，而不是培养工人的。"比如说现在要培养一个木工，如果我只是嘴上跟他讲怎么去刨木，不让他去练手，也没有用，他还是刨不平。学习也是一样，也需要练"手艺"。但作为工程师，所谓的"手艺"首先是把图纸画出来，至于制造，其实不需要你操心，只要你把图纸画对了，自有人来做。但如果你图纸都画不出来,何以谈动手能力?所以,我们现在学生的问题不是动手能力不行,而是设计能力不行,而设计能力又恰恰是工程师最核心的能力。

反过来问,学生的设计能力为什么不行?就是因为老师上课只讲知识和概念,而不讲如何设计。所以,如果我们现在仍然说中国学生动手能力不行,这个"动手"的"手"应该加一个引号。因为讲到底,其实就是去设计一个解决方案的能力不行。

黄:解决问题的能力不行?

陈:对,解决问题的能力不够。首先,还是要靠课堂上解决,不能光指望实践基地。

"第一课堂"应该担负起责任

黄:实际上,我们相对重要的还是课堂教育。

陈:现在,我们中国有个很流行的提法,叫"第二课堂"。我在想,为什么外国人没有这么叫?原因其实很简单。我讲一句很难听的话,我自己也是一名教师,我老是批评教育界怎么样,其实也是在批评我自己。我们现在之所以老是讲"第二课堂",是因为"第一课堂"没有承担它应该承担的责任,所以把责任推到别人头上。

黄:这是非常深刻的道理。

陈:外国人所谓的上课,不只是讲课,而是一种形式,它的内容是没有规定的。就是说,这门课首先要有一个主题,要有一个方式,要有考试,有成绩、学分,这是最核心的;至于上课的内容是讲课,还是让学生自己做实验,其实都可以。它并不是说讲课就是第一课堂,活动就是第二课堂,而是所有强制性的东西,都应该纳入第一课堂。比如说你想要拿到文凭,必须达到哪些标准。而至于第一课堂的形式,不应该只是讲,我们现在的问题就是,该讲的不一定讲到了,不该讲的拼命讲。

黄:所以,才会把动手能力寄希望于第二课堂。

陈：这不现实。而且，第二课堂既不考试，又不测验，怎么保证所有的学生都能达到你的什么要求呢？最本质的事情还是课堂上没解决。我现在做的就是证明基础课同样可以承担能力培养的责任。对一二年级的学生，至少可以培养他的两个能力：第一，自学能力；第二，从专业角度解决问题的能力。所以，我们把数学知识和计算机知识融合在一起，希望可以培养学生的创新意识，因为算法是最容易不断改进的。比如说我要解决一个问题，直观上就可以想出一个比较容易理解的算法来，但它的效率可能不是最高的；那我就去引导学生哪些环节可以改进；他改进之后，我再设法从数学上去证明它的效率是否提高了。这其实就是一个创新的过程。

所以，培养学生的能力并不是说要搞很玄乎的东西，而是可以体现在基础课里。我开这门课的目的，从原始状态来讲，就是希望解决学生没兴趣、没动力的问题；从第二个角度来讲，就是希望向大家证明，所有的课都应该承担能力培养的责任，而不只是一句空话。如果大家写课程计划的时候都这么说，但考试考的全是背概念，那谈何能力培养呢？我到一个学校去的时候，看到一个比较极端的例子。它有一门算法设计课，本来完全就是一门侧重于设计和解决能力的课；结果，它的试卷中90%都是概念题，只有10%是一个简单的设计；而且，这个设计题，三年中就有两年是一样的，同一个题一字不差。你题目就出得合不合适，跟课程的目标一致不一致。但是，他们现在关心的不是学生考得好坏，也不是改卷是否规范，而是你的试卷得分多高。

于是，我就问那个学校的工作人员："你们有没有检查考卷?"他们说："我们有督学。"其实，我看过很多学校的督学记录，写的大多数都是"上课声音太低了，能不能大点?"、"PPT做得不够生动，能不能做得好一点?"我个人认为这些毫无意义。为什么会出现这个情况呢？因为现在大多数学校的督学工作方式都是听课，而听课是一个非常不科学的教学检查方式。我们关心的是培养目标的达成，但是你听一节课是没有办法回答这些问题的。我们应该看这个课的整个教学计划、内容设置、教学方式和考试内容。单凭听一次课,真的没有意义。可能这个老师确实讲得不好,或者今天身体状态不佳;就算他讲得好,也有可能是精心准备过的,或者恰好对这节课特别熟悉。所以,仅仅听一节课,并不能说明这门课能不能达到目的,更不能说明这个学校的本科教育怎么样。我认为,督学如果光靠听课的话,对改进教育教学水平确实没有太多的意义。当然,这样可以促进教师讲课更加认真一点,但这不是现在的主要问题,现在的核心问题是这些课程的设计、目标和考试要求是否科学。

黄:所以,你认为听课是没有什么意义的?

陈:听课本身也没什么坏处,但是太占用时间,投入产出比不值。根据我个人的总结,说到底,教学质量是一个相对概念,而不是一个绝对概念。你首先必须有一个明确的目标,然后看是否达到。如果达到了,教学质量就是好;如果达不到,就是不够好。

黄:我觉得你讲到点子上了。

陈:我觉得问题求解那门课可以作为一个例子去说明:第一,它是可行的;第二,它的做法是好的。现在,大家提的问题就是这门课不好推广,因为它对教师和学生的要求都很高。我就回复说:"我这门课程当时规模弄得比较大,是五门课合到一起的;你们不一定要这样,两门课也可以。但是,主要是要以能力培养为导向,通过这个形式加强学生的训练。"对学生要求的高低,其实跟你的内容有关。比如说对这批学生,可以把内容搞得容易一点;换一批学生,你也可以换个内容,不一定非要一样的。总体上来讲,我们想证明的就是:基础课也可以达到能力培养的目的。

黄:我觉得工程教育认证这部分内容,到目前为止,你是讲得最清楚的。而且,你对教学也很有深刻的理解。

陈:现在不少工科专业担任教学任务比较多的教师往往是被认为"科研"(其实现在大学里很多"科研"严格上说只是"做项目",未必算是真正的"科研")不是很强的。这样给人的感觉就是科研和教学是分开的。我以前不被认为是一个专门搞教学的人，但我一直认为教学是自己的责任。

黄：关于课程设计，其实是教学改革中深层次的问题。

陈：就好像我要证明一个数学定理，前面可能需要用若干个引理，最后还要看能不能得出什么推论。这个"推论"，就是他毕业三到五年后在社会上所处的位置。我们要倒推一下，如果想让他五年以后成为一个合格的工程师，那他到毕业的时候就应该具备哪些能力。

就是说，你怎么证明你这个"定理"是成立的呢？这就需要很多"引理"：首先，要靠课程计划，因为有了课程计划之后，才会有这个结果；再往前推，课程计划的引理是什么呢？就是每门课老师具体是怎么规划的，实验室条件是怎么样的；最后，你的课程质量是不是持续在发挥作用。如果你这些引理都具备了，那我就相信你的定理就没有问题了；如果定理没有问题了，我就相信你五年以后能成为一个合格的工程师。我们现在的教学目的，就是希望我们的毕业生以后能成为国家需要的、合格的工程师。所以，你现在的每个细节都要能够起到引理作用才行。

黄：所以，不光是在南大，很多学校的引理问题都还没有解决。

陈：也不是没有解决，而是大家都没有认识到这个问题需要解决。

我们现在的问题就是定理还没有解决。为什么这么说呢？所谓"定理"，就是学生毕业的时候，要想拿到文凭，应该达到一个什么样的水平；就像一个工人制作的产品，出厂的时候应该具备哪些性能、功能，都应该说清楚。但是，我们现在的培养目标往往是一句口号，而不是一个真正可衡量、可评估、可引领的描述。比如说我们要培养某领域的一流高级人才。那么，什么是高级人才呢？本身也没个定义。而且，学校又把调子起得很高，让所有的学生都实现是不可能的，比如说我们要培养领军人才。所以，现在的问题是定理还没有解决。从数学的角度来讲，就是"定理"还没有成为一句可以用数学语言表述得非常清楚的话。

从认知来讲，就是说我的一切教学活动，都是围绕把学生培养成什么样子为核心的。所以，你的"定理"必须是直接描述学生的状态，"引理"是证明怎么保证学生达到那个状态。

其实，企业界的人比教育界的人更加能理解这个概念。因为企业里面有很多认证，比如"ISO9000"、计算机界的"CMM/CMMI"。企业认证就两条标准："做你说的，证明你做的确实是你说的。"

黄：你这么一说，我觉得审核评估还是有意义的。

陈：而且，不是你说你的学校怎么好就怎么好，你说找不到问题就没问题了。认证的目的就是要证明你的目标达到了。怎么证明呢？首先，你自己要整理课程计划、上课形式、实验条件支撑，以及你的质量保障体系是不是健全。

黄：我这本书的主题就是，大家都在说培养人才很重要，但是真正培养人的问题是没有解决的问题。

陈：对，我认为现在最核心的问题就是定理和引理。

黄：就是说，所谓的培养目标，实际上只是一个说法而已，其实并没有一个标准来衡量。

陈：我以前当过很多年的院系负责人，每次填表的时候，最容易填的就是培养目标，随便想两句套话就行了，不需要什么具体内容。现在不是这样讲了，工程教育国际论证里面要求你写得比较具体。比如认证的标准里面就列了十条内容，这十条就是毕业生能力上要达到的要求。

要历史地看待软件学院的功绩

黄：你有一个经历，既做过计算机系的系主任，也做过软件学院的院长，你认为这两个院系在人才培养上有什么不同？

陈：首先，要建软件学院，不是因为软件是一个学科所以才要建，而是国家当时出台了一个国务院十八号文，说要推动软件和大规模集成电路的发展。教育部作为国务院的一个机构，总归要响应。计算机专业是所有理工科专业里面专业点最多的。当时,很多人就说:"学校都在搞理论,学生动手能力好像不行,所以不能满足产业界的需求。"其实,说句难听的话,大部分学校的理论也不强,就是上一些一般化的课程,没有明确的能力培养意识。所以,当时提议建立这个软件学院,主要目的就是要给学校一个刺激和推动力,让它知道应该关心产业界对人才的需求,应该和产业界紧密合作去培养产业界需要的人。其实,这些事情在计算机专业里面同样可以做,但是在老的框架下推不动。

黄:实际上,相当于搞了一个特区。

陈:就是单独划一块,单独搞。所以,当时建立软件学院实际上是有两个目的的:一是要给学校一个刺激和推动力,二是希望吸引社会投资。但是第二个目的完全没有达成,因为你不是独立法人,而且,投给软件学院就等于投给学校,人家何必投给你呢?

但是,从软件学院的发展来看,对于推动学校和产业界合作这一条,大家还是很努力的。当时,从课程设计来看,我们可能有50%的课都跟计算机学院不一样。但是,后来又产生了新情况。本来软件学院的目标主要就是满足社会产业对人才的需求,还没想到独立搞一个学科的问题。但是,在学校里,没有学科会觉得没有地盘。

所以,后来从"十一五"开始,教育部单独设立了软件工程教学指导委员会。但是,软件工程也不应该等同于软件学院,同样计算机学院就是计算机与技术。当时,软件工程的教指委成立以后,大部分的成员都是软件学院的负责人。我原来也是计算机专业与技术教指委成员。虽然两边兼职,但是我实际上工作关系是在计算机系。软件工程教指委成立后很多注意力花在推动软件工程成为独立的一级学科。这件事情现在算是成功了。

成功以后,也带来了一个问题,就是计算机科学与技术专业和软件工程专业的界限怎么区分。如果现在还叫"计算机科学与技术",它跟软件工程其实是没有明确界限的;如果你把它称为"计算机科学",那就是有明确界线的。但是,我们中国现在没有哪个计算机专业是可以叫

"计算机科学"的；即便是理科性很强的大学，包括南大，也没有这么叫。

现在，很多计算机学院发展了软件工程的新专业。所以，现在的侧重点是，很多学校都在考虑把软件学院和计算机学院合并在一起。我认为这也是一个新的开始。因为你不可能把一个一级学科分开在两个院系去搞。所以，回过头来看当初的软件学院，我认为，也不能以软件学院还是不是独立存在来作为衡量它过去历史功绩的标准。至少，它在那个时候承担了一个推动学校加强产业合作的历史使命。随着时间的变化，即使它并掉了，也不代表软件学院没有那个作用。

黄：我觉得你对这个问题的看法很深刻。实际上，每一个事情产生之初，都有一个背景，都有它的任务。所以，不能因为这个任务完成了，就忽略它曾经的作用。

陈：现在，软件学院的负责人就不愿意合并，因为大部分学校都是计算机学院强，软件学院相对较弱。

黄：包括师资的配备也是。

陈：对。所以，他们就觉得一并掉之后，软件学院就好像被吃掉了。所以，现在软件学院的领导有些情绪化也是可以理解的。我觉得，这个学科目前确实还讲不清，因为计算机这个专业的面向太广。所以，我们教指委也在尽力提倡，希望各个学校在培养方面能划分得比较明确。比如说，我的培养目标是培养学生科研、开发、运行、维护的能力，但是学生做不到。当时，社会上就有很多人反对，说："教育部提倡宽口径，你们怎么逆向而行？"我说："任何事情都要具体才行。提倡宽口径是因为中国工科过去面向太窄。以前，计划经济时期，'飞机翅膀'是一个专业，'飞机尾巴'又是一个专业，实在太窄了；但是，计算机的情况恰好相反，虽然大家都在搞计算机专业，但只是都用这个名号而已，其实差异很大。"

而且，培养科学家和培养工程师，要求的知识结构是不一样的，关键是意识、思维方式也不一样。我并不是说一个人不能兼顾两个角色，但你应该明确地知道，我目前在处理的角色是哪个。以前，计算机方面有一个很有名的教育家叫特南鲍姆,他用了一句很生动的话,来说明科学和技术、工程、应用的思维方式不一样。他说:"上帝创造了世界,但是他没写说明书。那我们科学家的使命,就是要帮他写说明书。"就是说我发现了一个现象后,得解释它为什么是这样的。而且,我写的东西必须是别人所不知道的。但是,我可以面向很窄,发现一个小点,把它写得很详细,这也是一个贡献。工程师就不一样了。他的任务是要造产品给老百姓用的。你制作了一个完整的东西,可能它的每一个零件都不是你创造的,但是你要做到要么比别人效果好,要么比别人便宜。所以,意识是不同的。

说到应用,那就更复杂了。其实,计算机现在已经运用到每一个领域了。所以,当时很多人就说:"只要运用到计算机,就算计算机专业。"我就说:"那别的专业呢?难道都关门别办了?而且,我去参加过别的专业的博士生答辩,比如说电力专业博士生的答辩,他在电力方面的知识,计算机专业的人还不懂,但事实证明,他也能用计算机的编程去解决他的问题。那么,如果我们计算机专业的培养目标也是去做那样的程序,那你显然竞争不过他。因为他还懂电力,但你不懂。所以,你培养的目标不应该是那种一般的应用程序,否则以后肯定是要衰亡的。"

当时,之所以要区分这个东西,是因为大家认为计算机专业面太宽,而且计算机应用专业本来就在教育部的列表上,它不叫"计算机应用专业",而是叫"计算机应用技术专业"。但是,大家因为讲起来比较简单的缘故,后来都老讲"应用专业"。其实,它讲的是应用技术。所谓的应用技术,就是从应用之中凝练出来的代表性技术。这跟应用数学是一样的,比如说傅里叶变换,它是应用数学的内容,但它本身还不是直接的应用。虽然好多地方都可以用到,但是至于是拿傅里叶变换用到金融领域、物理领域,还是信号处理,这实际上是各个领域工程师的选择。数学家的目的就是使这套系统的表现力更强,用得更好、更广。

黄:而不是说我去解决哪个东西。

陈:对,不是说数学家要帮助哪个企业解决个信号处理问题。当然，个人可以去干，但是它不是这个学科的主要任务。计算机专业也是一样，比如说多媒体处理、智能化技术，这些都属于应用典型技术。但是，这个专业后来膨胀得太快，学生、教师的数量都太大。这么多教师都要做科研，都要饭碗，这个时候你再去强调核心技术，就很难提供那么多饭碗了。所以，我们在处理现实问题的时候，可以考虑所谓的国情、民情；但是在处理纯粹的理论问题时，我觉得还是要把它说清楚。

黄：就是说，搞计算机的人要解决的问题就是这个核心技术，然后用这个技术的应该是其他学科。

陈：从道理上来讲，至少应该说清楚，让大家知道努力的方向是什么；哪怕今天做不到，也要知道这个东西是不属于计算机专业的。这几年，计算机专业的招生情况连年下滑。我当时去找毕业生调研，招生部门也去学生家家访。其中，有一个说法就是计算机专业的专业性不强。后来，我就反思，计算机专业的专业性不强，是别人不理解，还是我们自己没做好？有一个很重要的原因，就是整个计算机专业的状态也让别人觉得它专业性不强。首先就是你涉及的面太广，核心不明。什么都有，其实就相当于什么都不是。

黄：我认为，对某些学校——尤其是地方学校来说，计算机专业想要解决核心问题的话，跟经济学、管理学、人类学有点类似，其实依托一个行业去做可能更好。

陈：对。现在的问题是什么呢？就是找一个行业去做，就又变成"联姻"问题了。一个是辅、一个是主——这就是一个非技术问题了。举个例子，比如说电子商务，我认为就应该在商学院搞，而不应该在计算机学院搞。为什么呢？因为计算机的支撑技术，是用于支撑电子商务，还是支撑别的，其实没有本质上的区别。但是，对于商务来说，就不一样了。在电子产生之前跟之后，商务的模式是有很大区别的。所以，新一代的商业模式是值得商学院去研究的。

当然，他们也需要用到一些电子方面的东西。但是，现在有"山头"的原因，每出现一个新的名词，大家都要抢，也不管这个东西到底适合谁。所以,当时我当计算机系主任的时候,有人就说我保守。我说:"我不是保守,而是觉得办一个事情就得有自己的特色和优势。如果我们搞电子商务,搞到最后,所有的核心技术都不是专门为电子商务服务的,你又非要打这个旗号的话,我觉得是没意义的。"所以,当时我就说:"我们最好跟商学院合作来搞。"结果,商学院还不愿意合作,它愿意单独自己搞。我说:"那行。你单独搞,我就不参加了。我也不要这个地盘。"

现在,事实证明,确实没有什么技术是专门用在电子商务里面的。我再举个例子,比如说国内某个高校有计算机专业,它要想搞核心技术。实际上是很困难的,因为它的力量比较弱。所以,它应该搞自己的特色——审计,但是,它又不愿意把计算机这个"山头"丢掉,所以就在里面加上了几门审计课。

黄:这是什么专业呢?

陈:叫"计算机科学与技术(审计方向)"。一般这些学校请我去看他们的教学计划的时候,我就会问他一个问题:"计算机专业是四年制的,很多学生还没学好;你们审计专业也是四年制,我相信也有一些学生没学好。对不对?你在材料里说:'学计算机的人不懂审计,懂审计的人不懂计算机,而我们的学生既懂计算机又懂审计。'这个也是四年制。人家四年教一个专业学生都没学好,你四年教两个专业,能教好吗?你有什么诀窍,讲给我听听?如果你说不出来,我就不相信你这两个专业都能在四年制内教好。"他觉得可以教两门课。那我就说:"我问一个搞游戏开发的企业老板,假设你要招两个人,你是愿意招一个计算机非常强的人,再加上一个设计非常强的人强强合作,还是希望招两个号称又懂计算机又懂设计的人呢?就前者来说,懂设计的人有所谓的概念——idea,懂技术的人能把它实现;就后者来说,实际上两方面都不是很好。企业家就说:'我当然希望招前面那两个。而不希望有人说什么都懂,最后什么都不行。'我觉得,我们现在对复合型人才的理解有偏差。它并不是说这个人什么都懂;否则,人家四年都做不到的事情,凭什么你四年就能做到?"

"复合型人才"培养不是简单的双专业、双证书

黄：我还想继续听听你对复合型人才的评价。

陈：举个例子，黄老师你是搞数学的，像我们计算机天天搞研究，跟数学的关系非常密切。随着互联网的深入发展，到无线网，我们就希望两者结合得更深入，例如能不能将博弈论等数学新进展更好地用于网络模型，因为我们总觉得我们的数学功底很有限。而且，到现在为止，确实还不是很成功。为什么呢？我觉得就是大家互相还不能充分理解。所以，从复合型的要求来讲，我们要懂一些计算机，也要懂一些数学。但是，我们需要的是我对计算机特别懂，同时又能理解它跟数学的结合；反过来讲，对数学的人来说，他就要对数学特别懂，同时也能理解它跟计算机的结合。我们要真正地弄清楚，我们这个领域分别需要解决什么问题。

黄：其实，就是一门是主课，一门是辅课，还是要明确主专业的。

陈：对。不是两个都一样，这样两个都做不好。你要对主专业理解得很深，才能知道什么地方需要复合。如果你对主专业的理解很肤浅，就根本不知道什么地方能够复合。

黄：就像那些辅修，主专业要学得很深，你的辅修才有意义，可不可以这么理解呢？

陈：对。但是，现在的情况往往是相反的，主课都没搞好；那样的话，实际上你两个专业都是似懂非懂。对国家来说，你一定是要解决一些比较难的问题，要在某一个领域理解到了别人理解不了的深度，才有价值，对不对？如果只是解决一些很简单的问题，也无所谓复合人才与否了。如果两个专业都似懂非懂，那你能干什么？什么都干不了。

其实，我们这个"深"的价值体现在什么地方呢？比如说，我们去上课，对于一个深奥的东西，怎么让学生听懂并感兴趣呢？费曼讲过一句话："除了数学体系，还要有直觉。"就是你现在能不能抛开所有的共识，

用最简单的话把最深奥的东西表达出来。

黄：这个有普遍意义，像在科研中，项目的立项、申报和结题的答辩，诀窍也在这里，深奥的东西用简单的语言来表达。

陈：对。那个是需要深度的。你到了那个深度，才容易跟别人找到交叉点，否则你一上来就漫天胡侃，别人怎么理解得了？所以，我们现在提出"复合"，最难的一点就是找到复合点。如果找到复合点了，就可以把这个东西委托给别人去做。比如说，我已经知道了这个东西该用什么方法去做，但是具体细节我不清楚，那么，我可以找个专家来，这个事情也很容易嘛！

黄：能够提炼出来了，解决的办法就有了。

陈：对。大概五年前，中国在搞软件外贸，美国人觉得中国威胁到他们了，美国商会就派了个代表团来中国考察。考察的结论就是，中国的软件外贸不可能发展得非常大。为什么呢？一个当然是语言问题，更关键的是中国的技术人员和管理人员的接口是脱开的，技术人员来和商务人员谈的话，抓不住商务人员的兴趣。你觉得你有一个很有价值的技术，但你讲得让商务人员听不太明白。他自然就不会觉得你这个东西有多好。

现在，我每个礼拜都会跟博士生讨论，虽然很多具体的细节都是年轻教师去搞的，但是讨论还是由我主持。我就跟他们讲："我衡量你们报告讲得好还是不好，就是我坐在这里听你讲四十分钟，我走出这个门后，能不能用五分钟的时间把这个内容给转述给别人。如果我听了半天都转述不了，我就认为你讲得不好。虽然我对你的细节不是很清楚，但是我毕竟是你们的同行，如果我都转述不了的话，就说明你讲的这个东西概念不明确。"现在，我们学生的表达能力非常差。

黄：老是喜欢用自己的专业语言去表述，但我觉得这是水平低的表现，其实是他自己都没有吃透。你只有用自己的最简洁的语言，让不懂的人都听懂，这才高级。

陈：刚才我们还讲到计算思维的问题。我跟那个程序设计课的老师讲:"你们离了语言,能不能讲思想?"他说:"不行,因为比如说循环等都是语言里来的。"我说:"我不用语言,来讲你那套思想给你听。比如说,南方小笼包店很多,这里头常用 12 个字,就是'轻轻提,慢慢移,先开窗,喝喝汤'。"它这四句话是不是顺序结构? 就是先起来,再慢慢移,移完了以后才能咬口;咬口以后,才能喝汤。这就是最基本的顺序结构。然后,关于程序,我们再讲得深一点,在程序里增加一个检查语句,就相当于我们吃小笼包的时候,店里头派一个人来看你是不是按步骤来吃了。如果你不移好,就不能做下一步。这就是顺序结构。那我吃一个吃不饱,就要吃很多个,直到吃饱为止。这不就是循环结构吗? 所谓的"循环不变式",就是中间插一个循环语句。只要在吃就等价于"没饱"。如果说小孩不懂事,不知道饱,肚子撑坏了,怎么办? 我们就计数循环。吃一个,桌上放一个纸;达到一定数字,就不可以吃了。如果我现在想定一条规则:不管小孩、大人,我条件转移,来一个顾客,就首先判断你够不够五岁,够的就条件循环,不够就计数循环。处理程序不就是这个样吗? 你看,我不需要任何语言,也表达清楚了。所谓 basic idea,我可以把它理解得非常深刻,但是它的原理一定是非常简单的。而你非要跟他说,首先有一种语言叫 C++ ,然后 C++ 里的符号是什么意思,人家肯定就不感兴趣了。所以,我觉得现在复合人才的问题,就是观念不对。一个都学不好,还想贪多学两个。但是,如果学生现在为了就业,去换专业,那就是另外一回事了,就不是复合型人才的问题了。

黄:对,那是为了就业。如果你真正为了培养复合型人才,首先必须把自身的专业学透。

把教学内容当作科研对象来研究

黄:刚才你还提到,教学是每个老师的责任,能不能往深处谈谈?

陈:关于教学,最难就难在教师的投入问题。我觉得,中国的高等教育改革需要有一批高水平的人投入进去,而现在往往是自认为水平比较高的人不愿意去投入。

其实,我很认同"搞不好科研,也搞不好教学"这句话。但是,大多数人的理由是:我搞科研,可以把最新的科研结合到教学里面。其实,这样很不合理。为什么呢?我们学校物理系有一位老先生曾经跟我讲过一句话:"对于本科教学,特别是基础课,如果我的研究内容被写入基础课教材了,那我至少得达到诺贝尔奖的水平。如果我的研究成果被写入中学教材了,那我就是历史伟人了。"确实,中学教材都是牛顿、欧拉、高斯这些人。不是随便什么人弄个科研成果,就能收进教材里面的,这不科学。

但是,为什么说搞教学的人要有科研素养呢?因为他可以把教学内容当作科研对象来研究。现在,从整体上来讲,中国的教学研究水平不是太理想,因为大家并没有真的把它当成是科研对象来研究。所谓的当作研究对象研究是什么概念呢?首先,你应该明确,我要解决的问题是什么,而不是说我上了一门课,学生感觉不错,就可以评精品课。

我们暑假在北京搞了一个研讨班,就是讲我们这些课是怎么改革的。我就碰到一位上精品课的老师,他也是我们国家精品课的主任,他说:"我们以前真的没有想到去找出这些实质性的问题,并解决它。原来,我们的精品课主要就是做一些外围的工作,把材料搞得很丰富。现在看来这些都不是最核心的工作。"所以,从这个意义上来讲,要推进教学改革,教师确实是一个关键。但是,有时碰到一些管教学的校领导,我就跟他们讲:"如果你们老想搞个政策,激励老师投入教学。我认为这是不可能的,也是不必要的。"

我把教师分成四类:第一类,对教学有一定兴趣,对学生有责任感,可能因为年龄或者已经取得的地位,也愿意花点脑筋来想这个事情。激励政策对这些人没什么影响,他们该干什么就干什么。不会不干,也不会因为你一点小政策就更努力地干。这些人是少量的。

第二类,每个比较好的学校其实都有一批比较好的老师。他们的能力相当强,水平也不错。但是,如果这个专业里面已经有一些很拔尖的人才，他们也知道不可能人人都成为院士、长江、杰青，但是，他内心其实还是想要出类拔萃的。其实，做科研，很多人就是跟在别人后面做，并不一定有成就感。除了有大发现的人，一般的人就是发发文章，拿个不疼不痒的项目。但是，如果有机会，这些人是能在教学方面做到出类拔萃的。关键还是需要学校的一些引导、扶持和推动，不要等他们已经可以去报奖了才表现出积极关注。需要学校给他们指明，比如说你们哪件事情可能能做得更好，因为他们现在可能是花很多工夫在做一些几乎达不到的那种高度的事情。这些人，大概占到每个学校教师的15%—20%。

第三类人是最多的，就是你安排给他的教学任务，他会按照你的最低要求去完成，但他永远不会把主要精力放在教学上面，主要精力总是在科研上。

第四类人，现在还有——就是连最低的底线都没有，该承担的责任也没有承担，连上课都不去，有事就随便找个博士生去顶替一下，考试出题目怎么容易怎么来，考卷也不好好改。

对于管教学的人来说，第一种人不用你管；第三种人你管了也没用，即使你设定一个一两万块钱的奖励，他也看不上，绝对不会为了这点恩惠改变他的重点。所以，这四种人中只需要重点管第二类人和第四类人。对于第四类人，不管他科研怎么样，如果有明确的证据证明他教学超出了底线，一定要严惩。对于第二类人，要千方百计地扶持他。

国外的老师也不可能百分之百是好老师，但是他们的基本职业道德比我们好。前几年，国内学校迫切地需要成果，所以把那些有成果的老师惯坏了。特别是那些地方院校的，本来应该好好花力气把学生培养好的，结果老师拿到一个基金，就把他捧得高高的。其实，我心里在想："你要是把那些学生都培养成对当地经济发展有贡献的人，那么，你对国家的贡献远远大于你拿两个基金。而且，说句实话，你即使拿了两个基金，也不可能做出什么了不得的成果来，对国家也毫无意义。"

所以，我认为，推进教学改革的难点就是吸引那些第二类的人。现在,我们系改革力度比较大,我也希望吸引一些有兴趣的老师加入进来,可能对他们有一些启发,他们可以干得比我更好。

黄:你刚刚讲到,第三类人占了教师队伍的大部分,这部分人是用政策也改变不了的?

陈:你现在必须承认这个现实,因为如果你的政策实施了之后毫无效果,也是白弄。

我到哈工大和北航这两所学校考察后,认为他们的本科教育搞得还是不错的。这两个学校是军工院校,重视科研的程度绝对不亚于其它学校,有很多大项目。而且,像哈工大,他有个院长在教学方面还搞了很多花样,投入了很多,反正就是让那些在教学上搞出成果的人,有点成就感。其实,那些人一个院系加起来大概也就是十几个,但是学校有那十几个骨干也能撑住了,因为有这些人的投入,这一层次的学校总体上水平不会太差的。

黄:教学改革不可能所有老师都参加。

陈:不可能,也不需要。我认为,一个专业只要有十来个人参与,就足够搞得轰轰烈烈了,其他人只要把底线维持好就行了。

要关注每一个学生的成长

黄:陈老师,我觉得你讲得很有条理,而且很风趣。最后一个问题,就是关于人才培养是为了满足社会需求,还是学科建设的需要,你是怎么看的?

陈:我在网上提出过这个问题的思考。当时,我还是系主任。我们学校有一个老师,水平很高,他当时在会上讲了一句话,给我印象很深。他说:"作为国家一流大学,我们就要承担为国家培养最优秀人才的责任。所以,我招进来 100 个学生,只要把 25 个培养成国家需要的一流科研人才,我就算完成国家交给我的任务了。"

我当时听了他这句话后,就想到了,你招 100 个人,只要 25 个人合格就算完成任务，那么，其他的75个人就相当于"处理品"。但是，这75个人能够考进南大，也算是非常优秀的青年学生；对于他们的家长来讲，更是100%的优秀。结果，你说他们没达到前25%，就让他们自生自灭。所以，我认为这个说法是非常自私的。可怕的是，这样的"自私"在重点大学里非常普遍。教师看学生，就是看你将来能不能进我的课题组。在教育部刚开始推行"珠峰计划"，我们开始搞"拔尖班"时，一些以前从来不关注学生发展的人，现在抢着要来当班主任，为什么呢？就是因为他觉得可以捞到好学生。后来，当他发现这些学生将来有可能想出国的时候，马上就不感兴趣了。

我觉得，大学本来就是为国家培养人才的。你现在老是说为了学科建设，我就想，这个想法显然跟我们办学的重点不符。所以，你首先应该认清，我招那么多学生，大多数都不可能留在我的课题组；甚至，大多数人都不可能进科研团队。现在，哪怕是清华、北大，本科生将来也不可能都搞学术。

所以，我们现在办的这个计算机专业，还是为国家需要考虑。那么，现在国家究竟需要什么样的人？需要多少？我觉得这个东西是学校必须注意的。其实，说句实话，我们国家的这些数据不是太全。计算机现在也属于比较国际化的行业，美国劳工部有一个非常详细的"十年人才预测"，然后会发布。比如说今年是2013年，它会发布2015—2025年间，各行各业的人才预测，内容非常详细，包括工作性质，需求人数估计是上升还是下降，工作报酬大概多少。所以，从那上面你大概可以看到这个社会需求的人才比例大概是什么样的。

现在，如果说我就打算办精英教育，就想专门培养学术研究的人，那你何必招一两百个人，直接就招30个人不就行了？但是，没有哪个学校敢这样干。所以，既然你现在招了一两百个学生，那你就应该为全部学生考虑，考虑如果他不做学术，你需要承担什么责任。因为我们办学，一个是国家的需要，一个是学生个人的需要。对不对？

反过来讲，我们对企业也是一样。我跟很多企业的人打交道，他们都说："你们现在培养的人不好用。我现在有个大单子都不敢接,因为没有人才。"我认为他们讲的话不对。于是,我就跟企业讲："你拿到订单急于要人,就应该找猎头公司,而不是找学校。"然后,对地方政府,我也会讲,"订单式"的培养不适合全日制本科学校的教学。这两者其实是一个互相磨合的问题,南大这样的大学不应该不关心社会需求,但是更应该关心科学的社会需求,不应该被企业牵着走。

与我打交道的人中,只要是负责任的产业界的专家,和我们的思想几乎都没有分歧。我们培养的人才是需要了解产业结构背景的,这点跟他们没有分歧,因为他们也希望你是有长期发展潜力的。所以,我觉得现在存在两个问题。从学校来讲,过度学科化,老认为我们就应该从学科自身发展出发,然后这个学科要自成体系。这些其实都是从学术研究来看的。从产业界来讲,中国的很多产业,特别是像 IT 产业,基础都不是很强,所以那些还处于生存挣扎期的企业,他们讲的"需求"不是产业界真正的需求。我觉得要把这两者结合在一起,就能比较清楚地理解这个问题。

也就是说,大学或者学院的管理者应该保持清醒的头脑:培养人才的方向应该是以科学的社会需求为背景,而不应该以学科为背景。我认为纯粹以学科为背景来培养人才是不负责任的。

黄:今天讲得非常精彩。你的很多观点我都赞成。

陈:现在,虽然我们计算机专业算是工科了,但是跟我们以前设定的标准来讲,总体上还是属于理科教育。所以,在南大的环境下,理科的人都习惯性地喜欢想、喜欢刨根问底。

有些教师就跟我开玩笑说:"陈老师,你工作效率好像比较高,有什么诀窍?"我说:"诀窍很简单。我这人比较懒,什么事情都喜欢想好了再动,不想好就不动。想是不用占时间的,比如你走在路上都可以想。"结果,年轻人听了之后,就跟我说:"哎呀,你这个经验我们现在学不了。为什么呢?因为我们现在走在路上都是玩手机。"这样就想不了问题了,效率肯定低。但是,我有时候可能想到哪里就说到哪里,说得也不一定合适。

李建成：
研究型大学的科研对人才培养的意义

（2013年12月2日，武汉大学）

李建成，1964年生，内蒙古集宁人，大地测量学家，中国工程院院士。1983—1993年就读于武汉测绘科技大学工程测量系和大地测量系，获博士学位。先后在美国得克萨斯大学、芬兰国家大地测量研究所、德国地球科学研究中心和斯图加特大学做访问学者。1993年起在武汉测绘科技大学任教。曾任武汉测绘科技大学地学测量工程学院副院长、武汉大学测绘学院院长。2013年起任教育部高等学校测绘学科教育委员会主任委员。

中国学生的习惯性思维就是认为老师讲的都是对的，这在很大程度上会影响学生思维的独立和思想的自由。但是，大学要重视培养学生自主学习的能力，除了培养学生自主制定学习规划、利用学校相关资源查阅资料外，更重要的是解决问题的能力。让学生学会自己发现问题、分析问题和解决问题，比直接给他们评100分更有助于他们将来的进步与发展。

人才培养根基:夯实本科教学中心地位

黄达人:李老师,你担任测绘学院院长十多年,请你谈谈在大学里如何看待和落实教学的中心地位?

李建成:在现代社会中,高校应该是名副其实的人才培养基地,但我们现有的大学评价指标大部分主要还集中在科研,这对人才培养非常不利。另外,前些年高校大规模扩招,人才培养质量明显下降。虽然随着"211工程"、"985工程"的实施,高校人才培养的基础条件有所改善,师资规模也有所扩大,但教育教学资源不足的现状仍然没有得到根本的改变。

在1980年代,全国本科教育招生规模是每年30万,在校人数不到200万。现在,全国每年招生人数是650万,在校人数将近3000万。而且,像我们"985"高校,研究生规模也比较大。在我上博士的时候,全国每年只招2000名博士,现在至少达到了57000人;再算上硕士研究生的话,当年的招生规模是3万,现在的规模是46万,增长了15倍。这个负荷就非常大,造成了老师教学任务过重。

就我们院来说,1999年高校扩招以前每年招收6个班,每班30人左右,加起来不到200人。而现在,我们院每年的本科生招生数量近450人。按照学院现有的本科生规模,教师数量应该达到120—140人,才是一个比较合理的师生比例。但是,我们教师总共只有80多人,所以教师的压力、负荷非常大。

我当院长已经14年了,从一开始就十分强调教授为本科生讲课。学院规定教授必须给本科生上课,而且每年要达到90学时,全院教授上课的比例要达到给本科生授课教师总数的50%,加上副教授授课达到80%。这是学院强制规定的,在实施过程中我们也做到了。正如刚才所言,教授承担的压力的确太大,工作量太大。但是,为什么还要这样要求他们呢?就是要真正落实本科教学的中心地位,保证人才培养质量。

如今,有的大学总是盲目地追逐利益,功利性太强,我们应该把教育的基础做好。像德国教育的基础就很扎实,2013年全球排名前50名的大学中,德国只有海德堡大学这一所大学入选,而且排在第50名。但是,他们并不会急功近利地过分夸大大学排名的作用。

本科教学:推动学生自主学习

黄:关于学院的本科教学改革,你们有哪些措施?

李:大学要重视培养学生自主学习的能力,除了培养学生自主制定学习规划,利用学校相关资源查阅资料外,更重要的是解决问题的能力。我曾经说过,让学生学会自己发现问题、分析问题和解决问题,这比直接给他们评100分更有助于他们将来的进步与发展。我们对美国的大学作了一些分析和研究,像美国一些大学老师在课堂上是不推导公式的,都是由学生主动从书本上去学。我问过很多留学生:"你们老师是怎么上课的?"他们说:"讨论课很多,互动也很多。"现在,我们也尝试在改变上课方式,但是我们的学生做不到,他们没有问题,而是希望被提问。我们中国学生的习惯性思维就是这样,认为老师讲的都是对的,这在很大程度上会影响学生思维的独立和思想的自由。

我们的本科教育基本上是以知识传播、吸取为主,要逐渐从注入式教育发展为开放式教育。在这方面我们学院也采取了一些措施,比如,让一些学生参加老师的科研,可以训练和提高他们寻找问题、解决问题的意识和能力。一般是二、三年级开始,我们叫"大学生科研",一方面是跟着导师做,另一方面是自主性科研,学生自己做。这两种情况加起来,大概有四分之一的学生参与。学校和学院也从政策、经费等方面给予支持和鼓励。

另外,就是让学生享有更多的优质教育资源。比如,学院要求教授上课的比例要达到50%,副教授上课的比例要达到30%,加起来总共是80%。这个学期统计的结果是84%,已经超过原定目标了。从大一开始,我们的院士就会去给学生上测绘学概论这门课,并邀请全国知名专家、学者一起上,每人大概上两到四个学时,就是让学生多看看大师,让大师来影响他们。因为过去我们测绘被认为是一个比较艰苦的专业,现在条件改善了,技术手段也很先进了。另外,过去我们是小班上课,现在改成了大课堂。每个大课堂大概有120人,所以我们也相应地配了助教。同时,在双语教学方面,我们也做了一些工作,如增加外籍教师的数量,通过文化上、学术上的交流,提高师资水平。

重视实习实践:全方位锻炼和培养学生

黄:你认为,人才培养还需要注意哪些问题?

李:我有一个观点,就是中国的企业应该更多地承担一些人才培养的责任,因为最终是他们使用人才,所以也应该提供这样一个环境。比如说,德国的学生是要去企业实习的,而企业则必须接纳他们。最后,企业还要给他们打分、总结,很负责,很客观。学生拿到成绩才能毕业。我们现在应该提早培养学生适应社会的能力,应该鼓励和支持他们到企业去实习。

这个实习环节是企业应承担的义务,除了承担相关的费用外,还应作出具体的工作安排。假如我们规定学生上半年课后,假期要到企业实习三周或两个月,企业就应该承担这个责任,落实这项工作。学校也可以提出要求,如果没有企业给的评定,学生就不能毕业。这样可以锻炼学生适应新社会、了解社会的能力。

黄:前几天,我去华为调研,他们告诉我,国外的学生来了两天就可以向外人介绍华为,相对来说,我们中国的毕业生要培训比较长的时间,因为他们没有这种自信,不敢去面对陌生人。我当时就问华为的人:"外国学生是怎么训练的?"他们说:"一个很重要的手段就是让学生做 presentation。上课的时候,要给学生这种机会。这对学生整体素质的提高很有帮助。否则,他到了很大年龄后,还是很怕见生人。"正如你所说,实习其实是一个接触社会的机会和窗口。

李:对,学生可以学着和人相处、接触,学会沟通和表达。我认为学生到企业实习是一个接触社会的过程,去体验工作并不是最主要的目的。为什么西方的学生18岁就会去打工?因为打工可以最亲密地接触社会。当然,我们国情不一样。很多家长不希望自己的孩子耽误时间。其实,同样的时间,去接触社会比书本上学到的可能更多,还可以学到很多课本上没有的东西。当然,我们中国就业压力那么大,你想打工也没有那么多场所。实际上,在西方国家,打工是有道理的,从小就可以去适应社会。就像你刚才说的,外国学生两天就可以向别人介绍,很有胆量。所以,我们在这方面要引起重视,全方位锻炼和培养学生。

研究型大学:把科研成果渗透到教学中

黄:我觉得,研究型大学跟研究生、本科生的比例不直接相关。跟地方高校相比,我们的层次之所以高,就是因为我们在学生培养中,更多地通过研究手段来培养他,老师带着学生参加研究,然后学生自己也做研究。有科学研究的训练,这样的学校才是研究型大学,而不是说我的经费有多少,我的研究生有多少。你对研究型大学的教育是怎么理解的?

李:我完全赞同你这个观点。我觉得研究型大学最重要的就是要以科研带动人才培养,要把科研成果及时地渗透到教学当中。要让学生走在科研的前端。如果只是说你有经费,干脆放研究机构算了,还办什么大学?大学的核心其实是在教育功能上。我认为一个研究型大学的内涵,就是要把最新的成果跟教学结合起来,要让学生在培养过程中受到科学研究的训练、熏陶。

关于研究型大学,是80年代流行的事情。2009年,我们学院把教研组改成了研究所,就是以研究所的形式来组织教师开展教学和科研,这样就变成良性循环了,我们老师的最新科研成果也能及时传授给学生。

在苏联，它们知识的更迭是以教材为主，而且教材编得很好。美国是以讲义为主，每个老师讲的可能都不一样。研究型大学讲的都应该是最新的东西，老师的科研成果、前沿性的东西能及时地渗透给学生。现在技术发展这么快，单靠教科书跟不上。

尤其是像我们这样的工程专业，更加受到技术发展的影响。说实话，一个老师如果不从事科研活动的话，他的知识没有更新，教出来的学生也很难适应社会。这跟我们专业的特殊性有很大关系，数学和物理学是工科的基础，所以有些经典的理论著作我们一定要读，最新的东西也一定要知道。我自己也拿科研经费买了很多国外的新著作。

研究型的大学经常讲创新。我们看电影或者听交响乐，第一次觉得好听，第二次、第三次、第四次都觉得好，那是经典。但是，科学就不能重复，别人发过的东西你以后不能再发表了，否则就是抄袭；如果不注明作者来源，那叫剽窃。所谓创新，就是你在这基础上有所发展，写出一些别人没有的东西。

我认为，现在很多学校培养的学生可以做的充其量说是特色，不能说是创新。和别人不一样的，并不一定就是创新；比别人更进一步，这才叫创新。比如牛顿的三大力学定理发展到爱因斯坦相对论，那才叫真正的创新。后来，人们又加了一个"原创新"。其实，创新的本来就是原来没有的东西，已经有了的话就不叫创新了。比如说，你穿的是皮尔卡丹的西装，我穿另外一种品牌，那叫创新吗？那叫特色。

工程教育：既要与国际接轨，也要重视行业特色

黄：你如何看待工程教育和国际接轨问题？

李：我认为，我们的工程教育要培养具有国际视野，懂得国际工程模式、具有国际认可的工程师资质，能参与国内、国际竞争的工程师。所以，我们的工程教育应该与西方发达国家的工程教育相结合，不能搞封闭式教育。改革开放三十多年来，我们的工业的核心竞争力还是比

较弱。我们要多少密集劳动力才能换人家的高级技术？因为我们没有竞争力。这与我们的工程教育有关系，要从源头上找问题。工业要想有核心竞争力，必须从人才培养开始，人才培养又要从教育开始。但是，现在我们的工程教育跟不上节奏。

首先，国家重点高校要和国际接轨，因为除了投入，重点院校环境也比地方院校优越。反过来，地方院校也要和这些国内名校接轨，然后再和国际接轨。我认为要按这个线路来，要分层次。总的来说，就是重点院校要和国际接轨，把最先进的东西带进来，再引领其它学校。

新中国成立之初那30年我们发展得还是可以的。那时候，我们的工程教育处于起步阶段。现在，你是要追赶人家，要达到国际水平，如果还按以前的传统模式，在已有的基础上发展，那就跟不上了，而是要选择最先进的角度、模式来培养人才。

黄：这段时间，关于工程教育，我也讨教了许多人。对于本科生和研究生培养定位，你怎么看？

李：我认为，人才培养一定是有层次的，否则的话就乱套了。首先，应该培养杰出的工程师，而对于硕士、博士生来说，在工程科学理论方面，应该有所作为。就是说，作为学科的发展，可以定位培养工程科学家，但是，本科生跟研究生还是要分出层次的。像武大、中大这种水平的学校，本科跟研究生的培养应该有所不同，如果我们对本科生的定位是工程科学家，那么，硕士、博士是干什么的？

就像我们国家的精英教育没法鉴定，谁是"精英"？有时候，博士生的论文质量也不见得有多高。大规模的精英教育是达不到的，首先师资就跟不上。我80年代上大学的时候，教师都是全心全意地在教学。现在，有些知名教授都不在教学第一线，很少花精力在学生身上。尤其是有些名校的老师，有资格、有能力的就跑去拿项目了，在教育上的投入越来越少。

现在很多学校都设立了基地班、实验班，认为就是精英教育，我认为基地班就是招一些高考分数高的人,只是形式上的精英,从教学上说,可能没有精英教学模式和理念,就像中学也有尖子班。

2012年,我们学院测绘工程专业通过了工程教育专业认证,取得了国际认可资格。我们对学生的定位就是着眼于学科和行业领域的塔尖,培养卓越工程师和行业领军人才。

黄:今天,机械工业协会的会长跟我讲行业办学的历史,就讲到现在的特色学校没有了。现在又有一些学校重新把行业特色提出来,你怎么看?

李:我们要强调工程教育对国家、对行业的贡献,对国家教育投入最好的回报就是学科能够支撑、引领行业发展。行业特色大学历来是我国高等教育的一支重要力量,作为重点行业的人才培养基地、知识创新源泉、技术革新土壤,在服务国家经济社会发展,特别是支撑、引领基础产业和支柱产业发展中作出了重要的贡献。

这里要谈到合校和扩招问题,我认为中国高校数量并不多,美国总共有3000多所学校(包括社区大学在内),合校前中国是1044所,大规模的合校也或多或少影响了一些学校的行业特色。以前我们很多有行业背景的这些学校,其实是非常优秀的。现在,很多地方高校提出大学要转型的时候,这些学校其实应该是办学的楷模。同时,前些年的扩招稀释了我们的教育资源。在合校的同时,我们又成立了一批民办学校,比如二级学院、独立学院,客观来讲,民办高校教育资源更为缺乏,并没能很好地承担育人的社会责任。

我们不仅要满足行业需求,更要引领行业发展,要对接国家战略和行业、区域重大需求,为国家、行业、区域发展提供有力支撑,同时也为自身发展赢得更多资源和空间。我们国家现在还有行业,国土资源部、工信部、国家测绘局、海洋局等,应该要保持以往的行业特色,并且能进一步在综合性的学校里,整合更多的学科资源,进一步提高学校的行业优势。

比如我们学院50多年来就重视依托测绘核心技术,服务于信息化测绘等国家重大战略需求。我们也非常重视让行业参与人才培养目标的制定、课程体系的设计和师资队伍的培训,加大校企合作力度和深度,我们与国家测绘局、各省市测绘单位以及国内相关高等院校、研究机构广泛合作,应该说,我们彰显了行业特色,积累和发展了行业优势。如果一所大学能有十个左右的工程学科能够支撑和引领相关行业发展,那么这所学校在全国的地位应该无人撼动。

积极应对:现代科技发展对传统学科的影响

黄:对于测绘这个学科,你有哪些思考?

李:测绘以精密测量和精确计算为基础,要求很严谨,这也是由专业性质决定的。但是,现在技术发展得非常快,对于我们传统学科冲击很大。

过去,我们测绘学的理工基础是以测量为主的,学了很多数学知识;现在,计算机技术发展,对学科的基础理论体系构成了很大的挑战。一个学科如果没有基础理论的话,就会逐渐被边缘化。所以,现在有很多传统学科在萎缩,这是正常的。像德国,原来至少有二十几所院校都有测绘专业,比如汉诺威、柏林工大、斯图加特等;现在,仅七所大学仍旧保留,其他都关掉了。这就是根据市场需求来调节的人才培养。

我认为,科技对我们测绘学科的影响主要有以下几点。第一,就是卫星观测基础的改变。以前,我们通过人工去观测,观察到的东西或范围是有限的;现在,有了卫星后就是自动观测。第二,通讯基础变为电子通讯。第三,也是最具冲击力的改变——计算机技术。以前,我们要算一个点的话,要经过很长时间,首先是手摇的对数表,然后计算。现在,我们要从算几米、几十米、几百米的影响,到算一个厘米、毫米甚至亚毫米的影响。传统的教材里,没有卫星观测数据,现在,不仅有了卫星观测的海量数据,还有了高性能计算机。最近十年,信息产业发展得很快。所以,计算机和网络对我们的生活、对传统学科的冲击最大。我认为,有很多传统学科马上就要消失了,只不过我们在硬撑着。有些学科的开拓者,面对新的发展,他情感上就会接受不了,这也是正常的。但是,在新时代,传统学科不得不面对这样的冲击。

我们过去认为是科学的东西,就变成了常识,进入到中小学课本。这是很自然的过程,因为科学要往前发展,总有一些东西要留下来变成常识。所以,现代技术的发展对科学的影响很大,对学科的基础理论也是一种挑战。

以前,我们想打印一张图都很难,都是手绘的,现在有了计算机之后,发生了很大改变,输入参数直接出图。以前天文不是谁都能观测的,也不是任何时候都可以观测的,而现在,有了卫星导航定位系统,位置的确定变成一件非常容易的事情。90年代,定位能达到十的负五次方、负六次方,现在可以达到负八次方、负九次方。测绘还是一个注重基础的学科,但受到新的科学发展的冲击,所以我们不能再死守着原有的东西,学科的基础体系必须调整、优化。

互联网将对测绘地理信息技术产生巨大的影响,而无线网络的普及也必将改变我们的传统测绘模式。过去的测绘地理信息只是单纯地提供成果,代表物就是纸质地图。现在基本上没人用纸质地图查路线,人人都用智能手机和电脑查看电子地图。在手机或者电脑上输入一个地段或者一个地点,电子地图就能显示它的具体位置,这是传统纸质地图无法做到的。未来的测绘,将以提供服务为主,而不仅仅是提供一个成果性的数据,测绘成果的地位和作用正在从"基础性"向"基础性、公共性"快速演变。

我们要积极应对现代科技发展对传统学科的影响,首先要对相关技术的发展非常敏感。比如,测绘地理是一个偏向于应用的学科,其发展趋势依赖于很多领域的发展,所以一定要时时关注关键技术和相关领域的发展。新一代测绘人既要掌握现代的最新技术,也要理解传统的技术,还能把握未来发展的趋势,从而引领行业向好的方向发展。

大学招生：不应受到地域性的限制

黄：对于现在的学生，你认为与以前有哪些不同？

李：我认为，现在的生源质量普遍比我们那时候高，因为学生接触的东西多了。但是，我们那时候的地缘结构比较好，我清楚地记得，当时我们学校一年招431个学生，每个省基本上是均衡的。高校是1989年以后开始强调为地方经济建设服务的。我觉得，人才培养还是按教育规律办事，不能完全以地方需要为导向，实际上，教育就是要面向全球和全人类。

黄：你是站在学科的高度来看待这个问题的？

李：是，学科的角度。

黄：我觉得这是个很重要的事情。那么，你针对的是部分学校，比如像武大这样的学校，还是说普通高校？

李：我认为对任何学校都应该这样，不能因为地方政府投入，就要像子女回报父母那样去回报它。就拿培养孩子来说，家长把你生下来，就有抚养你成人的义务，你肯定要回报父母，但最终还是要回报社会，回报科学，回报人类。所以，我们并不能把它局限于一个很狭隘的概念。前段时间，我了解到广东有个学校，在校生总共有4万人，一年要招将近1万名学生，但是其中只有600多个外地学生。所以，它的地域结构就有问题。我们看世界一流的大学，都是不同肤色、不同人种的学生和教师，聚集在一起，通过这种文化的碰撞、学术的交流，才能真正发展。我们测绘专业也存在这个问题，测绘是个全国性的行业和专业，不可能只招一个地方的学生。我们这个学科其实主要就是集中在行业需求上的，而不是地域。我们学院是以测绘的行业需求为目标，来培养学生的综合素质和应用知识的能力。

黄：我做访谈的目的之一，就是希望大家能够听到从事教育的人不同的声音。

李：一个学术团体的地缘结构一定要合理。最初，我们国家高考是全国统考、择优录取，现在是单独命题、地域性招生，实际上是不公平的。教育发展一定要均衡，地方保护政策是对大学发展的不负责，也是对国家长期发展的不负责。

团队建设：应突出个人的贡献

黄：你今天讲的好多问题，有着自己独特的观点，你还有哪些观点可以和我们分享的？

李：对于团队，我有一些自己的想法。其实"团队"有一个更广义的概念，要强调个人在这个团队中的贡献，尤其是我们高校的学者。有好多人说我们去组团队，好像你的成果已经变成了一个队的成果。其实，团队是靠有机的协调、组织出成果的，你的成果还是你的，个人的贡献一定要区分开来。我们做科学就是要实事求是，这也涉及职业道德和学术道德的问题。

黄：这个话题很好。不能因为强调团队而弱化了个体的贡献，或者把别人的工作成果安到自己头上。这点你跟别人不同，很多人都是强调团队精神的重要性，你在此基础上，还突出了个人的贡献。

李：其实现在"团队"快变俗了。关于团队，我强调的是我们在解决一个重大问题的时候表现出来的协作精神，而不是说成果。我们为什么就不能强调个人的贡献呢？我们的教育和美国相比，最大的差距就是个性化教学。它有什么个性都可以发展，但我比较注重共性的培养。我认为团队合作是一个有机协助的过程，大家为了同一个目标，分头合作，你解决这个领域，我解决那个领域。所以，我认为在团队的建设中，应该强调个人的贡献。

如果作为院长，我组建了一个团队，就说团队的成果都是我的成果，那行吗？肯定不行。下面的人就没法发展了，也没人愿意创新、研究了。我觉得钱学森老先生就做得很不错。有次作报告，他说："这篇稿子是秘书写的,我要把三百块钱稿费发给他。你别笑话我,我不是自夸,一般都是我自己做的,只是最近实在太忙了。但是,我一定会把相应的报酬发给他们。"我们在学院里也提倡这个,我们应该尊重别人的劳动。

杨玉良：
人才培养关注的是全体学生

(2013 年 12 月 15 日，复旦大学)

杨玉良，1952年生，浙江海盐人，化学教授，中国科学院院士。1977年，毕业于复旦大学化学系并留校工作。1984年，在复旦大学材料科学系获博士学位。1986年，留学联邦德国马普高分子研究所，从事核磁共振技术研究。1988年，回到复旦大学工作。1993年起，历任复旦大学材料科学研究所副所长、高分子科学系首任系主任、聚合物分子工程教育部重点实验室主任、上海市高分子材料研究开发中心主任。1999年，任复旦大学副校长。2006年，任国务院学位委员会办公室主任、教育部学位管理与研究生教育司司长。2009年1月，调任复旦大学校长。

通识教育是一种教育理念，不是简单地把全校所有学生弄到一起来上课，而是要按大的门类，来设置通识教育核心课程的内容，改革核心课程的内容，更加注重这些课程所应该传递的思想；通识教育也不仅仅反映在通识核心课程上，还有很重要的一点，专业基础课和专业课也要贯彻通识教育的理念。

黄达人：杨校长，大家都知道，你是中国不多见的一位富于人文情怀的校长。你也是我这本访谈录最后一位受访者，上海交大张杰校长开头，请你压轴。首先，想听听你有关大学理念的高见。

杨玉良：谢谢黄校长。我们看世界一流大学的网页，首先看到的就是这个学校的 mission statement（办学宗旨），不知道为什么，我们中国的大学似乎对此不够重视。就复旦而言，复旦校名来自"日月光华，旦复旦兮"，校训则是"博学而笃志，切问而近思"。但这还不够，我觉得复旦的校歌对此是一个很好的补充。复旦的校歌是由刘大白作词，丰子恺作曲。记得在一百周年校庆之前，当时学校有人提出要改校歌。于是，就在全世界登记在册的三十多万校友当中作了一个问卷，但绝大部分校友都认为校歌不能变。这首校歌里有一句话："学术独立思想自由，政罗教网无羁绊。"我觉得，这就把这个学校最关键的精神给点出来了。复旦校歌想要强调的是，一所大学不能随着每个具体历史阶段的政治变化而改变自己的理念，要保证学术独立和思想自由，就必须是"政罗教网无羁绊"。"无羁绊"，就"前程远"。我觉得这一段是非常重要的，加上校训，这就是复旦的 mission statement 的基本点。因此，我们在《复旦大学章程》中对复旦的使命、信念和对保证"学术独立"这些办学根本作了必要的表述。

人文情怀，科学精神，专业素养，全球视野

黄：接下来，就应该是人才培养的理念了。

杨：关于人才培养，我有个十六字方针："人文情怀，科学精神，专业素养，全球视野。"复旦的教育，尤其是本科教育，就是围绕着这十六个字进行的。这十六个字，是仔细研究过的。对此，我还有一小段解释，即四个基本要求，不管哪个学科都适用：第一，要对人类的各种文明有一个基本了解；第二，要对主要的几大文明有相当程度上的理解，主要是伊斯兰、基督教、佛教、中国的道教，等等；第三，对不同的文化、文明

要有足够的宽容度,否则未来世界就乱套了;第四,更重要的就是一定要培养学生跟不同文化背景的人沟通、交流的能力,简而言之,即培养跨文化交流的能力。这四点是作为对十六字方针的一个注解。

为什么要提出这个方针呢?我以为,一所大学,尤其是像我们这些综合性重点大学,培养出来的毕业生,走出学校时是20岁出头,大约20年后,就会成为社会的各类精英。这些人,学校怎么塑造他,他是什么样子,以后这个社会,这个世界就会是什么样子的。今后,我们的这些毕业生肯定会分布在世界的各个角落和各个领域。也就是说,在各行各业里头,都会有你的毕业生,因为我们是一所综合性大学。所以,在这些人开始发挥重要作用的时候,他们的基本素质够不够,就决定了他们能不能活跃在更高的世界舞台上,而不仅仅是在国内。我前面讲到的四个基本要求,不管你是哪个专业的,都要对人类主要的文化有一定的理解;要有宽容的心态,不要少见多怪,看人家戴个头巾就觉得怪得不得了;要有跨文化对话和交流的能力。设想你是一个化学家,要你担任国际化学协会的主席,那么全球的化学教授、精英你都需要面对,你有没有这个能力,就决定了你是否能够胜任。总之,如果你要成为领袖人物,这四个要求是很重要的。

而且,这四个要求也符合中国未来的发展。不管怎么样,中国还能维持20年相对比较快的增长。其间当然会有不少问题,但中国经济发展的内在驱动力还在,其来源就是我们东西部的发展梯度,沿海好像已经饱和了,我们还有欠发达的中西部,我们的内需还没有完全拉动起来。再有20年的高增长,可以想见,中国将来在世界上的地位是不可小觑的。那么,如果将来中国成为一个真正的强国,各种国际组织里肯定会有不少中国人,这些中国人要能够掌控和协调整个局面。所以,你就可以理解我刚才为什么提出这四个基本要求了,为了迎接这个时代的到来,我们当前的高等教育一定要有所行动。

黄:特别是像复旦这样的好大学。

杨:对,特别是像我们这些综合性大学。什么叫强国?我认为,第一,当然是经济上要强,有财力来干我们认为重要的事;第二,当然是军事实力,世界上总有一些不讲道理的事情发生,这个基本的威慑力要有;第三,我认为就是社会制度,要有一种令人向往的制度,这个制度还要让整个世界对它有一种信任,说话算数,有担当,用现在的话来说,是一个负责任的大国,不仅对自己负责任,还对全人类负责;第四,就是文化教育,文化的影响力实际上是对全球每一个公民的影响力,制度的影响力是其他国家对你的一种信任。那么,照此发展,中国如果不出岔子的话,你可以想象,20年以后,这个状态会来到的,我们大学现在的人才培养,就要做好准备。

我一直认为,新世纪的主导文化,不是简单的西方文化,但也不是简单的东方文化。西方文化最基本的特征,是从古希腊传承过来的,他们的分析能力特别强。所以,现代科学诞生在西方,因为文艺复兴后希腊精神重新在欧洲复兴。他们有个习惯,任何一个问题,先把它割裂开来,然后进行非常细致的逻辑分析,这对现代科学的创立是最有用的。古希腊时代对应的是中国的先秦时期。当时的各大文明,包括中国,都产生了一大批思想家,所以历史学家把这段时间称为"轴心时代"。中国古代的思想家,是另外一种综合式的思维方式——悟性,即当你对事物的细节还不清楚的时候,就能够对总体做一个综合的判断。最典型的是中医,在解剖学还没有出现的几千年中,中华民族到现在能繁衍为几亿人,靠的就是中医。历史上爆发过很多传染病,不知道死了多少人,但中华民族的人口总体上一直在增长,中医起了很大的作用。中医的思想体系就是靠悟性来实现的,对一个非常复杂的问题,如果难以进行分割、简化,逻辑手段就很难运用,这个时候就可以从整体上把握它的基本演化态势。这个认识问题的方法我称其为"悟",或者叫综合判断的思维方法。但现代科学靠的是逻辑思维才能够建立整个知识系统,我们经常说,中国放了四千五百年的风筝,但是没有发展出空气动力学,中国最早发明火药,但没有爆炸力学的诞生,就是因为没有这一套严密的逻辑思维传统,当时东西方的交流还不多。

在过去的两百年中，世界上占主导的基本上是文艺复兴以后西方思想家所建立的一套系统，无论是经济、政治，还是其他方面，都取得了巨大的成功。但是，正是因为它太成功，才导致当今世界是一个思想贫乏的世界，当今面临的政治、经济、文化等方面的全球问题才因思想贫乏而找不到合理的解决途径，这个世界才会冲突不断。我自己的看法是，东西方思想的融合，才是新世纪的主导思想。换言之，主导未来世界的思想应该是融合西方严密的逻辑和东方的悟性所产生的新思想。这样的思想有巨大的文化包容性，能够让全球更加和谐，也就是中国人所说的"和"文化。作为大学的教育工作者，我们应该在这种大背景下来考量我们大学的通识教育，无论任何学科的人，都要有一些这样的基本知识。

黄：你是从东西方文明的角度来谈大学的通识教育，眼界很开阔。

杨：西方在文艺复兴之后，有一句话很重要，就是"把上帝留给宗教，把世俗留给百姓"。在欧洲，中世纪的宗教很黑暗，大学实际上就只是神学院。文艺复兴和宗教改革把世俗社会和宗教作了必要的分离，人本主义得到了复兴。所以，发生在伽利略、布鲁诺身上的事情就不会重演。用我们现在的话来讲，就是把意识形态、政治和学术分开，我们正在艰苦地走这条路，只有走完了这条路，思想才能真正地实现大解放。现在中国社会的思想看上去很乱，但却是多元的，活跃的。于大学而言，就必须要把意识形态、政治和学术作相对的分离，回到我们复旦的校歌，就是"学术独立思想自由，政罗教网无羁绊"这句话。

现在来讲大学教育。在目前中国的大学，学生似乎都一直被严肃地管束着，这种做法还是苏联的，这跟我前面说的那些不是有很大差距吗？在目前的国家体制下，我们应该怎么来做？复旦大学的做法是，不断拓宽招生门类包容度，这个阻力很大。我们现在的做法是把某些院系合起来，作为一个大类别来对外招生，等学生进来学习一段时间以后，再具体地分专业，我称之为"按大类招生"。为什么要这样？因为我们的学生在高中的时候，根本不知道哪个专业最适合他。考大学选专业的时候，一方面是受了父母的影响，或者是受了社会媒体的影响，其实他自己没有仔细考虑过。这就导致一个现象，就是成绩好点的人，首选经济、管理类，其实并不见得就适合。回到20年前，好学生都一窝蜂选生物、计算机专业，这就是赶时髦。但是，对一所有相当历史的综合性大学来讲，是不能过度地受时髦影响的。比如牛津、剑桥，时髦对他们这些传统深厚的大学的影响不大，他们甚至连院系设置都不作大的改动，因为如果院系是按照整个人类的知识体系来设置的，哪会在一百年里面就发生改变？具体的教学内容也许要跟上时代变化，但知识的框架不会有大的变化。这就是按大类招生的理由。

黄：最后想实现什么目标？

杨：我们的目标就是希望到最后实现文理医工四大门类招生。三年前，我们开始把重点从招生转向校内培养。这个转变很重要，在生源上，大家的竞争很激烈，就像前些年北大、清华为了抢尖子生而发生摩擦。我们也会这样，和交大抢尖子生。实际上，一个学生少了五分，难道就会比高他五分的学生差吗？不见得。对于学生的划分，主要是分数段，同一分数段的学生不会有太大的差别，即使有差别，也不会是本质的。学生进了你的学校，出来以后是个人物，这才是你的真本事。2011年，美国一个报社做过一个大学毕业生雇主的全球调查，结果复旦排在全球第32位，亚洲第二位，亚洲排第一的是东京大学。这就表明，复旦本科教育的传统是不错的，既然这样，我们就要坚持这个传统，认真地培养我们的学生。

黄：从注重招生转到注重校内培养。

杨：对。因为这才是根本的。一味地去抢"好学生"，其实也就差那么几分，何必呢？那么，具体来说，校内人才培养怎么做呢？第一，在课程上，从2005年开始，我们对拔尖的学生，并不是进行隔离的"圈养"。例如，对教育部的"拔尖人才培养计划"，我们复旦并没有把它独立出来做成一个班，而是仍然保留在原来的大门类里。但是，我会组织一些额外的活动，使拔尖的学生的发展空间得到更大的拓展。

黄：就是说在措施上，你也没有把他们独立出来。

杨：不能独立出来，一定要让他们仍然处在一个正常的情境之下，否则学生的心理上会出现问题。当然，这些学生很拔尖，所以我们会专门给他们设置一些课程，组织一些活动，但他们平时还是待在原来的地方。

黄：学生到了这个学校后，都是平等的，资源配置上也应该是平等的。我非常认同你的做法。而且，你坚持下来了。

杨：实际上，按照国际上的做法，通识教育中都有一个叫"核心课程"的版块。我们的通识教育分为六大版块，比如中国古代思想史、西方思想史、中国史、世界史等。但这个设置往往容易走形式，就是你把知识点都说出来了，但是却忘掉了开这些课的目的是什么。

黄：这是通识教育中很容易出现的问题。

杨：对。这种情况现在在复旦有了很大的改变。我强调，通识教育是一种教育理念，而不仅仅就是这六大板块的课程。这一点非常重要。原来，一年级的学生进来，全部会上某门通识课，结果就带来了问题。比如，数学系的老师希望本科生进来以后，数学学习不能间断。如果把通识教育看做是一种教育理念的贯彻，那么它应该横跨整个本科教育。所以，这些课不只是一年级上，而是应该分布在四年当中。这些核心通识课程，学生四年里都可以选。否则，如果只在一年级的时候学，无论是对文科生，还是理科生来讲，其中部分课程对部分学生而言好像都很肤浅。通识教育也不是简单地把全校所有学生弄到一起来上课，而是要按大的门类，来设置通识教育核心课程的内容，来改革核心课程的内容，更加注重这些课程所应该传递的思想。

黄：四个门类的核心通识课的组成不一样。

杨：对，权重不一样。比如说，有的学生本来就是社会学的，你却设置了些皮毛的社会学知识，有的学生本来以后就是要学历史的，结果你还给他讲了一点皮毛的历史知识，这样不行。根据不同的门类，有些内容可以减少一点，有些就可以增加一点。学生一进来，按各个学科门类,就可以在整个通识的背景下,来建立他的专业思想。

通识教育是一种教育理念,不仅仅反映在通识核心课程上,还有很重要的一点,专业基础课和专业课也要贯彻通识教育的理念。这一点,很多人花了很长时间才转变过来。他们一般认为,通识教育只是前面一年,后面就叫专业教育了。结果,就把专业教育和通识教育对立起来了。所以,我说通识教育的理念是横跨整个本科教育的,这里头又分为核心课程、专业基础课和专业课。

那么,什么叫做把通识教育的理念贯穿到专业基础课和专业课呢?一般的技术类院校,数学、量子力学等课程就是教你知识点,教你解题技巧,教你知识的应用技能。但是,别忘了,像我们这种学校,更希望学生从学科的根基上有创新的意识和想法。所以,我就用了一个词,对专业基础课要"祛魅",各类专业基础课程都有一个基本的范式,或者说是一套专业的思维方式。学科的革命就是旧范式的打破和新范式的建立。因此,我们要首先告诉学生,是在什么背景下产生了这门知识,就是学科史。然后,要告诉学生,这门学科现有的范式是由一些基本的原理和方法所构成的,并要指出现有范式的不完美性。最后的内容才是训练。但是要做到这点很难,要看教师有没有这个素养。为此,我们组建了总的和分门类的教学指导委员会,我们大概花了三年时间,一点一点梳理。因为教学这个东西,不能一夜之间突然改变,需要逐步地作调整。我们的教学指导委员会分几个层面,从核心课程的基本构架,到它们和专业基础课、专业课的衔接问题。这个衔接不仅仅是内容上的,而且是整个学术思想上的衔接。这套系统,估计要十年时间才能真正地理顺思路。

黄:所以,教育改革很难。

杨:除了要理清系统,另一件重要的事情就是合格教师的培养。为此,我们成立了教师教育发展中心。这不仅仅是一个讲课技巧的问题,实际上是你对专业学术思想的理解深度的问题。这样会带来一个很好的结果。首先,对专业知识的神秘感被消除了,增强了学术创新的自信心。然后,就是旧范式的完善和使用,这个范式要是出现了内在的矛盾,就会产生新的革命。要告诉学生这些东西,否则,一个专业的学生都会懵懵懂懂。

黄:其实这就属于对人的素质的培养。

杨:我们一定要培养学生的这种意识。通识教育的理念要体现在专业课和专业基础课上。但是,光靠这个还不够。所以,我们的另外一个手段就是实行所谓的书院制。

在我们的管理体制下,学生都要归属到某个院系。2005年,复旦做过一件事情,就是把各种学科的学生都放进一个书院。这种思路看起来很好,但不现实。世界一流大学包括哈佛、耶鲁、剑桥、香港中文大学等等,一个书院大概有70%的学生是同一门类的。比如,文史哲的学生在这里占到70%,另外30%的学生是其它各个学科分过来的。因为有些学物理的学生可能对哲学很感兴趣,但在物理系找不到能够聊聊的人。基本上一个大门类的百分之六七十是确定的,另外的百分之三四十是自己选择的,而且中间还可以自己申请调整。哈佛、耶鲁、香港中文大学基本上都是这样设置的。

黄:要让书院有一个主体。

杨:对,没有主体就是一种人为的碎片化,这是不行的。因为一个人基本上还是需要有一个大范围的定向,比如说是学文还是学理。而且,在他们这些学校,进哪个书院主要是学生自己选择的。但我们现在要完全用这个方法,还不行。我们是大致上作一点规定,然后再留出一点比例,让他自由选择。这是第一个,学生的自由选择。第二点也很重要,就是书院里不设辅导员。这是我跟朱书记达成的一个共识。因此,复旦的学生有两个身份,一个在书院,另一个在学院。辅导员通过学院这条线,对学生进行管理。我认为,书院不是简单的第二课堂,而要更加丰富多彩。在书院里要发挥复旦大学在20世纪30年代就形成的"学生自治"传统。一个学生,如果什么东西都被老师、辅导员管住,什么事都主要由老师和辅导员来决定的话,那么他的未来难有大的前途。

书院的"学生自治",我们派导师指导,但由学生自己组织活动。院长则是由老资格的教授担任。

黄:就是说,书院的院长跟学院院长没关系?

杨:没关系。书院的院长主要是一些年龄比较大、有资格、高水平的教授,要有比较宽广的视野,对学生真正有爱心。书院的院长和导师对学生只是宏观指导。

黄:所有活动都由学生自己安排?

杨:对,让学生们自己来。我说过,如果一个学生在书院里头是一个小领袖的话,那么经过这四年锻炼,到了社会上,他肯定会是一个大领袖。这种状态,按原来在学院的做法,是达不到的。在学院里,我只要把自己的专业课学好,很多学生都会向着你。但是在书院里,学生必须跟不同学科背景的人打交道,交流思想,眼界就会不一样。

黄:就可能会具备当领袖的素质。

杨:如果在书院里头培养了你的协调等各种能力,以后在社会上从政也好,干其它工作也好,就会知道怎么样去带领一大帮人。课堂以外的很多活动就可在书院里面进行,我们的书院设计得很好,有相对独立的院落,里面有茶室供大家讨论之用,也可以购买小食,价格很便宜,这些都是学生自己弄的。我相信,十年以后,复旦的每个书院都会自己独特的文化,同学们都会很向往。现在我们要做的是先把这个架构弄好,然后开始改造一些建筑。建筑很重要,否则都像一个个小火柴盒一样,怎么开展活动呢?现在我们正在对一些老楼作一些小改造,新楼还在设计中。有些旧楼已经改造得蛮好了,改动了里面的结构、外面的公共绿地,设有用于聚会的房间、讨论茶室、图书室,也有室外活动的地方,大家很喜欢。

黄:导师也不会去组织什么学生活动?

杨:不会。导师的作用实际上只是把一个关,导师的学识一般要比学生高,他会指导学生怎么样让一些小型沙龙、讨论会更深入。所以,我用的词是"指导",不是去替代学生。现在,我们连书院改造的设计都是学生自己在做，设计得很好。

黄：它的活动经费是由学校划拨？

杨：是的。但是，我们给得很少，其实他们也用不了那么多，而且他们自己也有本事到外面拉赞助。所以，各个书院之间也会有一点竞争。当然，最终的形态还没完全达到，因为这个跟建筑的改造是同步的，但已经有一半以上的书院非常像样的了。总之，书院制，这是一个大目标。

另外，关于国际化，我还在做一件事情，就是逐步实现留学生也融入书院内住宿。

黄：这个对跨文化教育其实挺重要的。

杨：太重要了。我们一方面派学生出国交流、访学，目的就是培养他们的跨文化交流能力；另一方面，我们却没有去发挥留学生群体在促进跨文化交流方面的功能。在国际化已经很强的复旦大学，这部分资源不好好利用是极大的浪费。好在我们已经开始在做了，虽然幅度还比较小，但是一个很重要的开端，以后逐步扩大，不想造成太大的惊动。

黄：我赞成。教学改革的事情，不要惊动报社，也不可以失败，否则对学生而言，就毁了。

杨：而且毁的还不是一个学生，而是一批学生，是一代人。"文化大革命"不是也提教育改革吗！所以，总结一下，在本科教育上，我们的改革就是这两大块——教学改革和书院制。我在本科教育上花了很多心思，但是推动的时候都很谨慎，都是一步一步去做的。

从培养教师的讲课能力上着手

黄：下面，就要讲到教师了。

杨：教师要适应教育改革的目标，对学校来说，最重要的一点就是教师评价体系。所以，我们做了一个表面上看是很小的动作，叫"代表性成果制度"，而不仅仅是"代表性著作"。以前我们考核教师是数他的论文、他的著作，现在不是这样，我们要求老师提供十个以内的代表性成果,可以是 Science 论文,文科的话一本专著也可以,或者说你对国家提供过什么重要的建议,或者说你给企业解决了一个技术难题,产生了怎么样的经济回报,你在教学上提出了一个独到的做法,反正只要你认为具有代表性的,都可以列出来。十个已经算很多了,其实,一个人一辈子有五个重要成果就已经很不错了。所以,我们要求老师提供完整的代表性的成果,其他的就只要列个表就行了。

黄:不光是我们常说的科研成果,连教学都算?

杨:都算。只要你认为值得说的,都可以写出来。这样做有一个好处。我们学校原来评职称,送外审,回来的基本上都是同意。要准备的材料,从数量来看很大,水分文章也很多。因为评审的专家会想,你学校有自己体制,关我啥事,所以都同意了。实际上,这样的外审,作用是不大的。但是,如果你提供给专家评审的东西数量少了,只有三五样最重要的,水分的东西少了,工作量小了,评审专家就认真了,结果,现在外审通不过的会有百分之十几。这是从数量转换成质量非常重要的一步。

这样一来,我们就发现教师队伍存在几个问题。第一个问题是普遍存在的,尤其在人文学科,有些人研究做得很好,但是表达能力、外语能力很差。任何一个学科的人,如果要想成功,表达能力得好,无论做什么事情,表达是促使你成功的重要因素。所以,我们就要培训教师尤其是青年教师,一方面是他们讲课的能力,另外就是做 presentation、写 proposal 的能力。我们的教师发展中心,就是要帮教师来规划他自己的职业生涯,提升他的讲课能力,教你怎么做 PPT,怎么写作。我发现,青年老师,特别是文科的,做 presentation 的锻炼机会较少,理工科的还多一点。我们有一个年轻的文科教授,工作做得很好,我专门去听他的报告,其效果真是不敢恭维。

黄:这是一件很好的事情,就是从培养教师的讲课能力上着手。

杨:从这方面上着手,然后是写文章。即使是研究中文的,也不能锁在书斋里面,是要通过国际合作来研究的。结果,你会发现,他们的中文文章写得很好,但是翻成英文,外国人就看不懂,因为同样一个内容,中外的表述习惯不一样。所以,这就涉及一个教师跨文化交流的能力。我为什么要强调这一点呢?因为它和本科教育紧密相关。我们这个教师发展中心对老师们是很有帮助的。明年1月份,哈佛会派代表团过来,一起讨论,制定具体的合作计划。例如关于写作,同样的学术内容,特别是文科的,世界上各种语言的表达是不一样的。适合中国人读的,不一定适合外国人。现在,我们的教师英语培训做得不错,我也去听过好几次。但是,现在是靠一些有经验的老教师来讲,如果今后跟哈佛合作的话,会好很多。哈佛的做法是,同样的内容,会给你换一批听众,不是那个专业的人,也不是一般的科学家,可能是政府官员,等等。如果这个内容要到国会去讲,你应该怎么讲,自己要去考虑。这样做起来以后,教师的演讲水平会提高很多。

黄:就是要学会针对不同的听众,对小同行怎么讲,对大同行怎么讲,对完全外行的人又怎么讲。

杨:也包括对普通老百姓,应该怎么讲这些科学内容。在英国有一个很好的传统,就是教授要做与自己研究有关的公众演讲。

黄:所以,这个措施对提高教师教学水平还是有蛮直接的关系的。

杨:实际上,这件事情最后的落脚仍然在本科教育。当然,另外一个效果就是这些教师的教学和研究都会有很大的长进。

黄:关于教师的改革,一个是评价,一个是培训。

杨:现在,我们还有另外一些要求。对新进来的青年教师的培训,一开始就要让他知道复旦的教育理念和人才培养模式,还有通识教育到底是怎么回事。要告诉他们,怎么样来培养人才。讲了理念,然后再到具体的教学技巧。

关于学术权力和行政权力

黄:我对你关于学术权力和行政权力的观点,印象深刻,请介绍一下。

杨：这里面有几个比较重要的概念。第一，学术是不谈民主的，只谈自由。任何学术的发展，正确的观点一开始都是掌握在少数人手里的，如果学术讲民主，创新的东西就出不来。所以，学术不讲民主，要讲自由和独立。任何一个组织内部都有行政，学术委员会里头也有学术行政。但是，学术行政跟学校的行政和政府的行政是不一样，因为学术本身是不谈民主的。那么，学术委员会里头的学术行政应该怎么来做？这需要信守底线，每个人都有独立进行学术研究的权利，涉及个人学术自由的东西，不能通过投票来决定。这涉及一个最基本的学术底线。

第二，关于民主的优缺点。政治学理论告诉我们，民主不是一个最好的办法，但它是一个最不坏的办法。但民主最容易犯一个毛病，就是多数暴政。所以，学术委员会有一个重要的责任，就是保护少数人，尤其是保护他们跟学术观点有关的最基本的权利。在这个基本底线以上，才可以进行投票来决定某些与学术有关的学术行政事务。比如说对一个人学术能力的判断，如果你要评职称的话，学术委员会会先对你的学术成果有一个判断，然后提供给聘用委员会，看聘用委员会是否聘用。它相当于作了学术评价，但这个学术评价只谈水平，不谈观点。我们可以不同意你的观点，但还是会承认你的水平。说得再直接一点，学术委员会不能作意识形态上的判断，否则它就是越权。不要以为只有行政干涉学术，学术也会干涉行政的。比如说，学校就剩一千万，学术委员会非要让我投在哪里，你就干涉了学校的行政权力了。学术委员会只能判断一件事情学术价值在哪里，是否重要，至于是否要投入，是否要成立一个研究所来做这件事，则是行政的事。

黄：学术委员会可以说什么学科重要，应该重点发展，至于做不做是校领导的事情，这属于行政权力。

杨：校长的行政决策，也不一定会按照多数人的意见。学术委员会是在学术上考虑，而我还要考虑人力、资源以及其它因素，这样才能作决定。这不是不尊重学术委员会的意见，如果在这一点上没把握住，就是学术干预行政了。现在,人们比较关注的是行政干涉学术,但学术干预行政也会有,而且还不是少数。

黄:当年王大中校长就跟我讲过,学校的学科布局关键在行政,因为让学术委员会去讨论,委员们很可能只会指向自己的学科。因为每个学者都会认为自己的学科是重要的,虽然这可以理解,但放到整个学校来考虑,则不一定都是合理的。

杨:如果完全按照学术委员会的投票结果来做事情,那就取决于学术委员会的人员结构,哪个学科人多就占优势。行政决策必须综合考虑各种因素,学术委员会只是对学术价值进行投票,这个是要分得很清楚的。我做校长以后,改组了学术委员会。它重新成立以后,我第一次去做的学术报告讲的就是这个观点,首先要跟他们说清楚。我的第二个观点是党政官员应该退出学术委员会,因为它既然是一个学术机构,就应该完全按照学术判断为原则。当然也有人说,校长也是专家啊。

黄:不,你的身份不一样。

杨:我是一个教授,又是校长,有两个身份,如果我去发表意见的时候,可能会带着行政的思维,两边扯不清楚,所以我说,应该退出。

黄:你的看法是,校长、副校长、书记、副书记都退出。

杨:包括院长、院系书记,全部退出。我的道理很简单,因为你既然把学术委员会定位在学术判断上,就不能夹杂着其它因素,就应该让它独立进行学术判断。我唯一要防止的,就是学术干涉行政。党政领导要做的,就是把学校的宏观计划告诉他们。

黄:我希望你对这个问题再多讲两句。你的学术委员会的组成是怎么产生的?

杨:按照学科的大小分配名额,由各个院系自己去投票来选举。

黄:然后,学术委员会主任怎么产生?

杨:学术委员会成立以后,由里头的常委再选举。

黄:你给学术委员会的决定权,是怎么考虑的?

杨：实际上，它是没有决定权的。它作学术判断，包括学风道德上的问题，进行调查和研究以后，形成判断，行政一开始完全不介入，最后才交到学校。

黄：就是说学术道德上的事情也是由学术委员会去进行判断？

杨：对。然后，形成报告交到学校，由学校来判断是否有学术造假，再来决定是否进行处罚，如何处罚。这是行政权的范围，我们在这个问题上非常坚持。然后，有一些跟学术密切相关的东西，我会请学术委员会提供意见，注意，只是咨询意见。而且，一开始的时候，他们交上来的报告，我经常会打回去。因为里面有一些不该由他们说的话，也就是说学术委员会说了很多跟行政有关的内容。一般来讲，学术委员会的判断是不会被完全否定的。比如说，它形成一份学术道德判断，某人学术造假，在全世界的大学，行政上都不会去否决它，但是会对这个报告提出意见，因为我认为你报告对行政上要作的判断，还不充分，还不足以让我在这件事情上形成决策。

黄：就是说，学术委员会的意见要十分充分，但没有决定权。

杨：没有决策权，否则就不对头了。因为学术委员会跟以前的教授委员会不一样，教授委员会有点像我们国家的人大。但学术委员会的作用是重要的，学校有那么多学科，校长怎么判断得了？

黄：在复旦，教授委员会起到什么作用？

杨：校级没有教授委员会，院系有，但也是少数学院，我们觉得这个东西需逐步来推广。现在不像二三十年代的时候，每个院系的教授人数很少，所谓的教授委员会也就是五六个人。我们现在的院系都很大，就会带来问题。举一个典型的例子，我们的某个院系相当民主，教授委员会的作用也很大。但是，就会带来一个问题，学科的内部布局就很难达成共识。

黄：院系的教授委员会有决策权？

杨：对，权力很大，是院系的决策机构，院长只不过是执行上的权力。我曾分析过几种权力。一种权力叫做"power"，按照我们国家现在的体制,党委常委会是 power;第二种权力是 management——管理权,行使管理权的实际上就是校领导。我们只用"权力"一个词,实际上是不一样的。在校长这个层面应该叫 management,学校机关是具体服务的机构,应该叫 administration,由校长来布局,然后具体执行的就是 administration。但是,现在我们的 administration 有点权力过大。从管理学上讲,这三个词儿是不一样的,如果你把这几个词分清楚的话,各自的权力就很清楚了。实际上,一般的 authority 是有价值理性的判断的,比如说办学方向这些大的东西;到了校长这个层面上,就得有很强的工具理性的判断。比如说,我为了实现它,到底要怎么做,按照这个设计好路线以后,就具体去实现。

大学是一个学术机构,所以在第一步进行价值理性判断的时候,就要明白我们是一所学校,要培养人,要发展学术。这层判断不能错。校长当然非常明白这一点,然后我来具体实现,设计路线。到了下面的 administration,可以给我们一些建议,但是它的主要任务不是出谋划策,而是执行。把学术跟治理分清楚了,这才是一个正常的高校管理的架构。"权力"和"权利"两个词要分清楚,学术谈的是权利,行政谈的是权力。权利要保障,权力要在监督下行使,没有监督不行,没有行使更不行。

人文学科如何走出去

黄:很精彩!最后一个问题,如何评价文科?

杨:我觉得,这个不是文科怎么评价的问题。说到评价,如果学校统一出规定的话,会把人搞死的。所以,学校只定大的评价框架,具体由学科自己决定。

黄:我同意。要考虑学科差异,不能用一把尺来量所有学科。

杨:我可以再谈谈人文学科如何走出去。中国改革开放以前,首先讲的是技术,工程师的任务就是把企业的技术提高。后来,我们发现技术来自基础研究，所以，国家成立了国家自然科学基金委员会。这个举措很成功。到了这些年，社会科学如法律、经济、管理振兴了，但是人文学科却没有，在现在这个阶段，我们应该要大力发展人文学科。我们的人文学科要去意识形态化，应该跟政治适当地分离，要允许学者进行自由研究。

从未来中国发展的要求来看，你以为办点红色经典就行了吗？你以为中央电视台花200多亿人民币在北美或其它地方落地就行了吗？你以为在纽约时报广场做两个广告就行了吗？远远不够。国家人文的发展、人文的国际化是极其重要的，现在，我们正在海外的大学里设立研究中心。有两个已经完成了：一个是在UCSD（圣迭戈加州大学）里设立了一个当代中国政治经济文化研究中心。复旦派一个中方主任，做一些联合研究项目，让我们的人文学者在这些平台上进行发挥。这也变成一个游学的节点，让我们的人文学者可以走出去。另一个研究中心设在哥本哈根大学，叫"复旦—欧洲中国研究中心"。我们在选择海外合作院校的时候，一般都是选择那些对亚洲研究有一定基础并且影响较大的学校。我还要再建两个中国古典研究中心，正在找地方。学校成立了一个中华文明国际研究院，由它来协调那两个中心，具体的合作学校还在评估。这个就是真正的传统汉学。说句功利点的话，我们要在海外培养两种人，一种是懂中国的政治、经济、文化的外国专家，另一种就是中国古典研究中心培养的新一代汉学家，这有利于我们在中国影响力不断扩大的形势下做好文化的传播和软实力的提升。

后 记

截至目前,已经有五本访谈录在商务印书馆出版了。回首这一段历史,这五本访谈录的出版都有一点机缘巧合。像《大学的声音》是因为社会上有很多关于大学的评论,但是我觉得中国的大学校长(书记)说的话、做的事应该让大家知道,所以想做这个事情,让大家听一听大学的声音,正好与中山大学校友、商务印书馆编审谢仲礼聊天时得知他也有这个打算,于是一拍即合,没想到就做了下来。《高职的前程》缘于为高职教育进行呼吁的全国人大建议所做的调研,当时结识了中国职业技术教育学会俞仲文副会长,通过他和之后受访者的推荐,用"滚雪球"的方式访谈了高职院校的院长们。《大学的治理》缘于访问新加坡南洋理工学院林靖东院长期间,拜访了新加坡南洋理工大学,该校余明华副校长精心准备了一个关于大学办学体系的PPT,给了我启发。《大学的转型》是以教育部推动地方普通本科高校向应用型转型为契机的。《大学的根本》是我一直想要做的,但是下定决心去做,是在拜访了厦门大学潘懋元先生之后。上个月,我还请助手做了一个统计,发现在我卸任中山大学校长不到五年的时间里,与200多位海内外大学的管理者进行了深度交流。我非常享受这个过程,但是如果从一开始就要有这样一个"宏伟"的目标,我想,我是没有勇气去设立的。同样,这五本访谈录的出版只能是一个结果,而非目标。因此,接下来是否还有新的访谈录出版要看机缘,但是作为我工作的方式和生活的兴趣,访谈还是会一直继续下去。随着年龄的增加,我越来越把与别人的交流看作是一个学习的过程,并且以欣赏的心态去分享他们在办学中取得的成就。对于我访问过的这些受访者,我由衷地感恩,他们对我进行访问的要求,无一拒绝,甚至没有推延。

在这本访谈录里,21位受访者主要从各自学科的角度,畅谈了人才培养的理念和做法。同时,我们也不能忽视,在影响人才培养的诸多因素中,文化或者制度的重要性。这也是在访谈的过程中,张杰、施一公、饶毅等人一直强调的问题。从某种意义上来说,回归大学的根本,就是回归重视教学的文化传统。我国古有孔子对弟子的因材施教,近有陶行知先生进行生活教育的身体力行。要继承和发扬这一传统,我认为,关键在于用心。兰州大学南志标院士患有眼疾,在本书定稿时不能阅读,他就请助手读给他听,然后口述修改意见,由助手再对原稿进行修改,如此反复。我知道后,深为感动。我认为,可以从一位老师对待文字的态度上看出他对待教学的态度。在整个访谈结束之后,我再次赴厦门大学与潘懋元先生交流,他还欣然为本书作序。当时94岁高龄的潘先生仍坚持给学生上课。从他的身上,我也着实感受到了老一辈教育工作者对传道授业、教书育人的满腔热情。

在这里,我要郑重地感谢我的前任秘书陈望南和现在的研究助理王旭初。自我以来,陈望南已经担任了三任校长的办公室主任,能力和才华可见一斑。虽然已不再是我的秘书,但他利用休息时间,参与整理了五本访谈录的部分文字材料。他希望在每一本访谈录的后记中都能够提及他的名字。这份用心让我铭记。王旭初协助了我几乎所有的访谈工作,他以做学问的严谨态度置身其中,勤奋努力,善于思考和创新,慢慢对高等教育领域的一些重要问题开始有独到见解。这一点尤其让我欣慰。

最后,要感谢五本访谈录的责任编辑谢仲礼先生。从听声音、看前程、说治理、推转型到回归根本,这五本访谈录之所以能够成为一个系列,保持较为统一的风格,很大原因在于他自始至终的高度责任心。

黄达人
2015年5月29日

再版后记

本书 2015 年面世以来,已多次重印。这充分印证了大学的人才培养在高等教育持续发展方面的重要作用,而这也正是本书引起各界广泛关注的原因。书中探讨的人才培养议题及受访者的观点,经受住了时间的检验,凸显了其时代价值。正是基于此,我们决定再版本书。

本书不仅收录了在本科教育教学改革方面有突出成就的几所大学校长的访谈文章,更是精心邀请了当时担任或曾经担任一流的二级学院的院长作为访谈对象,他们在人才培养方面不仅有先进的理念,而且在实践中作出了显著的贡献。尽管时光流转,他们的岗位或许发生了变化,但他们对人才培养的执着追求与初心未曾改变。再版是对原著的传承与致敬,也是对这些教育工作者不懈追求的肯定。在此,我们向所有参与本书的受访者表示最崇高的敬意。同时,为了提升读者的阅读体验,我们这次再版做了文字上的修订,表达因而更为精准、流畅;与此同时,本着尊重历史的原则,我们没有做内容(尤其是受访者的观点)上的修改。

随着本书再版的推出,我们也认识到大学的人才培养正面临着前所未有的机遇与挑战。在此,有必要阐述几点观察:首先,尽管大学对人才培养的核心职能越来越重视,但与学生和社会的期待相比,仍有较大的提升空间;其次,本书主要聚焦于研究型大学的人才培养,而应用型高校及高等职业院校在人才培养方面的宝贵经验同样不容忽视,这些经验值得更广泛的关注与传播;最后,随着人工智能技术的飞速发展,探索人工智能与人才培养相结合的新路径已成为当务之急。

　　我们期望,本书的再版能够激发更广泛的社会关注与参与,共同推动大学人才培养工作的深入发展。

黄达人
2024 年 4 月 16 日